Dictionnaire *amoureux* de la Coupe du monde

Du même auteur

Les 50 Glorieuses du football français, avec Gérard Ejnès, Solar, 2001.

Les 50 Glorieuses de la Coupe du monde, avec Gérard Ejnès, Solar, 2001.

Les Stars du mondial 2002, avec Gérard Ejnès, Solar, 2002.

Capitaines des Bleus depuis 1904, avec Didier Braun, Solar, 2003.

Les Rois de l'Euro 2004, Solar, 2004.

La Grande Histoire de l'OL, Éditions Prolongations, 2007.

L'Affaire Jacquet, Éditions Prolongations, 2008.

50 héros pour le mondial 2010, Solar, 2009.

Le Livre noir des Bleus, Robert Laffont, 2010.

Petit dictionnaire énervé du foot, Éditions Opportun, 2010.

50 héros pour l'Euro 2012, Solar, 2011.

Le Phénomène Pastore, avec Florent Torchut et Yoann Riou, Solar, 2012.

Football management, avec David Marmo, Eyrolles, 2013.

50 héros pour le mondial 2014, Solar, 2013.

Petites et grandes histoires de la Coupe du monde, Robert Laffont, 2014.

Le Cinquième Beatles, Stock, 2014.

2016 : 50 héros de l'Euro, Solar, 2015.

Un printemps 76, Stock, 2016.

Au cœur des Bleus. Les sélectionneurs de l'équipe de France racontent, Stock, 2016.

50 héros pour le mondial 2018, Solar, 2017.

Kornelia, Stock, 2018.

Éloge des coiffeurs. L'équipe de France vue du banc, Marabout, 2018.

Enfants de la balle, Larousse, 2019.

50 héros pour le mondial 2020, Solar, 2019.

Carole & Clark, Stock, 2021.

Les (Vrais) Maîtres du jeu, Solar, 2021.

Les Mots du football, Points, 2021.

Mes légendes du football, illustrations de Greg, Solar, 2021.

50 héros du mondial 2022, Solar, 2022.

Vincent Duluc

Dictionnaire *amoureux* de la Coupe du monde

Dessins d'Alain Bouldouyre

PLON
www.plon.fr

Collection créée par Jean-Claude Simoën
et
dirigée par Grégory Berthier-Saudrais

92, avenue de France
75013 Paris
Tél. : 01 44 16 09 00
Fax : 01 44 16 09 01
www.plon.fr
www.lisez.com

Mise en pages : Nord-Compo (Villeneuve-d'Ascq)
Dépôt légal : novembre 2022
ISBN : 978-2-259-31292-9

MIXTE
Papier issu de sources responsables
FSC® C003309

Plon est un éditeur qui s'engage pour la préservation de son environnement et qui utilise du papier fabriqué à partir de bois provenant de forêts gérées de manière responsable.

Préface

par Michel Platini

La Coupe du monde est un rêve de gosse. Je n'aurais jamais imaginé que j'aurais la chance de la jouer à trois reprises. Je n'aurais jamais imaginé que j'aurais le plaisir de l'organiser en France, en 1998, avec Fernand Sastre et Jacques Lambert. C'est un rendez-vous sublime, trois matches par jour, le bonheur des amoureux du foot.

J'ai commencé par la regarder : mon premier souvenir de Coupe du monde remonte à la finale 1966 entre l'Angleterre et l'Allemagne. J'avais 11 ans, et la Coupe du monde était une aventure de jeunesse, une magie que l'on attendait pendant quatre ans. Avec le pouvoir et l'abondance de l'image, on a oublié, aujourd'hui, la nature de cette attente : on ne voyait jouer Pelé qu'une fois tous les quatre ans, on découvrait soudain d'autres footballs, une équipe africaine, le Pérou, certains joueurs jusque-là inconnus. Aujourd'hui, la découverte est moindre : on connaît tout, et presque tout le monde.

J'ai eu la chance de disputer trois Coupes du monde, et, sans les journalistes, cela aurait été un vrai plaisir [*rires*]. En 1978, je n'avais pas d'expérience, et tout avait été compliqué : la pression pour le boycott, la tentative d'enlèvement de Michel Hidalgo avant le départ, l'éloignement, l'hiver, la difficulté pour téléphoner en France, les critiques. Tu te bats pour aller en Coupe du monde, parce que la France n'y était pas allée depuis douze ans, et soudain tout le monde t'engueule.

En 1982, on avait grandi, on était allés en Espagne pour passer le premier tour, mais je m'étais blessé contre les Tchèques, j'avais passé quatre heures par jour à me soigner et je n'étais pas à mon sommet. Surtout, il y avait eu Séville : si on doit ressortir un moment qui nous avait fait passer par tous les sentiments du monde, alors, oui, c'est le plus beau moment de ma carrière. Toute la légende et tout le mythe de cette nuit-là tiennent à la défaite.

En 1986, on était allés au Mexique pour gagner. On était champions d'Europe, mais on avait perdu José Touré, la star montante, sur blessure, et puis Alain Giresse était blessé, aussi, et moi j'avais très mal au tendon. On n'était pas au top, athlétiquement. J'étais sous anti-inflammatoires depuis un an : je me souviens que lorsque j'ai arrêté les cachets, après la Coupe du monde, j'ai tremblé pendant quinze jours sous l'effet du sevrage. C'était la seule manière de m'entraîner encore et de continuer de jouer. Malgré cela, il reste ce France-Brésil à Guadalajara, le jour de mon anniversaire, que l'on avait fêté le soir même avec un célèbre gâteau à la crème qui avait fini sur la tête de Luis Fernandez. C'était aussi le jour de mon dernier but en équipe de France. J'ai encore disputé quelques matches en bleu, jusqu'à ma retraite internationale au printemps 1987, mais je crois qu'inconsciemment j'avais envie d'avoir marqué mon dernier but contre le Brésil.

L'aventure de 1998, dans un tout autre costume, aura été très différente. Je n'ai pas gagné la Coupe du monde en la jouant, mais je l'ai gagnée, moi aussi, en l'organisant. On avait tout fait pour que la France passe les huitièmes de finale, et on s'était dit que si elle était éliminée en quarts, cela irait : il ne resterait qu'une semaine, et la fête serait belle tout de même. Fernand Sastre nous a quittés au début de la Coupe du monde, après une longue maladie, mais tout le travail avait été fait, et cette Coupe du monde a été un triomphe grâce à la victoire de l'équipe de France, mais pas seulement : elle a placé le football et les footballeurs au cœur de la société française, et participé à féminiser le public, notamment.

Avec le temps, la magie de la Coupe du monde s'étend d'une manière différente, parce que la Ligue des champions et les clubs ont pris une importance considérable dans le calendrier. Mais sa rareté et sa beauté surmontent tout le reste : pour une seule Coupe du monde tous les quatre ans, il y a quinze matches de Ligue des champions par an, et ce rêve est proportionnel à l'attente. La Coupe du monde, on le sait, va encore changer, puisqu'il y aura 48 équipes pour l'édition 2026 aux États-Unis, au Canada et au Mexique : tant qu'il y aura des abrutis à la FIFA, je n'ai pas peur de le dire, elle continuera de faire n'importe quoi. Il reste que le football mondial doit réfléchir à un juste équilibre entre les continents. On ne peut pas avoir cinq équipes d'Amérique du Sud sur dix à la Coupe du monde, et seulement cinq équipes africaines sur cinquante. La Coupe du monde doit appartenir à tout le monde, justement, pour rester un rêve d'enfant.

Agence de voyages Platini

C'était une boutade, mais, avec Platoche, rien n'en était jamais complètement une. Il y avait eu un jour, et même plusieurs jours, on peut en être sûr, où Michel Platini s'était adressé aux journalistes français en souriant un peu, mais là aussi, jamais complètement : il y a souvent eu un peu d'eau dans le gaz entre les deux parties, une légère amertume à la surface du caractère lunatique du joueur Platoche, qui redeviendrait une crème sitôt devenu sélectionneur, en 1988, sitôt, en somme, qu'il allait représenter plus que lui-même. On a entendu sa boutade une ou deux fois, parfois longtemps après, et on va essayer de synthétiser la pensée platinienne en étant absolument sûr de ne pas la trahir. Voilà : « Bon, les gars, heureusement que je suis là. Sans moi, vous auriez passé les mois de juin à la maison. Je vous ai fait visiter le monde, je vous ai emmenés en Argentine, en Espagne, au Mexique, et vous n'avez jamais su me remercier comme il le fallait... » Pour la moitié des suiveurs du foot, c'est-à-dire tous ceux que leur rédaction n'aurait pas envoyés couvrir une Coupe du monde si l'équipe de France ne s'était pas qualifiée, l'agence de voyages Platini aura plutôt bien fait les choses. Mais ce n'était pas une manière de ramener les qualifications à lui, seulement une manière de chambrer seul contre tous.

Aimé J.

Aimé Jacquet est sans doute l'un des premiers joueurs professionnels que j'aie vus jouer en vrai. C'est-à-dire dans un stade, en couleurs. À l'été 1970, l'AS Saint-Étienne était venue disputer un match amical à Vichy, où j'étais en vacances, et il était là. Je me souviens de ce milieu de terrain blond, longiligne plutôt que grand, mais technique, assez élégant, déjà intéressé à l'équilibre de l'équipe. Il ne m'a jamais été indifférent. Jeune journaliste au *Progrès*, à la fin des années 80 et au début des années 90, j'avais bénéficié de sa manière d'être fidèle à sa région, où il avait effectué ses débuts d'entraîneur, de 1976 à 1980 : il disait souvent oui, et le lendemain de sa nomination au poste de sélectionneur, à l'automne 1993, je me souviens de l'avoir suivi à Créteil pour une longue interview. Quand je suis arrivé à *L'Équipe* en 1995, je me suis installé, hasard absolu, dans le même village que lui, et aux rassemblements de l'équipe de France il lui arrivait de m'interpeller joyeusement sur le sujet. Trois ans plus tard, dans les pages de son livre *Ma vie pour une étoile*, on pouvait lire, sans que je sois nommé : « Parvenu à ce qu'il estima peut-être le sommet de son Himalaya, emporté par l'ivresse des cimes, à moins qu'il n'ait simplement suivi la pente de sa docilité, il se mit à son tour à me chercher des poux dans la tête. » Quelque chose s'était passé, entre-temps.

Qu'il soit toujours fâché, près de vingt-cinq ans plus tard, qu'il continue de porter cette rancune en étendard, si longtemps après et visiblement jusqu'au bout, en dit beaucoup sur lui, sur nous et sur l'époque, je veux dire l'ancienne époque.

Sur lui : voilà un homme qui ne pardonne pas – qui traitera les journalistes de *L'Équipe*, en 2002 dans *Le Monde*, de « gens infects et lâches », parce qu'il avait été écrit qu'il n'était pas l'homme de la situation et qu'il était « un brave type qui émet des soupirs » –, drapé pour l'éternité dans la posture de l'offensé et dans sa psychorigidité, persuadé que, en cas d'échec, il aurait dû partir en exil et continuer de noircir son célèbre carnet depuis l'île de Guernesey en contemplant les marées.

Sur nous, c'est-à-dire moi et les autres, à *L'Équipe*, mais aussi les confrères d'alors : alors que nous avons presque tous écrit la même chose, nous avons seuls, à *L'Équipe*, assumé cette part, parce que Jacquet se fichait que les autres aient retourné leur veste, il ne les lisait pas ; et puis, leur pardonner, leur parler ensuite faisait partie de sa stratégie d'isolement du quotidien sportif. Mais l'affaire dit aussi ce que le journal et ses satellites (*France Football*, à la ligne éditoriale différente, auquel Jacquet a toujours continué de parler, ou *Football Magazine*, mensuel des années 60 et 70) représentaient aux yeux du sélectionneur : un compagnon de route, un journal qu'il avait toujours lu, et il a ressenti la blessure en proportion de cette affection. Tout le monde ne réagit pas de la même manière à une rupture amoureuse.

En termes d'image et d'intérêts commerciaux, après un été 1998 difficile, puisqu'il avait fallu ôter les stickers *L'Équipe* des voitures qui suivaient le Tour de France et prenaient des cailloux, il serait difficile de prétendre que le journal a payé cher sa position : nous n'avons jamais vendu autant de journaux que dans les deux années qui ont suivi, avec une moyenne supérieure à 450 000 exemplaires par jour en 2001, la courbe des ventes subissant une rupture non pas en raison de l'affaire Jacquet, mais du 11 septembre 2001, envisagé comme la fin d'une bulle de légèreté.

L'affaire a participé à redéfinir la place du seul quotidien sportif, ainsi que son rôle : il est possible que nous en ayons conçu quelque prudence, à l'occasion, alors que des présidents et des entraîneurs qui ne le méritaient pas nous demandaient systématiquement d'attendre la fin du bal pour payer ou non les musiciens. Mais cet état intermédiaire a été balayé par la place du débat dans le football, soudain.

Aujourd'hui, une Coupe du monde remportée par l'équipe de France peut demeurer une matière de débat, puisque tout l'est devenu, alors qu'un coup de gueule aussi primaire que celui de Pierre Arditi à « Téléfoot » avant la Coupe du monde 1998 (« Laissez cet homme travailler en paix, vous le critiquerez après ») niait au sport cette dimension, comme s'il n'était pas assez noble pour valoir un débat esthétique, culturel ou stratégique. Il nous semblait, pourtant, que l'acteur aurait parfaitement admis que l'on débatte de la politique économique et sociale du pays avant d'avoir les chiffres du chômage à la fin de l'année. De fait, en 2018, la victoire de l'équipe de France à la Coupe du monde n'a pas déstructuré le débat. La France avait appris à célébrer, à regarder, à dessiller les yeux, à juger une victoire selon ses partis pris, ses principes, son idée du jeu et sa conception de ce que doit être une équipe de France en Coupe du monde. Les raisonnements ne valent rien si celui qui perd a toujours tort et celui qui gagne toujours raison.

À l'été 1998, puis à la rentrée, Aimé Jacquet se déplaçait suivi de son auréole. C'était une tempête dans une vie d'artisan du foot. Il est devenu entraîneur de l'année, manager de l'année aux yeux des patrons du CAC 40, a vendu plus de 300 000 exemplaires de son livre *Ma vie pour une étoile*, a signé de beaux contrats avec Canal+, et, à défaut de transformer tout ce qu'il touchait en or, a continué de gagner beaucoup d'argent, sans rien changer à sa vie ni à ses habitudes. Mais la manière dont il a sans cesse été représenté, en homme proche du peuple, m'a toujours un peu agacé, parce que, s'il n'a jamais oublié d'où il venait, il n'y est jamais retourné. C'est vrai, il a gardé une vie durant l'humilité du fils du boucher de Sail-sous-Couzan et de l'ancien tourneur-fraiseur qui embauchait avant l'aube le lundi matin à l'usine de Saint-Chamond, au début de sa carrière professionnelle. Mais le mépris parisien pour l'ancien prolétariat, voire pour l'accent du Forez, n'a jamais pesé le moins du monde dans la campagne parfois agressive de *L'Équipe* contre le sélectionneur et ses choix. Quel mépris ? Du côté paternel, les hommes de ma famille étaient mineurs, et stéphanois, et l'accent de « Mémé » est celui de mon père : il ne peut y avoir de mépris culturel de ma part, la culture est la même. L'homme du peuple, oui, mais il a passé sa vie à payer l'impôt sur la fortune tant que celui-ci a existé. Les valeurs, oui, mais en 2010, sous contrat avec Canal+, il avait accepté une publicité pour Betclic, le site de paris en ligne, à la colère de la chaîne cryptée. Consultant parfois brocardé, pour le coup (« Percussion, percussion ! »), il était pourtant plutôt précis et intéressant, avec une lecture du jeu et une légitimité dont la plupart de ses successeurs n'ont pas le début de la moitié du commencement.

Il s'est retiré du football et du monde, vit à la montagne, où son vieux corps de footballeur l'a fait souffrir, souvent, longtemps. Il paraît rarement en public, une fois à Lyon avant le départ pour la Coupe du monde, en 2018, une autre fois pour un match des anciens à La Défense. Un jour de 2016 que j'étais invité dans le salon présidentiel au stade Geoffroy-Guichard, parce que le musée des Verts exposait une partie de mes souvenirs d'*Un printemps 76*

(Stock), accompagné de mon père qui avait passé son enfance puis sa jeunesse dans les tribunes populaires, nous sommes tombés sur lui, également invité, signe que le club n'était pas très regardant sur le plan de table. Pas un bonjour, pas un signe de tête, alors que je n'ai jamais écrit un seul mot infamant, alors que j'ai été plus sévère vis-à-vis de tous les sélectionneurs qui ont suivi, même ceux qui ont gagné : Aimé Jacquet est resté coincé dans les jours de juillet 1998, et dans le même élan où il a entretenu le souvenir de ce bonheur magnifique, il a gravé dans le marbre tous les autres sentiments, ce que l'aigreur et le ressentiment ne méritaient pas, peut-être.

Allemagne-Autriche, l'Anschluss

C'est un peu comme si l'on avait inscrit une équipe Russie-Ukraine pour la Coupe du monde au Qatar. « Un peu », car il y a des nuances. D'ailleurs, cela n'est pas arrivé et cela ne risquait pas, parce que l'époque est un peu plus regardante, mais pas seulement. À l'été 1938, deux ans après les congés payés, quinze mois avant la guerre, la France organise la troisième Coupe du monde. En mars, l'Allemagne a annexé l'Autriche, et le sélectionneur allemand, Sepp Herberger, a annexé neuf joueurs de Vienne, la ville qui incarnait l'esthétisme du football de la Mitteleuropa dans l'entre-deux-guerres. La Wunderteam de l'Autriche s'était qualifiée sur le terrain, mais l'Allemagne a décidé pour elle qu'elle ne viendrait pas. Le 3 avril, l'envahisseur a organisé à Vienne un match des retrouvailles entre l'Allemagne et l'Autriche, sous les yeux d'Adolf Hitler, et la propagande s'était retournée, l'Autriche s'était imposée (2-0), avec un but de Matthias Sindelar, le « Mozart du football ». Il était vieillissant mais génial, s'était souvenu d'une ancienne blessure, avait refusé de participer à l'équipe de l'Anschluss : il avait 35 ans, sa compagne était juive, il pressentait la nuit, disputerait son dernier match avec l'Austria Vienne le lendemain du jour de Noël 1938. Moins d'un mois plus tard, le 23 janvier 1939, on retrouvait les corps inanimés de Sindelar et de sa maîtresse, nus sur leur lit, à Vienne. Le rapport d'autopsie avait fait état d'une intoxication au monoxyde de carbone due à une cheminée défectueuse, pendant que la rumeur évoquait un suicide ou un assassinat.

Il y a une équipe de l'Anschluss à la Coupe du monde 1938, et voilà le décor, en France : six Allemands et cinq Autrichiens forment une équipe, font le salut nazi pendant les hymnes, et jouent dans un maillot blanc, avec un aigle surmonté d'une croix gammée sur le cœur. En huitièmes de finale, ils s'inclinent au Parc des Princes face à la Suisse (2-4). Finalement assez peu gênée aux entournures par la conception de l'hospitalité du IIIe Reich, la presse allemande s'indigne : « Traite-t-on de la sorte ses hôtes ?

Nous sommes curieux de savoir comment une telle attitude des Français pourra être conciliée avec les obligations que l'hospitalité impose, dans le monde entier, au peuple qui reçoit. » L'hospitalité française continuerait d'être un sujet débattu par les Allemands dans les années qui suivent.

L'Auto, l'ancêtre de *L'Équipe*, qui ne voyage qu'en ballon, voit les choses autrement : « Nous prétendons qu'une équipe comportant une plus grande proportion de Viennois n'eût pas été battue par la Suisse. Sur le plan sportif, l'Anschluss ne s'est pas réalisé. » C'est vrai, à la fin : une nation qui savait attaquer, une autre qui ne savait pas défendre, ils auraient pu mieux s'entendre.

Allemagne-Autriche, le scandale

Presque tout le monde connaît le titre du film : « Le match de la honte ». Il s'est traduit dans toutes les langues, instantanément. C'était le premier été de l'Algérie à la Coupe du monde, l'été 1982, et l'Algérie de Belloumi et de Madjer avait battu l'Allemagne (2-1), avant de perdre face à l'Autriche (0-2). Tout compte : l'ordre de l'histoire, les buts marqués, les buts encaissés et la nationalité des adversaires. Depuis, la FIFA a compris qu'il fallait que les derniers matches de groupe aient lieu le même jour, à la même heure, pour éviter les calculs et les arrangements. Dans la lumière blanche de Gijón, au moment où l'Allemagne et l'Autriche se retrouvent, on est au cœur des calculs et à l'aube des arrangements. Les calculs, d'abord : deux heures plus tôt, l'Algérie a battu le Chili (3-2), après avoir mené 3-0, un score qui l'aurait qualifiée pour le deuxième tour dans tous les cas de figure. Mais les deux buts encaissés par les Algériens en fin de match changent tout. Voici venir les arrangements : très vite, même pour des gars qui n'ont pas suivi les cours de maths à la fin du lycée parce qu'ils avaient piscine, une possibilité mathématique apparaît. Si l'Allemagne gagne 1-0, la RFA et l'Autriche seront qualifiées et l'Algérie rentrera à la maison. C'est sûrement le hasard, pourquoi voir le mal partout, à la fin, mais l'Allemagne va mener 1-0, but de Horst Hrubesch, l'avant-centre au large front que Thierry Roland entourait de sa tendresse de titi parisien (« Hrubesch, c'est quand même pas Alain Delon »), et le match est terminé. Le ballon circule au ralenti, personne ne tente rien, même pas de faire semblant. Il y a bien un joueur autrichien un peu plus lent à la détente, Schachner, qui essaie de jouer et se plaint auprès de son entraîneur que ses partenaires dorment, mais il suffit de lui murmurer à l'oreille les nouvelles consignes, et il rentre dans le rang.

Afin qu'il n'y ait pas d'autre Schachner, et qu'un gars ne sorte pas la tête enfarinée de ce sommeil organisé, le joueur allemand Paul Breitner, l'ancien rebelle de 1974, l'ancien maoïste, passe une tête dans le vestiaire des Autrichiens et leur lance : « Vous n'allez quand même pas chercher à égaliser ! Nous avons réussi, c'est dans la poche... »

En seconde période, les joueurs allemands et les joueurs autrichiens n'ont peur de rien, pas même du ridicule, et pendant ce temps monte la colère du monde. Dans les tribunes de Gijón, les supporters algériens brûlent des pesetas pendant que les Espagnols agitent des mouchoirs blancs. À la télé, les commentateurs cherchent leurs mots, à l'image de l'Allemand Eberhard Stanjek trouant difficilement le silence (« le jeu que l'on propose est honteux, tous les moyens ne sont pas bons »), et l'Autrichien Robert Seeger, sur ORF, place sa dignité avant la qualification de son pays : il conseille à ses téléspectateurs d'éteindre leur télévision et annonce qu'il ne dira pas un mot pendant une demi-heure. Le lendemain, pas plus gênés que la veille au soir, des joueurs autrichiens réclameront sa démission. Mais *Bild*, le quotidien allemand qui se vend sans supplément nuance, aura lancé un « Honte à vous » à sa une, en écho à la phrase célèbre du sélectionneur allemand, Jupp Derwall : « On était là pour se qualifier, pas pour jouer au foot. » Évidemment, l'affaire a aiguisé les imaginations dans les rédactions. Match de la honte, ce n'était pas assez, du moins pas pour tout le monde. Le lendemain, dans la presse espagnole, on lira un autre nom pour résumer ce match qui n'a pas eu lieu, et que les Algériens auront vu en laissant couler leurs larmes : « El Anschluss ». Vous n'auriez pas osé, ils l'ont fait.

Alzheimer

On ne les a jamais oubliés. Eux, si, parfois, un peu, cela dépend des jours. Les footballeurs des années 60 auront passé une vie au soleil et une vieillesse dans le brouillard. Ils sont de plus en plus nombreux à présenter des signes de la maladie d'Alzheimer parce qu'ils vivent plus longtemps, parce qu'ils mettaient la tête là où personne ne mettrait plus les pieds, parce que l'idée de la virilité du footballeur impliquait de s'engager casque en avant, mais sans casque, et parce que les ballons de cuir de l'époque, une fois mouillés, étaient des assommoirs. Au crépuscule, ces joueurs se sont doucement repliés dans la nuit, et si Alzheimer n'a pas eu besoin du football pour être la maladie du siècle, le XXe siècle et la Coupe du monde offrent un exemple glaçant de cette contagion. Norma, l'épouse de Bobby Charlton, Ballon d'or et champion du monde 1966 avec l'Angleterre, a annoncé en novembre 2021 que sir Bobby développait la maladie, lui aussi. Sur les onze joueurs anglais ayant remporté la finale de la Coupe du monde 1966 face à l'Allemagne (4-2, après prolongation), cinq d'entre eux ont été touchés, soit la moitié des joueurs de champ. L'ironie et la cruauté viennent de ce que la plupart d'entre eux avaient dû, déjà, vendre leurs souvenirs. Quatre héros anglais de l'été 1966 ont disparu, déjà, en se soustrayant lentement et douloureusement au monde : Ray Wilson, disparu en mai 2018 après avoir souffert de la maladie d'Alzheimer pendant les quatorze dernières années de sa vie, Martin Peters en décembre 2019, Jacky Charlton, frère de Bobby, en juillet 2020, et Nobby Stiles, le méchant qui enlevait ses dents avant d'aller au combat, en octobre 2020. Le plus jeune frère des Charlton, Tommy, dirait : « Il est difficile de ne pas penser que c'est lié au jeu de tête. J'avais quatre oncles qui avaient été footballeurs et qui avaient développé la maladie… Mais si vous aviez demandé à Jacky de ne pas jouer de la tête, il l'aurait fait quand même. » Un professeur écossais, Willie Stewart, a estimé après une longue étude auprès de 8 000 joueurs professionnels que les footballeurs avaient cinq fois plus de risques de mourir de démence que le reste de la population.

On ignore si, au fil d'une journée ou d'une semaine, Bobby Charlton, 85 ans pendant la Coupe du monde au Qatar si Dieu et Alzheimer lui prêtent vie, continue de revoir passer devant ses yeux l'éclat de l'été 1966, et d'un dimanche à Wembley où il portait un beau maillot rouge avec trois lions sur la poitrine. C'est cruel, mais lui et les autres sont entrés dans l'éternité de leur vivant : il y a longtemps déjà qu'un magnifique pays de football a décidé d'être leur mémoire.

Amarildo

La théorie du sauveur et de l'imposteur se font face. Amarildo est l'homme grâce auquel le Brésil a remporté la Coupe du monde 1962 au Chili, et il est le joueur qui a pris la place de Pelé après la blessure du Roi. Est-ce que le Brésil lui doit tout, ou est-ce qu'il doit tout au hasard ? Ce que lui doit Pelé est plus facilement mesurable encore : le Roi doit à Amarildo d'être entré vivant dans la légende avec trois couronnes mondiales sur son front sans ride, même quand la vieillesse est venue, une autre spécialité brésilienne. On a lu toute notre enfance que Pelé était le seul joueur qui ait remporté trois finales de Coupes du monde, mais avant de chercher ou de saisir les nuances derrière l'affirmation, on a fait confiance, on imaginait que 1962 avait été la Coupe du monde de la confirmation, après l'apparition sublime d'un gamin de Santos en Suède, en 1958, et longtemps avant le crépuscule éblouissant du Mexique, en 1970. On se souvient très bien de la déception, d'un goût amer comme une trahison, quand on a découvert que Pelé avait joué un match et quart au Chili avant de s'asseoir en tribunes et de suivre au premier rang une Coupe du monde qui se gagnait sans lui, mais avec Amarildo.

Amarildo Tavares da Silveira inscrit deux buts contre l'Espagne (2-0) en phase de groupe, progresse dans la compétition à l'abri du génie absolu de Garrincha et Vavá.

La veille du match, quand Pelé constate qu'il ne peut pas courir, il rend visite à Amarildo dans sa chambre : « Dieu t'a donné ma place. Il faut que tu en sois digne. » On ne sait pas s'il parlait vraiment de Dieu ou s'il parlait de lui, mais Amarildo est touché par la grâce et par le Roi : il a 21 ans, et il va inscrire le premier but de la finale, qui est seulement sa septième sélection, puis être à l'origine du deuxième contre la Tchécoslovaquie (3-1). Il ne disputera plus jamais la Coupe du monde. Il y a les Rois qui posent sur l'épreuve un regard de dynastie, et il y a les joueurs de passage, pris dans le halo de lumière d'un été. Ce qui est une façon de parler : au Chili, c'était l'hiver.

Anelka

Si longtemps après, on ne sait toujours pas vraiment qui est Nicolas Anelka, et cela n'a pas tant d'importance. La Coupe du monde ne le sait pas non plus, et c'est une source d'étonnement d'une autre dimension. L'histoire n'était pas partie comme ça. Ni avec nous ni avec la Coupe du monde. On se souvient bien de la première époque. De discussions impromptues les soirs de match d'Arsenal, quand il était encore un môme, l'année du doublé des Gunners, Cup et Premier League, en 1998. D'une interview à Sopwell House, à Saint-Albans, dans le nord de Londres, qui faisait office de vestiaire et de salon de thé pour les joueurs d'Arsenal avant la construction de leur centre d'entraînement à Colney : ce jour de février 1999, on était venu avec le camarade Jean-Christophe Bassignac l'interroger sur son doublé de la veille, à Wembley, avec l'équipe de France face à l'Angleterre (2-0). Une phrase est restée, au moins, sur ces confessions, alors qu'il racontait son premier but sur une passe de Zinédine Zidane : « J'ai vu qu'il m'a vu. » Cela ressemble à un cliché, et c'est pourtant l'une des plus belles photographies du football, la définition même de ce qui relie deux joueurs, le passeur et le buteur, le regard et le mouvement. Ensuite, on l'a perdu. De vue, aussi.

La Coupe du monde 1998, il l'a regardée chez lui, à Trappes, en passant son permis de conduire et en occupant ses journées au centre commercial de Saint-Quentin-en-Yvelines. On avait milité, pourtant, pour qu'il la fasse : il avait déjà la classe, la vitesse, sa timidité tranchait avec son jeu létal, et il méritait d'être là pour apprendre et grandir, comme Thierry Henry, comme David Trezeguet. Mais comme Pierre Laigle, Sabri Lamouchi, Lionel Letizi, Ibrahim Ba et Martin Djetou, il aura fait partie des six joueurs partis dans la nuit de Clairefontaine, à la fin du mois de mai, après qu'Aimé Jacquet avait annoncé sa liste des 22 joueurs sélectionnés et demandé aux autres de rester jusqu'au lendemain midi. Tu parles : ils avaient filé dans le quart d'heure, en taxi, ou alors sac sur l'épaule, de l'autre côté de la barrière, à attendre un copain qui roulait à fond la caisse depuis Paris. Pour Anelka, c'était plus simple : ses parents habitaient à vingt minutes.

En 2002, il n'était même plus dans le cinéma, plutôt dans le décor, battu en vitesse et en nouveauté par Djibril Cissé. En 2006, il avait espéré revenir, et jusqu'au bout Zidane avait tenté d'infléchir Domenech, pour lui et pour Giuly : pendant qu'il se disait que Zizou faisait l'équipe, Domenech décidait quand même. En 2010 est venue, enfin, sa Coupe du monde, la seule, l'unique. Il avait rêvé d'être le personnage central d'une Coupe du monde, il l'a fait. Mais à l'envers, comme son jeu, alors : avant-centre d'une équipe sans danger pour l'adversaire, il aura passé son temps loin du front, venant toucher le ballon dans des zones où les défenseurs ne le harcelaient pas. Après une préparation manquée et un premier match sans relief face à l'Uruguay (0-0), au Cap, il n'aurait même pas dû jouer le deuxième à Polokwane devant le Mexique (0-2) : cela aurait évité à Raymond Domenech de le sortir à la mi-temps et de lancer l'une des grandes affaires de l'histoire bleue en Coupe du monde. On ne sait pas au mot près ce qu'il a dit, mais sur l'esprit, bon ou mauvais, il n'y a pas de doute, et on n'a jamais oublié que la célèbre une de *L'Équipe* du lendemain (« Va te faire enculer, sale fils de pute ») a survécu à la plainte des avocats de Nicolas Anelka. C'était la chose qu'il avait le mieux attaquée, cet été-là, et il a perdu quand même.

« *Animals !* »

L'Angleterre et l'Argentine, en Coupe du monde, c'est tout un poème, qui se compte en pieds, en mains et en mauvais coups. On reviendra sur la main de Dieu envisagée comme une revanche de la guerre des Malouines, pendant la Coupe du monde 1986. Vingt ans plus tôt, la première rencontre a l'odeur du soufre, du règlement de comptes et du complot. C'est un quart de finale de Coupe du monde, à Wembley, entre des Anglais et des Argentins aux projets de jeu dissemblables. Chez les premiers, les mauvaises intentions sont cachées, c'est culturel, la distance est une ruse et l'hypocrisie la règle. Chez les seconds, tout se voit, les Argentins en montrent même plus qu'ils n'en font ; ils cherchent seulement à cacher certains de leurs méfaits à l'arbitre, parce que l'impunité leur semble une deuxième victoire.

L'Angleterre va remporter ce quart de finale violent, qui va basculer dans le chaos pour autre chose. Parce que l'intimidation serait moins complète et moins drôle, quand même, si l'on n'y ajoutait pas les gestes, le défenseur et capitaine de l'Argentine, Antonio Rattín, est exclu du terrain par l'arbitre allemand, Rudolf Kreitlein, pour menaces. Sortir Rattín, un boucher, pour un mot de trop, c'est comme faire tomber Al Capone pour fraude fiscale. Dans les finales de coupes intercontinentales qui ressemblent à des rodéos, sous l'influence du club argentin d'Estudiantes et de son célèbre « *fútbol de la muerte* », on a déjà vu ces bousculades et ces soubresauts qui peuvent s'étirer de longues minutes, le football ne reprenant qu'à la fin des hoquets. Mais on n'a jamais vu en Coupe du monde, ni avant ni après, ce qui va suivre : Rattín montre à l'arbitre son brassard, lui rappelle que cette distinction l'autorise à lui parler, demande un interprète pour être sûr de se faire comprendre et de mettre vraiment le foutoir, s'assied sur la pelouse, refuse de quitter le terrain même lorsque la police vient le chercher en prétextant sa propre sécurité, finit par se lever et par s'essuyer les crampons sur le drap rouge qui tombe au pied de la loge royale. Ce qui suit, surtout, et qui a définitivement rendu ce match célèbre, est le « *Animals !* » qui va barrer la une de tous les journaux anglais, le lendemain, après cette déclaration d'Alf Ramsey, le sélectionneur anglais : « C'est une honte que tant de talent soit gâché par l'Argentine. Notre meilleur football viendra contre une équipe qui viendra pour jouer, pas pour se comporter comme des animaux ! »

Une autre expression barre les journaux argentins, le lendemain : « Le vol du siècle ! » La théorie du complot développée par les Argentins repose sur la nationalité même du patron des arbitres de la Coupe du monde, l'Anglais Ken Aston. Anecdote rapportée, plus tard, par George Cohen, un champion du monde 1966 : « Les Argentins avaient été affreux, c'est vrai, les coups, les crachats, le tirage des cheveux courts juste derrière la nuque, ou alors les oreilles. À la fin du match, j'allais échanger mon maillot avec Rattín, quand j'ai vu le coach, Alf Ramsey, foncer sur moi. Il criait : "Non, pas avec lui !" »

Anniversaires (Joyeux)

Le 21 juin 1986, à Guadalajara, Michel Platini a 31 ans. C'est déjà l'âge de son crépuscule. Il n'est pas encore le joueur qui coûte le plus cher en bougies : parmi les Bleus de cette aventure-là, Alain Giresse demeure l'aîné (33 ans), mais comme il s'agit de Michel Platini, quand même, il faut au moins qu'il coûte cher en gâteau.

Le 21 juin 1986, c'est le jour de France-Brésil à Jalisco, l'un des plus beaux matches de l'histoire de la Coupe du monde. Platoche n'est pas le seul à avoir 31 ans sous le soleil de Mexico, de Guadalajara et d'ailleurs. Jean Tigana aura 31 ans deux jours plus tard, le 23 juin, et Maxime Bossis fêtera ses 31 ans le 26 juin. Michel Platini ne sera plus footballeur à son prochain anniversaire : il aura tout plié – tout peut se plier, quand le corps rouille, que les tendons grincent, et que ses derniers mois de joueur restent agités par le cauchemar du Heysel et ses 39 morts, en mai 1985 à Bruxelles.

Le soir de la victoire sur le Brésil en quarts de finale, au bout de l'un des plus beaux moments de grâce de l'histoire de la Coupe du monde, Platini, Bossis et Tigana soufflent les bougies sur un gâteau d'anniversaire qui va rester plus longtemps dans les mémoires que sur son plateau, parce que les Bleus sont joueurs, et que soudain se déclenche une bagarre de gâteau au chocolat, une bagarre de mômes. Une équipe de foot, c'est une colonie de vacances, et les gamins peuvent à tout moment semer l'insurrection à la cantine.

De nombreux Bleus qui ont marqué l'histoire sont nés à la fin du mois de juin, et il n'y a pas de hasard : du moins, la récurrence peut s'expliquer. Platini est du 21 juin, donc, et Zidane est du 23. Longtemps, les catégories dans le football n'étaient pas alignées sur les années civiles. Elles commençaient le 1er juillet, si bien que les joueurs nés à la fin du mois de juin avaient quelques mois de plus que les autres, en moyenne, des mois susceptibles de faire une différence à l'adolescence. D'ailleurs, à la fin des années 80, les catégories ont été alignées sur les années civiles, et, fait du hasard, ou non, le meilleur joueur français du moment, Kylian Mbappé, est né en décembre, ainsi que le capitaine des Bleus, Hugo Lloris. Les entraîneurs qui pensent l'avenir du foot ont fait des études sur les mois de naissance et surveillent désormais les plus petits gabarits de la première partie de l'année, en anticipant ce qu'ils deviendront à l'âge adulte, pour ne pas leur préférer systématiquement, dans la détection, le joueur plus puissant né à la fin de l'année.

Zinédine Zidane, lui aussi, a souvent fêté son anniversaire en pleine Coupe du monde. Lui non plus ne pourra jamais oublier son dernier anniversaire de footballeur, le 34e, le 23 juin 2006, en Allemagne. Au matin de France-Togo à Cologne, ce jour-là, il ne peut pas savoir s'il rejouera au football un jour, puisqu'il a annoncé sa retraite à la fin de la Coupe du monde. En revanche, il a le droit de s'empiffrer de gâteau : suspendu pour ce France-Togo qui décidera de l'arrêt ou de la poursuite de sa carrière, le capitaine des Bleus joue son avenir éloigné du front. Ce front, d'ailleurs, d'où viendront les ennuis et la fin de l'histoire, le 9 juillet, dans la nuit de Berlin et le regret éternel d'une deuxième étoile.

Arbitres (français)

Les arbitres français n'ont pas tous connu la gloire à l'international. C'est parfois bon signe : les arbitres dont on se souvient le mieux ont sinon quelque chose à se reprocher, du moins quelque chose qu'on leur reproche. Depuis que l'équipe de France dispute une finale de Coupe du monde sur deux (1998, 2006, 2018, trois sur les six dernières), ils ont 50 % de chances en moins d'arbitrer une finale : les autres 50 %, les années restantes, se jouent sur la puissance du lobby de l'arbitrage français et sur son niveau généralement constaté dans les compétitions européennes de club.

Quand le football était moins universel et que les bureaux de la FIFA étaient encore installés en France, c'était plus simple : le Bordelais Georges Capdeville, par exemple, avait arbitré la finale de la Coupe du monde 1938. Les photos de l'époque en restituent l'élégance : en short, il porte un blazer sur son polo dont il a fermé le bouton du haut, et c'est ainsi que se manifeste l'autorité. Maurice Guigue, lui, arbitrera la finale de la Coupe du monde 1958 en Suède. Depuis, personne n'a fait mieux que Michel Vautrot, l'arbitre de la célèbre demi-finale Argentine-Italie à Naples, en 1990, Maradona contre l'Italie au pied du Vésuve. Sauf que, ce soir-là, soit qu'il pensait à autre chose, soit que sa montre était tombée en panne, il avait fait jouer huit minutes de trop dans la première mi-temps de la prolongation en oubliant l'heure.

Le plus célèbre de tous reste peut-être Robert Wurtz, arbitre de la Coupe du monde 1978, l'homme qui courait à côté des joueurs et parfois devant eux, démonstratif et excessif, surnommé le « Nijinski » du sifflet par des journalistes brésiliens sensibles à sa chorégraphie, et qui avait fini, longtemps après, par arbitrer au milieu des vachettes de l'émission « Intervilles » pendant près de dix ans. Beaucoup d'ego et un énorme sens de l'autodérision : c'est ainsi qu'un arbitre vieillit et devient populaire. *A priori*, la plupart de ses successeurs français répondent à un seul des deux critères.

Areola, Alphonse

Troisième gardien en 2018, spectateur absolu mais grand gardien d'entraînement, il a été remarquable pour deux faits d'armes : un grand match en Allemagne (0-0) deux mois après le titre, et un salaire de 700 000 euros par mois pendant quatre ans au PSG, où il n'a presque pas joué. On l'imaginait en successeur, mais Mike Maignan lui a dérobé le costume. Il faudrait réhabiliter le troisième gardien : à partir du quatrième, tout le monde l'envie.

Aztèque

C'est un stade, un exotisme et un souvenir. Sur les images de la Coupe du monde 1970, c'est ce qui marque, d'abord : la profondeur de champ, la hauteur des tribunes. Le stade Aztèque de Mexico (El Estadio Azteca) est un de nos plus beaux voyages, même à distance, parce que c'est ici que le Brésil de Pelé a été sacré en 1970, et parce que c'est ici, aussi, que Diego Maradona a hissé l'Argentine là où lui-même habitait depuis longtemps, sur le toit du monde, en 1986. Pelé, Maradona, toujours plus de 100 000 spectateurs, la pelouse envahie au soir des couronnements et les rois juchés sur les épaules du peuple : le stade Aztèque a une place à part dans notre imaginaire. C'est ici, enfin, et l'on ne sait toujours pas si c'est une bonne chose, qu'a été généralisée la « ola », cette manière doucement oubliée de déclencher une vague en tribunes, dans le sens des aiguilles d'une montre, par les spectateurs qui se lèvent tour à tour pour créer un mouvement déconnecté du spectacle du match, le plus souvent. On l'a oubliée, cette « ola », reine de la Coupe du monde 1986 et des tribunes dans les vingt années qui ont suivi. Elle s'est éteinte, par lassitude, mais peut-être par barrage, aussi : dans les tribunes derrière les buts, les ultras ont toujours préféré se soustraire au mouvement général au profit d'une animation personnelle, avec leur chorégraphie propre, leurs chants, leurs fumigènes parfois, et ils n'allaient pas passer leur vie à se lever de leur siège, d'abord parce qu'ils étaient déjà debout, ensuite parce qu'ils n'avaient pas envie d'un stade qui ressemble à une publicité pour une boisson gazeuse américaine.

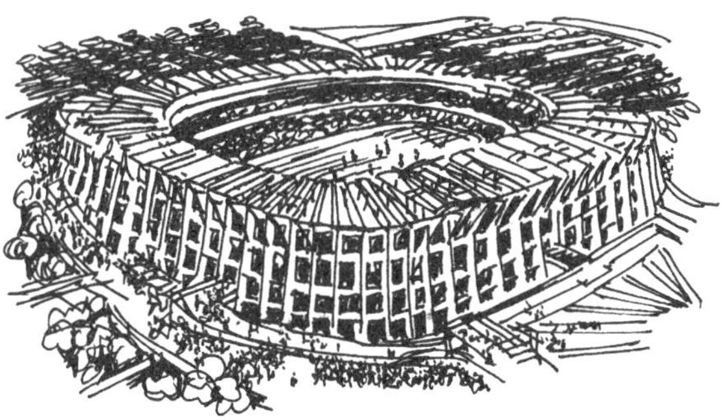

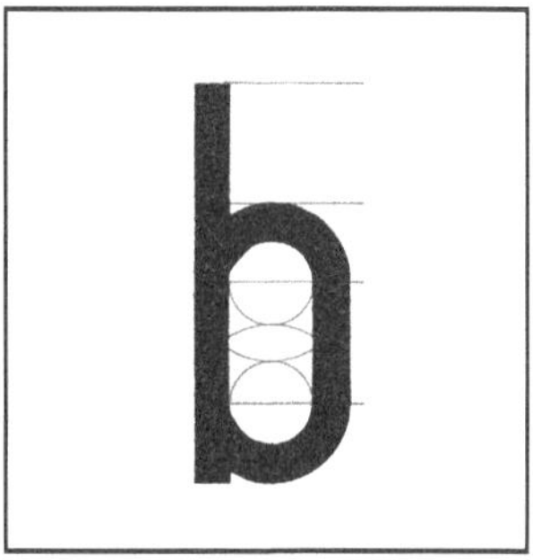

Ballons

La révolution est venue du Tango. Il faut avoir été adolescent dans les années 70 pour s'en souvenir. Dans nos clubs, même chez ceux qui avaient un peu d'argent, les ballons d'entraînement n'étaient pas tous parfaitement ronds, ni en cuir, ni légers. Ils s'alourdissaient sous la pluie, se maculaient de boue, parfois, avaient perdu leur éclat, et rares étaient ceux qui ressemblaient vraiment à ceux des matches des grands du dimanche, avec les facettes noires et blanches, et une valve apparente par laquelle on les gonflait, avec un embout spécial et une pompe à vélo. Dans les séances de frappe au but, les gardiens laissaient passer volontairement les ballons trop gonflés, durs comme des briques, qui rougissaient les mains ou les avant-bras malgré les gants et les manches du survêtement. Leur enveloppe était en cuir déformé, mais aussi en plastique épais, et quand l'entraîneur ouvrait le filet qui les contenait tous, au début de la séance d'entraînement, chacun se précipitait sur les rares ballons qui correspondaient à nos rêves.

Et puis la Coupe du monde 1978 est venue : Adidas, comme il le faisait déjà, et comme il l'a fait jusqu'à ce qu'il perde ce contrat, a créé un nouveau ballon. Il s'appelait « Tango », le nom idéal avant une Coupe du monde en Argentine. Pour nous, c'était un nom de code qui brouillait les pistes : les « Tangos », pour ceux d'entre nous qui suivaient le championnat de France, était le surnom des joueurs de Laval. Et puis c'était la mode du Tang, cet étrange jus d'orange en poudre, qu'il fallait délayer dans l'eau pour révéler sa couleur surnaturelle.

Mais Tango, au singulier et avec un « o », est resté, parce que ce ballon a été un miracle. Il résistait à l'eau, qui glissait sur son cuir comme sur les plumes d'un canard. Il ne s'alourdissait ni ne se déformait. Il ne faisait mal ni aux pieds ni aux mains. Il permettait à ceux qui savaient le faire de jongler inlassablement. Son design et ses lignes discrètes imprimées bleues ont soudain fait passer le ballon aux faces noires et blanches pour un objet du passé. Au début, mon club en a acheté quelques-uns, et on se battait pour s'entraîner avec. Au moins, le Tango était devenu le ballon des matches, et l'on poursuivait enfin le même ballon qu'à la télé. Mais il n'y a pas de monde parfait : à peu près au même moment, face à l'impossibilité d'entretenir tout l'hiver les pelouses de nos terrains d'entraînement, les clubs ont commencé à se pencher sur les terrains en « gore », cette terre battue ocre ou beige qui n'avait pas besoin de tondeuse ni de système d'arrosage. Les plongeons des gardiens sont devenus douloureux, certains d'entre nous découpaient des paillassons et les attachaient avec des ficelles sur les hanches, et la terre granuleuse détruisait très vite la couleur des ballons en cuir. Bientôt les Tango d'entraînement sont devenus gris à leur tour, et il fallait attendre le dimanche et le match sur la pelouse pour jouer, enfin, avec le même ballon qu'à la télé, pendant la Coupe du monde 1978 en Argentine.

Banks, Gordon

Parce qu'il ne laissait personne entrer, et surtout pas le ballon, qu'il enfermait de ses bras sans jamais le relâcher, même les jours de pluie où il était glissant, on l'appelait Banks of England. C'était un jeu de mots facile, mais une image parlante, qui unissait l'idée d'un coffre impossible à percer et d'un monument national. Gordon Banks était un gardien de but qui portait des gants pour conduire, mais pour jouer, pas toujours. Les gardiens anglais des sixties et des seventies promenaient leur culture des temps froids et difficiles, manches retroussées, mains nues, à peine un tee-shirt sous les maillots, et ils passaient leurs soirées sous la pluie, dans la boue, à aller boxer des ballons au milieu des joueurs édentés qui venaient placer leur tête et écarter des coudes devant leur but. Pendant la Coupe du monde 1966, un soir que la pluie de juin tombait trop dru, il avait envoyé un jeune intendant acheter du chewing-gum à côté de Wembley pour le mâcher rapidement et le coller sur ses gants de laine afin d'en augmenter l'adhérence.

Une enfance à porter des sacs de charbon à Sheffield puis à être apprenti plâtrier, remarquable contraste, une carrière passée dans des clubs à la gloire bien inférieure à la sienne (Chesterfield, Leicester, Stoke City), champion du monde en 1966 avec l'Angleterre, Gordon Banks est cependant célèbre à plus d'un titre : quatre ans après, pendant la Coupe du monde au Mexique, il a réalisé le plus bel arrêt de l'histoire, du moins le plus célèbre, le plus mythique, avant de provoquer l'élimination du royaume en raison d'une turista, une indisposition intestinale également appelée « la revanche de Montezuma ».

D'abord, l'arrêt, le 7 juin 1970, à Guadalajara, après une nuit perturbée par la samba des supporters cariocas sous les fenêtres anglaises. À la 11e minute, Jairzinho déborde et centre pour la tête de Pelé : le Roi en est sûr, il va marquer, d'ailleurs il commence à lever les bras. Le ballon rebondit devant la ligne, sur la droite de Banks, quand celui-ci se détend à l'horizontale, assez près du sol et va chercher le ballon presque derrière lui, pour le faire remonter au-dessus de sa transversale. Tout le monde, depuis, affirme avoir crié quelque chose à Banks sur cette action, un bon mot si possible, mais tous les dialogues semblent apocryphes quand on examine les images de l'arrêt. Le gardien anglais se relève tranquillement, encore un jour ordinaire au boulot, et ses partenaires pleins de flegme ne lui tombent pas exactement dans les bras, pas le genre de la maison. Il y a corner pour le Brésil, il faut s'organiser, c'est tout. Pelé a dit un jour, mais pas ce jour-là : « J'avais marqué le but. Banks l'a effacé. » Ce jour-là, Pelé aurait dit, en anglais, en portugais, personne ne l'a jamais précisé, ou n'aurait pas dit du tout : « Je croyais qu'il y avait but. » Et Banks aurait répondu, ou n'aurait pas répondu : « On est deux... » La légende, encore, affirme que Bobby Moore, le capitaine de l'Angleterre, lui aurait lancé, pendant que son gardien se relevait : « Tu vieillis, Banksy, tu les bloquais, ces ballons, avant... » Il est probable que ces mots soient venus plus tard, dans le vestiaire, ou alors devant la presse, ou alors dans les années qui ont suivi. Toujours Gordon Banks a été ramené à cet arrêt, qui lui fera dire, au crépuscule : « Ils ne se souviendront pas de moi pour mon titre de champion du monde, mais pour cet arrêt. Ils ne veulent parler que de ça. »

Quand ils avaient le temps, « ils » lui parlaient de son accident de voiture, en octobre 1972, au volant de sa Ford Consul, alors qu'il revenait du Victoria Ground, le stade de Stoke City, et qu'un débris de son pare-brise avait définitivement endommagé la rétine de son œil droit. Avec un seul œil, il serait quand même nommé meilleur gardien de la Ligue américaine, plus tard. Mais « ils » revenaient sans cesse, aussi, sur sa fameuse turista dans les heures qui précédaient le quart de finale de la Coupe du monde 1970 à León contre l'Allemagne (2-3). Il avait pourtant mangé exactement la même chose que les autres, et Alf Ramsey, le sélectionneur des champions du monde 1966, avait dû le remplacer par le gardien de Chelsea, Peter Bonetti, et alors que l'Angleterre menait 2-0, avait décidé de sortir Bobby Charlton pour le reposer avant les demi-finales. L'Allemagne et Gerd Müller avaient tout renversé, et ni Bonetti ni Ramsey ne s'en remettraient tout à fait. Tantôt sur son lit, tantôt sur le trône, Banks avait cessé d'essayer de suivre le match à 2-0, puis il s'était endormi d'épuisement, et quand il avait émergé de ce brouillard, Bobby Moore était entré dans sa chambre lui annoncer que la Coupe du monde était terminée. Voilà ce qu'il avait rapporté du Mexique : une déception pour l'Angleterre, une turista passagère et un arrêt pour l'éternité.

Barreau, Gaston

Lors de la première Coupe du monde, en 1930, le patron est resté à la maison. Il avait autre chose à faire, dans la vraie vie : Gaston Barreau, le sélectionneur de l'équipe de France, était le chef du secrétariat du Conservatoire national de musique, avec logement de fonction qui donnait sur une cour pavée où ses enfants jouaient au foot, le soir, après les cours. Pour partir à la Coupe du monde, il fallait obtenir un congé de deux mois auprès de son employeur, compte tenu de la longueur du voyage, et le Conservatoire ne l'avait pas accordé à Gaston Barreau, privé de Montevideo et consigné rue de Madrid à Paris.

Une Coupe du monde est parfois la chance d'une vie, mais soit il a eu plusieurs vies, soit il a eu plusieurs chances. Il est envisageable que son bénévolat appliqué au foot lui ait permis de durer aussi longtemps dans un métier aussi exposé, car si l'époque séparait le métier de sélectionneur de celui d'entraîneur, et Gaston Barreau n'avait jamais entraîné de sa vie, l'équipe de France perdait tellement souvent qu'il n'aurait pas dû survivre à ses bilans successifs. Mais il était né (en 1883) pour survivre, et prétendait, du reste, que le football lui avait sauvé la vie, après qu'à la veille de la guerre de 14 il s'était brisé l'épaule avec l'équipe de France en Hongrie (1-5), quelques semaines avant les premiers combats : ne pouvant porter son sac, il avait été recalé par l'infanterie, échappant à la boucherie par sa mutation dans l'artillerie. Sélectionneur de l'équipe de France, ou un rôle approchant, serait son autre métier dès 1919 et jusqu'au printemps 1958 : un « brave homme », décrivait la presse sportive sans pressentir la vacherie, un taiseux qui fuyait les journalistes et les regards, et qui échafaudait des plans dont personne ne savait rien, pas même ses adjoints du comité de sélection (les internationaux Jean Rigal, Gabriel Hanot ou Lucien Gamblin, avant-guerre), ni ses entraîneurs successifs, l'Anglais George Kimpton pour la Coupe du monde 1934, l'ancien gardien français Maurice Cottenet pour la Coupe du monde 1938 en France.

Pendant et après la Seconde Guerre, il serait encore là, avec sa mèche sagement rangée sur le côté du crâne, sa fine moustache, son allure austère et son imperméable clair, arpentant les terrains du championnat de France à la recherche de sa prochaine sélection, un moment rejoint par Gabriel Hanot, jusqu'à ce que ce dernier, qui était également la grande plume de la rubrique football de *L'Équipe*, ne participe lui-même à demander sa démission après une défaite de trop d'une phrase pleine de noblesse (« nous pensons qu'un nouveau responsable doit être nommé »), en 1949. Pendant plusieurs années, et notamment la Coupe du monde 1954, les Bleus étaient entraînés par Pierre Pibarot, et Gaston Barreau prenant de l'âge, le comité de sélection s'étoffa régulièrement, peut-être pour délayer sa voix. Il avait attendu pendant une vie de football une Coupe du monde réussie, mais il vécut à peine et de loin, rongé par la maladie, l'été 1958 et l'émergence des héros de Suède, s'éteignant juste après la victoire de la France sur le Paraguay (7-3) au premier tour. Un calcul simple : trente-cinq ans au poste de sélectionneur, cela porterait Didier Deschamps en 2047.

Barthez, Fabien

Pour prendre la mesure du gardien que fut Fabien Barthez, il faut presque oublier ses saisons en club. Se souvenir du jeune chien fou qui avait remporté la Ligue des champions 1993 avec l'OM, à 21 ans, oui. Mais pour apercevoir complètement son talent, l'incroyable ascendant qu'il pouvait avoir sur ses adversaires, assis sur une décontraction prodigieuse, il valait mieux attendre l'été, et les années paires. En club, il s'ennuyait un peu, et en équipe de France, les matches amicaux le voyaient souvent brandir le mot d'excuse favori des footballeurs, à égalité avec la gastro : « Coach, je ne pourrai pas jouer, j'ai mal au dos. » Il aurait pu avoir 50 sélections de plus, mais cela ne l'intéressait pas, et on se souvient d'une terrible interview de Claude Puel, au printemps 2000, dans laquelle l'entraîneur de Monaco lui avait reproché d'avoir triché pendant presque toute la saison. D'ailleurs, s'il avait été irrésistible en club, il n'aurait pas perdu sa place à Manchester United, plus tard, au profit d'un gardien américain, l'ordinaire Howard.

Mais Barthez a toujours été différent en Coupe du monde. Commençons par la fin : il ne l'a pas été en 2006, parce qu'il commençait doucement à glisser de l'autre côté de la colline. Son remplaçant, Grégory Coupet, était meilleur que lui, mais Raymond Domenech avait besoin de Barthez, et Zidane n'aurait pas aimé son déclassement ; il n'empêche qu'il n'avait pas été immense, en Allemagne, et qu'il n'avait pas servi à grand-chose en finale ni sur le but de la tête de Materazzi, certes également imputable au marquage trop lâche de Vieira, ni pendant la séance des tirs au but, qui n'a certes jamais été un exercice où les grands gardiens émergent.

Mais Barthez, en 1998, est parfait. Par-delà sa popularité, parce qu'il est le compagnon de la mannequin Linda Evangelista et que Laurent Blanc lui fait une bise sur le crâne au début de chaque match, un code qui leur rappellerait une soirée mémorable, il est agressif et décisif, tout le temps, et n'a peur de rien ni de personne, même pas de Ronaldo à qui il fait faire un soleil en finale. En 2002, malgré l'échec, il sera le meilleur, mais sa grande œuvre restera l'Euro 2000. C'est vrai, il choisissait ses matches et ses rendez-vous. Mais il fallait être aussi fort que lui pour se le permettre.

Batteux, Albert

Un soir, dans ma ville de province si rarement visitée par le football alors, Albert Batteux est venu donner une conférence. Tous les mots comptent. Donner : cet homme était passionné par la transmission comme il l'était par le football, et il était venu pour rien, pour le plaisir d'autres entraîneurs moins célèbres que lui, qui avaient organisé la soirée et avaient envie de l'écouter. Conférence : pour un homme qui pouvait faire des causeries de deux heures avant un grand match de coupe d'Europe ou de l'équipe de France, l'éloquence était une arme de séduction et de conviction absolue. À l'issue de sa conférence, alors que je me présentais, jeune correspondant du *Progrès* de l'Ain, il avait commencé à me répondre et s'était interrompu : « Viens, on va manger, on parlera à table. » On était descendus au Français, la brasserie historique de la ville, il avait signé le livre d'or, et moi je l'avais écouté toute la soirée, et même le début de la nuit ; je ne sais plus qui j'avais oublié de prévenir que je rentrerais tard, mes parents ou ma femme, ce devait être entre les deux, au tout début des années 80.

Albert Batteux est relativement oublié, aujourd'hui, et c'est assez insupportable. Il a marqué presque trente années de football de l'après-guerre, ancien joueur international de Reims, puis entraîneur du grand Reims double finaliste de la Coupe d'Europe des clubs champions en 1956 et 1959, et enfin entraîneur du Saint-Étienne qui avait dominé le football français d'un élan (quatre titres de champions, deux Coupes de France entre 1967 et 1971) qui annonçait la fièvre verte. Il a inspiré des entraîneurs qui ont marqué leur temps, Jean Vincent à Reims, Robert Herbin et Aimé Jacquet à Saint-Étienne. Il a mené l'équipe de France à la troisième place de la Coupe du monde 1958 en Suède, avec Paul Nicolas, le patron des sélectionneurs, et Jean Snella, qui était l'autre entraîneur plus que son adjoint.

J'avais 10 ans quand j'ai lu un livre assez incroyable, *Les « Verts »*, de Roland Passevant, le journaliste de *L'Humanité*. Il avait été autorisé à vivre avec l'AS Saint-Étienne pendant quelques jours : c'étaient les « Yeux dans les Verts » à l'âge de Gutenberg, une immersion qui donnait à voir un aspect du football inconnu de moi et de la multitude. Il racontait Batteux s'installant dans le salon d'un hôtel, commençant à parler de son équipe, de l'adversaire, du match à venir, des principes de jeu, et comme il n'était pas à cheval sur le temps, il ajoutait les principes de la vie collective. C'était brillant, on le savait en lisant la description. Chaque fois que j'ai refermé le livre, j'ai pensé que ce serait formidable de pouvoir un jour croiser Albert Batteux, et qu'il était impensable que le football français l'oublie un jour.

Beckenbauer, Franz

La finale de la Coupe du monde est, au fond, son habitat naturel. Franz Beckenbauer, alors milieu de terrain, est né au football mondial en disputant la finale de 1966 face à l'Angleterre, il est devenu célèbre en jouant une demi-finale contre l'Italie en 1970 avec le bras en écharpe, après une luxation de l'épaule, il a remporté la Coupe du monde 1974 sur son palier, à Munich, et il a de nouveau vécu deux finales quand il est devenu sélectionneur, l'une perdue contre Maradona en 1986 au Mexique, l'autre gagnée contre Maradona en 1990 sous le ciel de Rome. Au milieu de tout cela, il aura dominé l'Europe avec le Bayern Munich, créant une légende footballistique arrimée aux victoires tardives, peu spectaculaires et parfois cyniques, et aux buts de rapine de Gerd Müller, un avant-centre court sur pattes mais qui transformait en but les occasions en or.

Ils étaient les rois du monde, mais les dividendes étaient faibles. Les grands joueurs des années 70 devaient concevoir des stratégies commerciales agressives pour amasser un capital pour leurs vieux jours, à une époque où les footballeurs professionnels français finissaient, dans un monde idéal, en tenant un bar-tabac dans la ville de leur belle-famille, ou en devenant représentant pour Adidas sur leur territoire régional d'origine. Beckenbauer, sur ce plan-là, ressemblait à Cruyff. Il avait été le premier joueur allemand à avoir un agent, le premier à faire de la publicité, et, dès la fin de l'année 1966, à 21 ans, quelques mois après avoir perdu la finale de la Coupe du monde face à l'Angleterre (2-4 après prolongation), il avait été le premier à enregistrer un disque, une chanson assez oubliable (« Les vrais amis ne peuvent être séparés »), mais dans le scopitone qui avait été tourné on voyait les autres joueurs de l'équipe d'Allemagne faire les chœurs et battre le rythme.

C'était aussi la naissance d'un chef, qui allait être surnommé le « Kaiser » par le *Süddeutsche Zeitung* en 1968, et le surnom lui allait tellement bien qu'il lui était resté. L'histoire alternative du surnom a pour cadre un match amical à Vienne où Franz aurait posé sous le buste de François-Joseph Ier, mais la vérité est que « Kaiser » est devenu son nouveau prénom parce qu'il s'accordait à son élégance, ce port de tête altier, cette arrogance peu dissimulée, cette manière de traverser les lignes en regardant un horizon plus élevé que les autres, et de révolutionner le poste de défenseur central, conquérant une liberté nouvelle pour créer une menace offensive que l'on n'avait jamais vue venir de si loin.

Seul défenseur de l'histoire à avoir conquis deux Ballons d'or, il avait fui l'Allemagne, sa presse à scandales et le fisc pour rejoindre le New York Cosmos, avec Pelé ; le foot new-yorkais n'avait pas d'intérêt, mais la vie si, et tous les lundis soir ils se retrouvaient au Studio 54 avec les personnalités de l'époque. Si le foot et l'Allemagne l'avaient ramené vers la Coupe du monde, c'est parce que *Bild*, le quotidien populaire avec lequel il était sous contrat, avait poussé très fort pour qu'il devienne sélectionneur, une fonction qu'il occuperait six ans, avant une parenthèse manquée à l'Olympique de Marseille où il n'avait même pas fini la saison : Tapie achetait un nom, entre autres choses, mais continuait de faire l'équipe, et le Kaiser, viré comme un débutant, s'était dit qu'il aimait sa maison en Autriche un peu plus que l'argent de l'OM. Mais il avait continué d'entraîner le Bayern et de gagner avec lui, et la Coupe du monde ne l'a pas quitté, puisqu'il l'a organisée en 2006, toujours en hélicoptère, d'un stade à l'autre, avant que différentes enquêtes soulèvent un goût pour l'argent un peu douteux en certaines circonstances, et notamment une enveloppe de 4,5 millions d'euros qui l'aurait incité à voter en faveur de la Russie pour l'organisation de la Coupe du monde 2018. Mais comme pour la corruption organisée lors du vote en faveur de l'Allemagne en 2006, la FIFA s'était appuyée sur la prescription pour clore son enquête, et laisser le Kaiser à sa retraite autrichienne, avec ses souvenirs et son vieux 45 tours, prétendant que les vrais amis ne peuvent être séparés.

Best, George (et les autres)

Leur absence se situe à mi-chemin de la malédiction et de la mythologie. Si tous les héros avaient le même destin, où seraient les héros, que vaudraient les destins ? Que quelques grands noms du jeu n'aient jamais participé à une Coupe du monde la rend plus précieuse encore, et rappelle l'alignement des planètes nécessaire pour que les étoiles soient réunies au même lieu, au même moment, tous les quatre ans. La magie et la rareté de la Coupe du monde superposent l'idée d'un rendez-vous individuel et d'un rendez-vous collectif. George Best, le plus grand de tous ceux qui ont été privés de Coupe du monde, n'a jamais été à l'heure à ses rendez-vous, sans doute parce qu'il les enchaînait, surtout la nuit. Mais « Bestie », Ballon d'or 1968 avec Manchester United, alcoolique et séducteur, a d'abord été victime de sa nationalité sportive : il est plus difficile d'aller en Coupe du monde en jouant avec l'Irlande du Nord, qui ne s'est pas qualifiée entre 1958 et 1982, qu'avec le Brésil. Cette malédiction a également poursuivi Ryan Giggs, Ian Rush (pays de Galles), George Weah (Liberia) et Jari Litmanen (Finlande), jusqu'à l'étrange cas de László Kubala, élu meilleur joueur du FC Barcelone par les fans, en 1999, devant Cruyff et Maradona, et qui aura joué pour la Tchécoslovaquie, la Hongrie et l'Espagne, à une époque où le jeu des naturalisations le rendait possible, mais jamais au bon moment.

Par ses décalages choisis, parfois comme des postures, Éric Cantona s'exposait à manquer ce genre de rendez-vous. Il y a eu une défaite, puis il y a eu son orgueil. Sa Coupe du monde 1994 aux États-Unis s'envole parce que le Bulgare Kostadinov marque dans le temps additionnel du match décisif, en novembre 1993, au Parc des Princes. Quatre ans après, il refuse d'être l'avant-centre d'Aimé Jacquet. Du moins, il l'avait refusé en janvier 1996, un jour que le sélectionneur était venu le voir à Manchester pour lui dire qu'il voulait faire de la place pour Zidane, en numéro 10, mais qu'il avait toujours pensé que « Canto » était un attaquant de pointe formidable. Canto, lui, a toujours pensé qu'il était formidable aux postes qu'il choisissait d'occuper, et il n'avait pas envie d'être un avant-centre sans ballon, sous les coups, voulait plutôt rester le général rebelle s'extrayant de la meute, le col relevé, pour choisir son combat et partir à l'assaut de quelques défenseurs et de beaucoup de moulins.

George Best aurait pu jouer une Coupe du monde cependant qu'il était encore au sommet : en 1965, il aurait suffi que l'Irlande gagne en Albanie pour aller en Angleterre, mais le détour avait été trop long, cela avait été beaucoup plus que la mer à boire, les Nord-Irlandais avaient dû passer quatre jours à Tirana dans un hôtel sordide, sans rien manger ou presque, sans suffisamment de houblon pour compenser, et ils s'étaient éteints sur le terrain (1-1).

Quand il a eu 25 ans, Best est allé de disparitions en come-backs, revenant briller par orgueil ou parce qu'il avait besoin d'argent, comme en 1976, quand il avait défié Johan Cruyff et les Pays-Bas dans un match fantastique (2-2) à Windsor Park, où il avait été le meilleur des deux, le meilleur de tous, dribblant jusqu'à plus soif, autant pour tenter de qualifier l'Irlande du Nord pour la Coupe du monde 1978 que pour faire payer à Cruyff l'affront : en 1973, la statue de cire de « Bestie », au musée Madame Tussauds de Londres, avait été remplacée par celle du Néerlandais. Finalement, les Pays-Bas s'étaient qualifiés, pas l'Irlande du Nord, mais Cruyff n'était même pas allé en Argentine, c'était bien la peine. Le baroud de Best avait été inutile, mais Belfast en parle encore, alors que la ville a plus facilement enfoui le rêve fou et crépusculaire de George de faire partie d'une Irlande du Nord qui s'était qualifiée sans lui pour la Coupe du monde en Espagne, en 1982, mais qui aurait pu faire un effort pour jouer avec lui. George jouait aux États-Unis, à San José, à ce moment-là, il avait annoncé son grand retour, le 27e ou le 39e, il y avait longtemps que chacun en avait perdu le compte, et il était venu disputer un match amical avec son équipe américaine en Angleterre, au printemps 1982. Bienveillant, Billy Bingham, le sélectionneur nord-irlandais, s'était déplacé pour l'observer, et George avait donné tout ce qu'il avait. Mais il n'avait plus rien, courait dix mètres et s'essoufflait, le ballon l'aimait beaucoup moins qu'avant, et la superposition de son image voûtée et lente avec le souvenir de sa grâce avait accablé Bingham et tous les observateurs de tristesse. Il valait mieux que cela. Il valait mieux, aussi, qu'il reste pour l'éternité le meilleur joueur à n'avoir jamais disputé une Coupe du monde.

Béton

On les aura vus apparaître sous plusieurs noms, cette prudence, cette économie de spectacle et de risque, ce choix de la défense avec ceinture et bretelles.

Béton, c'était un nom français, cela renvoyait à l'idée de la construction d'un mur sans beauté, un idéal défensif comme un château fort. Béton, c'était le contraire d'un jeu naturel et libre, et une vague adaptation du « verrou », tel qu'il avait été inventé par l'entraîneur suisse Karl Rappan, lorsqu'il avait sifflé la fin de la partie du WM (un système d'organisation en 3-2-2-3, qui de haut en bas formait un W défensif et un M défensif) pour ajouter un défenseur. On l'appellerait « libero », et c'était un paradoxe, parce qu'il était là pour rogner la liberté des autres. Avec cette défense à quatre, et cette manière d'envisager le football comme une attente et un calcul plutôt qu'une conquête, Karl Rappan aura emmené trois fois la Suisse en quarts de finale de la Coupe du monde, en 1938, 1954 et 1962. Il aura, aussi, et malheureusement, dans la plupart des cas, étendu une contagion, en particulier vers l'Italie qui a trouvé dans ce cadre l'écrin idéal de son âme défensive. D'ailleurs, les Italiens n'ont fait que traduire le mot « verrou », et c'est ainsi qu'est né le *catenaccio*, le système qui a fait la gloire de l'Inter Milan de Helenio Herrera, né en Argentine, joueur en France puis entraîneur du monde, et qui allait remporter deux Coupes d'Europe des clubs champions en 1964 et 1965. Herrera disait aussi que ce n'était pas forcément un système défensif, à partir du moment où les défenseurs prennent des risques et se transforment en attaquants, mais ses tristes imitateurs n'avaient visiblement pas entendu cette partie de son discours. Avec ce *modus operandi* qui coupait les ailes de ses adversaires, l'Italie semblait la favorite de la Coupe du monde 1966, d'autant que Fabbri, son sélectionneur, comptait ajouter à ce cadre la *fluidificazione*, une légère touche offensive, quelque chose comme la recherche d'une perfection. Cela avait si bien fonctionné que les Italiens avaient été éliminés en perdant contre la Corée du Nord (0-1), une défaite qu'ils n'ont eu aucune chance d'oublier : le reste du monde l'a toujours citée en appui de la phrase, éternelle porte ouverte, disposant que tout est possible dans le football. Mais le béton, ou le verrou, n'a jamais été très loin des grands triomphes italiens en Coupe du monde, comme le jour où la Squadra Azzurra a éliminé le Brésil magnifique de Sócrates en 1982, sur le chemin de sa troisième étoile, ou en finale de la Coupe du monde 2006, contre la France, qui avait vu les Italiens choisir de subir, pressentant que la prolongation puis les tirs au but les rapprocheraient du bonheur. Mais, alors que l'Angleterre, en 1966, et le Brésil, en 1962, 1970, 1994 et 2002, ont plutôt fait triompher un football offensif, la manière dont les Bleus sont devenus deux fois champions du monde, en 1998 et en 2018, confirme que la France est au carrefour de deux influences, le football latin et le football anglo-saxon. Cette double conquête a d'abord procédé d'une formidable force défensive, assez loin du romantisme et des principes du carré magique des années 80. Il est même arrivé à l'Italie, qui nous avait tout appris, pourtant, pendant des années, d'avoir le sentiment de se voir dans un miroir, et d'en être soit surprise, soit choquée. C'était le sens de cette confidence de Cesare Maldini, l'ancien joueur de l'AC Milan, père de Paolo, et alors sélectionneur de l'Italie, après le quart de finale de la Coupe du monde 1998 remportée par la France aux tirs au but, après un 0-0 fermé à double tour : « Nous avons accouché d'un monstre. »

Bijoux du capitaine

Bobby Moore est une statue du commandeur du football anglais, un homme de bronze devant le stade de Wembley, là même où l'Angleterre est devenue championne du monde en 1966. Ainsi l'Angleterre sauve-t-elle l'apparence de son ancien capitaine, ce qu'elle a fait pour le joueur comme pour elle-même. L'hommage lui permet de faire croire qu'elle ne l'a jamais oublié : ce n'est pas complètement faux, puisqu'elle ne s'est jamais déshabillée du souvenir de cet été, mais ce n'est pas suffisamment vrai, parce qu'elle a beaucoup trop longtemps abandonné Bobby Moore au désœuvrement et à l'alcool. Entraîneur médiocre, entrepreneur sans réussite, il était déjà un musée de son vivant, et il n'a pas vécu très longtemps, décédé d'un cancer de l'intestin en 1993, à l'âge de 51 ans.

Bobby Moore survit en bronze au pied du stade que ses successeurs continuent d'arpenter, mais c'est un peu d'or qui a menacé de le faire tomber de son piédestal et de sa légende, cependant que l'équipe d'Angleterre, championne du monde en titre, était sur le chemin de la Coupe du monde 1970 au Mexique. La sélection anglaise a fait escale quelques jours en Colombie, à Bogota, où les footballeurs vivent une vie de footballeurs : ils ne sortent presque pas, boivent une bière au bar de l'hôtel, prennent le bus pour aller à l'entraînement, et se dépêchent d'acheter un cadeau à leur femme pour n'avoir plus à y penser. Dans l'hôtel de luxe Tequendama de Bogota, Bobby Moore et Bobby Charlton, qui traînent leur ennui dans le lobby, décident d'entrer dans la bijouterie Fuego Verde ; ils sont accompagnés d'un troisième homme, quoiqu'ils aient toujours refusé de le confirmer ou de donner son nom. Leur version de l'histoire : ils n'ont rien trouvé qui leur plaise vraiment, et ressortent tranquillement de la boutique. La version entendue par tout l'hôtel : la vendeuse, Clara Padilla, sort de la boutique en courant et crie : « Au voleur ! », les accusant d'avoir volé un bracelet en or serti d'émeraudes. Les joueurs vont clamer leur bonne foi, accepter d'être fouillés par les policiers qui ont accouru et ne trouvent rien, pendant que la vendeuse affirme que Bobby Moore a fait glisser le bracelet dans la poche gauche de sa veste. L'enquête, plus tard, révélera que sa veste n'avait pas de poche gauche, mais, dans un premier temps, rien ne semble vraiment avoir d'importance, un simple malentendu. Dans sa déposition à la police, Bobby Charlton rapporte : « Je pensais acheter une bague à ma femme, mais le prix ne figurait pas en vitrine, alors je suis entré. Il y avait du monde. La vendeuse a passé son bras dans la vitrine pour me montrer la bague, elle l'a laissée ouverte, cela a duré cinq minutes, pas plus. Mais je n'ai jamais vu un bracelet comme celui que la vendeuse décrit. »

D'ailleurs, la presse anglaise et le staff de la sélection passent un accord rare pour ne pas évoquer une affaire qui écornerait sans raison l'image parfaite du capitaine des champions du monde ; elle n'est plus qu'un murmure dans le sillage de l'équipe, et les deux Bobby les plus célèbres de l'histoire du football anglaise, Moore et Charlton, disputent les deux matches de préparation qui suivent, face à la Colombie (4-0) à Bogota, puis devant l'Équateur (2-0) à Quito. De là, ils prennent enfin la direction de la grande aventure, cap sur le Mexique, mais font de nouveau escale à Bogota. C'est là, en arrivant à l'hôtel, que Bobby Moore est arrêté, ce qui fait voler en éclats l'accord passé avec la presse anglaise, laquelle a surpris le jeune attaquant Jeff Astle complètement soûl à sa descente de l'avion, porté par ses coéquipiers, et décrit soudain les champions du monde en titre comme une équipe de voleurs et d'ivrognes.

Le capitaine de l'équipe d'Angleterre est-il un voleur ? C'est ce qu'affirme un nouveau témoin, Alvaro Suarez, qui prétend avoir vu Bobby Moore s'emparer du bracelet dans la vitrine ouverte, et c'est une version à laquelle les défenseurs du joueur s'opposent, parce que personne ne se souvient que le bracelet s'y trouvait, et parce que l'ouverture de la vitrine était trop étroite pour que la grosse main de Moore puisse d'y engouffrer.

Il est trop tard pour les nuances : « Le capitaine est en prison », annonce la presse anglaise, et tant pis si elle pousse un peu, tant pis s'il s'agit d'une assignation à résidence, quatre jours durant, chez le président de la Fédération colombienne de football, où quelques gardes se sont installés. Moore est seul en Colombie, parce que le reste de l'équipe s'est envolé pour Guadalajara, au Mexique, mais il n'est pas seul au monde : choquée, l'Angleterre finit par prendre son parti, le Premier Ministre Harold Wilson intervient, et les légèretés sur l'estimation du bracelet, qui passe du matin au soir de 500 à 5 000 dollars, ainsi que la folle pression médiatique et diplomatique ont raison de la version de la vendeuse, que l'on voit fuir les locaux de la police, en larmes. Bobby Moore va pouvoir rejoindre les autres à Guadalajara, l'Angleterre sera éliminée en quarts de finale par l'Allemagne (2-3), et le capitaine rentrera au pays poursuivi par une ombre, qui empêchera son anoblissement. Mais pas cette statue d'un homme de bronze qui rassemble, au fond, les remords d'un pays qui aurait fini par demander pardon.

Bilardo, Carlos

Il ne fallait pas aller chercher très loin son surnom de Narigón (« Gros nez ») : on ne voyait que lui au milieu de sa figure. Avant d'être champion du monde à la tête de l'Argentine en 1986 puis finaliste en 1990, Carlos Bilardo avait été joueur d'Estudiantes de Buenos Aires, l'une des équipes les plus violentes de l'histoire, célèbre pour son « *fútbol de la muerte* » dans les années 60, quand le voyage des clubs européens en Argentine, pour les finales de la Coupe intercontinentale, était un coupe-gorge. Mais Bilardo, qui avait fait des études de médecine, avait su conceptualiser tout cela, et il lui était bien égal qu'une fois devenu entraîneur, une fois devenu le successeur de César Menotti, le sélectionneur champion du monde 1978 auquel s'attachait l'idée d'un romantisme, il soit devenu le symbole de l'anti-football. Le plus étrange est qu'il ait été à ce point moqué par l'intelligentsia du football européen, la même qui célèbre la différence de Diego Simeone, aujourd'hui, sur le banc de l'Atletico Madrid, alors qu'il est un petit frère de Bilardo, avec une meilleure image mais moins de nez.

Bilardo avait imaginé une organisation en 3-5-1-1 au Mexique en 1986, et le « 1 » du milieu s'appelait Maradona, bien sûr : tout s'articulait autour de son talent et de sa liberté. Il avait atteint la finale quatre ans plus tard avec une équipe moins forte encore, mais il avait parcouru l'Europe dans tous les sens pendant deux ans, expliquant à chacun de ses joueurs, qu'il ne pouvait rassembler, son rôle dans le puzzle, pour gagner le temps de la répétition lorsque viendraient les retrouvailles. Il ne pensait qu'au foot, qu'à la stratégie : le soir du triomphe à Mexico, plutôt que de simplement prendre ses joueurs dans ses bras, il avait retenu Brown, Cuciuffo et Ruggeri à part pour leur reprocher un placement sur les corners. Au mariage de Maradona, il avait demandé à la femme de José Luis Brown d'aller danser avec son mari et de s'approcher de Careca, afin de pouvoir comparer la taille de son défenseur et de l'attaquant brésilien, dans la perspective d'un match futur. Un soir d'avant-première de la comédie musicale *Evita*, alors qu'il était avec Maradona sur la scène et que cinq policiers étaient groupés sur le côté, à quelques mètres de là, il avait lancé à son meneur de jeu : « Il manque un homme dans le mur, du coup, tu mettrais le ballon de quel côté ? »

C'est lui, devenu directeur technique de la Fédération argentine, qui avait nommé Diego au poste de sélectionneur, en 2008. Et c'est lui qui avait décidé de ne pas renouveler son contrat, en 2010, après que Maradona avait échoué à devenir champion du monde comme sélectionneur. Diego, qui aimait le foot autant que la nuit, et qui aurait vécu moins longtemps encore s'il avait eu les narines de Narigón, criera à la trahison, mais Bilardo l'avait vu de trop près dans cet habit. La première fois que Diego avait dirigé la sélection, il avait fait pleurer ses joueurs en leur parlant, incandescent, de l'Argentine, la mère patrie. La deuxième fois, il leur avait parlé de l'Argentine, la mère patrie, et leurs yeux avaient été un peu plus secs. La troisième fois, ils avaient attendu qu'il leur parle de foot, mais il s'agissait encore de la patrie et d'avoir des *cojones*. Bilardo était célèbre pour son nez, mais son organe préféré, au moins, restait le cerveau.

Binationaux

Dans une Coupe du monde, les joueurs français ne portent pas tous un maillot bleu. La question des binationaux a un prolongement dans le football, celui de la nationalité sportive. La règle a changé : longtemps, le joueur qui représentait un pays en sélection de jeunes, même à 14 ans, même cinq minutes, ne pouvait pas représenter un autre pays à l'âge adulte. Certains clubs français, qui n'avaient pas envie de voir leurs joueurs d'origine africaine partir au pays en pleine saison pendant la Coupe d'Afrique des Nations, avaient pour habitude de verrouiller la nationalité sportive de leurs joueurs, avec la complicité des sélectionneurs de l'équipe de France juniors et espoirs. On revoit une scène : en 1995, en Turquie, sur un terrain un peu exotique où l'équipe de France espoirs affrontait l'Azerbaïdjan, un jeune joueur du PSG, Bernard Allou, était entré en jeu pour une dizaine de minutes, après que les dirigeants parisiens eurent insisté auprès du sélectionneur pour l'empêcher de représenter un jour la Côte-d'Ivoire. Le football français porte cette culpabilité historique de ces temps postcoloniaux : il continuait de se servir en Afrique sitôt que pointait la possibilité d'une double nationalité ou d'une naturalisation, et coupait la route du retour. En échange, il accueillait ces joueurs dans ses centres de formation et fermait les yeux sur les dates de naissance fantaisistes, voyait dans l'intégration d'un joueur de 19 ans annoncé à 15 ans une manière de rétablir un peu l'égalité des chances, et en même temps, pourquoi se priver, une manière de gagner ses matches de jeunes.

Tout a changé. Il y a vingt-cinq ans, la FIFA s'est mieux souciée de l'Afrique et des autres continents, et elle a permis aux joueurs qui avaient été sélectionnés en jeunes pour un pays de choisir d'en représenter un autre à l'âge adulte. Puis elle a étendu cette autorisation aux internationaux adultes qui n'avaient disputé que des matches amicaux, puis elle a permis le changement de nationalité sportive à ceux qui n'avaient pas disputé de phase finale avec leur pays précédent.

Aucun pays au monde n'a été plus concerné par cette règle que la France, en raison même de son histoire politique et sociale (2,2 millions d'immigrés ont été accueillis entre 1946 et 1990 pour reconstruire le pays), et de l'évolution de la démographie. C'est ainsi que la Fédération française de football est tombée les deux pieds en avant dans le scandale des quotas, selon le terme même employé dans une réunion d'entraîneurs des équipes de France, en présence du sélectionneur de l'époque, Laurent Blanc. Le 8 novembre 2010, dans une réunion technique à Ouistreham, le directeur technique national, François Blaquart, se déclare favorable à la limitation du nombre de joueurs d'origine étrangère formés en France qui choisissent finalement une autre sélection. Un entraîneur présent, scandalisé par cette discrimination, crie au racisme et enregistre la conversation, puis la révèle à Mediapart. L'affaire sort en avril 2011, et sera fatale au président de la FFF, Fernand Duchaussoy, bientôt remplacé par Noël Le Graët.

La réunion du scandale a été mal tenue, mal contenue, et les mots prononcés restent inacceptables. Le débat sportif, pourtant, aurait pu l'être, acceptable, s'il avait été énoncé autrement : comment préparer l'avenir des Bleus si une génération entière, qui serait par exemple championne olympique pour la France, choisit de représenter d'autres nations ensuite ? Comment maintenir la compétitivité du football français de sélection, ce qui est la mission même de la direction technique nationale ? Des formateurs doivent-ils maintenir la diversité en construisant une équipe et en réfléchissant à l'avenir, en s'attachant à la future nationalité sportive, comme ils anticipent les gabarits, les gauchers, les droitiers, les leaders de groupe et les Bretons introvertis ? Dans le football français, plus personne ne parlera jamais de quotas. Cela ne signifiera pas qu'ils n'existeront plus.

En regard de l'Afrique, le football français, au moins, a commencé de rembourser sa dette. Sur les 736 joueurs ayant participé à la Coupe du monde 2018, 52 sont nés et ont été formés en France. 9 ont joué pour la Tunisie, 8 pour le Maroc, 8 pour le Sénégal, 3 pour le Portugal, 1 pour l'Argentine. La France est le pays qui a fourni le plus grand nombre de joueurs de Coupe du monde au XXIe siècle, avec 216 joueurs nés sur son sol, ce qui rappelle son passé et dessine son avenir.

Black, blanc, beur

Un jour, on a cru que le football pouvait changer le monde. Une nuit, « Zidane Président » a été inscrit en lettres lumineuses au fronton de l'Arc de triomphe, et même si ce n'était pas le résultat d'une initiative populaire, plutôt celle d'Adidas, l'équipementier de l'équipe de France et le sponsor particulier du joueur, l'image a tout emporté l'espace d'un été. Les Bleus venaient de gagner la Coupe du monde 1998, la France était descendue dans la rue comme elle ne l'avait jamais fait depuis la Libération, et ce bonheur collectif avait permis à chacun de regarder l'autre en envisageant une fraternité passagère. « Black, blanc, beur », plus personne ne sait d'où vient la formule. On sait seulement que l'intention était bonne : dessiller les regards, dire la richesse du métissage de la société française en tant que concept, en faire un horizon, en recensant la diversité de cette France assise sur le toit du monde.

Les Blacks (Lama, Thuram, Karembeu, Desailly, Vieira, Henry, Diomède), les Blancs (Barthez, Charbonnier, Blanc, Lizarazu, Candela, Petit, Deschamps, Trezeguet, Pirès, Guivarc'h, Dugarry, Boghossian, Lebœuf, Djorkaeff), le Beur (Zidane) : sans doute aurait-il fallu ne pas catégoriser à ce point, trouver plutôt un terme générique qui aurait valorisé cette équipe française de tant d'origines. On sait presque la genèse de cette catégorisation, venue en réaction aux propos de Jean-Marie Le Pen qui avait jugé qu'il y avait « trop de Noirs » en équipe de France pendant le championnat d'Europe 1996, en Angleterre. « Black, blanc, beur » avait surgi en réponse à l'outrage, posant les mots mêmes que l'extrême droite ne voulait pas entendre. Mais c'était une manière maladroite de créer des cases et de séparer une équipe, et les « Blancs » du concept disaient une autre diversité, toute une histoire du monde : Trezeguet était un Argentin né en France par hasard, Pirès était fils de Portugais, Candela fils d'Espagnol, Djorkaeff arrière-petit-fils d'un kalmouk de la garde du tsar, mais tout aussi arménien par sa mère que Boghossian, alors que Lizarazu le Basque avait demandé très jeune à la presse de ne plus l'appeler Vincent, mais Bixente. Ils formaient l'équipe de France avec Vieira, né au Sénégal, et avec Desailly, né au Ghana, et puis le Guyanais Lama, et puis le Néo-Calédonien Karembeu.

Black, blanc, beur, ce recensement généreux reste le football vu comme un espoir et une illusion perdue. Un modèle de société qui soudain vole en éclats, un symbole renversé en une nuit, pareillement symbolique, en octobre 2001, un soir où l'Algérie vient jouer au Stade de France, et où ce match amical chargé de trop de messages, de trop de symboles, s'interrompt après l'envahissement de la pelouse par des supporters algériens joyeux et incontrôlables, les mêmes qui étaient parmi les 1 500 000 heureux qui avaient envahi les Champs-Élysées le 12 juillet 1998. En quelques minutes, la France black, blanc, beur, comme écrite à la craie sur les tableaux des écoles de la République, a été effacée d'un coup d'éponge et remplacée dans l'instant par les débats sans fin sur l'intégration, l'assimilation, tout ce qu'une équipe championne du monde de football avait réussi à enfouir, parfois. Fin de la parenthèse (presque) enchantée, retour au débat sociétal, instrumentalisation du football par les extrêmes, annonce probable du premier tour des présidentielles de 2002.

Black, blanc, beur. Plus de vingt ans plus tard, reste le souvenir d'une naïveté, peut-être, et une leçon : les ennuis viennent quand on commence à compter.

Blanc, Laurent

Sur le destin sportif du « président », j'ai personnellement été visionnaire. Au lendemain de la première sélection de Zidane et Thuram, en 1994 à Bordeaux, j'avais écrit dans *Le Progrès*, le journal qui paraissait à Saint-Étienne, où il jouait à l'époque, qu'il fallait espérer que l'on ait assisté au jubilé de Laurent Blanc. Quatre ans avant la Coupe du monde, six ans avant l'Euro, ses deux plus beaux triomphes. D'une part, nous avons tous écrit ou pensé des choses définitives sur des situations très provisoires. D'autre part, je sais doublement comment m'en défendre, puisque l'autojustification, avec ou sans mauvaise foi, est une arme éternelle de ceux qui débattent publiquement des choses du football. D'abord, il jouait à l'époque libero, très décroché derrière son stoppeur, deux terminologies qui n'existent plus dans le football d'aujourd'hui, puisque les deux défenseurs centraux évoluent « à plat », l'un à côté de l'autre ; or il a été sauvé, il me semble, par son intelligence et son adaptation à cette défense à plat, qui a remarquablement caché une certaine lenteur. Mon autre argument est qu'à la sortie de l'hiver 1996 j'avais plaidé sa cause, le jugeant formidable avec Auxerre, à un moment où Aimé Jacquet était circonspect, puisqu'il avait fallu plusieurs blessures pour qu'il soit rappelé en Belgique, en février.

Laurent Blanc était « un beau joueur de foot » : il y a dans l'expression une appréciation de l'esthétisme, de la technique et du but recherché par le joueur, en général. Il était un défenseur qui rêvait autant de construire que de détruire, mais qui savait aussi fermer toutes les portes. Il avait été de la génération maudite, un soir de novembre 1993 au Parc des Princes face à la Bulgarie et à Kostadinov, et il en avait conçu, comme les autres rescapés, encore nombreux en 1998 (Lama, Petit, Desailly, Djorkaeff, Lizarazu), un refus de la défaite qui ne l'avait plus quitté, sous le maillot bleu. L'histoire aurait simplement mérité d'être complète : expulsé après la simulation du Croate Slaven Bilić en demi-finales, Blanc avait été privé de la finale de la Coupe du monde, qu'il avait cependant soulevée en premier, mais en survêtement, avec Didier Deschamps.

Joueur intelligent, il est devenu un entraîneur mal compris, qui ne s'est pas entendu avec Noël Le Graët, le président de la FFF, après l'Euro 2012, pour préparer la suite, et qui a été évincé du PSG après une élimination en Ligue des champions à Manchester City qui l'a mis définitivement à l'abri du besoin (il a reçu une indemnité de 20 millions d'euros, pour lui et son staff), mais qui a malheureusement mis, aussi, les équipes françaises à l'abri d'un entraîneur qui les faisait bien jouer.

Blatter, Sepp

Il n'a pas toujours été ce vieux monsieur un peu voûté, se présentant de santé fragile, glissant à petits pas vers son acquittement et celui de Michel Platini devant la justice suisse, à l'été 2022. Sepp Blatter a été le roi du monde. La présidence de la FIFA ayant toujours valu couronne, une royauté fonctionnant soit par des élections, souvent arrangées, soit par acclamation, ce qui demande moins de travail, Sepp Blatter a passé l'essentiel de sa vie hors du temps, hors du réel, nourri de la certitude que l'homme qui règne sur le football règne sur le monde. On l'appelait « Don Pallone » pour ses manières de parrain, mais, parrain ou roi, cela ne lui suffisait pas, il aurait voulu être prix Nobel de la paix. Il aura été au pouvoir pendant trente-quatre ans, d'abord secrétaire général de la FIFA en 1981, puis huitième président de l'organisme mondial, élu au congrès de Paris en 1998, après avoir battu le président de l'UEFA, le Suédois Lennart Johansson.

Blatter est l'histoire d'une intelligence et d'une séduction au service du bien, du mal et de toutes les zones grises. Un homme chaleureux, parlant six langues, d'une mémoire prodigieuse qui lui permettait toutes les manipulations, et, pour être sûr de ne rien oublier, il possédait « une boîte à poison » afin de tenir ses opposants, c'est-à-dire ceux qui résistaient encore au clientélisme, le cœur de son système, qui étendait ses pouvoirs et renouvelait ses mandats. C'était Horst Dassler, le patron d'Adidas et fils d'Adolf, le fondateur de la marque, qui l'avait présenté au président de la FIFA d'alors, le Brésilien João Havelange, en 1975. Blatter venait du football, du journalisme, des relations publiques de la marque Longines, et il allait devenir directeur des programmes de développement de la FIFA, le moyen idéal de se faire un réseau, mais aussi de se faire remarquer par une vision claire du futur. S'accrocher à son pouvoir n'a pas toujours été son seul métier : dans cette première vie à la FIFA, il avait lancé l'idée d'une Coupe du monde féminine et d'un championnat du monde des moins de 20 ans. Jusqu'en novembre 1981, d'ailleurs, Sepp Blatter avait un salaire payé en partie par Adidas France, et les anciens joueurs français reconvertis pour promouvoir la marque aux trois bandes se souviennent très bien de son bureau à Landersheim, au nord-ouest de Strasbourg. Lorsque Dassler l'impose à Havelange au poste de secrétaire général, Blatter devient le Mazarin du football mondial, et ce sera bon pour les affaires. Son accès à la présidence de la FIFA, en 1998 à Paris, sera entaché de rumeurs incroyables, mais souvent plausibles et crues, pourtant : alors que la cinquantaine de voix africaines devait se porter sur Johansson, le représentant somalien rapportera avoir reçu dans la nuit un appel lui proposant 100 000 dollars, la moitié en cash, la moitié en équipements, pour changer son vote, et affirmait avoir vu, le lendemain, des délégués faire la queue pour recevoir leur enveloppe.

Élu en 1998, réélu en 2002, 2007, 2011 et 2015, avec un salaire annuel de 3,28 millions d'euros, il a longtemps traversé les tempêtes debout, indifférent aux flèches, développant un système qui étouffait la contestation, s'indignant de chaque nouvelle affaire comme si elle ne le concernait pas. Elles ont suivi son parcours, petits cailloux sur son chemin, énormes cailloux dans ses chaussures : la faillite d'ISL, chargée des droits marketing de la Coupe du monde, avec plus de 100 millions d'euros de dettes, les accusations de conflits d'intérêts et d'abus de pouvoir par son propre secrétaire général, Michel Zen-Ruffinen, le vote conjoint, en 2010, de la Coupe du monde 2018 en Russie et 2022 au Qatar, par un comité exécutif dont la moitié des membres sont tombés, ensuite, pour forfaits divers. Ou encore le trafic de billets en 2014 qui a révélé la culpabilité de son neveu, ou lorsque Mohammed Bin Hammam a tenté d'être candidat contre lui, en 2011, et la manière dont il a alors étouffé l'opposition, puisque, entre 2010 et 2011, quatre des six présidents de confédérations de la FIFA ont été écartés ou ont dû démissionner.

L'éternité de son pouvoir a été longue, surtout vers la fin. La FIFA a dépensé 25 millions d'euros pour un film à sa gloire, *United Passion*, absolument raté et consternant. Il n'a jamais été à la hauteur des grands débats du siècle, affirmant que le racisme n'existe pas dans le football, et que si jamais il y en avait, il suffirait de se serrer la main et de se quitter bons amis. Il a suggéré, aussi, que les gays s'abstiennent de toute relation sexuelle pendant la Coupe du monde au Qatar, ou, pour le développement du football féminin dans le monde, que les filles jouent avec des shorts plus serrés. Rien ne lui a jamais servi de leçon, et comme il croit en Dieu, il a passé sa vie à se confesser et à recommencer. La vérité, quand même, est qu'il ne souhaitait pas que la Coupe du monde 2022 ait lieu au Qatar, et qu'il avait pointé « une erreur » dès 2014.

L'image de sa chute, au sens propre, est celle de son incompréhension, le 20 juillet 2015, à Zürich, en pleine conférence de presse, cependant qu'un comédien anglais, Simon Brodkin, faisait tomber sur lui une pluie de faux billets de banque en lui lançant : « Sepp, voilà pour la Corée du Nord en 2026 ! » L'affaire du paiement à Michel Platini a été l'élément déclencheur de sa chute, parce que la commission d'éthique de la FIFA, soutenue par les califes qui voulaient devenir les rois du monde à la place du roi du monde, l'a suspendu provisoirement avant de l'exclure longuement, en décembre 2015, mais tout semblait écrit, et ce sont ses trente-quatre années de pouvoir qui avaient le mieux précipité sa perte.

Mais la vision de ce vieil homme de 86 ans attendant le verdict de son procès, pendant que son successeur, Gianni Infantino, s'est installé au Qatar pour être plus près de la source qui abreuve la FIFA et lui-même, ne donne pas l'impression d'assister, avec la vieillesse de Sepp Blatter, au crépuscule de l'ancien monde. À la FIFA, le monde ne change jamais.

Bleu

C'est une couleur et une distinction, et il est étrange de constater le virage, quelque part au milieu des années 80, dans le vocabulaire des suiveurs de l'équipe de France.

Longtemps, ses joueurs étaient les tricolores, et on comprenait l'idée, bien sûr : un drapeau bleu, blanc, rouge, et souvent des équipements en conséquence, maillot bleu, short blanc, chaussettes rouges. Et puis soudain tricolore est passé de mode, on se souvient très bien d'avoir arrêté de l'écrire, mais on est prêt à jurer qu'on n'était pas le premier, qu'on avait suivi un mouvement plus profond dans la manière de trouver des synonymes dans la narration autour de l'équipe de France ; on ne pouvait pas s'arrêter aux « Français », ou aux « joueurs de Michel Platini » ou de Gérard Houllier, et ainsi de suite.

Donc, les « Bleus » sont arrivés, et l'appellation est devenue une marque, sans doute parce que l'équipe de France était de plus en plus présente dans les médias, et qu'il fallait trouver un titre générique pour évoquer ses joueurs, que tout le monde sache de quoi il était question en peu de mots. Dans les années 70, « Allez les Bleus », à peu près le seul chant que l'on pouvait entendre les soirs de matches internationaux, n'allait pas chercher loin, question paroles, mais c'était la même chose autour du grand feuilleton du football français de ces années-là, « Allez les Verts » sonnait comme un cri de ralliement. La couleur a longtemps défini les surnoms. En Angleterre, berceau du professionnalisme, du supportérisme à grande échelle et du jeu, les couleurs sont omniprésentes : les Reds de Liverpool, les Red Devils de Manchester United, les Blues de Chelsea et d'Everton. Il faut avoir un signe distinctif sur le blason pour élargir l'imagination (Hammers pour West Ham, Gunners pour le canon sur le cœur des joueurs d'Arsenal). En sélection, par-delà la tradition africaine d'associer un animal à la sélection (les « Lions indomptables » du Cameroun), l'Italie est également définie par la couleur (« Squadra Azzurra »), l'Espagne pareillement (la « Roja ») : c'est plus simple, tout le monde comprend, et l'histoire a commencé comme ça. L'un des maillots les plus mythiques de l'histoire du sport, noir surmonté d'une simple fougère, a donné vie aux All Blacks, qui en sont l'une des marques les plus fortes, en surplus d'être la plus grande nation de rugby au monde.

Bien sûr, l'équipe de France de foot n'a pas toujours joué en bleu. Elle a parfois joué en rouge, souvent en blanc, et puis il lui est arrivé de mettre un peu plus de bleu encore (maillot bleu, short bleu, bas rouges contre la Croatie en demi-finale de la Coupe du monde 1998), et même de jouer tout en bleu de haut en bas, sous Raymond Domenech, avant de basculer d'Adidas à Nike et de se chercher parfois, par exemple avec un maillot marinière blanc à rayures grises qui semblait un hommage à la Bretagne de Noël Le Graët, le président guingampais de la FFF. Mais il aurait fallu que se passent trente ou quarante ans pour qu'on les appelle les zèbres et que l'on se demande si leur tunique était blanche à rayures noires ou bien noire à rayures blanches.

La couleur de l'équipe du Brésil n'a pas toujours été le jaune, ou plutôt l'or et le vert qui composent son surnom, « Auriverde ». Quand les Brésiliens ont perdu la Coupe du monde chez eux, au Maracaña, en 1950, ils évoluaient en bleu et blanc. Mais le journal *Correio da Manha* a lancé un concours, un gamin de 19 ans l'a gagné en proposant le maillot jaune, et l'affaire est partie comme ça, avec beaucoup d'or, un liseré de vert, et une magie absolue dans notre imaginaire. En Coupe du monde, d'ailleurs, le jaune et vert va très bien avec le bleu.

Boghossian, Alain

Ceux qui le voient jouer aujourd'hui en équipe de France, certes des vétérans, le prennent pour un joueur de golf. Alain Boghossian reste rarement à mi-chemin des choses : il est devenu un très bon joueur de golf de la même manière qu'il était devenu un milieu de terrain international et champion du monde, par le travail, la réflexion et la discipline, en surplus d'un talent naturel. Tout le monde, en France, a oublié à quel point la finale 1998 aurait pu vaciller, au début de la seconde période, tant le Brésil avait été dominateur : en entrant à la 57e minute, « Bogho » avait largement participé à calmer cet élan. Seuls quatorze joueurs français ont gagné une finale de Coupe du monde au XXe siècle, et il était l'un d'eux : il n'y a pas de champion du monde qui soit un joueur ordinaire.

Boycott

La Coupe du monde est allée à peu près partout où il ne fallait pas, au moment où il ne fallait pas. En 1934 en Italie, sous Mussolini, en 1978 en Argentine, pendant la dictature du général Videla, avant que la FIFA réussisse la performance de voter le même jour pour deux choix très démocrates, la Russie de Poutine en 2018 et le Qatar en 2022. Les trois quarts des votants du comité exécutif de ce jour-là sont tombés pour malversation, corruption ou autres, ce qui n'était pas forcément lié à ce vote précis, mais rien n'a jamais été remis en cause.

Le boycott des compétitions sportives a connu une envolée dans les années 70-80, une large partie de la planète boycottant l'Afrique du Sud en raison de sa politique d'apartheid, avant de connaître un sommet avec les Jeux olympiques de Moscou en 1980 (pas d'Américains, en raison de l'invasion de l'Afghanistan par l'URSS), puis les JO de Los Angeles en 1984 (pas de pays de l'Est, à l'exception de la Roumanie, pour répondre au boycott américain quatre ans plus tôt). Mais, d'une manière générale, les appels au boycott de la part des pays démocratiques et au nom des droits de l'homme (ou de la femme) ont rarement été entendus. En 1978, avant la Coupe du monde en Argentine, quelques joueurs, comme Dominique Rocheteau, avaient dit leurs états d'âme, et annoncé qu'ils demanderaient des nouvelles des disparus une fois arrivés dans le pays. En 2021, la Norvège a assuré qu'elle n'irait pas au Qatar, mais on ne saura jamais si elle aurait tenu cet engagement : elle ne s'est pas qualifiée. Pour éviter les ennuis, la FIFA interdit les messages politiques, fait disparaître les banderoles dans les stades, et sanctionne les joueurs qui soulèvent leur maillot pour montrer un slogan écrit au gros feutre noir sur leur « marcel ». Et pour éviter de fâcher le Qatar, où il s'est installé en famille, tranquille, pour être au plus près de la source qui ne se tarit jamais, le président de la FIFA Gianni Infantino a commis des discours sur la fierté des travailleurs des chantiers d'avoir participé à un si beau projet. C'est lui, d'abord, qu'il faudrait commencer par boycotter.

Bras en écharpe

Je me souviens, je rentrais de l'école. C'était le 18 juin 1970, je le sais depuis que j'ai vérifié, pour ce livre. Je terminais mon année de CE2 à l'école annexe de l'école normale de Bourg-en-Bresse, en contrebas de ce qu'on appelle toujours le pont de Lyon. J'avais encore 7 ans pour quelques mois, et depuis près de trois semaines je me collais à notre télé noir et blanc, fasciné par le mouvement qui s'y dessinait, par la lumière du Mexique, par le grésillement qui venait du bout du monde, et par les commentaires de Michel Drucker et Michel Dhrey. Je connaissais la plupart des joueurs, je lisais déjà la presse, et j'étais amoureux du maillot du Pérou, blanc avec une large oblique rouge, et de ses joueurs aux noms exotiques, Chumpitaz, Cubillas. Je rentrais de l'école un peu après 17 heures, probablement, et je me souviens, donc, que mon père m'avait lancé : « Il y a un match qu'il faut que tu voies, Allemagne-Italie. C'était la nuit dernière. » L'ORTF rediffusait la Coupe du monde en journée, et j'ai donc vu Allemagne-Italie, demi-finale de la Coupe du monde 1970, dans les conditions du direct, en rentrant de l'école, le 18 juin.

Je ne me souviens pas de m'être ennuyé pendant le temps réglementaire, mais j'aurais dû, parce que le match le plus mythique de l'histoire de la Coupe du monde, ainsi distingué à chaque sondage par les nostalgiques et leurs enfants, n'a pas réellement commencé avant la 90e minute, avant l'égalisation *in extremis* du défenseur allemand Schnellinger.

Après sont venus le feu d'artifice et le mythe. Le feu d'artifice, ce sont les cinq buts d'une prolongation constamment renversante, que va remporter l'Italie (4-3). Le mythe, l'image pour toujours, est celle du courage de Franz Beckenbauer, blessé dans les dernières minutes du temps réglementaire, alors que l'Allemagne avait déjà procédé à ses deux remplacements autorisés. Assis sur la pelouse du stade Aztèque, il ôte son maillot, grimace, la tête en arrière sous l'effet de la douleur, cependant que les soigneurs bandent son épaule : il souffre d'une fracture de la clavicule, et il va continuer, le bras en écharpe, l'élégance plus raide encore qu'à l'habitude. Dans la touffeur de la fin d'après-midi mexicaine, à une heure assez avancée pour que le match soit visible en Europe par ceux qui avaient le droit de se coucher tard, il va tenir son rang, digne, mais dans la minute qui suit l'égalisation de Gerd Müller pour le 3-3 (110e), il reste spectateur, un peu en retard, de l'action victorieuse de Gianni Rivera. Il faut parfois que la cruauté et le sentiment d'une malédiction s'invitent pour qu'une image traverse les siècles.

Brésil

C'est le seul texte déjà publié présent dans ce livre. Parce que c'est le Brésil de toujours et que cette mythologie n'a pas changé. Issu de L'Équipe, *en juin 2006.*

La première fois que la France a vu un match de football à la télévision, en 1958, elle a vu jouer les Brésiliens. Elle a vu l'équipe de France être battue par un enfant de 17 ans. On lui a montré, aux actualités, le président René Coty prenant son repas à l'Élysée devant son poste noir et blanc, servi par son valet de pied auquel il avait offert une chaise comme un strapontin au paradis.

Les grands joueurs français, les grandes générations, ont toujours rencontré le Brésil en Coupe du monde.

L'aboutissement a toujours été de les rencontrer, parfois de les battre. En Coupe du monde, Kopa et Fontaine ont rencontré Pelé et Garrincha en 1958, Platini et Giresse ont éliminé Zico et Sócrates en 1986, Zidane a assommé Ronaldo en 1998. En 2006, Zidane a dansé encore, et nourri l'inventaire d'une magie qui ne se dissout pas dans le temps. Il y a le sentiment que la magie brésilienne s'accorde à l'idée française de l'esthétisme et de la technique, que les France-Brésil de Coupe du monde sont toujours beaux comme dans les rêves. Et il y a toutes ces images.

Une Brésilienne dansant avec un Écossais en kilt, sur une bouche de métro, comme Marilyn, à Paris, le jour de l'ouverture de la Coupe du monde 1998, pendant que le vent soulevait la jupe de la moitié de ce couple improbable. Le sentiment bleu d'arriver au bout du rêve, en 1986. Le sentiment bleu d'arriver au bout du chemin, en 1998.

Le surnom de « Brésiliens de l'Europe » attribué aux joueurs français des années 80, même si ce n'était pas vrai, ou alors pas complètement, ou alors pas toujours. La magie des couleurs, le jaune et le bleu, qui s'accordent au soleil et au ciel par beau temps. Le titre de une de *L'Équipe*, un jour de 1963, le lendemain d'un France-Brésil à Colombes qui avait étalé le génie d'un ancien enfant de 17 ans : « Pelé 3 – France 2 ».

Jean Tigana, torse nu, tapant sur la table de kiné à Guadalajara pour lancer le célèbre « Brasil, Brasil, la-la-la-la-la-la-la », dans le vestiaire de Jalisco et dans le documentaire d'Adolphe Dhrey, juste avant la farandole hurlée par des joueurs épuisés qui avaient des étoiles dans les yeux. Les photos en noir et blanc de 1958 montrant des sacs postaux remplis de lettres d'encouragement à destination des héros de Suède, à la veille de leur demi-finale, dans un avion affrété par *L'Équipe* et Europe 1 pour que les femmes des joueurs assistent au premier France-Brésil.

Le but de Michel Platini en 1981, au Parc des Princes, pour passer des corners à la rémoise aux buts à la brésilienne. Les matches de cours de récréation des écoles primaires, les « tu seras la France, on sera le Brésil », les promesses qu'on changerait à la mi-temps, non tenues, on ne changeait jamais, c'était comme pour les gendarmes et les voleurs.

Maracaña applaudissant l'équipe de France, en 1978, le jour où Trésor et Six avaient offert un match nul aux Bleus (2-2), au cœur d'une nuit brésilienne diffusée par Antenne 2 à l'heure habituelle où régnait la mire, juste après les dessins de Folon. Le prolongement de l'idée d'un match France-Brésil dans la rivalité entre Ayrton Senna et Alain Prost, l'idée d'une opposition entre le génie et la raison. Les légendes du passé, à peine blanchies, dans les tribunes où elles partagent les souvenirs de leur grâce.

Les gestes inventés, les passements de jambes, les coups du foulard, les touchers de soie, les feintes de coton. Les qualités naturelles, ou non, des supportrices brésiliennes. Les torcidas qui donnent envie de danser, l'échauffement d'une équipe vu comme une chorégraphie, le rythme de la samba, parfois, dans la circulation du ballon au milieu de terrain. Un maillot jaune à cinq étoiles. Un maillot bleu à deux étoiles, arrachées à la constellation.

Le deuil enveloppant le stade Jalisco, dans la lumière blanche de Guadalajara, en 1986, après le tir au but de Luis Fernandez. Les sachets d'eau éparpillés sur le gazon dans la fournaise d'un match au rythme lumineux. Le halo de grâce qui escortait Joël Bats, le jour du match de sa vie.

L'impression d'approcher, avec un France-Brésil en Coupe du monde, la perfection du football.

Le but de Petit, le troisième de la finale 1998, le millième de l'histoire des Bleus. Le rêve d'une vie. Zinédine Zidane.

Bus et car

Ce n'est pas un combat perdu d'avance, mais disons qu'il se gagne lentement. Depuis quelques années, quelques journalistes de nos amis sont en croisade pour que le bus et le car restent chacun à leur place, chacun dans leur emploi. C'est ce qui arrive, parfois, quand le langage courant se heurte à la définition des objets. Ainsi, et c'est la grande affaire qui nous amène, on évoque toujours « le bus de l'équipe de France », alors qu'il s'agit d'un car. Rigoureusement, un bus a des arrêts, et des places debout, alors qu'un car a une soute et fait de plus longs trajets. On résume, mais c'est à peu près la définition des différences historiques entre l'autobus et l'autocar, les deux appellations anciennes de ces acteurs de la vie quotidienne et des sports collectifs. Le bus le plus célèbre de l'histoire de la Coupe du monde, d'ailleurs, est un car, celui de l'équipe de France en 2010 en Afrique du Sud, coincé dans la pente, entre l'hôtel Pezula de Knysna et le terrain d'entraînement joliment dénommé « Field of Dreams », alors. À ses fenêtres tapaient certains joueurs qui demandaient au chauffeur de repartir. Étrangement, on continue de parler de « bus de Knysna », et cela restera à tout jamais le nom générique du début du scandale et de la grève, alors que la une de *L'Équipe* du lendemain de la grève, certes moins restée dans les mémoires que celle de la veille (« Va te faire enculer, sale fils de pute », pour ceux qui auraient oublié), était sans ambiguïté : « La France en car ! » Elle n'était pas sans moquerie, c'est vrai, parce que les Bleus étaient quasiment éliminés. Mais l'ambiguïté était de retour dès le sous-titre, qui expliquait que les joueurs avaient choisi de « rester cloîtrés dans leur bus avant de rejoindre leur hôtel ». C'est un combat, donc, qui part de loin.

Quelques mois après la Coupe du monde, le journaliste Jean-Philippe Leclaire est parti, pour le magazine *So Foot*, à la recherche du bus (le car, oui) et de son chauffeur, à Johannesburg. Il a retrouvé l'un et l'autre. Le bus (le car, oui) Hyundai immatriculé 2FY456GP avait retrouvé son parcours scolaire, déshabillé de ses ornements de la Coupe du monde, et notamment de son slogan prometteur, « Tous ensemble vers un nouveau rêve bleu ». Un jour, quand même, pour éviter l'ironie qui suit les défaites, il faudra qu'une nation annonce plutôt « On fera ce qu'on peut », et la modestie gagnera ce que les agences de communication perdront.

Le chauffeur, Jakobus Williams, avait retrouvé son travail au Cap, et derrière son volant, portant le coupe-vent Adidas aux couleurs de la France que lui avait offert Raymond Domenech, s'est ainsi souvenu de cette journée particulière : « Nous étions au terrain d'entraînement, et j'ai vu arriver un membre du staff [le préparateur physique Robert Duverne] très énervé. Il gesticulait et criait, alors je me suis douté qu'il se passait quelque chose de bizarre. J'étais à côté du bus, mais les joueurs étaient déjà remontés et l'un d'entre eux (Alou Diarra) s'est mis à taper sur la vitre en me faisant signe de venir. » Les joueurs criaient « *Go ! Go !* », mais Jakobus Williams attendait ses ordres de l'officier de sécurité de l'équipe de France. Quand il a quitté les Bleus, après leur élimination, le chauffeur sud-africain a reçu 266 euros de pourboire, issu d'une quête des joueurs, et quelques équipements et maillots. Le chauffeur a dit « bus », et pas « car », parce qu'en anglais *car* signifie « voiture », on le sait depuis le CE1. On sait au moins, donc, que car ou bus sera toujours un débat purement français et que personne ne nous le prendra.

But en or

Longtemps, les Français ont inventé les grandes compétitions (Coupe du monde, coupes d'Europe) pour que les autres les gagnent : il s'y mêlait le sens de l'hospitalité, la faiblesse endémique de notre football, et quelque chose d'une attitude coubertinesque. Mais, en retour, le football a fini par inventer une règle passagère qui a permis aux Français de gagner, dans le très court laps de temps où elle a été instaurée. Le but en or, résumé : en cas d'égalité dans un match à élimination directe ou dans une finale, une prolongation est disputée, qui s'arrêtera au premier but vainqueur. Le but en or est sorti du champ presque aussitôt après être entré dans les mémoires : la première fois, en 1996, c'est l'Allemagne qui a tiré profit de la règle, dans la prolongation de la finale de l'Euro contre la République tchèque, à Wembley, et cela suffisait largement pour que Gary Lineker, l'attaquant anglais devenu présentateur à la BBC, justifie sa célèbre assertion (« Le football se joue à onze, et à la fin, c'est l'Allemagne qui gagne. »)

C'était la version de démonstration. En vrai, le but en or allait devenir une péripétie française, un rebondissement tout bleu. L'équipe de France a vécu ses plus belles années sous ce règne d'une règle comme un vertige, qui faisait avancer deux équipes sur un fil, vers l'inconnu, en en faisant tomber une sans espoir de remonter. France-Paraguay (1-0), en huitième de finale de la Coupe du monde 1998, s'est arrêté quand Laurent Blanc, monté à l'assaut malgré les consignes d'Aimé Jacquet, a marqué à la 114ᵉ minute, sur une remise de David Trezeguet (« La lumière est venue de Laurent Blanc », commentaire de Thierry Gilardi), dans un étouffant après-midi de juin au stade Bollaert, à Lens. France-Portugal (2-1), en demi-finale de l'Euro 2000, n'a plus respiré quand Zinédine Zidane s'est élancé pour transformer le penalty à la 117e minute, et partir dans une folle sarabande. Le chef-d'œuvre, le but en or pour l'histoire : à la 103e minute de France-Italie (2-1), en finale de l'Euro 2000, quatre jours plus tard, débordement de Pirès, reprise du gauche de Trezeguet, sprint de Roger Lemerre, le sélectionneur de l'époque, jusqu'au poteau de corner, et début de la blague au long cours, disons jusqu'à la finale de la Coupe du monde 2006, sur la manière de reboucher une bouteille de champagne : « Demande aux Italiens. » Puisque c'était une habitude, la France va encore utiliser la règle en finale de la Coupe des confédérations 2003 face au Cameroun (1-0), avec un but de Thierry Henry à la 98e minute. Était-ce parce que cela nous avait à ce point profité et que le football mondial n'avait pas imaginé que l'équipe de France serait dans ces proportions et de manière récurrente dans le camp des vainqueurs ? L'International Football Association Board, qui gère les règles, a décidé de la supprimer en février 2004, et de redonner à toutes les équipes du monde une chance de revenir au score dans le temps restant de la prolongation. Le but en or n'est plus, alors qu'il répondait au vieux rêve de quelques entraîneurs de notre connaissance, décrivant ainsi leur match idéal : « On vient, on marque à la dernière minute, on ferme la lumière et on s'en va. »

Candela, Vincent

Il est l'homme responsable de vos frissons quand vous entendez Gloria Gaynor sur les haut-parleurs du supermarché, le samedi après-midi, en faisant vos courses. La bande originale de l'été 1998, c'était lui : « I Will Survive », version remix, c'était son idée. Mais c'était surtout un très beau joueur, révélé au très haut niveau avec l'AS Rome, un arrière gauche droitier, qui jouera d'ailleurs arrière droit pendant la Coupe du monde 2002. En 1998, il n'avait disputé que le match à faible enjeu face au Danemark, mais il ne viendrait à l'idée de personne de prétendre qu'il n'est pas vraiment champion du monde. Après 2002, Zidane avait eu un petit coup au moral, en équipe de France, pendant quelques semaines, parce que Candela n'était plus là et qu'il lui manquait son voisin de gauche au fond du bus.

Cannavaro, Fabio

Il n'est pas responsable de ce que l'on a à lui reprocher. Il n'aurait pas dû être le seul véritable défenseur couronné du Ballon d'or, après Franz Beckenbauer dans les années 70, mais il n'y est pour rien. Avis aux puristes : oui, Lothar Matthaus et Matthias Sammer ont obtenu le Ballon d'or en 1990 et en 1996, mais on peut contester leur rôle de défenseur véritable avec l'équipe d'Allemagne, puisqu'ils se tenaient alternativement en défense et au milieu de terrain. Donc, après le Kaiser, seulement Fabio Cannavaro ? L'Italie a été championne du monde en 2006, nous sommes tous bien placés pour ne l'avoir pas oublié, et son capitaine aura été un soldat exemplaire, selon sa culture et ses habitudes, disputant tous les matches, coupant les trajectoires, découpant ses adversaires, un grand défenseur italien à son sommet, à 32 ans, et qui aura participé au supplément d'âme de son équipe. Mais il y a eu tellement d'autres grands défenseurs qui ont marqué le jeu plus que lui, et il a montré tant de limites après son transfert au Real Madrid, à l'été 2006, que la distinction qui lui est tombée dans les bras cette année-là continue de nous sembler disproportionnée. Gigi Buffon et Paolo Maldini, pour en rester aux grands Italiens du jeu, un immense gardien et un défenseur complet, c'était autre chose, quand même.

Carré magique

Cela aurait été trop simple si cela avait vraiment été un carré. D'ailleurs, Alain Giresse décrivait un losange. Et puis carré, c'est presque étrange. Pas tellement parce qu'il s'agit de ballon rond, plutôt parce que ces joueurs-là inventaient une géométrie et une liberté qui n'étaient pas conçues ni réalisées pour s'imbriquer dans une forme figée. Pour le carré d'as, évidemment, on comprend l'image, et pour la magie, plus encore, mais il fallait vraiment que l'une soit associée à l'autre pour que ces mots-là ressemblent à ce que l'on ressentait, dans les années 80, quand l'équipe de France et Michel Hidalgo avaient choisi d'associer des artistes pour laisser une trace différente et tromper un monde de brutes.

Avant Séville, avant la demi-finale de la Coupe du monde 1982 contre l'Allemagne, avant cette vallée de larmes et ce match pour toujours, Giresse s'était souvenu que la bande des quatre s'était vaguement inquiétée de la masse de Briegel, dans le camp d'en face, en comparaison avec les 59 kilos de Tigana, les 62 kilos de Genghini et son propre 1,63 mètre, mais que Michel Platini n'en avait rien eu à fiche, qu'il avait répondu qu'ils le feraient galoper, Briegel, et que l'Allemand n'arriverait pas à suivre.

Aux sources du carré magique, on peut toujours chercher à remonter un peu plus haut, vers quelques affluents antérieurs et quelques esquisses, mais le tableau était enfin apparu nettement pendant la Coupe du monde 1982, au deuxième tour, quand Michel Platini était revenu de sa blessure à la cuisse après un France-Autriche (1-0) assez réussi sans lui, et gagné sur un coup franc de son remplaçant, Bernard Genghini, qui avait donc complètement enfilé le costume. Genghini méritait de jouer encore, il n'était pas question de jouer sans Platini malgré le titre sacrilège de *L'Équipe* (« Platini est-il indispensable ? »), écarter Tigana aurait été déraisonnable en regard de l'équilibre nécessaire, alors c'était parti pour les quatre as et pour le carré magique. C'est comme cela que l'histoire avait commencé, par un récital au match suivant, face à l'Irlande du Nord (4-1).

À la vérité, le carré de l'Euro 84 ressemblait moins à un losange : deux pointes basses, Luis Fernandez et Jean Tigana, deux pointes hautes, Alain Giresse et Michel Platini, la géométrie impliquée par l'appellation était mieux respectée, même si le but était toujours de laisser Platini déformer ce carré pour se muer en avant-centre et en sauveur. Avec neuf buts en cinq matches, Platoche avait fait quelque chose d'immense de cette liberté et de cette responsabilité.

Mais, au fond, ce n'est pas l'éventuelle forme géométrique du carré magique qui a traversé le temps et essaimé une nostalgie : c'est la volonté de Michel Hidalgo d'aligner ensemble trois numéros 10, trois meneurs de jeu, au mépris des soupçons de déséquilibre et des règles, d'aujourd'hui comme de l'époque. C'était un manifeste, qui reposait sur la complémentarité et l'intelligence profondes de ces joueurs, et qui s'alliait à une esthétique. Le concept a été vaguement copié par le Brésil de 2006, qui a appelé « carré magique » la superposition de trois génies et d'un avant-centre, Kaka, Ronaldinho, Ronaldo et Adriano. Ce n'était pas si loin de la version originale, il faut l'admettre, et il y avait dans le lot trois Ballons d'or, contre un seul dans la version bleue (Giresse et Tigana ont cependant terminé deuxièmes, en 1982 et 1984), mais le jour où il aurait vraiment fallu assumer ce choix, en quart de finale de la Coupe du monde 2006 contre la France, Carlos Alberto Parreira, le sélectionneur brésilien, avait reculé devant tant de hardiesse et sorti Adriano au profit de Juninho, qui pouvait être magique lui aussi, il est vrai. Michel Hildalgo n'aura jamais renié son principe au nom de la difficulté à venir et, pendant l'Euro 84, avait même aligné Luis Fernandez au poste d'arrière droit contre la Belgique (5-0) pour jouer avec Tigana et les trois numéros 10 (Platini, Giresse, Genghini). Dans la lumière magnifique du stade de la Beaujoire, un soleil d'Austerlitz, écrivaient les anciens de la presse sportive qui ne craignaient de convoquer ni Waterloo ni la Bérézina les soirs de défaite, ce fut l'un des plus beaux moments de football en bleu dont on puisse se souvenir.

Carton rouge

Longtemps l'arbitre n'a eu que ses bras, son sifflet et parfois ses mots, du moins s'il parlait le même langage que les joueurs qu'il arbitrait. Pour annoncer à un joueur qu'il était exclu du terrain, il lui montrait la porte, ou alors la douche, en tous les cas la direction du vestiaire. Parfois le joueur s'exécutait rapidement, parce qu'il comprenait la décision, ou parce qu'il l'acceptait, ou parce qu'il était fatigué et qu'il avait froid. D'autres fois, comme un conducteur en excès de vitesse arrêté par un gendarme dans un pays étranger, il faisait semblant de ne pas comprendre l'injonction de l'autorité en espérant que l'autre se lasse et passe à autre chose. Le premier joueur de l'équipe de France expulsé fut Just Fontaine, pour contestation d'un hors-jeu, dans les dernières secondes d'un match amical en 1959.

Mais, en Coupe du monde, rien n'atteint, dans l'intensité de la contestation, l'exclusion du capitaine argentin Antonio Rattín pendant un match sulfureux contre l'Angleterre, en 1966, qui avait refusé de sortir et fait comme s'il ne comprenait pas (voir « *Animals !* »). Face à la scène qui a scandalisé le royaume, le patron anglais des arbitres de le FIFA, Ken Aston, se dit alors qu'il va devoir inventer quelque chose.

L'idée lui vient quelques mois plus tard, au volant de sa voiture, alors qu'il est arrêté à un feu. Bon sang mais c'est bien sûr : feu orange, feu rouge, tout est là, ce sera un carton jaune pour un avertissement, un carton rouge pour une expulsion, et tout le monde comprendra en même temps, joueurs, entraîneurs, spectateurs, sans que les arbitres aient à prendre des cours de sémaphore. Les cartons en Coupe du monde apparaîtront en 1970, mais le premier rouge attendra 1974 et une brutalité du Chilien Carlos Caszely. Les Français en Coupe du monde ont fait honneur au règlement : Zidane, Blanc et Desailly en 1998, Henry en 2002, Zidane en 2006, Gourcuff en 2010. On remarquera que le passage au feu vert n'a rien inspiré à Ken Aston. Le signe d'un idéal répressif, peut-être.

« C'est pas la Coupe du monde »

Sous le vernis d'une incitation à relativiser, l'invite suinte le mépris : « C'est pas la Coupe du monde », moquent ceux pour qui chaque match est une fête, ceux qui rêvent de foot la nuit, qui pensent au match à venir des jours à l'avance, qui l'envisagent comme une lueur dans une adolescence malaisée, qui ressentent une boule de plaisir et d'appréhension au creux du ventre les jours d'entraînement quand ils se lèvent, et qui compteront les heures jusqu'au soir. Tous ceux qui n'ont aucune chance d'en jouer une un jour savent très bien que ce n'est pas la Coupe du monde, il n'est pas nécessaire de le leur rappeler. Mais le football ne peut pas seulement appartenir à ceux qui dominent le ballon, ceux pour qui ce jeu est un langage naturel, et exclure les laborieux qui en apprennent difficilement l'alphabet. Parfois, ce n'est pas la Coupe du monde, mais c'est beaucoup plus important que cela.

Bien sûr, le sens de l'expression « C'est pas la Coupe du monde » dépend, fondamentalement, de celui ou celle qui l'énonce : lorsqu'elle vient spontanément, après un reproche, du rang des médiocres qui entendent relativiser leur maladresse et le poids qu'ils font porter sur le résultat collectif, elle ne vise pas le même but que lorsqu'elle vise à moquer des joueurs ordinaires qui se prennent au jeu, et donc pour des autres.

« C'est pas la Coupe du monde », alors, signifierait qu'on ne devrait pas laisser les médiocres s'abandonner au plaisir de jouer eux aussi, même un peu plus mal, ce qui prolongerait au-delà de l'enfance une injustice originelle peu supportable. Les bons joueurs de foot vivent généralement une enfance et une adolescence protégées, ils sont populaires à l'école en proportion de leurs exploits à la balle au pied, alors que les bons élèves sont impopulaires quand ils sont parallèlement des joueurs surnuméraires et maladroits. Il n'y a pas plus humiliant pour un footballeur médiocre que le principe de la cour de récréation ou d'entraînement qui laisse aux deux joueurs majeurs de la meute le soin de choisir l'un après l'autre leurs partenaires de jeu. Il faut avoir vécu ces secondes-là, ce compte à rebours qui inexorablement fait passer les autres avant vous, pour mesurer la solitude de ce moment qui finissait toujours par un « Bon, il n'y a plus le choix, toi, alors ». « C'est pas la Coupe du monde » peut être un mensonge. Pour celui qui est toujours choisi en dernier, être enfin choisi en avant-dernier serait l'équivalent d'une victoire en Coupe du monde, justement. C'est pas la Coupe du monde, peut-être, mais cela se discute, parce qu'on a beau avoir grandi, on a beau avoir joué ou avoir vu des matches d'autres continents et d'une autre importance, tous ne laisseront pas le même souvenir que le jour où, dans une cour en béton, après avoir été choisi en dernier, on avait inscrit un but qui nous avait donné l'impression de bouleverser l'ordre du monde.

En fait, c'est toujours la Coupe du monde. Dans la cour de l'école primaire, l'un d'entre nous avait un jour entrepris de dessiner des écussons de la France et du Brésil, de les distribuer avec des épingles à nourrice, pour les attacher sur la blouse que nous faisait porter l'école publique. Soyons clair, ce quart d'heure de récréation reste l'un de nos plus grands souvenirs de Coupe du monde.

Champs-Élysées

Déjà, en 1976, le journaliste Jacques Vendroux avait fait descendre l'avenue des Champs-Élysées aux Verts de l'AS Saint-Étienne, le lendemain de leur finale de Coupe d'Europe perdue à Glasgow face au Bayern Munich (0-1), dans des R5 à toit ouvrant, au milieu de quelques milliers de curieux, et ils étaient arrivés en retard à l'Élysée, tout en bas, où les attendait Giscard, et où ils avaient croisé Jacques Chirac, alors Premier ministre, qui avait maugréé : « Je ne sais pas ce qu'il se passe aujourd'hui, mais la circulation est absolument infernale... »

Les footballeurs ne descendent donc pas toujours les Champs-Élysées à la vitesse souhaitée par le locataire du château d'en bas. En 1998, les champions du monde avaient vraiment mis très, très longtemps, le 13 juillet, après une nuit blanche qui en avait laissé un ou deux en chemin que l'on peut connaître en examinant les photos. Le 12 comme le 13 juillet, il n'y avait jamais eu autant de monde dans les rues de Paris depuis la Libération : ce n'est pas une comparaison, c'est une mesure. Mais l'Élysée, cet été-là, n'était pas le but : la garden-party avait lieu le lendemain seulement, le 14 juillet, et le bus à ciel ouvert avait mis quatre heures à descendre l'avenue sous le soleil sans s'inquiéter de son heure d'arrivée. Le lendemain, 4 000 jeunes avaient été invités dans les jardins du Palais et ils criaient « Zizou Président », ce qui avait sans doute suffisamment troublé Jacques Chirac pour qu'il félicite les Bleus d'avoir gagné « la Coupe de France... euh, pardon, la Coupe du monde ».

En 2018, il n'y avait plus de garden-party, une tradition du 14 Juillet supprimée en 2010. Emmanuel Macron avait gagné la bataille de l'image en fêtant un but des Bleus à Moscou à la manière du sprinter Usain Bolt, comme s'il décochait une flèche, et il voulait également remporter la prolongation en accueillant les champions du monde l'après-midi même de leur retour de Russie. Le monde avait changé, c'est-à-dire que la France avait changé et que les Champs-Élysées étaient devenus un territoire inflammable qu'il fallait sécuriser et traverser comme si l'on risquait de s'y brûler. La foule avait attendu des heures, les Bleus étaient arrivés en retard, et la descente avait duré douze minutes, sans chaleur ni partage, à peine plus lentement qu'un peloton du Tour de France qui aurait effectué un seul passage. Un fiasco populaire absolu surmonté d'une pauvre communication politique marquée par la fuite, et tout cela en beaucoup moins de douze minutes. Il faudrait raconter, ici, les coups de fil que l'on avait reçus le lendemain, pour charger la préfecture de police et la large casquette de Didier Lallement, responsable de l'éloignement des 300 000 personnes derrière les barrières, et coupable d'avoir accéléré le mouvement pour tenir une moyenne de 6 km/h. Le coup de fil de la FFF : la Fédération n'y est pour rien, c'est la préfecture de police et l'Élysée, d'ailleurs on peut voir Alexandre Benalla à la manœuvre et au talkie-walkie, à la porte du bus, il fallait faire vite pour la sécurité et à la demande du Palais, nous sommes victimes de cette organisation que nous déplorons, au nom des supporters. Le coup de fil de l'Élysée : c'est la FFF qui a accéléré, nous ne l'avons jamais demandé, d'ailleurs le bus est arrivé bien trop tôt au Palais, il a dû attendre un long moment, rien n'était prêt et le Président était encore occupé, c'est l'organisation de la Préfecture et de la FFF qui a été légère.

De fait, passée entre les gouttes, la Fédération s'était complètement pris les pieds dans le tapis, elle avait laissé fuiter une apparition au balcon de l'hôtel Crillon avant de renoncer, et la suite de la soirée avait pointé une impréparation assez énorme pour être presque rafraîchissante. Vous êtes champions du monde depuis la veille au soir, vous êtes accueillis par le chef de l'État, vous attendez de longues minutes dans votre bus avant de traverser la cour, vous passez au jardin, vous terminez dans le bureau du Président et, après avoir bavardé, alors que le Président commence à songer qu'il n'a pas que ça à faire, vous avez faim, puisque c'est l'heure de dîner. Vous demandez ce qui est prévu, et la réponse arrive vite : rien. La FFF pensait que l'Élysée allait préparer quelque chose, d'où l'annulation au Crillon, peut-être, et l'Élysée pensait être débarrassé des Bleus beaucoup plus tôt. Le dialogue, au crépuscule de ce jour de gloire, doit à peu près ressembler à celui-ci : « Vous pourriez peut-être nous faire des sandwichs ? » Un coup de fil en cuisine, et va pour le casse-croûte des rois du monde, mais où ? « Les salons de l'Élysée sont pris, mais on a une annexe, de l'autre côté de la rue. »

Il passe dans cette improvisation magnifique une certaine idée de la France, et une simplicité presque drolatique, mais il y a quand même moyen de faire mieux encore. Le lendemain matin, en revenant dans son bureau, le président Macron remarque un objet qui ne devrait pas y être : la Coupe du monde. La veille, l'estomac dans les talons et la tête ailleurs, les Bleus ont oublié de l'emporter. On imagine les coups de fil, le lendemain. Le Président à ses conseillers : « L'équipe de France a oublié quelque chose dans mon bureau… » Ses conseillers à la FFF : « Vous n'auriez pas oublié quelque chose, hier soir ? » Et c'est comme cela qu'Alexandre Benalla a rapporté en scooter, boulevard de Grenelle, au siège de la FFF, le truc que les joueurs avaient oublié de prendre, la veille.

Chansons

C'est aussi étonnant que le besoin chez les marins de faire des phrases : les chanteurs ont tendance à écrire de très mauvaises chansons, tous les quatre ans, quand vient la Coupe du monde. C'est en France que la tendance est la plus marquée, peut-être, mais aussi la plus dispensable, sur la foi d'un palmarès qui ressemble parfois à un concours de l'Eurovision, ce qui est rarement une bonne nouvelle pour la chanson française. Le dernier en date, franchement, n'était pas le pire, le « Ramenez la coupe à la maison » de Vegedream étant joyeux, festif, un carton dans les stades et les cours de récréation – même si l'hymne officiel, joué en Russie les jours de match, était « Magic in the Air », avec moins de paroles, mais un air entêtant.

Mais on est partis de loin. En 1978, Monty, celui-là même qui avait écrit « Qui c'est les plus forts, évidemment c'est les Verts », en surplus de quelques bluettes dans les années 60, avait commis un très profond « Allez les Bleus, allez les Bleus », dont un couplet entrait directement dans l'anthologie du genre : « C'est extra quand on chante / nous les supporters / on est là pour les Français / pour nos petits Français ». Difficile de faire mieux. Parallèlement, quelques joueurs ont toujours tenté leur chance, malheureusement, de « Sacré Marius », pour Marius Trésor, à « Soli-Solitude » que Joël Bats avait même entonné chez Drucker. C'est un métier : quand l'Écossais Rod Stewart avait écrit un « Ole-Ola » avant la Coupe du monde 1978, il s'était hissé à la quatrième place des charts britanniques.

Quatre ans plus tard, la bataille pour le tube de la Coupe du monde avait fait rage entre Dalida et Denise Fabre. Note aux moins de 45 ans : Denise Fabre était une ancienne speakerine devenue animatrice, au rire spectaculaire. À Denise Fabre l'hymne officiel, « Ollé la France », à Dalida ce refrain, dans « La chanson du Mundial » : « Emmene-nous jusqu'aux étoiles [...] / Quand s'allumeront les lumières sur le stade de Madrid / C'est Marianne qui sera fière de chanter "Rouget de l'Isle" [...] »

En matière de concept, on fera difficilement mieux, quand même, que l'assemblage mythique de 1986, une version intérieure et franchouillarde de « USA for Africa », pour « Viva les Bleus ! », avec Carlos, Sim, Philippe Lavil, Herbert Léonard, Sacha Distel, Marcel Amont, Patrick Sébastien, une certaine idée de la chanson française.

Mais on a beau se moquer, il n'y a pas de règle : en 2002, alors même que l'aventure française avait duré dix jours, en Corée du Sud, et que la chanson de Johnny Hallyday n'allait pas très loin, elle non plus (« On est les champions / On est tous ensemble »), le Jojo national en avait vendu près d'un million. Depuis 1984 et la création du Top 50, c'était même la première fois que Johnny Hallyday en occupait la tête.

Les chansons des compétitions laissent de meilleurs souvenirs, parfois. Pas forcément « La cour des grands » d'Axelle Red et Youssou N'Dour en 1998, vite recouvert par « I Will Survive » au fil de l'été. Mais le « Waka Waka » de Shakira, en 2010, avait été un immense succès planétaire, ainsi qu'un modèle difficilement accessible, parce qu'on ne trouvera pas tous les quatre ans une chanteuse officielle en couple avec un champion du monde, en l'occurrence l'Espagnol Gerard Piqué.

Charbonnier, Lionel

Champion du monde sans jouer, il incarne la tradition des troisièmes gardiens, qui doivent renoncer à leur ego mais être actifs pour pousser les autres. En 1998, le gardien d'Auxerre avait fait cela très bien. Un an plus tard, il claquerait la porte sur les doigts de Roger Lemerre, à Clairefontaine, parce que le sélectionneur avait annoncé que Lama jouerait à sa place, en l'absence de Barthez. Lionel Charbonnier restera à l'origine d'une punch-line magnifique du journaliste-écrivain Christian Montaignac, qui avait écrit de lui, en soulignant combien la liberté des gardiens d'Auxerre à sortir de leur but était encadrée sous le régime de Guy Roux : « La dernière fois qu'il est sorti, c'était avec sa femme. »

Charlton, Bobby et Jacky

C'est un duo fraternel qui a déjà perdu sa moitié, et l'autre ne va plus tarder, maintenant. Jacky Charlton s'est éteint en juillet 2020, à 85 ans, et son jeune frère Bobby, de deux ans son cadet, est entré dans la nuit depuis plusieurs mois et l'annonce qu'il souffrait de la maladie d'Alzheimer. Ces deux frères champions du monde n'ont jamais été aussi proches, dans leur carrière ou dans leur vie d'après, que lorsqu'ils sont tombés dans les bras l'un de l'autre le soir de leur victoire commune en finale de la Coupe du monde 1966 à Wembley face à l'Allemagne (4-2). Jacky dirait, très tard, alors qu'il reprochait à Bobby de n'avoir plus adressé la parole à leur mère pendant les quatre années qui avaient précédé sa mort : « On se ressemble au-dehors, mais à l'intérieur, on n'a rien de commun. »

Au-dehors : une ressemblance évidente, le visage taillé dans la même pierre, les cheveux disparus mais légèrement ramenés sur le dessus du crâne pour faire illusion, pourtant un peu plus de taille et de raideur dans le cou pour Jacky, qui ne serait pas surnommé « la Girafe » pour rien. Ce qui était monté plus haut, pour Jacky, n'était pas redescendu aussi bas : à mi-parcours, le talent s'était arrêté, parce que ce défenseur central qui mettait la tête là où il n'aurait pas dû n'avait pas vraiment de pieds. Chez Bobby, le talent s'était répandu jusqu'au bout des orteils : il caresserait le ballon, le dompterait et le frapperait avec toutes les surfaces de contact possibles, et tout ce talent circulerait à toute vitesse de ses pieds jusqu'à son cerveau, et retour.

Au-dedans, la ressemblance serait apparue, peut-être, s'ils avaient joué plus souvent ensemble, et si la vie de Bobby n'avait pas changé juste après qu'il avait failli la perdre, dans la catastrophe aérienne de Munich, où l'avion de Manchester United, qui avait fait escale au retour d'un match européen à Belgrade, s'était abîmé dans la neige de nuit, à sa troisième tentative de décollage, le 6 février 1958. Bobby Charlton était l'un des jeunes joueurs de Manchester United promis à la gloire. Il n'avait aucun souvenir de l'instant où l'Airspeed Ambassador de la BEA Elizabethan s'était écrasé en bout de piste ; quand il s'est réveillé, il était toujours accroché à son siège, mais dans la neige, à côté de l'appareil, où son coéquipier Harry Gregg était venu l'arracher aux flammes, juste avant que l'avion explose. Les joueurs qui étaient assis autour de Bobby dans l'avion étaient morts. Vingt-trois personnes, dont neuf joueurs, avaient perdu la vie dans la catastrophe. Jacky avait appris que Bobby était vivant en sortant de l'entraînement, parce que le vendeur de journaux l'avait crié dans la rue. Duncan Edwards, le grand espoir du football anglais, était mort deux semaines après l'accident des suites de ses blessures, et Bobby l'avait compris en se levant, chez sa mère, parce que ce matin-là le journal n'était pas posé sur la table. Bobby ne serait plus jamais le même ; c'était un type qui chantait des chansons de Frank Sinatra et de Peggy Lee sous la douche, et que personne n'avait plus entendu chanter ensuite. Il aura été tellement encombré par le fantôme du survivant qu'en 1968, dans la nuit de Wembley où Manchester United avait achevé sa renaissance, dix ans après le drame, il avait été incapable de se lever de son lit pour fêter la victoire en Ligue des champions. À Wembley, en ce mois de mai 1968 qui avait privé les Français de retransmission à la télé, il avait lancé à son frère Jacky, venu le féliciter : « Qu'est-ce que cela veut dire, de gagner maintenant ? » Même à 80 ans, il disait qu'il y pensait tous les jours, et qu'il se sentait encore coupable.

Mais il avait rencontré, en 1958, un ancien pilote de la RAF qui lui avait expliqué comment continuer à vivre après la disparition des compagnons morts au combat, et si cela n'avait presque rien à voir, c'était quand même la même chose. Il avait rejoué trois semaines plus tard, et partirait en juin en Suède disputer la première de ses quatre Coupes du monde.

Les deux frères n'ont jamais joué ensemble en club, parce que Jacky Charlton avait été vexé que Manchester United attende la réponse d'un autre défenseur avant de le faire signer. Alors il était resté fidèle toute sa carrière à Leeds, de 1953 à 1973, exactement les dates de la carrière de Bobby à MU. D'ailleurs, cela ne s'invente pas, ils avaient joué pour la dernière fois pour leur club de toujours le même jour, le 28 avril 1973.

Bobby, lui, était un artiste, le Ballon d'or 1966, même si le juré anglais n'avait pas voté pour lui, le meilleur joueur anglais de l'histoire, l'homme que le sélectionneur Alf Ramsey n'aurait jamais dû sortir en quarts de finale de la Coupe du monde 1970, à León, alors que l'Angleterre menait 2-0 face à l'Allemagne. Parce que l'Angleterre avait perdu, ensuite (2-3), victime à parts égales de la turista de Gordon Banks, resté alité à l'hôtel, et de ce coaching malheureux.

Bobby jouait à Manchester United pour les morts, mais ce fardeau l'attristait en permanence, et les vivants qui couraient avec lui l'auraient voulu autrement : il était trop sage, trop gris, trop rationnel pour George Best, qui avait même refusé de participer à son jubilé, témoignage de leurs rapports tendus et de trop de non-dits. Mais il y a longtemps qu'ils sont réunis et pour l'éternité : George Best, Denis Law et Bobby Charlton, les trois Ballons d'or de Manchester United, forment la même statue de bronze au pied d'Old Trafford, le stade de MU, juste sous la pendule qui s'est arrêtée à l'heure du crash aérien, à 15 h 04, le 6 février 1958.

Jacky n'avait aucune chance d'être Ballon d'or un jour, mais il défendait assez bien pour avoir été élu meilleur joueur du championnat d'Angleterre en 1967. La nuit où ils avaient été champions du monde ensemble, en juillet 1966, Jacky s'était réveillé seul dans un château des environs de Londres, après une nuit arrosée, et avait constaté que certaines précautions étaient inutiles et que le carton qu'il avait glissé dans sa poche de costume n'avait pas été lu : « Merci de ramener ce corps chambre 508, Royal Garden Hotel. » Jacky pouvait être dur sur l'homme, il n'aurait plus manqué qu'il tienne 773 matches avec Leeds en demandant pardon, mais il était moins fou que les autres gars de Leeds qui étaient les types les plus méchants du pays.

Jacky et Bobby n'ont pas eu la même vie après leur carrière. Bobby a essayé brièvement d'être entraîneur, puis il est devenu un ambassadeur permanent de son club de toujours. Jacky a essayé d'être entraîneur, et il y est parvenu, se couvrant de gloire à la tête de l'Irlande, sélectionneur anglais à l'étranger, rapproché de la partie non britannique des îles par le football et la pêche, surtout la pêche. À son palmarès, un quart de finale de la Coupe du monde 1990 en Italie sans avoir gagné un match, mais après en avoir perdu un seul, contre les Italiens (0-1), justement, sur une erreur de son gardien Paddy Bonner qui avait rendu visite au pape deux jours plus tôt, et auquel il avait lancé : « Celui-là, même ton putain de pape l'aurait arrêté. » Le sélectionneur Jacky Charlton rendait la vie impossible à ses adversaires sur ce principe élémentaire, l'un des seuls qu'il ait réellement énoncés : « Il faut mettre le ballon là où l'adversaire ne veut pas qu'il soit, c'est-à-dire dans son camp. Je ne crois pas aux passes latérales. Faire tourner le ballon, c'est du temps perdu, ça ne sert qu'à se reposer. » Ses joueurs ne se reposaient pas beaucoup, mais ses adversaires non plus. En 1994, aux États-Unis, son titre de gloire avait été de battre l'Italie à New York : Irlandais et Italiens à New York, c'était un match pour l'histoire, et Jacky l'avait gagné. On lui offrirait des rivières à saumon, ce qui était mieux que des rivières de diamants, et quand il avait oublié son matériel et qu'il devait en acheter, cette grande pince payait par chèque, parce qu'il savait qu'il serait encadré, et jamais encaissé. À la fin de sa vie, il avait été lui aussi rejoint par le brouillard, sans doute parce que sa tête qui dépassait avait touché trop de ballons, et heurté trop d'avants-centres aux coudes pointus. Jacky et Bobby ont été champions du monde ensemble, il ne reste plus que Bobby, et l'Angleterre espère que quelques aubes lui permettent de s'en souvenir encore.

Chloroforme

La légende de la Coupe du monde a conservé deux traces de la présence des États-Unis à la première édition, en 1930. La première : Bert Patenaude, un nom de star, un attaquant d'origine québécoise, comme on ne disait pas encore (Canadien français, écrivaient alors les gazettes), a inscrit le premier triplé de l'histoire de l'épreuve face au Paraguay (3-0), même s'il a dû attendre vingt années de plus pour que la FIFA le reconnaisse. La seconde : l'anecdote du chloroforme. Dans le cours d'une demi-finale extrêmement brutale face à l'Argentine (1-6), qui s'est rendue coupable d'agressions multiples contraignant les Américains à finir avec huit joueurs valides, l'entraîneur américain Jack Coll accourt avec la trousse à pharmacie pour secourir Andy Auld, qui s'est fait ouvrir la lèvre en deux d'un coup de poing. Mais il trébuche en arrivant, lâche la trousse, et la bouteille de chloroforme se brise, libérant des effluves qui étourdissent Jack Coll, soudain évanoui lui-même, et qui doit être porté hors du terrain. Ainsi la légende du soigneur évanoui a-t-elle franchi le siècle, alors que le rapport officiel de la délégation américaine fait état d'un autre forfait de l'équipe d'Argentine, dont un joueur se serait emparé des sels se trouvant dans la trousse pour les jeter dans les yeux d'un adversaire qui courait un peu trop vite à son goût. Modernes, déjà.

Chronomètre (de Knysna)

Dans la journée où le football français a basculé vers la plus grande crise morale de son histoire, la scène a été vécue comme un élément déclencheur, en direct, sur toutes les chaînes d'information comme depuis le flanc de la colline, en surplomb du terrain d'entraînement installé sur le territoire de l'hôtel Pezula. Au départ, on n'a pas su l'interpréter vraiment : Robert Duverne, le préparateur physique de l'équipe de France, était-il vraiment au bord de se battre avec Patrice Evra, le capitaine ? On a vu, comme le monde entier, Duverne arracher le cordon attaché à son cou pour battre le record du monde de lancer de chronomètre, disons une bonne vingtaine de mètres. On sait, depuis, qu'il lui a tenu à peu près ce langage : « Moi, je sacrifie mon contrat à l'OL pour venir ici, et vous, vous refusez de vous entraîner ? Non mais vous vous rendez compte de ce que vous faites ? » À un moment, Raymond Domenech va venir en vain lui demander de se calmer, et lui faire remarquer qu'il y a des caméras sur la colline et que ce n'est pas l'endroit pour cette colère ni ces grands gestes. L'heure qui va suivre montrera plutôt que c'est l'endroit pour tout.

Acteur des années de gloire de l'Olympique lyonnais, champion de France sept fois d'affilée de 2002 à 2008, Robert Duverne a passé sa vie de préparateur athlétique avec un sifflet et un chronomètre autour du cou, mais, après Knysna, il lui a fallu en changer. Pas parce que le chronomètre n'a pas résisté à la chute : lorsqu'il l'a ramassé, il fonctionnait encore. Mais, trois ans plus tard, il l'a offert pour une vente aux enchères au profit de L'Étoile de Martin, qui soutient la recherche sur les cancers de l'enfant. Aujourd'hui propriété du musée personnel fondé par Louis Nicollin dans son mas de Montpellier, le chrono historique avait été adjugé à 4 000 euros, accompagné du certificat d'authenticité rédigé par Duverne lui-même, et sur lequel on pouvait lire : « Garanti contre la connerie humaine. »

Cinéma (chute)

Il nous semble, pour commencer, que l'expression « Arrête ton cinéma ! » est quelque peu datée. Quand ils considèrent qu'un joueur se roule par terre sans raison, dans un pays de football où il y a plein d'autres raisons de le faire, vu la hauteur de coupe sur laquelle sont réglés la plupart des tacles, les Anglais font plus simple : « *Cheat, cheat !* » (« Triche, triche ! »). « Arrête ton cinéma ! » est une forme longue, un peu ancienne, aussi, du célèbre « Y a rien ! », et de sa variante « Y a pas faute, monsieur Lartigot », qu'un ambassadeur de France de notre connaissance nous a avoué utiliser, le samedi matin, dans ses matches amicaux au soleil. Évidemment, il faut se souvenir de M. Lartigot, un arbitre des années 80, mais sinon, on comprend l'esprit : il s'agit de lutter contre la simulation, si bien que l'homme mène parfois le même combat à la maison et au stade, avec une chance équivalente, donc faible, de démêler l'illusion de la réalité. Évoquer le cinéma des joueurs est presque un marqueur générationnel, et une partie de ce cinéma nous est épargnée, au moins, depuis l'apparition de l'arbitrage vidéo, dont une des rares conséquences positives consiste à priver les attaquants roublards du bénéfice d'une chute ample et bruyante qu'aurait seulement provoquée un courant d'air. Cela ne les empêche pas de tomber pour rien dans d'autres zones, et d'arracher un coup franc indu en des circonstances qui ne valent pas que Jacky dans le camion intervienne (bon, il ne s'appelle pas Jacky et il est dans une salle vidéo de la banlieue parisienne, pas dans une camionnette avec une antenne portative sur le parking du stade), mais enfin certaines carrières d'acteur sont en déclin. Il y a l'âge, bien sûr, et la répétition des blessures qui le fait galoper à l'air libre moins souvent qu'un poulet de Bresse, mais on est bien obligé de remarquer que la carrière de Sergio Ramos, l'ancien meilleur défenseur du monde et du Real Madrid, aujourd'hui en préretraite dans l'Ouest parisien, a pris un coup de chaud depuis qu'il ne peut plus arbitrer lui-même comme avant, et qu'un arbitre auquel il ne peut pas parler s'occupe de son cas à distance, avec le secours des images qui le confondent.

Le « Arrête ton cinéma ! » a souvent été remplacé par l'idée de « l'exagération de la faute », litote moderne qui recouvre exactement la même réalité : « Y avait pas faute, monsieur Lartigot » survient toujours après qu'un attaquant a provoqué un léger contact pour amplifier une grande chute, en roulant plusieurs fois sur lui-même si la pelouse est souple et bien verte. Si les Anglais et les Anglo-Saxons en général sont réticents à ces artifices, c'est une culture latine assumée, dont l'Atlético de Madrid de l'Argentin Diego Simeone est l'expert mondial, avec une spécialisation dans le gain de temps qui suscite l'admiration, et dont les Italiens ont fait un art, au point de travailler ces séquences chaque jour à l'entraînement. En Coupe du monde, il est difficile de faire un classement, parce que les plus grands se sont affrontés, mais la simulation de Rivaldo à la Coupe du monde 2022, provoquant l'expulsion du Turc Hakan Ünsal, restera un modèle. Il est probable que Neymar, pour l'ensemble de son œuvre et surtout pour les sommets atteints pendant la Coupe du monde 2018 en Russie, mérite une mention : dans l'élan de cet été-là, certains internautes avaient même lancé un « Neymar challenge » qui avait renouvelé l'idée que l'on se faisait de la chorégraphie de ce jeu et de ses fautes inventées. L'Espagnol Sergio Busquets reste très fort par sa capacité à simuler une faute au moment même où il met un tampon, le spécialiste absolu de la diversion, et on espère que tous ceux que l'on a oubliés, et qui mériteraient d'être cités, ne nous en voudront pas trop. De toute façon, le temps joue pour nous, puisqu'ils ne sont pas près d'arrêter leur cinéma.

Cinéma (films)

La Coupe du monde au cinéma est parfois la Coupe du monde dans les cinémas : les supporters qui n'ont pas cédé à la promotion de dernière minute d'un écran géant aiment parfois se retrouver dans un cinéma pour crier et espérer ensemble, à la plus grande incompréhension des organisateurs. Pendant la grande aventure de Saint-Étienne en Coupe d'Europe, dans les années 70, le propriétaire d'un cinéma de Firminy, peu habitué à voir une foule hurler de joie pour un but, avait pris le micro pour crier, parfaitement décontenancé : « Calmez-vous, ils ne peuvent pas vous entendre ! »

Le cinéma n'est pas extrêmement présent dans l'histoire de la Coupe du monde, et réciproquement, par-delà les films officiels, comme celui du cinéaste français René Lucot pendant la Coupe du monde 1938 en France. Ancien assistant d'Anatole Litvak, futur réalisateur de télévision, disparu en 2003 à l'âge de 95 ans, René Lucot avait déjà réalisé *Vive le football* en 1935, et les organisateurs français du grand rendez-vous mondial, Henri Delaunay en tête, avaient fait le choix de le laisser entrer partout. Il en resterait un film de 35 minutes, dont le texte avait été écrit par le journaliste Jean Eskenazi et lu par le comédien Jean Antoine : Jean Gabin, sur le tournage de *La Bête humaine*, avait décliné. Il en resterait, aussi, une invention durable : pour que le caméraman puisse circuler librement dans le stade de Colombes et s'offrir un point de vue à la fois large et rapproché, René Lucot avait inventé une passerelle, installée sous le toit de la tribune, qui allait demeurer en place pendant plus de vingt ans, et qui est restée le principe dans nombre de stades en Angleterre. La *gantry*, à laquelle mène une échelle métallique, et qui continue de donner le vertige à quelques commentateurs quand leurs positions y sont installées, est même l'explication de l'image différente offerte par la télévision anglaise, et l'une des raisons de sa suprématie dans le monde : c'est d'abord parce que le football anglais est mieux filmé, d'un point de vue qui le surplombe et l'embrasse tout à la fois, qu'il séduit autant, quand l'Italie reste victime de ses tribunes éloignées et de ses pistes d'athlétisme, souvent, à Rome et à Naples, notamment.

On a vu, bien sûr, des héros de la Coupe du monde au cinéma, dans le célèbre *À nous la victoire*, un film oubliable, au scénario pauvre et à la réalisation flemmarde, comme si John Huston avait posé son bandeau sur son bon œil. Tout était dans le casting, avec Sylvester Stallone, Michael Caine et Max von Sydow aux côtés de Pelé, Bobby Moore, Osvaldo Ardiles, Paul Van Himst, Kazimierz Deyna, Mike Summerbee, John Wark et Werner Roth, qui était le capitaine de l'équipe allemande, dans le camp de prisonniers, et qui avait été aussi l'homme qui avait inscrit le seul but de la finale de Glasgow, en 1976, entre le Bayern Munich et l'AS Saint-Étienne. Un visage qu'on ne peut pas oublier, en somme.

Le cinéma s'est certes emparé de la Coupe du monde 1954, en 2003, avec *Le Miracle de Berne*, une fiction autour du retour difficile de Russie d'un prisonnier allemand dans sa famille, mis en parallèle avec la victoire allemande à Berne et l'admiration de son fils pour Helmut Rahn, le buteur victorieux. Mais on n'a pas fait mieux, peut-être, que de raconter une Coupe du monde qui n'a jamais eu lieu. *La Coupe du monde disparue*, sorti en 2011, est un faux documentaire magnifique sur la Coupe du monde 1942 en Patagonie, une farce remarquablement maîtrisée avec des interviews drolatiques mais extrêmement sérieux de personnages réels. Le point de départ : une Coupe du monde à l'initiative du comte Otz, un aristocrate hongrois installé en Argentine, à laquelle seule l'Allemagne nazie accepte de participer, si bien qu'il faut lui trouver des adversaires, des Italiens, Espagnols, Anglais ou Français présents en Amérique latine, ainsi que deux équipes d'autochtones, les Mapuches et les Tchuelchas.

On conseillerait volontiers le passage où Gary Lineker, meilleur buteur de la Coupe du monde 1986, raconte comment un match a été interrompu pendant une semaine, le temps nécessaire à l'arbitre pour faire développer les images, les projeter et valider enfin le but.

Cirage

« Fainéants, trop payés, je t'enverrais tout ça à la mine. » Les footballeurs entendaient déjà ça quand les mines existaient encore. Ou encore : « De mon temps, on jouait pour l'amour du maillot. » Difficile de savoir de quel temps il est question. Dans les années 1920, des joueurs du Red Star, dont le gardien Pierre Chayriguès, la star du moment, réclamaient une prime pour jouer en équipe de France. Ils étaient amateurs marron, c'était la logique de leur statut et de leurs rapports avec les dirigeants, avec lesquels ils trouvaient naturel de partager une partie des recettes. Les footballeurs ont longtemps su que leur levier de négociation était passager et que leur éventuelle pauvreté durerait bien plus longtemps. S'il est trop tôt pour savoir si la richesse et l'opulence de la nouvelle génération dureront toujours, les statistiques de faillite personnelle des générations précédentes incitent à la prudence : mauvais investissements, mauvais mariages, les histoires finissent mal, en général, et pour longtemps encore, sans doute.

Dans ce décor, négocier des primes a toujours été un sport parallèle pour un joueur international et une mesure de reconnaissance. Les Fédérations du monde entier dépendent économiquement de leur sélection et des accords commerciaux et télévisuels autour d'elle, et la Coupe du monde est l'épreuve qui ajoute le plus de zéros avant la virgule. Mais le monde a changé, et l'individualisation du football ainsi que la hausse exponentielle des salaires en club et des revenus de sponsoring font que les joueurs modernes n'ont plus besoin de primes de Coupe du monde pour vivre. Ils ont seulement besoin de négocier pour ressentir leur pouvoir, refuser la défaite et accepter le mouvement collectif.

L'affaire des chaussures de Mar del Plata, en 1978, est une relique d'un autre rapport de force, et d'une autre échelle financière, une courte échelle, à peine un marchepied. Comme le football n'est pas encore un sport national ni un enjeu de société, ses crises sont circonscrites à un petit milieu, les politiques ne se mêlent pas d'un jeu qu'ils méprisent, et l'affaire des chaussures va seulement durer quarante-huit heures.

Elle débute trois jours avant l'entrée en compétition des Bleus dans la Coupe du monde, à Mar del Plata, face à l'Italie (1-2). Leur premier adversaire est aussi leur voisin de bar à l'Hindu Club, l'hôtel qu'ils occupent, c'est dire si l'affaire a été bien pensée. Il n'y a pas grand-chose, alors, à négocier. Il faudra attendre vingt ans de plus pour que les joueurs de l'équipe de France aient le droit de porter la marque de chaussures avec laquelle ils sont sous contrat personnel, mais, en attendant, tout le monde est en Adidas. Ou plutôt tout le monde semble porter des chaussures Adidas, l'équipementier de l'équipe de France, représenté sur place par l'ancien gardien remplaçant de la Coupe du monde 1958, François Remetter.

L'âme généreuse, Adidas offre une prime de 5 000 francs par joueur pour l'ensemble de la compétition, un chiffre qui remet l'affaire à sa place, dans la préhistoire des footballeurs âpres au gain. Se sentant d'humeur particulièrement rebelle, les Bleus et leur capitaine Jean-Marc

Guillou réclament la somme folle de 7 500 francs, et c'est ainsi que l'affaire bascule, pour 2 500 francs, un smic et demi de l'époque. Adidas refuse, la FFF fait comme si elle n'était pas là, alors qu'elle encaisse le contrat global avec l'équipementier et aurait pu proposer de payer la différence, et dans les minutes qui précèdent France-Italie, dans le vestiaire de Mar del Plata, plusieurs joueurs décident de recouvrir de cirage les trois bandes blanches qui zèbrent habituellement leurs chaussures noires.

Si l'équipe de France avait gagné ce premier match de la Coupe du monde, son tout premier depuis douze ans et sa courte apparition de 1966, on aurait à peine remarqué son coup de force syndicaliste. C'est évidemment la défaite qui donne un autre sens au mouvement social des cadres supérieurs du jeu : la presse s'en empare, évoque l'avidité et les clans, et *L'Équipe* recueille même un témoignage anonyme d'un joueur affirmant que Didier Six, l'ailier gauche, est un imbécile. Il n'y a pas de débat permanent sur les ondes, ni des chaînes d'information, mais on n'est pas si loin de la crise de 2010 : il ne manque, au fond, que l'audience internationale et la mise en scène.

Car tout est là, et voilà que treize joueurs, dont Platini, mais pas Marius Trésor, ni Henri Michel, les deux grands anciens, convoquent les envoyés spéciaux de la presse française dans un salon de l'Hindu Club. Première mission : donner leur version de l'affaire des chaussures, et expliquer au public français qu'avant chaque match international le contrat Adidas les oblige à peindre avec application les trois bandes blanches afin qu'elles soient bien visibles à la télé. Le but véritable de la confrontation : savoir qui a dit que Six était un imbécile. Quand un joueur, en particulier, insiste pour connaître le nom du coupable, le journaliste visé rétorque : « Tu devrais le savoir, c'est toi… » Remarque de Didier Six, décontenancé : « Ah ben voilà, première information de la journée… » Cela se passait comme ça, à Mar del Plata.

Clairefontaine

Il y a deux coupes du monde à Clairefontaine, et aucune n'est vraie. L'une est offerte à la pluie, au vent et aux feuilles mortes, au bout de la longue allée bordée de rhododendrons qui mène au château : elle est à peu près ressemblante, repeinte régulièrement, plus haute que les visiteurs qui s'arrêtent inlassablement pour un selfie. L'autre est mieux cachée, au sous-sol du bâtiment administratif, derrière une vitrine installée dans le petit musée de la Fédération française, trop rarement visité pour des souvenirs pareils. C'est une réplique, évidemment. Pour les coupes du monde, il existe un marché, même pour les répliques. La vraie coupe ne passant que brièvement dans les bras des vainqueurs avant d'être reconduite à la banque suisse qui lui offre le gîte et le couvert à l'année, les répliques entrent en jeu très tôt dans les tours d'honneur et les réceptions. La FIFA a une politique, ou du moins en avait une, si l'on se tient à l'exemple des deux victoires françaises : en 1998, la FFF avait été autorisée à fabriquer une cinquantaine de répliques au format deux tiers ; en 2018, soit que la FIFA ait été plus large, soit que la FFF ait choisi d'être un peu plus autonome, la FFF a opté pour 100 répliques au format naturel, offertes aux joueurs, au staff au sens large, aux dirigeants majeurs du football et à quelques partenaires premium. L'une d'elles a été vendue aux enchères, en février 2022, par un membre du staff qui a quitté l'équipe de France depuis, qui avait besoin d'argent, et qui a également vendu sa médaille de vainqueur. Il a tiré un peu plus de 50 000 euros de l'ensemble.

C'est à Clairefontaine, surtout, que l'équipe de France a préparé ses Coupes du monde, et parfois ses éliminations. La vérité est que j'ai le sentiment d'y avoir passé une assez large partie de ma vie, d'abord dans le salon du château, où les journalistes étaient conviés jusqu'à l'approche de la Coupe du monde 1998, puis dans les différents salons créés ponctuellement ou durablement, avec entraînements au crépuscule, sur le terrain Michel-Platini, en bas, ou Pierre-Pibarot, en haut. Je m'y suis rendu pendant plus de trente ans et je m'y rends encore. Avec l'âge et l'esquisse d'une lassitude pour l'exercice médiatique moderne, une conférence de presse pour tous, deux questions chacun grand maximum, il m'arrive de me rendre tout court.

Il faudrait dire trente ans de souvenirs à Clairefontaine appliqués à la Coupe du monde, sans les trier, dans le seul espoir que la masse désordonnée forme une trace. On peut essayer, au moins.

La conférence de presse de David Ginola : on était trois, au pied de la cheminée du salon, pas très loin du billard, le jour où le Parisien a mis le feu avant le France-Bulgarie de novembre 1993 (1-2) en évoquant les privilèges accordés par Gérard Houllier, le sélectionneur, à Jean-Pierre Papin et Éric Cantona. Le jour où Éric Cantona, enfoncé dans un large fauteuil du salon pour une explication de texte avec des représentants de la presse écrite, a dit « Je vous pisse à la raie », provoquant un chahut soudain alors que c'était une image innocente, peut-être. La fausse annonce de la liste, en mai 1998, en direct sur LCI, énorme battage médiatique, tout cela pour une liste de 27 joueurs, une conférence pour rien, et un titre en une de *L'Équipe* pour toujours (« Et on joue à 13 ? »). La nuit des cinq maudits, les cinq joueurs écartés de leur rêve, avertis par Aimé Jacquet un vendredi soir : l'envoyé spécial de *L'Équipe*, Gilles Verdez, qui a d'autres activités désormais, avait fait le guet au portail en bois à l'entrée du domaine où Henri Émile, l'intendant des Bleus, était venu lui dire qu'il ne se passerait rien, merci pour la fausse piste.

Dans l'heure qui suivit, les cinq bannis s'enfuirent dans la nuit avec l'illusion qu'elle cacherait leur peine. Ibrahim Ba, Pierre Laigle, Sabri Lamouchi, Nicolas Anelka et Lionel Letizi n'ont jamais oublié, même si Anelka, conscient de son avenir, était celui qui avait vécu le départ avec le plus de légèreté.

Un rendez-vous d'un journaliste de *L'Équipe*, Olivier Margot, avec Zinédine Zidane derrière la clôture du domaine, hors conférence de presse, après le carton rouge qu'il avait reçu contre l'Arabie Saoudite au Stade de France : on pouvait encore travailler comme ça, à l'époque, on passait un coup de fil pendant la Coupe du monde, le joueur répondait, et quand il avait quelque chose à dire, il donnait rendez-vous et arrivait incognito, à vélo, après avoir dit, sans doute, qu'il partait se promener, ce qui n'était pas complètement faux.

L'embarras de Frank Lebœuf, le lendemain de la demi-finale France-Croatie et du carton rouge qui privait Laurent Blanc de finale : Lebœuf avait le légitime sentiment d'un destin, et tout le monde ne lui parlait que de Laurent Blanc, et les questions le renvoyaient à une condition d'usurpateur ou de passager clandestin d'un jour de gloire, si bien qu'il avait fini par lâcher une phrase malheureuse (« Le malheur de Laurent Blanc n'est rien en regard de mon bonheur »), quelque chose comme ça, évidemment on en avait fait un titre, évidemment on avait juxtaposé la photo symbolique où Lebœuf tombait dans les bras de Bilić, l'homme qui était responsable de l'expulsion de Blanc, comme si Lebœuf en avait eu conscience, et Didier Deschamps, en colère, avait débarqué dans sa chambre au château pour lui demander des comptes en jetant *L'Équipe* du jour sur le lit. Lebœuf s'était excusé, mais personne ne lui en a voulu, et sur la durée il est resté un champion du monde attachant bien plus naïf que hâbleur.

Le jour où Zidane est venu gentiment me demander, au château, s'il pouvait recevoir *L'Équipe* par la poste, parce qu'il lui fallait aller à la gare de Turin pour l'acheter, et même s'il habitait à côté, le temps était rapidement venu où il ne pouvait plus sortir tranquillement dans les rues piémontaises (c'était en 1996, et le service concerné à *L'Équipe* avait dit non, « on ne peut quand même pas offrir un abonnement à n'importe qui », alors que deux ans plus tard on le lui aurait livré chaque matin avec le petit déjeuner et un valet de pied).

Une séance de coups francs de Zidane, en mai 2004, juste avant de partir pour l'Euro au Portugal. Il avait été magique, et ce souvenir était revenu, une semaine après, quand il avait donné la victoire aux Bleus contre l'Angleterre (2-1), d'un coup franc, dans le temps additionnel, à Lisbonne.

Les entraînements dans le froid et la nuit, avant les matches ordinaires et avant ceux qui l'étaient moins, les débats le long des mains courantes avec les confrères, de plus en plus régulièrement les consœurs, le jeu consistant à compter les joueurs présents, puis à repérer la couleur des chasubles pour deviner l'équipe à venir, et à tenter de pressentir l'odeur du match attendu. Le dimanche d'avant le barrage de Coupe du monde contre l'Ukraine, il y avait quelque chose dans l'air, palpable, alors que l'équipe de France, battue à Kiev (0-2), avait besoin d'un exploit pour disputer la Coupe du monde 2014 au Brésil. Les mots, les attitudes, les rumeurs venues du château, une électricité dans l'air, tout ressemblait à une veillée d'armes, jusqu'à la moindre conférence de presse, exercice généralement convenu et de contrôle, qui était passée soudain pour la causerie de Henri V dans Shakespeare avant son grand match de la Saint-Crépin.

Coiffeur

À l'époque du mépris, le football disait que les coiffeurs étaient les maris des shampouineuses – on moquait les uns, on essentialisait les autres. Et puis on est passé à autre chose, parce que l'on fait désormais un peu plus attention à ce que l'on dit, tant mieux pour les shampouineuses, et parce que les remplaçants en Coupe du monde continuent d'exister quand la compétition commence, tant mieux pour les coiffeurs.

Ce n'est pas la presse ou l'environnement de l'équipe de France qui ont commencé à donner ce surnom aux remplaçants des compétitions au long cours qui vivent en retrait de la lumière. Ce sont les joueurs eux-mêmes, bien que l'origine de l'expression se perde dans le temps. Une des premières photos en la matière, et l'un des premiers exemples de médiatisation des remplaçants, pour illustrer la dynamique d'un groupe et ce bonheur d'être ensemble qui touche toujours les équipes qui gagnent, remonte à la Coupe du monde 1958 en Suède. Un après-midi d'oisiveté, quelques remplaçants de l'équipe de France avaient posé dans un salon de coiffure en train de couper les cheveux des titulaires, peigne et ciseaux en main, et même s'il ne fait aucun doute que tout cela avait été mis en scène par le photographe, l'image était restée. Au retour, on devait probablement demander aux remplaçants, jamais entrés en jeu, jamais vus à la télé, s'ils s'étaient bien occupés de leurs camarades.

Le concept de coiffeur, purement français, a fait l'objet d'une large parenthèse, les Bleus ayant disputé une seule Coupe du monde entre 1958 et 1978. *A priori*, c'est en 1982, pendant le Mundial en Espagne, que ce surnom de « coiffeur » est apparu dans les conversations ; c'était une génération qui savait chambrer, et parmi elle certains joueurs avaient vraiment une très grande bouche. En 1982, le destin des coiffeurs, du reste, était peu enviable : il y avait une liste de 22 joueurs, mais 16 d'entre eux seulement figuraient sur la feuille de match, et les six autres allaient s'asseoir en tribune, au milieu des familles ou des dirigeants, complètement en marge de l'équipe et des moments intenses qu'elle était en train de vivre.

Avec le temps, les coiffeurs sont passés au salon et ne vivent plus dans la marge. D'abord parce que tous les joueurs sélectionnés figurent sur la feuille de match, prennent place sur les bancs agrandis, et vivent les mêmes jours de match, le même échauffement, le même espoir d'entrer à tout moment, ou la même illusion. Ensuite parce que les conférences de presse pendant une Coupe du monde ne font plus de différence entre les titulaires et les remplaçants : en 2018, Florian Thauvin, qui n'avait joué que quelques minutes, était venu aussi souvent face à la presse qu'Antoine Griezmann ou Paul Pogba. De même, les récits venus de l'intérieur, qui fixent la mythologie de l'aventure, lissent les statuts : Adil Rami est presque aussi célèbre pour avoir joué avec un extincteur dans l'hôtel des Bleus en Russie, à Istra, obligeant toute la délégation à sortir du bâtiment en pleine nuit, que Corentin Tolisso pour avoir participé à cinq rencontres sur sept, dont la finale, en étant titulaire deux fois.

La vérité est que, dans une Coupe du monde, ce n'est pas l'empreinte médiatique des coiffeurs qui compte ;

c'est un baume sur leur ego malmené, cela les aide à accepter ce basculement violent entre une saison où ils sont une figure centrale de leur club, et un été où ils encouragent ceux qui jouent à leur place. Mais les coiffeurs restent avant tout la mesure de l'ambition d'un groupe, de l'exigence qu'il a pour lui-même et de la qualité de sa vie sociale.

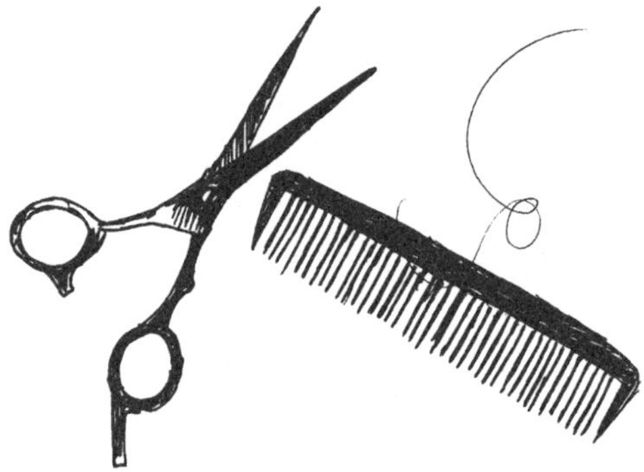

Les coiffeurs sont des remplaçants qui doivent accepter leur rôle tout en le combattant, et qui doivent soutenir celui qui joue à leur place en faisant tout pour la lui prendre. Même chez les coiffeurs, il existe des statuts et des rôles dissemblables. Certains savent très bien, et se l'avouent difficilement, que le sélectionneur les a retenus pour ce rôle social. À talent quasi égal, ce critère fait toujours la différence sur deux ou trois joueurs du groupe. Car si les remplaçants deviennent un poison pour les autres, en les tirant vers leur mal-être au lieu de les pousser vers le haut, l'équipe n'a aucune chance de gagner et de traverser quarante jours de vie commune dans l'ambition et l'harmonie. Dans les deux conquêtes mondiales de l'équipe de France, en 1998 et en 2018, le statut des coiffeurs était clair et leur rôle essentiel. Leur trace est restée profonde, parce que chaque fois le groupe s'est considéré tout entier champion du monde (Lama et Charbonnier sont champions du monde sans avoir joué une minute), et parce que le récit de l'épopée leur a toujours fait une place que le terrain et le sélectionneur leur ont refusée. C'est une question de slogan (« On gagne ensemble, on perd ensemble »), mais aussi de point de vue, au sens propre du terme : pendant qu'il filmait *Les Yeux dans les Bleus*, le réalisateur Stéphane Meunier ne regardait jamais le match, mais toujours le banc. Vincent Candela, le remplaçant de Bixente Lizarazu, est un exemple de coiffeur de très haut niveau. D'abord parce qu'il était un grand joueur, ce que sa carrière à l'Inter de Milan et à la Roma a confirmé, ensuite parce que celui qui a choisi la bande-son d'un été pareil mérite la gloire. On se souvient très bien d'une scène pendant une conférence de presse à Clairefontaine, au cœur de la Coupe du monde, alors qu'il était encore d'usage que tous les joueurs descendent du château pour rencontrer les journalistes. Un matin, Philippe Tournon, le chef de presse des Bleus, s'était approché de nous : « Tu crois que quelqu'un veut voir Vincent Candela aujourd'hui ? Cela fait plusieurs fois qu'il vient pour rien, et du coup, il me demande s'il doit continuer de descendre… » Les coiffeurs veulent bien accepter l'ombre, mais ont moins envie de la mesurer chaque matin.

Curieusement, ou non, les coiffeurs sont les seuls acteurs du débat sur la liste des 22, ou des 23, désormais des 26, pendant les longues semaines qui précèdent l'annonce de sa décision par le sélectionneur. Mais, dès le lendemain, ils disparaissent des hauts de page et des conversations, car le débat glisse soudain sur l'équipe de départ, sur la moitié des 22 qui va commencer le premier match, reléguant l'autre moitié vers une vie parallèle, même si le premier match, justement, peut remettre en cause des statuts. En rugby, les coiffeurs s'appelaient

« l'équipe du mercredi », ce qui remonte au temps où les tournées dans l'hémisphère Sud étaient rythmées par les matches de milieu de semaine contre les équipes de club, ou alors « l'équipe des toasts », parce que ces gars-là étaient envoyés aux réceptions officielles pendant que les titulaires se reposaient, ou plus récemment « la charrette », et là il n'y a pas besoin d'explication. Quand arrive une Coupe du monde, il faudrait pourtant ne jamais oublier que les coiffeurs sont des stars.

Conte Verde

Le 21 juin 1930, un paquebot transatlantique mouille dans les eaux claires de la baie de Villefranche-sur-Mer, entre ce village de pêcheurs et la presqu'île du cap Ferrat. Surmonté de deux larges cheminées orange, le *Conte Verde* appartient à la Lloyd Sabaudo Transatlantic Line, et il est parti de Gênes, où la délégation roumaine a embarqué, poussée au grand voyage sur l'ordre du roi Carol II, qui vient d'accéder au trône après avoir mené une vie dissolue à Monaco. À l'escale de Villefranche, les passagers de première classe sont emmenés par la vedette *Émile-Paris* au pied de la passerelle : parmi eux, les seize joueurs de l'équipe de France qui ont obtenu la permission de s'absenter pendant six à huit semaines pour disputer la première Coupe du monde en Uruguay, leur premier voyage hors de l'Europe. Officiellement, le professionnalisme en France ne sera instauré qu'en 1932, et, dans cette attente, tous les employeurs ne sont pas conciliants : outre le patron du comité de sélection, Gaston Barreau, que la direction du Conservatoire de musique n'a pas libéré, manque également à l'appel le capitaine, Henri Pavillard, qui a disputé tous les matches de préparation mais n'a pu quitter son travail. Sur les photos, on voit Jules Rimet, le président de la FIFA, soulever son chapeau depuis la passerelle ; dans sa cabine est installée la Coupe du monde, un trophée ailé sculpté par le Parisien Abel Lafleur et recouvert de feuilles d'or.

C'est une longue traversée. Il faudra deux semaines pour atteindre Montevideo, le 5 juillet, avec escale à Barcelone pour accueillir l'équipe de Belgique, puis à Rio, pour laisser monter la sélection du Brésil. Au passage de l'équateur, les joueurs de l'équipe de France ont sacrifié au rituel, cuillerée de sel et champagne. L'arbitre français retenu pour la compétition, Thomas Balvay, en fait un Anglais vivant à Paris répondant également au nom de John Balway, se verra remettre un télégramme, à Montevideo, lui apprenant le décès de son épouse. Il s'écoulera cinquante-cinq jours avant qu'il puisse se recueillir sur sa tombe.

Les Français, bien sûr, s'entraînent avec les moyens du bord. Ils passent au trot d'un pont à l'autre, chaussures de tennis blanches, pantalon de flanelle et pull à col en V, jouent à saute-mouton avec les transats de première classe. Leur vie sociale : culture physique au milieu des passagères, disques de Maurice Chevalier et de Jack Hylton sur le phonographe qu'ils ont emporté, bridge, belote, et quelques soirées durant lesquelles le chanteur d'opéra russe Fédor Chaliapine refuse systématiquement de faire entendre gracieusement son talent.

À leur arrivée, fêtés par les Uruguayens à leur descente du *Conte Verde*, les Français seront reçus par le Président uruguayen, Juan Campisteguy, dont la famille était originaire de Saint-Jean-Pied-de-Port, et logeront au Rowing Club.

Le *Conte Verde*, lui, n'a plus qu'une quinzaine d'années devant lui à sillonner les mers. Le paquebot qui avait emmené les pionniers du football mondial vers l'aventure passera sous pavillon japonais après un échange de prisonniers au début de la Seconde Guerre mondiale, et sera coulé par l'aviation américaine au nord de Kyoto, le 25 juillet 1945.

Corée du Nord

Il est difficile de reprocher à ceux qui impriment la légende de lui laisser autant de place en regard de la réalité, à l'heure de rapporter l'été furtif d'une nation secrète. La réalité, d'ailleurs, était qu'on ne savait rien, et que la Corée du Nord qui s'avançait vers une lumière inhabituelle, à l'été 1966, était un secret entouré de mystère à l'intérieur de hauts murs au cœur d'une forteresse. On peut se demander ce que la Corée du Nord venait faire dans une Coupe du monde en Angleterre, un pays qui ne reconnaissait même pas son existence, depuis qu'il avait pris le parti du Sud pendant la guerre de Corée (1950-1953). La FIFA avait provoqué, sans forcément le vouloir, cette circonstance : ayant décidé d'attribuer une seule place à répartir entre quinze nations d'Afrique, l'Asie et l'Océanie, selon des éliminatoires alambiqués, elle avait provoqué un boycott des pays africains et de certains pays asiatiques. Il n'était resté que la Corée du

Nord et l'Australie, et les Coréens s'étaient baladés (6-1, 3-1) sur terrain neutre, à Phnom Penh, au Cambodge. Courageuse, la FIFA acceptera la demande de l'Angleterre de ne jouer l'hymne nord-coréen que dans le cas où l'équipe parviendrait en finale, et de ne pas l'appeler par son vrai nom, la République populaire et démocratique de Corée.

Pour ce qui concerne la suite de l'aventure, il convient sans doute de distinguer le football, la légende et les faits tels qu'ils ont été écrits, ou réécrits, ensuite.

Le football a fait entrer la Corée du Nord dans l'histoire de la Coupe du monde, ce que l'on concevra facilement face à ce rappel : battus par l'URSS (0-3), les Coréens ont fait match nul contre le Chili (1-1) avant de se qualifier pour les quarts de finale en battant l'Italie (1-0) grâce à un but de Pak Doo-ik, sous les cris des 18 000 spectateurs d'Ayresome Park, le stade de Middlesbrough, qui chantaient « Korea, Korea », au point que le commentateur de la BBC avait lâché : « Ils ne font pas autant de bruit pour Middlesbrough. » C'était la plus grande surprise jamais vue dans la compétition. En quarts de finale, la Corée du Nord a même mené 3-0 face au Portugal d'Eusebio, mais, faute de savoir qu'il fallait défendre, et qu'il y avait plusieurs attitudes possibles dans ce jeu en fonction du score, des circonstances et de l'adversaire, elle avait perdu 5-3.

La légende a permis à plusieurs générations de journalistes de reproduire les rumeurs *ad libitum*. D'écrire que les joueurs nord-coréens, qui ne mangeaient pas à leur faim et n'avaient pas obtenu d'argent de poche de leur gouvernement, faisaient la quête dans les rues de Middlesbrough. Qu'ils dormaient dans un couvent pour être mieux surveillés. Qu'à leur retour au pays, n'ayant pas gagné la Coupe du monde, ils avaient été internés en camp de travail et de rééducation par Kim Il-sung, le Grand Leader, le Soleil de Corée.

Les faits tels qu'ils ont été écrits ensuite, et réexaminés, ne sont peut-être pas beaucoup plus fiables. Les joueurs nord-coréens qui se sont exprimés depuis ont toujours parlé sous le contrôle du Parti, qu'ils acceptent de participer au tournage d'un Britannique, Daniel Gordon (*Le*

Match de leur vie), en 2002, ou à une interview de l'envoyé spécial de *L'Équipe*, José Barroso, en 2014, ou bien qu'ils reviennent à Middlesbrough en pèlerinage, en 2002. Le stade avait été détruit, devenu un quartier résidentiel, et dans le jardin d'un particulier trônait une chaussure de bronze à l'endroit exact du but de Pak Doo-ik contre l'Italie. Les éléments de langage ont toujours été les mêmes : Kim Il-sung, le Grand Leader, le Soleil de Corée, leur avait demandé de gagner un ou deux matches, ils ne pouvaient pas repenser à leur victoire sur l'Italie sans que les larmes reviennent, ils n'avaient pas été envoyés en camp à leur retour, mais accueillis comme des héros, même si Kim Il-sung, le Grand Leader, le Soleil de Corée, ne s'était pas déplacé lui-même, et si la Corée du Nord n'avait pas disputé un seul match international pendant plusieurs années, après son retour d'Angleterre, c'était en raison de « circonstances intérieures ». En Angleterre, ils n'avaient pas dormi dans un couvent, ils n'avaient pas fait la manche dans les rues de Middlesbrough, mais les 74 membres de la délégation avaient dormi dans un hôtel qui leur était réservé, le Saint-George, proche de l'aéroport.

Les lecteurs de *L'Équipe*, eux, avaient eu assez régulièrement des nouvelles des Coréens pendant la compétition, un ou deux envoyés spéciaux citant l'entraîneur notamment. C'était une époque qui ne s'encombrait pas d'exactitude, et, à l'échelle française, personne ne s'était jamais plaint : on ne dérangeait pas un joueur pour si peu, et les déclarations étaient si plates qu'elles ne le mettaient jamais en danger. Mais la vérité, ou une vérité, a fini par surgir à la fin de la compétition, lorsqu'un entrefilet apprit aux lecteurs que le présence d'un interprète aurait permis, au moins, de recueillir les paroles des joueurs nord-coréens en Angleterre. Cela n'avait empêché personne d'imprimer la légende.

Coup de tête

C'est l'histoire d'un abandon. L'abandon du jeu, l'abandon de la finale, l'abandon des autres, même, et c'est aussi l'histoire de la nuit où Zinédine Zidane a fini par s'abandonner, par se défaire de son armure, puis de son dernier maillot, pour entrer dans l'autre vie qui l'attendait, après un mois passé à vivre le jour qui venait comme si c'était le dernier, puisque tel était le cas, puisque, à partir de France-Togo (2-0), le troisième match de groupe de la Coupe du monde 2006, la carrière de Zinédine Zidane pouvait s'arrêter chaque soir où les Bleus montaient sur scène.

Le 9 juillet 2006 à Berlin, un peu après 23 heures, en donnant un coup de tête sur la poitrine de Marco Materazzi, le défenseur italien, on ne sait toujours pas si Zinédine Zidane a saboté ses chances d'être l'égal de Pelé de manière consciente ou inconsciente, si ce coup de tête était une manière de se protéger du vertige et d'une gloire si haut perchée, ou si la tension de la finale, étirée par la prolongation, l'incertitude, la charge émotionnelle du plus grand jour et du dernier, la fatigue et la lente perte de lucidité ont simplement déclenché un ressort ancien, la révolte et le coup de sang, ce seizième carton rouge en carrière. Il est tentant de chercher une explication extraordinaire à un acte pour lui ordinaire, alors que la vérité est que ce geste lui ressemble, qu'il l'avait déjà accompli plusieurs fois, qu'il en avait déjà payé le prix, et que le coup de tête contre un joueur de Hambourg en Ligue des champions, en octobre 2000, avait déjà mordu sur sa gloire et son image en le privant du Ballon d'or de cette année-là, qu'il méritait mille fois jusqu'à cette seconde.

On peut estimer aussi que, lorsque son inconscient hésite, il l'entraîne systématiquement du mauvais côté, vers la face sombre, mais que cette face sombre est aussi un revers de sa timidité naturelle et d'une forme de modestie, comme si tout cela avait été trop pour lui. Trop-plein d'émotions, trop-plein d'injustice ou trop-plein de gloire, c'est toujours ce trop qui l'arrache à l'attitude attendue d'un joueur de son statut, de sa force et de son influence.

Dans le fil de la finale, si souvent enroulé et déroulé, on a régulièrement quêté les signes qui auraient annoncé l'issue. On a parfois relu sa panenka, sur le penalty accordé à Malouda, comme une manière inconsciente de laisser une trace personnelle dans la finale, mais il se jouait aussi, dans son face-à-face avec Buffon, quelque chose qui devait moins à la psychanalyse et plus au foot de toujours : le rapport de force entre un gardien et un meneur de jeu qui se connaissent par cœur, après avoir longtemps joué ensemble. Zidane l'a dit dans une interview, après coup, et si cela pouvait être une manière de désamorcer les interprétations de son geste qui toutes allaient dans le sens du baroud crépusculaire, c'était aussi, peut-être, parce que c'était vrai : il savait que Buffon savait qu'il aimait tirer ses penalties à droite du gardien, dans le petit filet, et que si un penalty bien tiré est inarrêtable, il n'aurait pas eu de marge, pas même cinq centimètres, si l'Italien s'élançait du bon côté ; sur la gauche du gardien, ce n'était pas son jardin, il n'avait pas envie ; la panenka pouvait être donc le bon geste au bon moment, presque le geste rationnel, consistant à mettre le ballon au milieu de la cage pour rompre avec le choix imposé de la droite et de la gauche. Et puis, il y avait autre chose, que décrirait Christophe Dugarry à propos de son ami : ces joueurs-là, les très grands, ne pensent jamais aux conséquences de leurs gestes, ils n'imaginent jamais ce qu'il se passerait en cas d'échec, ils ne vivent que dans l'instant, et dans la recherche du meilleur geste pour marquer, la panenka entre rationnellement dans leur champ de pensée.

L'abandon des autres, pour un carton rouge évitable, une réaction complètement personnelle provoquant un préjudice collectif extrême, est un aspect longtemps étouffé de cet été-là. Le geste de Zidane a dépossédé les autres Bleus de la finale, mais aussi de la gloire qu'ils pouvaient tirer de cette performance. Les autres n'ont pas dû seulement s'apprêter à passer une vie à songer, pour ceux qui n'étaient pas là en 1998, que l'expulsion de Zidane les avait empêchés de devenir champions du monde à leur tour, et que la réaction d'un seul, fût-il l'unique, avait précipité la défaite de tous. Le coup de tête de Zidane et la manière dont il s'en est défendu, les jours suivants, en confiant à Michel Denisot qu'il n'en éprouvait pas de regrets et que Marco Materazzi avait mal parlé de sa famille, a complètement effacé les autres joueurs français des jours d'après. Ils auraient dû être ceux qui avaient atteint, les premiers, une finale de Coupe du monde disputée sur une terre étrangère, mieux que les héros de 1958 en Suède, mieux que les maudits de Séville en 1982, ceux qui avaient perdu une finale de Coupe du monde sans perdre le match, seulement transpercés, en plein cœur, par une séance de tirs au but survenue à un moment où Zinédine Zidane n'était plus un joueur et où Fabien Barthez n'était plus le même rempart que huit ans plus tôt. Au lieu de cela, ils sont devenus invisibles dans l'instant, parce que, au lieu d'étirer leur mérite et cette malédiction, l'été qui a suivi a porté une seule question : qu'est-ce que Materazzi a dit à Zidane ?

On ne le sait pas complètement (voir « Materazzi »), et ce qu'il reste de mystère a probablement plus d'épaisseur que ce vocabulaire ordinaire de cour de récréation ; rien ne sera jamais à la hauteur de l'image montrant Zinédine Zidane, le 9 juillet 2006, une heure avant minuit, quitter le terrain, la finale de la Coupe du monde et sa carrière sur un coup de tête.

Cruyff, Johan

On ne sait pas, au départ, pourquoi on aime un joueur plus qu'un autre, pourquoi l'admiration se fixe sur un sillage pour ne plus le quitter, pourquoi Johan Cruyff. Enfin, si, on a bien une idée : la grâce, l'élégance, cette manière de jouer la tête droite, et tant pis pour l'humilité, cette arrogance de ceux qui inventent quelque chose chaque jour et décident que les autres auront la chance d'être soumis à ce génie, ces gestes nouveaux qui tombaient comme une foudre ou un enchantement, ce sentiment d'une jeunesse qui donnait un sens aux années 70, l'Ajax Amsterdam, cette harmonie folle, cette révolution profonde dont il était le visage, un « Che » sans bandeau ni posture, ces cheveux longs qui volaient aux vents nouveaux, et puis ce maillot parfait, blanc avec une large bande rouge, et un numéro 14 déjà différent.

On se souvient de la finale de la Coupe du monde 1974 comme d'une douleur quasi intime, parce que Johan Cruyff l'avait perdue contre l'Allemagne – les Allemands ne comptaient pas, mais Cruyff avait perdu et c'était à pleurer, nos héros ne devraient jamais être battus, ni tristes. L'histoire n'aurait jamais dû se terminer dans les larmes, d'ailleurs, elle avait commencé dans la lumière orange d'un dimanche de rêve, l'Allemagne n'avait pas encore touché le ballon que Cruyff l'avait déjà renversée. On a revu l'action cent fois. Cruyff a gagné le toss, ce choix du camp ou de l'engagement à pile ou face, et quand l'arbitre a lancé la pièce, c'est lui qui s'est baissé pour la ramasser, il voulait le coup d'envoi, prendre le ballon et faire passer le message qu'il ne comptait pas le rendre. Il se passe exactement cinquante-quatre secondes entre le coup d'envoi et le moment où l'arbitre siffle penalty pour une faute d'Uli Hoeness sur Johan Cruyff. Une minute et vingt-huit secondes entre le coup d'envoi et le penalty transformé par Neeskens, l'autre Johan. Comme à Séville, plus tard, on aurait voulu arrêter le temps, mais c'était un peu tôt, quand même, et sur le coup on avait juste furieusement envie de voir la suite, regarder jouer Cruyff et les Pays-Bas était un bonheur, et c'était le plus beau rendez-vous de l'été.

Pendant cinquante-quatre secondes, donc, les Allemands ne touchent pas le ballon. On sait immédiatement qui est le patron : dès que le ballon circule en défense, Johan Cruyff descend dans son camp, suivi comme une sangsue par Berti Vogts, l'arrière droit allemand à qui il a été demandé de le suivre partout, même aux toilettes à la mi-temps, c'était ce que disaient les entraîneurs pour être sûrs d'être bien compris. La première fois, Cruyff effectue une courte apparition dans le mouvement général, qui se poursuit sur le côté gauche, mais revient en arrière, et c'est ainsi que commence la deuxième fois : Cruyff est resté en retrait, peut-être pour avoir une vision globale du jeu et des positions des joueurs, peut-être pour attirer Vogts et libérer un peu d'espace au loin. Mais cette fois, au lieu de recevoir le ballon dos au jeu, pressentant la morsure de son cerbère, il le reçoit face au jeu, et il accélère soudain, prend de la vitesse, la grâce en mouvement, et au bout de cette action à dix-sept passes, entre dans la surface, où Hoeness vient provoquer sa chute.

De ce jour, il nous semble, est venue cette vérité du jeu comme une porte ouverte : des équipes perdent, parfois, d'avoir marqué trop tôt. On n'avait pas vraiment eu le temps de s'habituer à l'idée de la victoire, parce que l'Allemagne – la RFA, on écrivait et on disait la RFA, à l'époque, de même qu'on disait la Hollande, pas les Pays-Bas – menait déjà 2-1 juste avant la mi-temps, mais on avait eu un peu plus de temps pour pressentir la défaite de la magie, et celle de Johan Cruyff. On a souvent essayé de penser qu'il était plus grand d'avoir perdu cette finale, plus romantique et plus rebelle de s'être assis à côté du trône le jour du couronnement. Il aurait dû se méfier des Allemands le jour où il lui est venu à l'esprit d'organiser son jubilé à Amsterdam, en 1978 : il avait invité le Bayern et Beckenbauer, et, plutôt que de le fêter, ils avaient décidé de lui faire sa fête, le fessant d'un 8-0 en direct à la télé. Il ne fallait pas les inviter.

Il avait remporté trois Coupes des champions d'affilée, avec l'Ajax Amsterdam (1971, 1972, 1973), et il n'incarnait pas seulement le football nouveau : il était un marqueur de ces années 70, avec ses manières de star de rock, ses comportements atypiques, capitaine à la lisière des caprices et de la tyrannie, athlète de haut niveau qui fumait à la mi-temps, et qui aimait l'argent, aussi. Pendant la Coupe du monde 1974, il portait un maillot à deux bandes seulement, parce qu'Adidas, la marque aux trois bandes, équipait sa sélection, et qu'il était sous contrat avec Puma. Le prétexte était sa liberté, la réalité était son contrat personnel, et sa justification facile à trouver, qu'il formulerait ainsi, beaucoup plus tard : « La Fédération ne voulait pas entendre que si le maillot orange lui appartenait, j'étais seul maître en ce qui concernait mon visage. »

1974 aurait pu être un camp de base d'une ambition de marquer l'histoire de la Coupe du monde, mais il n'y en avait pas eu d'autre avant (les Pays-Bas ne s'étaient pas qualifiés en 1970), et il n'y en aurait pas après : en 1978, encore au sommet avec Barcelone, et alors qu'il avait participé aux qualifications, Johan Ier avait renoncé au déplacement en Argentine. Il a laissé ouverte l'interprétation de son absence.

Sans lui, les Pays-Bas ont fait comme avec lui : ils ont perdu en finale, face au pays organisateur, l'Argentine après l'Allemagne, comme quatre années plus tôt. Avec lui, ils auraient gagné, peut-être. Longtemps, trois interprétations de son absence ont circulé : il ne souhaitait pas cautionner la dictature du général Videla, il avait un nouveau désaccord commercial avec sa Fédération, et sa femme ne souhaitait pas qu'il s'absente aussi longtemps. Ce dernier point peut sembler surprenant, mais c'était une rumeur persistante, et son ancien adjoint à Barcelone, et ancien joueur du club, Carlos Rexach, l'a même relayé dans son autobiographie. En 2014, Cruyff a fini par livrer sa vérité : dans l'hiver 1977, il avait été victime d'une tentative de cambriolage chez lui, pendant que ses enfants dormaient, sa femme et lui-même enchaînés, et menacés par une arme à feu, et il avait décidé que tout cela n'en valait pas la peine, qu'il valait mieux passer un mois de plus en famille qu'avec d'autres joueurs à l'autre bout du monde. Il a dit avoir fait fuir le cambrioleur, et on ne sait toujours pas comment, mais il avait droit aux zones grises, comme tout le monde.

Johan Cruyff, en fait, était l'enfant d'un club et le père du jeu. Un orphelin d'un quartier d'Amsterdam, fils d'une femme de ménage qui travaillait parfois à l'Ajax et l'avait inscrit au club, premier contrat professionnel à 16 ans, en 1963, première sélection en 1966, prolongement sur le terrain du cerveau de Rinus Michels, l'entraîneur qui avait inventé le football total, et cette manière unique qu'avaient les joueurs de l'Ajax de changer de poste d'une action à l'autre, cette création de l'harmonie par le mouvement. Il suivait Michels à Barcelone, mais il avait rarement supporté d'autres autorités, s'en émancipait au bout de trois jours, et dirait même de Wesweiller, son entraîneur allemand en 1976 à Barcelone : « Il croit qu'il est une vedette, mais la star, c'est moi. »

Personne n'a jamais eu autant d'influence que lui dans le double rôle de joueur et d'entraîneur. Joueur pendant dix-neuf ans, entraîneur pendant onze ans seulement, Cruyff a changé le foot en apportant au jeu un esthétisme et une recherche d'harmonie collective à peine entraperçus, jusque-là, avec le Brésil 1970 de Pelé. Il aura été, à Barcelone, un entraîneur comme il était joueur, avec une pointe d'arrogance, des principes plus forts que tout, et des aphorismes qui lui survivront longtemps. Comme celui-ci : « Jouer au football est très simple, mais jouer un football simple est ce qu'il y a de plus difficile. » Ou encore cette repartie, à un joueur casse-bonbons qui lui demandait avec trop d'insistance de se justifier et d'expliquer encore : « Si j'avais voulu que tu comprennes, je t'aurais mieux expliqué. »

Pep Guardiola dit que Cruyff a « bâti la cathédrale », et que lui et quelques autres ne font que l'entretenir. Johan Cruyff est mort des suites d'un cancer à l'âge de 68 ans, en 2016, alors que l'on arrivait à Amsterdam où l'équipe de France jouait le lendemain, dans le stade qui porte aujourd'hui son nom. De ce vendredi-là on se souvient encore de tout, comme dans les jours importants d'une vie, avec le sentiment que le Thalys nous rapprochait de lui, qu'il faudrait glisser jusqu'au quartier de son enfance, ou jusqu'au vieux stade de Meer, parce qu'il habiterait partout, désormais, où son génie avait laissé une trace.

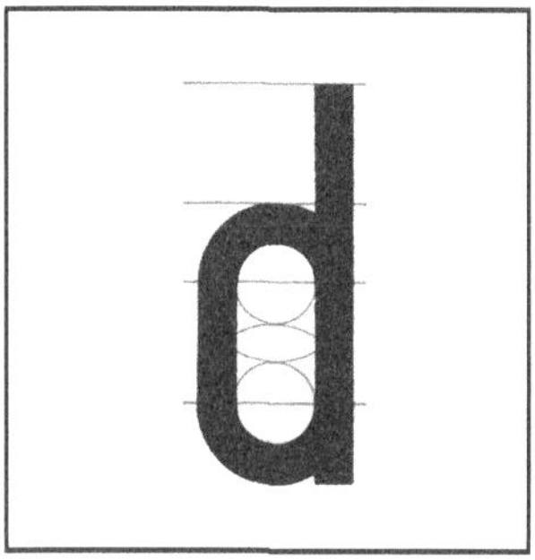

Dans le secret des Bleus

Il ne faut pas se fier aux titres des livres et des films, ils sont tous les mêmes, doivent comporter « Bleus », et puis l'idée de l'intimité, ou de la révélation, ou de la vie d'une équipe derrière la porte d'un vestiaire. Alors, *Dans le secret des Bleus* répond au cahier des charges. On ne se moque pas, on ne peut pas se le permettre, on a soi-même commis *Au cœur des Bleus* (Stock), sur les coulisses du pouvoir des sélectionneurs de l'équipe de France, et *Le Livre noir des Bleus* (Robert Laffont), un récit de la crise en Afrique du Sud, en 2010. Dans les titres, « Bleus » est la constante, et le reste la variable. Mais *Dans le secret des Bleus* est un film remarquablement fidèle aux promesses de son titre, et ce n'est pas surprenant : derrière la caméra s'est installé Adolphe Dhrey, un type formidable, remarquable cinéaste du documentaire, frère du journaliste de sport Michel Dhrey, longtemps la voix du tennis à Roland-Garros, mais aussi le commentateur du foot à la Coupe du monde 1970, avec Michel Drucker. Adolphe Dhrey, donc, a toujours adoré suivre l'équipe de France en Coupe du monde, sa caméra au poing, ou alors sur l'épaule, cela dépendait du budget. En 1966, il avait déjà partagé des moments avec les Bleus de l'époque, Robert Herbin, Philippe Gondet, Robert Budzynski, jouant aux cartes ou à la pétanque à Peebles, en Écosse, où ils préparaient le Mondial anglais. Mais ni la place du foot à l'époque ni les résultats de l'équipe de France, éliminée au premier tour, ne pouvaient justifier une diffusion à grande échelle.

Adolphe Dhrey, compagnon régulier des Bleus en leurs grandes aventures, a dû attendre l'apparition de Canal+ pour être poussé à réaliser enfin un documentaire complet sur une Coupe du monde de l'équipe de France, en 1986 au Mexique. Il avait tourné *Une équipe de rêve*, aussi, pendant l'Euro 84, mais les images qui resteront viendront du Mexique, où il avait tourné avec une caméra Éclair 16 mm à deux objectifs, qui nécessitait d'en choisir un avant chaque scène, et de ne pas être certain qu'il conviendrait.

Adolphe Dhrey vit alors au sein de l'équipe de France, et fait visiter l'intérieur. Pas tout : il s'interdit, par exemple, de filmer les joueurs qui fument, parce que certains d'entre eux n'ont jamais osé l'avouer à leurs parents. Mais quand ils fêtent l'anniversaire de Platini à Guadalajara, et que les vainqueurs du Brésil se jettent des morceaux de gâteau au chocolat à la figure, il est là ; c'est la seule scène qu'Henri Michel, le sélectionneur de l'époque, lui demandera de couper un peu. Quand Luis Fernandez part toréer une vachette dans une petite arène et manque de se blesser, il est là encore, et Henri Michel lui file une avoinée mémorable au retour, l'estimant responsable de l'affaire, comme s'il était facile de freiner Luis juste avant une bêtise. Quand Joël Bats va se recueillir à l'église de Guanajuato, sa caméra est là encore. La scène mythique reste le retour dans le vestiaire du stade de Jalisco à Guadalajara, juste après la qualification contre le Brésil, quand les Bleus chantent « Brasil, Brasil » à tue-tête, une belle sarabande, avec Michel Platini hilare, ce qui lui ferait dire, longtemps après : « Sur le film d'Adolphe, on me voit avec mon caleçon rose à fleurs. Il faut quand même être con pour passer à l'écran avec un caleçon rose à fleurs. »

Dans le secret des Bleus aura une deuxième vie : après la Coupe du monde 1998, Adolphe Dhrey remontera son film, avec des interventions des champions du monde posant un regard plein de tendresse et d'admiration pour leurs prédécesseurs. Une manière de souligner qu'il s'agissait de deux chapitres, mais de la même histoire.

Data

Sur le sujet, entre les vieux cons qui commencent sérieusement à nous courir sur le haricot et les jeunes cons qui considèrent l'affaire comme un nouveau monde qu'ils auraient découvert et dont ils devraient avoir l'usage exclusif, notre cœur balance, sans que l'on puisse sérieusement prétendre, rapport à l'état civil, nous trouver au milieu du gué. « Data » n'est pas un gros mot, il est même très court, disons qu'il signifie « données informatiques », et n'y revenons plus. Puisque la data change le foot, la perception du foot et le traitement médiatique du foot, la Coupe du monde devient un supermarché absolu de statistiques qui proposent une relecture du spectacle. Il existe dans le foot une force réactionnaire qui s'étiole doucement mais s'échine encore à lutter contre l'évidence : les vieux cons, donc, considèrent la data comme une alternative bancale et faible au regard humain, à sa perception globale et contextualisée. On comprend l'insécurité ressentie par les dépositaires de l'ancien savoir, mais il ne tient qu'à eux de garder leur force et d'en ajouter une nouvelle : la data n'est pas une religion qui balayerait la connaissance traditionnelle du jeu et des joueurs, c'est seulement une source d'informations supplémentaire. Chez certains journalistes de nos amis, il est à la mode de moquer la notion d'expected goals, les fameux « xG », qui consiste à calculer le nombre de buts qu'une équipe devrait marquer, compte tenu de ses positions de tir, en fonction des statistiques existantes. Bien sûr, l'affaire n'est pas parfaite, et la différence entre les résultats obtenus par les différents opérateurs pose un problème et atténue la valeur scientifique du calcul, mais c'est à nos yeux le seul chiffre qui puisse donner une mesure immédiate du rapport de force. On ne peut pas préférer donner le nombre de tirs pour référence, si 80 % d'entre eux sont des tirs d'impuissance, lointains et sans espoir, d'une équipe qui n'a pas assez de talent pour s'approcher du but. Les « xG » vont donc s'installer, et on ira peut-être plus loin, dans une direction plus précise, avec des critères affinés, mais on ne reviendra plus en arrière, à moins de ne plus vouloir répondre aux questions basiques que les amateurs de foot se posent quand ils n'ont pas vu un match, et même quand ils l'ont vu. On se pose depuis toujours trois questions majeures : qui a gagné (le résultat) ? Qui a marqué (la fiche technique, les buteurs) ? Qui a été bon (les notes) ? Grâce au xG, on peut aujourd'hui répondre à une quatrième : est-ce que ce résultat est mérité ? Avec le temps, le xG se rapprochera encore de la réalité d'un match, ne se contentant pas d'évaluer la probabilité d'un but à partir d'une position, mais intégrant à ces probabilités la trajectoire du ballon, par exemple.

Mais, pour les entraîneurs comme pour les observateurs et les spectateurs, la data doit justement se manier comme de l'information : il serait complètement inutile et vide de sens de la livrer telle quelle, sans la digérer, la hiérarchiser et la contextualiser. À présent, d'ailleurs, que de nombreux joueurs vivent de leurs statistiques, que leur club leur fournit chaque semaine, certaines d'entre elles ont été détournées de leur but initial, et donc de leur sens : quelques défenseurs s'arrangent pour aller moins souvent au duel, et seulement quand ils sont sûrs de le gagner, pour gonfler leurs statistiques, ce qui nous place exactement au cœur de la perversion du système. L'idée initiale était de savoir quels défenseurs gagnaient le plus de duels, pas de découvrir qu'ils les fuient.

Mais l'amateur de football consomme désormais le spectacle autrement, en suivant plusieurs écrans à la fois, et il cherche parfois sur le deuxième un sous-titre à l'histoire que lui raconte le premier, quelques chiffres pour confirmer son impression ou l'infirmer. C'est l'autre aspect de la data, et une partie de son ambiguïté : ceux qui l'utilisent, notamment les staffs techniques, n'attendent pas la fin du match pour l'interpréter, quand ils en connaissent la signification et les impasses. Ils veulent un outil d'analyse pour tout de suite, quart d'heure par quart d'heure, afin d'aider l'entraîneur à la mi-temps, ou dans ses changements de cours de partie. Autant prévenir les réactionnaires : la data telle qu'elle a débarqué il y a une dizaine d'années ne ressemble déjà plus du tout à ce qu'elle était, elle a déjà mué en un outil prédictif, l'enjeu majeur de la collecte de données, au fond. Les clubs qui recrutent ne veulent pas seulement savoir quel joueur a été l'attaquant qu'ils viennent de faire signer, ils veulent savoir quel joueur il sera. En Coupe du monde, au moins, on n'ira pas si loin : l'avenir ne dure jamais plus de quatre semaines.

Déconner ! (Sans)

Généralement précédé de l'interjection : « Oh, l'arbitre ! »

Delaunay, Henri

Au panthéon des dirigeants français inventeurs des plus grandes compétitions, le marbre est froid depuis longtemps. À Pierre de Coubertin les Jeux olympiques, à Jules Rimet la Coupe du monde, à Gabriel Hanot et à *L'Équipe* la coupe d'Europe des clubs, à Henri Delaunay le privilège d'avoir donné son nom au trophée du championnat d'Europe des nations, l'Euro. Mais avec le marbre comme avec la postérité, il ne suffit pas de faire la poussière, et Henri Delaunay mérite probablement que l'on reconsidère l'ensemble du monument. Il est un homme de l'ombre, un homme d'appareil, dans le football français de la première moitié du XXe siècle, quand Jules Rimet est un élu, un président qui promène dans le grand monde son charisme et son entregent, à la tête de la Fédération française (1919-1947) comme à la tête de la FIFA (1921-1954).

Né en 1883, mort en 1955 alors qu'il était le secrétaire général de l'UEFA, premier du nom, Henri Delaunay était un footballeur de patronage à l'Étoile des deux lacs, à Paris 16e, un arbitre de passage, un amoureux du football anglais devenu dirigeant, et le vrai créateur de la Coupe de France, qui portera le nom de Charles-Simon, son ami de jeunesse mort au champ d'honneur, dès sa première édition en 1918. Il aura été le patron au quotidien du football français, de fait, de 1908 à 1955, et le grand débat posthume, longtemps engagé par son fils Pierre, qui fut également secrétaire général de l'UEFA, aura porté sur la paternité de la Coupe du monde.

Entre Rimet et Delaunay, Louis XIV et Richelieu, la rivalité existe. Rimet va à la rencontre des dirigeants du monde entier, tandis que Delaunay réfléchit, anticipe, organise avec le Lillois Henri Jooris le tournoi olympique de football des JO de 1924 et fait partie de la première commission de la FIFA qui réfléchit au projet d'une Coupe du monde, en février 1927, à Zurich. Avec lui figurent l'Allemand Linemann, l'Autrichien Meisl, le Suisse Bonnet et l'Italien Ferretti. Henri Delaunay propose une Coupe du monde organisée tous les quatre ans et ouverte à toutes les « équipes représentatives des Associations nationales affiliées à la FIFA ». En 1928, c'est lui qui fait voter par 23 voix contre 5, à Amsterdam, la résolution qui décide de l'organisation de la Coupe du monde. Dans la foulée, il bâtit lui-même le comité d'organisation, en septembre 1928 à Zurich.

Le clan Delaunay affirmera que Jules Rimet n'était pas emballé par l'idée, quand le clan Rimet a toujours prétendu le contraire. Ce qui est établi, c'est que Jules Rimet fera tout pour ne pas associer Henri Delaunay à l'épreuve sur laquelle ce dernier travaillait depuis plusieurs années. Quand il monte avec l'équipe de France à bord du *Conte Verde*, en port de Villefranche-sur-Mer, en 1930, pour prendre la direction du Brésil puis de l'Uruguay, qui attend la première Coupe du monde, il n'oublie pas d'emmener sa fille, mais omet d'emmener Delaunay, l'homme qui a même rédigé le règlement. Lors de la troisième Coupe du monde en 1938 en France, Delaunay sera le véritable patron, celui qui assistera à tous les entraînements de l'équipe de France, celui, aussi, qui aura suffisamment le sens du public et de l'héritage pour autoriser le cinéaste René Lucot à filmer l'événement de l'intérieur, un documentaire avant *Les Yeux dans les Bleus* de 36 minutes.

En mai 1954, Jules Rimet écrit *L'Histoire merveilleuse de la Coupe du monde* à sa manière. Henri Delaunay est cité l'espace de trois lignes, page 33 : « Il m'est agréable de reconnaître que M. Delaunay, soit au congrès, soit dans les commissions dont il a fait partie, a toujours, le mieux qu'il a pu, secondé mon action en vue de la création de la Coupe du monde. » L'ingratitude, l'amnésie et la confiscation ont profondément blessé Henri Delaunay, mort à 71 ans, en 1955. Un an plus tard, *L'Équipe* rapporterait un épisode de la froideur, et cette supplique de Rimet envers Delaunay : « Je vous laisse la Coupe de France, laissez-moi la Coupe du monde. » La narration du football au XXe siècle s'est le plus souvent conformée à cet évangile, mais l'œuvre de Delaunay rappelle qu'il est temps de porter sur la genèse un regard critique, et l'esquisse d'un scepticisme.

Dembélé, Ousmane

Titulaire deux fois sur trois en match de poule, en 2018, avant un total de deux minutes de jeu pendant tout le reste de la compétition : Ousmane Dembélé est un talent inflammable, c'est-à-dire que dans le temps même où il met le feu aux matches les plus incertains, il se consume. Il a la vitesse, il a les dribbles fous, il a une frappe de balle soudaine, et parfois il étale tout cela dans le désordre. Mais il est exactement le genre de joueur pour lequel on va au stade.

Desailly, Marcel

Est-ce que Marcel Desailly a été une star ? Il en avait l'apparence, le talent, l'élégance, et cette manière distanciée de parler, parfois un peu perchée, sans compter qu'il voyageait avec des revues financières sous le bras dans les avions que l'on partageait avec l'équipe de France, ce qui accentuait l'impression que nous n'étions pas du même monde. Pour autant, il faut se méfier des impressions : cet immense défenseur, qui avait été milieu de terrain à l'AC Milan et pouvait donc à tout moment élargir son horizon, est un gars chaleureux et joyeux, au fond assez modeste, paradoxalement. Il avait un côté « Ah bon ! » chaque fois qu'on lui faisait ou qu'on lui rapportait un compliment, et un jour qu'on était allé le voir à Chelsea, et qu'on avait partagé un plateau avec lui à la cantine après qu'il nous avait fait visiter le vestiaire (« *O tempora, o mores* », comme aurait dit le pirate d'Astérix), il avait lâché : « Ah, mais tu es venu exprès pour moi ? » Eh bien, oui, Marcel, *L'Équipe* se déplaçait spécialement pour visiter le meilleur défenseur du monde de la fin des années 90. Capitaine après Deschamps, pour la Coupe du monde 2002, il avait eu un peu plus de mal à prendre la suite, qui aurait été compliquée pour tout le monde, parce que, s'il était un leader et un exemple, il était moins rassembleur que son ami de toujours, son frère de jeunesse nantaise. Un jour qu'on l'avait appelé, au milieu des années 90, pour un sujet « touchy » que l'on a oublié mais qui le laissait mal à l'aise, il avait répondu : « Il a dit quoi, Dédé ? Eh bien, pareil... »

La formation nantaise et le drame les avaient rapprochés, ces deux-là : Didier avait perdu son frère dans un accident d'avion, et Marcel son demi-frère, Seth Adonkor, une montagne déjà titulaire dans l'équipe professionnelle du FC Nantes, dans un accident de voiture. Les dirigeants du club ne savaient pas comment le lui dire, et c'était Didier Deschamps qui le lui avait annoncé. Il est possible qu'ils aient joué, aussi, et comme Emmanuel Petit, pour le frère absent.

Jusqu'à ce que les blessures le rattrapent, avant l'Euro 2004, Marcel Desailly aura été le meilleur défenseur central de l'histoire de l'équipe de France. Un roc, agressif, intelligent, à l'aise avec le ballon, adorant les duels, détestant la défaite. Une star ? Un peu quand même, oui.

Deschamps, Didier

À force de s'entendre poser la question, et que parvienne à ses oreilles sensibles la petite musique vipérine de la chance, rien que la chance, pour principale explication d'une carrière pareille avec un talent si peu spectaculaire, Didier Deschamps a fini par concevoir une réponse polie, sous laquelle rampe l'agacement, voire le mépris, selon son interlocuteur et selon les circonstances : « Disons que j'ai été au bon endroit au bon moment. » Tu parles.

La vérité est que la carrière de DD, appelons-le DD, comme tout le monde, doit s'envisager comme une stratégie depuis les premiers jours, jusqu'aux semaines qui l'ont ramené vers sa troisième Coupe du monde de sélectionneur, et vers l'incertitude de son avenir, puisque aucun contrat préalable, pour une fois, ne l'aura assuré de son poste par-delà la grande aventure du Qatar en hiver.

Parce qu'il voyait plus loin et qu'il embrassait un horizon plus vaste que la plupart de ses contemporains, il a toujours eu quelques coups d'avance : jeune joueur à Nantes mais déjà capitaine, indésirable à l'OM sous

Tapie mais revenu d'un prêt à Bordeaux en bras droit du boss pour être le capitaine de la seule victoire française en Ligue des champions, marqué par le traumatisme de France-Bulgarie en novembre 1993 mais premier capitaine français champion du monde moins de cinq ans plus tard, et encore champion d'Europe en 2000, sans oublier une autre Ligue des champions remportée avec la Juve, en 1996. La liste semble un peu sèche, mais elle lui est un palmarès amoureux, et une manière d'illustrer la thèse du bon endroit au bon moment, ou de la contester.

Il se trouve que les relations de l'auteur avec le joueur n'ont pas toujours été simples, parce que son intelligence et sa volonté de contrôle le font surinterpréter certains articles, qu'il lit, au moins, ce dont on le remercie. C'est une longue et vieille histoire : bien que capitaine des Bleus, il avait refusé l'obligation d'une conférence de presse à Ostende, pendant l'Euro 2000, parce qu'on avait écrit un papier intitulé « Deschamps, plus qu'un joueur », dans lequel il était précisé que Vieira était devenu un meilleur joueur que lui, mais que, lui, le patron des Bleus, était absolument indispensable, alors même que ses propres coéquipiers semblaient en douter au vu des matches de préparation. Comme quoi, tout le monde peut se tromper : lui, parce que le papier n'était pas hostile, et les autres joueurs, parce que Deschamps fera un Euro formidable, et pas seulement dans son rôle de leader. Visiblement, quelques confrères bien intentionnés lui rapportaient les conversations médiatiques de petit déjeuner, et un jour, l'un d'entre nous avait lancé qu'il avait eu un joueur au téléphone, qui avait lâché : « Deschamps est devenu un handicapé du football, sa roue droite s'appelle Vieira et sa roue gauche s'appelle Petit. » C'était un bon mot de mauvaise foi ainsi qu'une immense méchanceté, mais je n'étais absolument pour rien dans l'affaire, ce dont l'intéressé doute encore aujourd'hui.

Mais, à son propos, le plus méchant de tous aura été Michel Platini, déclarant au cœur même de la Coupe du monde 1998, dont il était le patron du comité d'organisation, que Didier Deschamps n'était pas un grand joueur et qu'il avait simplement eu de la chance. En appui de sa démonstration, Platoche citait son expérience de sélectionneur : un jour qu'il hésitait entre Deschamps et Rémi Garde, il avait tiré au sort à la pièce et c'était tombé sur le premier. Ce devait être une façon de parler, parce qu'on n'imaginait pas Platini venir sur le banc de touche avec son porte-monnaie dans la poche de son imperméable crème qu'il ne quittait pas.

Parce qu'il n'était pas un meneur de jeu ni un attaquant, mais un patron reculé, un cerveau qui faisait le lien entre les lignes mais aussi avec ses entraîneurs, Didier Deschamps n'a jamais été classé au Ballon d'or, et n'a jamais fait l'objet d'un culte dans sa peau de joueur. Mais sa place dans l'histoire du football français ne peut pas être contestée : il y a trois grands personnages dans l'histoire du football français, qui se sont souvent croisés, Michel Platini, Zinédine Zidane et Didier Deschamps, et qui se distinguent de la masse par leur palmarès, et parce qu'ils ont ajouté un destin à leur carrière de joueur. Sans doute Deschamps est-il celui qui a eu le moins besoin de se réinventer, parce qu'il avait déjà une démarche d'entraîneur quand il était joueur, même s'il n'a jamais supporté les reproches de faire l'équipe, qui étaient nourris par la rancœur des absents : un des six exclus de la nuit de Clairefontaine, en 1998, est toujours persuadé qu'il a manqué la Coupe du monde parce que Deschamps l'avait décidé. Il faut avoir un ascendant considérable sur les autres et sur une équipe pour faire l'objet de pareils soupçons, qui sont difficilement démêlables de la relation traditionnelle et obligée entre un sélectionneur et ses joueurs majeurs. À son crédit, il a toujours nié ce dépassement de fonction, et ne fonctionne pas de cette manière, d'ailleurs, à présent qu'il est lui-même sélectionneur : s'il discute avec son staff, s'il juge sur pièces l'intégration technique et sociale d'un joueur, il ne sollicite pas directement l'avis de ses cadres pour le choix des hommes, et n'avait prévenu personne, par exemple, lorsqu'il a rappelé Karim Benzema, en mai 2021, juste avant l'Euro. En revanche, il échange énormément sur l'organisation : juste avant la Coupe du monde 2018, ses cadres étaient intervenus pour le pousser à changer de système, et il les avait écoutés, ce qui fait partie du rôle et de la compétence d'un entraîneur. Il serait stupide d'avancer que ce n'est pas lui qui a décidé de la formule qui a permis aux Bleus de devenir champions du monde : c'est lui qui a désigné les cadres, c'est lui qui a suscité le dialogue, et c'est lui qui a choisi de les écouter.

Son discours n'a pas fondamentalement évolué avec la fonction : quand le joueur Deschamps s'exprimait, il parlait rarement de lui, plutôt des autres, et toujours il revenait à l'équipe. Devenu entraîneur, au-delà de l'instauration d'une distance nouvelle, il n'a pas eu besoin de bouleverser cette perspective. En club, il est allé en finale de la Ligue des champions avec Monaco en 2004, il a été champion avec l'OM, dans des saisons pénibles qui l'avaient fait vieillir un peu et dont les photos le laissent méconnaissable, bouffi par le stress, avant que la vie de sélectionneur, le gainage et le padel lui rendent le sourire et le changent en profondeur. Laurent Blanc et Zinédine Zidane ont longtemps eu un doute sur les conditions dans lesquelles DD a succédé à Blanc sur le banc des Bleus, à l'été 2012, lui reprochant d'avoir poussé Le Graët à se séparer de Blanc, mais dans ce milieu comme dans tous les autres, on prend toujours la place de quelqu'un, et, après quelques clarifications, les relations de ceux-là sont redevenues celles qu'elles étaient auparavant.

Son mandat, qui a dépassé les dix ans, aurait pu s'écrouler après quinze mois, quand il avait fallu le fameux barrage retour contre l'Ukraine (0-2, 3-0), au Stade de France, en novembre 2013, pour qu'il reste en place et se dirige vers la Coupe du monde 2014. Après la faillite de 2010, et les scènes mal vécues de quelques égoïsmes et excès à la fin de l'Euro 2012, il a su restaurer l'image des Bleus, par la posture et le discours, dans un premier temps, plus que par le jeu et les résultats : perdre en quarts de finale de la Coupe du monde 2014 face à l'Allemagne (0-1) n'était pas une performance supérieure à la défaite de Laurent Blanc en quarts de finale de l'Euro face à l'Espagne (0-2), mais elle a été présentée autrement, comme le camp de base d'une renaissance. La suite, la finale de l'Euro 2016 cruellement perdue au Stade de France face au Portugal (0-1), puis le triomphe de la Coupe du monde 2018, lui a donné raison, soulignant qu'il y a des hommes de football qui sont nés pour ne faire que passer, et d'autres qui sont nés pour gagner.

De fait, sur le banc des bleus, DD est entré dans un drôle de cénacle. Car seulement trois joueurs champions du monde le sont également devenus comme sélectionneur : Mário Zagallo (1958 et 1970), Franz Beckenbauer (1974 et 1990) et Didier Deschamps (1998 et 2018). Il n'y a pas d'intrus, il n'y a que de grands destins. Parvenu à cet instant de sa carrière de sélectionneur, un costume dans lequel il a battu tous les records de durée, il risque à terme d'être confronté à la difficulté de concevoir un après à cette vie-là, tels les Premiers ministres de la Ve République qui ont été confrontés au vide et au vertige, après Matignon. Comme eux, le sélectionneur est l'un des personnages les plus importants du pays, et, soudain rendu à la vraie vie du football, il ne devient plus qu'un entraîneur, pas tout à fait comme un autre, mais seulement armé d'une palanquée de décorations qui l'aideront moins qu'une nouvelle armure.

Didi

Le Brésil 1958, c'était les dribbles de Garrincha, la jeunesse éclatante de Pelé, et puis Didi, le football brésilien en un seul homme, la subtilité, la technique soyeuse, la vision claire de tout ce qui n'apparaissait pas aux autres, le sens de la passe envisagée comme une note juste chez ce joueur musical. Waldir Pereira, dit « Didi », qui avait failli être amputé d'une jambe à l'âge de 14 ans en raison d'une grave infection, comme Garrincha, aura été le premier buteur du stade de Maracanã, en 1950, avec son club de Fluminense, puis champion du monde en 1958 et 1962, après avoir été élu meilleur joueur de la compétition en 1958. Raymond Kopa avait également revendiqué le titre, attribué par *L'Équipe* après un repas informel auquel participaient Santiago Bernabéu, le président du Real qui était son employeur, et Jacques Ferran, le journaliste français, mais le jury le plus international et le plus officiel avait bien choisi Didi. Le Brésilien, qui allait diriger la magnifique équipe du Pérou en 1970 au Mexique, suggérant la possibilité de la pédagogie du génie, avait surtout inventé le coup franc en feuille morte, cette manière de brosser le ballon pour lui faire contourner un mur de défenseurs et le faire retomber vers le but au dernier moment : les coups francs de Platini, c'était la technique mise au point par Didi. Il ne lui aura manqué, peut-être, qu'un surplus de gloire européenne pour mieux marquer les esprits, sur ce continent, mais sa seule saison au Real Madrid avait été un échec (19 matches et 6 buts en 1959-1960), parce que le grand Alfredo Di Stéfano ne supportait ni sa lenteur, ni d'avoir à attendre l'étincelle. Mais Didi ne serait jamais allé plus vite que sa musique.

Diomède, Bernard

Pendant la Coupe du monde 2007, les rugbymen de l'équipe de France avaient décidé de surnommer leur mascotte « Bernard Diomède », parce qu'elle ne jouait pas. C'était moqueur et drôle, mais les rugbymen qui avaient cherché un footballeur champion du monde dans la discrétion et la transparence avaient mal trouvé : en 1998, Diomède avait été titulaire lors de trois des quatre premiers matches de la Coupe du monde, ce à quoi la peluche trimballée par le XV de France, en 2007, aurait difficilement pu prétendre.

Djorkaeff, Youri

On a croisé des prétentieux, des ego surnaturels, des joueurs parlant d'eux à la troisième personne, mais jamais un gars avec autant de confiance en lui que Youri Djorkaeff. Cela a toujours été constitutif de son talent. Il n'allait pas très vite, pouvait difficilement éliminer trois joueurs sur 40 mètres, mais il voulait tous les ballons et promettait aux autres qu'il allait en faire bon usage, en tout cas un bien meilleur usage qu'eux-mêmes. Au moindre coup franc, les autres entendaient : « Laisse, je le sens. » Il sentait tout, Youri. Individualiste ? Oui, peut-être, sûrement, mais autant il avait fait le match avec Zidane pendant l'Euro 96, quand le nom du patron était encore en suspens, autant il aura fait allégeance au collectif, ensuite, acceptant de jouer sur un côté et de défendre pour l'équipe, pour survivre à la primauté d'un autre meneur de jeu que lui. On le disait « neuf et demi », d'ailleurs, pour décrire un talent hybride, pas vraiment attaquant, pas tout à fait meneur, juste un joueur d'une adresse prodigieuse et d'un sens du but sans pareil. Il ne pensait qu'au but, qu'à frapper, et il nous avait expliqué un jour que, la veille d'un grand match à l'extérieur, quand il découvrait un stade pendant le dernier entraînement, il prenait ses repères avec les panneaux publicitaires, avec des endroits précis des tribunes, pour savoir à tout moment où il se situait et frapper au but sans regarder la cage. En trente-cinq ans de spectateur des entraînements de l'équipe de France, on n'a jamais vu un joueur aussi fort ni aussi diabolique que lui, dans les petits matches dans un espace réduit où les frappes sont autorisées dans toutes les positions. Quand un joueur en fait trop, à l'entraînement, les autres lui reprochent, aujourd'hui, de « prendre la confiance ». Youri Djorkaeff, lui, était tombé dedans quand il était petit.

Domenech, Raymond

En dehors de la Coupe du monde 2006, du bonheur retrouvé des rues françaises et de cette grande aventure échouée à la lisière du toit du monde, le passage de Raymond Domenech à la tête de l'équipe de France m'a souvent été pénible. J'ai bien mieux apprécié les ères précédentes et suivantes, quand je pouvais moi-même choisir la distance à établir ou à maintenir entre le sélectionneur et le journaliste de *L'Équipe* chargé des papiers principaux sur les Bleus, et quand mes élans ou mes critiques n'étaient pas accompagnés du soupçon d'amitié. Bien sûr, je pourrais m'en défendre, *a posteriori*, face au constat moderne que, autour de l'équipe de France, 80 % des reporters pensent d'abord à protéger leurs sources, la paille et la poutre dans l'œil du voisin, tout cela, les principes pour les autres et pas pour soi-même, mais je m'écarterais du sujet : comment traiter journalistiquement un personnage public que l'on connaît en privé depuis longtemps, et comment, justement, écarter le soupçon de complaisance sans que cela devienne un enjeu dans l'écriture ?

J'étais journaliste au *Progrès* de Lyon, en 1988, quand j'ai connu Raymond Domenech, nouvel entraîneur de l'Olympique lyonnais en Division 2. Il avait 36 ans, moi 25, et nous avons presque commencé ensemble. Chaque jour, dans le vestiaire qu'il partageait avec Bernard Lacombe, les premières années, j'ai appris le foot, ses codes, le jeu, le fonctionnement d'une équipe, les dynamiques collectives qui surviennent dans une saison, le combat des entraîneurs avec les joueurs et avec les dirigeants, tout ce que je n'avais jamais lu dans tous les livres que j'avais dévorés. Si je venais d'écrire ça sur Twitter, on m'aurait déjà répondu que tout s'explique, mais c'est l'avantage de ce dictionnaire : je peux continuer et expliquer sans être interrompu par un adolescent derrière son téléphone qui pense que 100 % de mon travail consiste à gagner ou à perdre un duel sur Neymar dans « L'Équipe du Soir ».

À Lyon, cette proximité m'a été reprochée, parfois, et il est possible que mon empathie pour les combats d'un entraîneur ait été naïve, par certains aspects, mais j'ai plutôt le sentiment d'avoir compris ce qui se jouait, et de l'importance de cette période dans l'histoire du club, qui est passé de la Division 2 à la Coupe d'Europe en trois ans. Deux ans plus tard, en 1993, son histoire s'était terminée, et la mienne aussi : il a rebondi à la tête de la sélection espoirs, et moi à la rubrique football de *L'Équipe*, si bien que l'on a continué à se croiser souvent, mais je n'écrivais pas sur lui, et jusqu'à sa nomination à la tête des Bleus, à l'été 2004, il serait un sélectionneur espoirs extrêmement populaire dans la presse, sans que j'y sois pour un gramme.

Quand il est devenu sélectionneur et qu'il a été clair que j'allais de nouveau écrire sur lui, j'ai à la fois eu le sentiment de l'apothéose d'une histoire parallèle et du début des ennuis. Il faut complètement le méconnaître pour penser que nous avions une ligne directe : Raymond n'appelle jamais, ou presque, et moi pas beaucoup plus. En six années fragmentées par l'évolution de la pression médiatique en général et par notre éloignement obligé, ès qualités, j'ai eu accès à ses interviews plus facilement qu'un autre (mais chaque sélectionneur choisit les interlocuteurs en qui il a confiance, et c'est toujours la règle aujourd'hui), je l'ai accompagné dans deux ou trois déplacements (la première de Messi à Barcelone, alors qu'il était venu voir Giuly, et une autre fois un match européen de Milan avec Gourcuff), mais je n'ai pas dû obtenir plus de trois informations exploitables.

J'ai été positif sur son bilan jusqu'en 2006 et ne le regrette pas, j'ai dressé le constat d'échec après l'Euro 2008, mais sans demander son départ, ce que la direction de la rédaction a également refusé de faire (elle ne l'a jamais fait pour un sélectionneur depuis Henri Guérin en 1966), et je l'ai vu s'enfoncer dans les ténèbres en 2010, en écrivant sur lui ce que je n'ai écrit sur aucun autre sélectionneur. Certains ont cru que l'amitié avait freiné ma plume en 2008, alors que c'était une conviction : il avait réussi une fois, en 2006, avait échoué une fois, en 2008, et avait donc droit à un autre cycle qui fixerait le curseur pour de bon. J'ai écrit exactement la même chose sur Didier Deschamps après l'élimination en huitièmes de finale de l'Euro 2021 par la Suisse, trois ans après le titre de champion du monde, et pour le coup n'étais soupçonnable d'aucun agenda caché. Ce qui change n'est donc pas ce que j'ai écrit, mais le soupçon, que je laisse à ceux qui ont besoin de sa compagnie.

La chute, à Knysna, en 2010, a été compliquée, et ce n'est vraiment pas le bon mot. Les mauvais choix, la perte absolue de contrôle et de lucidité, la lecture du communiqué des joueurs devant le bus, comme s'il avait voulu accélérer et amplifier sa chute, seule et dernière provocation possible. Il fallait traiter le crépuscule désastreux d'un compagnon de route de longue date, devenu le Français le plus impopulaire du moment, constater qu'il ne maîtrisait presque plus rien, et l'écrire. Le gouffre s'était creusé, et, en ses derniers mois de sélectionneur, je ne me souviens que de deux contacts, rapprochés et liés, et en Afrique du Sud. L'un, au cœur de l'affaire Anelka, quand il avait tenté de m'arracher le nom de la taupe, après qu'il avait entendu que des joueurs le soupçonnaient d'être celui qui m'avait tout raconté, alors que je n'étais intervenu ni dans la révélation ni dans la vérification de l'affaire. J'avais essayé de lui expliquer qu'il y avait sûrement une vingtaine de taupes, depuis la veille au soir, mais ce n'était pas un bon moment pour nous entendre. L'autre, le lendemain, le dimanche de la grève, sur le plateau de « Téléfoot », où je représentais *L'Équipe* dans le cadre d'un accord avec TF1, et qu'il m'avait prévenu au maquillage qu'il allait nous démonter : j'avais dû lui répondre que la réplique serait proportionnelle et qu'il gagnerait au désarmement, et de toute façon, en s'invitant au débat en claquettes, Franck Ribéry avait fait exploser le conducteur de l'émission, nous empêchant de débattre de la responsabilité des médias dans la crise. Merci encore, Francky.

J'en suis resté là, et l'ai laissé tranquille, après. Il m'a appelé quelques mois plus tard pour me demander de mettre un peu de football dans la première version ratée de sa biographie à paraître. Je l'ai fait, après l'avoir convaincu qu'il fallait donner une mesure du combat qu'il avait livré, et donc publier des éléments du journal de bord qu'il avait tenu régulièrement de 2004 à 2010. C'était une lecture fascinante, souvent impubliable, qui m'a fait retrouver une certaine empathie pour lui, parfois, mais qui confirmait, aussi, au fil des pages, le lent glissement vers l'usure et l'absolue perte de la lucidité.

On pouvait lire que, dans ses autres vies, il avait dû faire la guerre de Cent Ans du premier au dernier jour. Qu'il s'est souvent posé la question de savoir s'il s'était battu pour conquérir ou pour durer. Qu'en relisant ce journal, il avait lui aussi senti une lumière vacillante, une flamme moins intense, et qu'il imaginait avoir vécu ce que vivent les hommes politiques au pouvoir, être aveugle aux problèmes, à ses défauts et à ses failles, s'accrocher à l'idée que cela va fonctionner, contre toute logique. Et que lorsque tout s'est arrêté, il n'a même pas ressenti de soulagement, qu'il était encore dans la bataille, mais cette fois pour qu'on lui fiche la paix.

Drucker, Michel

Avant d'être éternel, d'avoir fait oublier à plusieurs générations que Champs-Élysées était une avenue et d'avoir fait défiler le monde sur un canapé rouge le dimanche après-midi, Michel Drucker était commentateur de matches de foot. Plus exactement, il était journaliste de sport à l'ORTF, et c'est presque un môme, un gars de 26 ans, qui est allé commenter la Coupe du monde 1970 au Mexique avec un binôme de 27 ans, Michel Dhrey. C'est notre premier souvenir de Coupe du monde : la voix de Michel Drucker racontant Pelé. Il sera très vite animateur en parallèle d'émissions de variétés, mais en parvenant à garder un pied dans le foot, couvrant cinq Coupes du monde jusqu'en 1986. Sa voix est moins associée aux Coupes du monde ultérieures, parce que les souvenirs associés à Thierry Roland ont tout emporté, mais la mémoire collective peut se tromper, parfois : en 1986, le célèbre France-Brésil, l'un des plus beaux matches de l'histoire de la Coupe du monde, avait été commenté en direct par Michel Drucker et Roger Piantoni sur Antenne 2. Le fameux « Oui, mon petit bonhomme » de Thierry Roland, à propos du tir au but décisif réussi par Luis Fernandez, n'était apparu qu'en différé sur TF1, que le duo Roland-Larqué avait rejoint en 1981. On a réécouté, du coup, quelques extraits de Drucker et Piantoni : ils avaient été plutôt bons, ce jour-là. Son incantation, juste avant le dernier tir au but, n'est pas si différente des accents du titi parisien de TF1 : « Luis, mon petit Luis ! Reste calme, Luis. Si Luis marque ce but, la France est en demi-finale. Luis Fernandez, Luis Fernandez, Luis Fernandez, qui maaaarque ! »

Michel Drucker, qui avait commenté la Coupe du monde 1978 avec Just Fontaine et lui avait fait raconter la Coupe du monde 1958 en détail pour meubler la demi-heure de retard avant le coup d'envoi de France-Hongrie, disait qu'il était dans le bus des Bleus, la nuit de Séville, avec Thierry Roland, et qu'ils avaient tous les deux essayé de consoler les inconsolables. Il ne s'est jamais éloigné du sport, ni des sportifs, est toujours demeuré sincère dans sa passion pour l'un et son admiration pour les autres, et s'il lui arrive souvent de raconter une histoire que l'on a déjà entendue, il nous semble bien que la dernière version est toujours la meilleure.

Dugarry, Christophe

Les Guignols de Canal+ moquaient son amitié avec Zinédine Zidane, attribuaient sa présence à ce statut de copain de Zizou en fantasmant sur une protection de cour de récréation, alors qu'il s'agissait de faire partie de l'équipe de France à l'assaut de la Coupe du monde et qu'il n'y avait pas eu de pitié. Il avait été préféré par Aimé Jacquet à Nicolas Anelka, qui avait 19 ans et avait connu un printemps formidable avec Arsenal, mais, avec Henry et Trezeguet, l'attaque bleue était déjà très jeune. Il reste trois images de Dugarry, cet été-là, et parfois subsiste la bande-son qui leur est attachée. Quand il manque une énorme occasion lors du dernier match de préparation des Bleus en Finlande (1-0), début juin, Thierry Roland et Jean-Michel Larqué lâchent un « assassin » qui poussera les joueurs à boycotter le « Téléfoot » enregistré à Helsinki le lendemain matin. Quand, remplaçant contre l'Afrique du Sud au premier match, à Marseille, il entre en jeu après la blessure de Guivarc'h, il commence par tout faire à l'envers, prend la marée du Vélodrome, sifflets et quolibets, mais il inscrit le premier but français de la Coupe du monde 1998 et court dans tous les sens en tirant la langue, à l'intention de la tribune de presse, paraît-il. Enfin, quand il se blesse, très vite, et se bat pour revenir, poussé par Roger Lemerre, devenu le papa de ceux qui ne jouent pas, et qu'Aimé Jacquet lui offre quelques minutes en finale, comme si le sélectionneur avait absolument voulu prouver qu'il avait eu raison de le prendre.

Ceux qui estiment que Christophe Dugarry ne méritait pas tant d'égards sur la durée de sa carrière internationale, parsemée de quatre phases finales (1996, 1998, 2000, 2002) ont à la fois raison et complètement tort. Il n'était pas assez buteur, ni assez constant, et chaque nouvelle saison l'éloignait de ses promesses, puisqu'il ne progressait pas et travaillait trop peu. Mais en tançant « Duga », ses contempteurs sont passés à côté d'un talent rare, qui aurait pu devenir un joueur extraordinaire s'il s'était sérieusement mis au boulot. Il l'a toujours su, l'a toujours dit, et ses entraîneurs comme ses coéquipiers n'ont jamais pu le changer. Il illustre un vieux théorème du sport en général, et de la vie, parfois : on ne peut pas avoir pour les autres une ambition qu'ils n'ont pas eux-mêmes.

« En retrait pour Giresse »

Parfois on ne sait pas comment décrire un bonheur fou. Et parfois on se souvient. Il était largement plus de 23 heures, le 8 juillet 1982. Au micro, Thierry Roland et Jean-Michel Larqué.

L'action part du camp français. Voici la suite.

T. R. : Rocheteau, face à Forster...

Platini... Platini...

Six...

J.-M. L. : En retrait pour Giresse ! En retrait pour Giresse !

T. R. : Il ne l'a pas vu !

J.-M. L. : Voilà, oui...

T. R. : Buuuut ! Ouais, bien joué ! Giresse qui marque le troisième but sur ce centre en retrait de Didier Six, 3 buts à 1, 9e minute de la prolongation, et les Français qui sont pratiquement en finale de la Coupe du monde !

Le bonheur avait duré quelques minutes de plus, mais en supplément du désespoir éprouvé au bout de cette nuit-là, il faut supporter les imitateurs depuis quarante ans, maintenant. Jean-Michel Larqué, qui avait arrêté sa carrière de joueur professionnel trois ans plus tôt seulement, et qui évoluait encore en Division 3 avec le Racing Club de France, sentait le jeu mieux que tout le monde, il anticipait l'évolution du rapport de force, et puisqu'il voyait mieux que les autres quand il était sur le terrain, il voyait encore mieux que les autres de son poste d'observation en hauteur. Son « En retrait pour Giresse » est resté mythique, parce que c'était Séville, parce que Didier Six a fini par voir ce que Larqué avait vu avant lui, parce que Giresse a marqué et parce que la France menait 3-1 en demi-finale de la Coupe du monde, dans la plus grande épreuve du jeu dont elle n'avait jamais atteint la finale. Si Didier Six avait tenté un dribble, ou si le ballon frappé par Giresse avait fini dans le ciel de Séville, on n'aurait jamais parlé de son : « En retrait pour Giresse ! »

Depuis, et cela fait donc quarante ans que cela dure, à peu près trente-neuf ans de trop, trop de consultants l'ont suivi et ont voulu se mesurer à lui en cherchant à annoncer ce qui allait arriver, juste avant, ou ce qu'il fallait faire, au cœur de l'action, plutôt que de simplement juger un joueur en fonction de son initiative. Mais, depuis 1982, en dehors du « Second poteau Pavard » de Grégoire Margotton en 2018, de nature différente mais qui est resté parce qu'il a étiré cette description par le « Pavaaaard » au moment où le ballon entrait dans le but, aucun grand moment de Coupe du monde n'a été à ce point annoncé. Les commentaires iconiques sont nombreux, mais issus des commentateurs, justement, pas des consultants. Dans ce genre-là, et presque sans surprise, un seul a fait mieux, et ce n'était pas en Coupe du monde : lors du match retour de Coupe d'Europe PSG-Real Madrid (4-1), sur le coup franc de la dernière chance, Michel Platini avait annoncé « Eh bien, voilà le quatrième but », juste avant le coup de tête d'Antoine Kombouaré, l'un des buts les plus célèbres de l'histoire du PSG.

« En retrait pour Giresse » est mieux resté, parce qu'il est directement lié au but qu'il précède, alors que la prédiction de Platoche était antérieure de plusieurs secondes, et qu'elle a rarement été liée à la diffusion du but lui-même, depuis. « En retrait pour Giresse » est mieux resté, aussi, parce que c'était devenu un jeu pour les commentateurs de Ligue 1 et Ligue 2 pendant les dix-sept années de carrière de Thibault Giresse, le fils d'Alain, un joueur doué et discret, à l'écart de la lumière. Un peu en retrait.

Envoyé spécial

La première fois qu'on l'écrit dans le journal, c'est une fierté, une excitation et un voyage. C'est mieux si c'est Guanajuato que Tourcoing, mais en vrai ça dépend de ce qui se passe à Tourcoing. Quand même, la première fois que j'ai été envoyé spécial sur la Coupe du monde, c'était à Guanajuato, au mois de juin 1986, dans une ville centrale du Mexique accablée par la chaleur, où la vie sociale tournait autour d'un beau théâtre posé en majesté sur la place et d'un petit marché bruyant, coloré de mille fruits et légumes, et dont la bande-son était fournie par des télés portatives aux antennes déployées. Pendant les matches du Mexique, le vacarme assourdissant déshabillait l'après-midi de la sieste. La vie des envoyés spéciaux au Mexique, ainsi qu'il m'en souvient : aller à l'entraînement de l'équipe de France dans le car de la presse où les gars avaient glissé une cassette de Jeanne Mas dans l'autoradio ; se retrouver autour de la piscine de l'hôtel, parler de foot, de rien, croiser la famille des joueurs et mieux comprendre ces gars bien ordinaires ; sortir le soir, attraper la turista, parfois une Mexicaine, pour les plus célibataires d'entre nous ; se faire rappeler en pleine nuit par les sténos, à cause du prix du téléphone et du décalage horaire, et dicter ses papiers en s'attendant à tout, au retour en France, à la relecture, parce que personne ne voyait le journal avant de revenir ; ne pas manquer l'apéro à 19 heures dans la chambre de l'envoyé spécial qui avait apporté deux bouteilles de Ricard ; essayer de parler à Platini, comprendre qu'il n'aimait plus que les Italiens et la radio avec laquelle il était sous contrat, et mieux parvenir à parler aux autres.

J'étais jeune, j'avais 23 ans, je ne suis pas resté pour France-Brésil à Guadalajara, et cela m'a laissé beaucoup de belles choses à vivre pour plus tard.

En 1990, je suis allé à la Coupe du monde avec ma voiture, de Lyon à Milan. C'était une autre vie d'envoyé spécial. Je revois la lumière traversant la verrière de San Siro pour illuminer les mannequins qui arpentaient la cérémonie d'ouverture, un entretien avec le Camerounais Jean-Claude Pagal à Varèse la veille de l'exploit du Cameroun contre l'Argentine, Rome envahi par la ferveur et par les Irlandais, un voyage en voiture de Rome à Naples pour aller voir Maradona faire pleurer l'Italie, Mick McCarthy, le capitaine de l'Irlande, me racontant dans le hall d'hôtel cet été comme aucun autre, les larmes de Gascoigne le soir de la défaite des Anglais à Turin, la couleur du ciel de Rome et la finale au pied des sept collines, le jour où Maradona a crié « *Hijo de puta* » pendant que l'Italie sifflait l'hymne argentin en représailles des demi-finales. Je me revois m'installer une heure à l'avance en tribune de presse les jours de match contre l'Argentine parce que Diego allait venir s'échauffer.

Quatre ans plus tard, la Coupe du monde 1994 m'a fait découvrir les États-Unis. Une liberté absolue : j'ai traversé le Nouveau Monde d'est en ouest et de bas en haut, j'ai atterri à Chicago et je suis allé au restaurant de Michael Jordan, parce que c'est ce qu'ont fait tous les envoyés spéciaux, je suis allé à Orlando sans visiter les parcs d'attractions, mais j'ai arpenté New York comme si je visitais mes films de toujours, je suis allé voir les Bulgares à Princeton au lendemain de leurs exploits contre l'Allemagne et j'ai eu du mal à les suivre au bar, j'ai filé à l'ouest participer à la réception que donnaient l'ambassade de France et Michel Platini pour promouvoir l'organisation de la Coupe du monde 1998, je m'étais promis de rouler du début de Sunset Boulevard jusqu'à l'océan, et à la fin je m'ennuyais, j'ai frôlé l'insolation pendant la finale à midi en juillet au Rose Bowl de Pasadena pendant que les cristaux liquides de nos premiers ordinateurs portables s'affaissaient en bas de l'écran et qu'il avait fallu construire une sorte de store avec les cartons des postes TV, cachés sous la table, et imaginer des refroidissements. Je me souviens qu'en arrivant au stade, un orchestre empanaché jouait l'hymne des Jeux olympiques de Los Angeles en 1984, celui qui revenait à chaque cérémonie des médailles : j'adorais cette musique, c'était celle que Canal+ avait choisie pour ses premières saisons de championnat de France de foot, et presque quarante ans après, elle reste un élément déclencheur de ma nostalgie, sa bande-annonce.

En 1998, j'ai été envoyé spécial en France, et je me suis souvenu que c'était parfois le voyage qui compte, pas le chemin. Le chemin était banal, d'ailleurs parfois on prenait le métro, mais le voyage était magnifique.

2002 est un chapitre en soi (voir « Romanée-conti »). Il m'en reste cette sensation de lassitude malgré le confort et presque le luxe, cette sensation d'être en dehors de la vie, d'être un joueur, au fond, stade et hôtel, entraînement et room-service, le même environnement et les mêmes conversations chaque matin au petit déjeuner, la même contagion négative après la première défaite face au Sénégal (0-1), la même question, du matin jusqu'au soir : comment va la cuisse de Zidane ?

Envoyé spécial en Coupe du monde, ce n'est pas seulement pour la Coupe du monde. Cela commence avec la préparation, avec les séjours à Tignes, dans cette station fantôme et fermée, toute la troupe concentrée dans deux restaurants à raclette, et fin juin, sous le soleil, on peut vite s'en lasser. Il y a eu Casablanca aussi, deux fois, et un jour on a joué aux boules lyonnaises dans un clos que fréquentait Marcel Cerdan. En 2006, les envoyés spéciaux ont aimé l'Allemagne, parce que l'Allemagne aime le foot, parce que la densité de ses stades permettait d'aller voir un match pour le plaisir en prenant la voiture le soir, et parce que l'équipe de France est allée en finale. Envoyé spécial pour une défaite, c'est intense un jour ou deux, le temps de dire du mal, et puis après la parenthèse tout est fini, on plie le barnum, la plupart rentrent à Paris et retrouvent leur vie. Mais envoyé spécial quand l'équipe de France atteint au moins les demi-finales, c'est une épopée sportive et sociale, on a le temps de s'attacher et de se faire ensemble des souvenirs pour plus tard. On parlera ensemble d'une ville et cela ressemblera à un nom de code : Guanajuato, c'était en 1986, et vingt ans plus tard en Allemagne, c'était Bad Pyrmont, une cité thermale alanguie, où l'on marchait doucement pour éviter de percuter les déambulateurs, et où une Croate tenait notre cantine argentine. L'image de 2006 qui reste à l'envoyé spécial, c'est Francfort, cette tribune de presse au ras de la scène, ces premières loges pour voir Zinédine Zidane contre le Brésil, et emporter avec soi le souvenir de cette grâce, d'un magicien se déplaçant sur un fil sans jamais en tomber.

2010 a rappelé que le bonheur de l'envoyé spécial était parfois peu séparable du bonheur de l'équipe de France, que le plaisir d'être très méchant pendant deux jours était moins durable que la satisfaction de trouver les mots pour accompagner le sentiment de l'épopée pendant un mois. Après l'élimination de l'équipe de France, après le scandale du car de Knysna, après le spectacle de la déliquescence morale du football français, l'envoyé spécial a passé dix jours au Cap, au bord de la mer, pour suivre la suite de la Coupe du monde. Il aurait dû en concevoir du bonheur et de la légèreté, mais le sale goût dans la bouche ne partait pas : il se sentait trahi par ceux dont il suivait les pas depuis si longtemps, par ceux dont la mission était d'être à la hauteur de leurs responsabilités et de l'événement. Avec le temps surnagerait une partie de golf au Pezula, le repaire des Bleus, le surlendemain de leur départ, des petites huîtres rondes et fines dans un restaurant du port de Knysna, le Saint-Tropez sud-africain, un hôtel de passage planqué dans une réserve au milieu des lions, et la quête effrénée de bouchons d'oreilles pour survivre aux vuvuzelas. Il aurait fallu les brûler, toutes, et le car de l'équipe de France avec.

L'envoyé spécial, par définition et par vocation, a passé sa vie à rêver d'une Coupe du monde au Brésil qui réunisse ces deux mythologies. Ce bonheur venu, en 2014, il a regretté son éloignement à l'ombre de l'équipe de France dans la ville de moyenne de Sócrates et de Rai, à Ribeirão Preto, mais il a vu São Paulo, Porto Alegre, Salvador de Bahia et il a été happé par Rio. Il a vu le Maracanã, enfin, et il en a éprouvé de la déception, parce que le monde change et les stades aussi. Il a retardé le moment où il hissait le drapeau dans les restaurants brésiliens pour annoncer que tous les serveurs armés de brochettes géantes devaient cesser de passer par sa table et laisser enfin son assiette tranquille. Quand tout a été fini, quand la France a perdu contre l'Allemagne en quarts de finale et que l'Allemagne est devenue championne du monde, il a quitté le Brésil en constatant qu'il ne s'était jamais approché d'un joueur de l'équipe de France à moins de vingt mètres pendant un mois.

En 2022, après l'invasion de l'Ukraine, l'envoyé spécial s'est demandé s'il était coupable d'avoir aimé la Coupe du monde 2018 en Russie et l'atmosphère de Moscou. Il a vécu longuement, une fois encore, en marge du monde, perdu dans la forêt d'Istra où les Bleus étaient rassemblés, logé dans un club de vacances au bord d'un lac dont le seul restaurant mettait une heure trente à sortir de cuisine un hamburger, et si on choisissait un hamburger, c'est parce qu'il fallait trois heures pour une salade. Quand on sortait de la forêt pour aller à Moscou à une heure de route, on retrouvait la beauté et la civilisation. Comme c'était sa neuvième Coupe du monde, l'envoyé spécial avait vieilli un petit peu et il lui arrivait de se coucher moins tard, ou alors de boire un peu moins, en prévision du lendemain où il avait envie d'écrire sous un ciel intérieur un peu plus clair. En passant de la Russie au Qatar pour aller d'une Coupe du monde à l'autre, à quatre années d'écart, l'envoyé spécial se dit que la FIFA n'a pas grand-chose à fiche des droits de l'homme et de la démocratie. Il ne croit plus à la capacité d'une Coupe du monde ou des Jeux olympiques à faire bouger les lignes intérieures des grandes puissances qui se contentent de les utiliser, mais constate que ceux qui lui enjoignent de boycotter la Coupe du monde au Qatar continuent joyeusement d'aller au musée et de maintenir une vie culturelle financée par les mêmes fonds. Lui aussi aimerait que le sport soit parfait, si le reste de la vie ne l'est pas, mais il aimerait aussi que les autres soient cohérents à défaut d'être parfaits.

L'envoyé spécial, enfin, connaît ses ancêtres. Dans le journal *L'Auto*, pendant la Coupe du monde 1930, quelques entrefilets seulement étaient consacrés à la première édition. Ils étaient signés par des initiales, AC ou MP. Parfois on pouvait lire que Chantrel, l'inter, avait fait un bon match, et que Pinel était prometteur. Les envoyés spéciaux de *L'Équipe* étaient deux joueurs de l'équipe de France, tous deux étudiants : Augustin Chantrel et Marcel Pinel, qui envoyaient quelques mots par câble, qu'un journaliste resté à Paris mettait en forme. En 2010, quelques Bleus avaient passé leur temps à chercher la taupe. En 1930, au moins, les taupes signaient de leur nom. Deux ans plus tard, Jacques Goddet sera le seul envoyé spécial de la presse française aux Jeux olympiques de Los Angeles. Henri Desgrange, le patron de *L'Auto* et du Tour de France, avait décidé de n'envoyer aucun spécialiste du football en Uruguay, jugeant le déplacement « trop cher pour une augmentation des ventes insignifiante, l'événement devant tourner à l'avantage des équipes sud-américaines », mais il avait accepté de rembourser les frais de transmission. Au Qatar, en 2022, *L'Équipe* aura envoyé une trentaine de journalistes, tous médias confondus.

Escobar, Andrés

Pablo Escobar avait été exécuté quelques mois plus tôt, en décembre 1993, et cela n'avait rien à voir, en dehors de la Colombie, de la drogue, de la corruption, du blanchiment d'argent à travers les clubs de football, de la violence généralisée, et du nom d'Escobar.

Andrés Escobar était un joueur de l'équipe de Colombie, à la Coupe du monde 1994 aux États-Unis, une équipe émergente dans le paysage, qui restait sur trente matches sans défaite et avait humilié l'Argentine (5-0) en qualification. Battue d'entrée par la Roumanie (1-3), la Colombie est éliminée dès le deuxième match face aux États-Unis (1-2), malgré ses stars, Asprilla, Higuita ou Valderrama. Entre les deux rencontres, le contexte colombien s'est invité : il a fallu composer l'équipe en tenant compte de l'état psychologique de plusieurs joueurs menacés de mort par des narcotrafiquants qui ont misé des sommes considérables sur les victoires de la Colombie, et les ont perdues. Face aux États-Unis, Andrés Escobar a inscrit un but contre son camp en déviant un tir de John Harkes, l'Américain. Mais dans l'avion du retour pour Medellín, après l'élimination, ce n'est pas à lui qu'il pensera : il suppliera son attaquant, Faustino Asprilla, particulièrement décevant, de ne pas sortir de chez lui pendant quelque temps.

Pourtant c'est lui, Andrés Escobar, qui est attendu. La Coupe du monde n'est pas encore terminée lorsqu'il s'effondre, dans la nuit du 1er au 2 juillet 1994, sur le parking d'un bar qu'il venait de quitter, criblé de douze balles de revolver sous les yeux de sa fiancée. À chaque détonation, le tueur a crié « *goooool* ». Escobar a été exécuté sur les ordres des frères Gallón, membres d'un cartel de Medellín. Les deux frères seront condamnés à quinze mois de prison, mais payeront une caution qui les dispensera de leur peine. Le tueur sera libéré pour bonne conduite en 2005, après avoir purgé seulement dix années d'une peine de quarante-trois ans et six mois de prison. Il est libre, désormais, de passer devant la statue de sa victime qui se dresse à Medellín.

Fabuleux !

La vérité est qu'ils n'avaient plus le temps, qu'ils avaient fait comme si, que la demi-finale, là-bas, à Séville, était infiniment trop longue et incertaine, et qu'à Paris, dans la touffeur des locaux biscornus de la rue du Faubourg-Montmartre, ils avaient fini par chercher un mot à double sens, un titre qui s'accorderait au verdict du bout de la nuit. Au deuxième étage de *L'Équipe*, dans la nuit du 8 au 9 juillet 1982, il avait fallu trouver un titre avant 23 h 30, afin de caler la une et que la première édition du journal puisse être acheminée en province. Ce n'était pas le temps des unes esthétiques à titre et à photo uniques. Il y avait sept ou huit entrées différentes, des textes (une quinzaine de lignes consacrées à France-Allemagne), et, pour les photos, il avait fallu choisir trois clichés de la première période, pris par les deux photographes de *L'Équipe*, André Lecoq et Roger Krieger, installés de chaque côté du terrain. Ils avaient installé un mini-laboratoire dans les entrailles du stade Sánchez-Pizjuán, comme d'habitude ; parfois ils collaient une étiquette « Laboratoire photo » sur la porte des toilettes pour dames, obturaient toute ouverture pour développer les films et remplissaient un bain de révélateur, un bain de fixateur. Une fois le film développé et la photo tirée, il fallait la transmettre par belin, de son vrai nom bélinographe, l'ancêtre du fax, et cela prenait cinq à sept minutes par photo, ce dont se chargeait un laborantin, Richard Le Moël, présent à Séville.

Au départ, « Fabuleux ! » est un titre provisoire, issu d'un échange entre le patron du journal, Édouard Seidler, et le directeur de la rédaction, Robert Parienté. Dans les premières éditions, il suffisait d'ajouter au dernier moment le score à la une et à la fin des papiers, dans les autres pages, après le célèbre « Et finalement », qui a rythmé les comptes rendus des lecteurs provinciaux pendant plusieurs décennies, il avait été écrit ces mots cruels : « Et finalement, l'Allemagne élimine la France aux tirs au but (3-3) et se qualifie pour la finale de la Coupe du monde. »

Pour l'édition parisienne, *L'Équipe* avait le temps de réfléchir, et ils avaient réfléchi, tous, à un mot qui résumerait la fierté, la malédiction, la beauté et la cruauté absolue de cette nuit-là, et n'avaient rien trouvé. Alors ils ont gardé « Fabuleux ! », et ils ont bien fait. C'était un titre précurseur : à *L'Équipe*, jusque-là, comme au *Monde* de toute éternité, les titres étaient parfois des longues phrases, on exagère à peine, même si le titre de l'aube du 8 juillet montrait une volonté moderne de faire court (« Faisons un rêve ».)

L'Équipe du 9 juillet se vendra à 801 357 exemplaires. Comme souvent dans l'urgence, tous les aspects de la soirée n'ont pu être traités. L'agression de Schumacher sur Battiston, qu'aucun des envoyés spéciaux n'a pu revoir au ralenti, est seulement évoquée dans une chronique : pour laisser la place, plus tard, à ceux qui se chargeront du compte rendu, de l'éditorial et du « jeu et des joueurs », les papiers nobles de la soirée, il a été demandé aux autres de téléphoner leur article aux sténos avant la fin du temps réglementaire, et comme les gars de *L'Équipe* ont trois téléphones pour sept, ils sont contraints d'appliquer le principe éternel disposant qu'il vaut mieux un mauvais papier à l'heure qu'un bon papier en retard. Mais ils étaient plutôt bons, et à l'heure, à la hauteur d'une soirée fabuleuse.

Fantôme (But)

L'arbitrage vidéo du XXIe siècle a balayé le mystère, le romantisme et des décennies à débattre autour de deux centimètres. Avant que l'image crée un football binaire (il y a hors-jeu ou pas hors-jeu, « sur la même ligne » n'existe plus, la zone grise et le doute ont disparu), étaient le souvenir, le « j'étais bien placé », le « j'aurais juré », parfois une photo, qui dans un angle accentuait le mystère mais renversait la perspective, et puis régulièrement un juge de touche, qui avait levé ou non son drapeau.

Il n'y avait pas de communication verbale possible, dans la prolongation de la finale de la Coupe du monde 1966 Angleterre-Allemagne (4-2), entre l'arbitre du centre, le Suisse Gottfried Dienst, et son juge de touche soviétique, Tofik Bakhramov. Juste quelques gestes de base, et un drapeau au cas où. Au début de la prolongation, à 2-2, quand l'attaquant anglais Geoff Hurst a frappé depuis l'entrée de la surface, le ballon a heurté la barre, a rebondi derrière la ligne, ou alors dessus, ou alors juste devant, on ne sait toujours pas. M. Bakhramov a fait signe que le ballon avait franchi entièrement la ligne, il s'est même servi de ses mains pour suggérer que le ballon était entré dans le but d'une dizaine de centimètres, et il est remonté vers le milieu de terrain, pour signaler à M. Dienst qu'il fallait accorder le but.

Cet épisode assez banal dans un moment qui ne l'était pas a provoqué deux mouvements concomitants : la démarche de plusieurs scientifiques tentant de calculer, en fonction des images disponibles, si le ballon avait bien entièrement franchi la ligne, et le culte d'un pays tout entier envers M. Bakhramov, devenu célèbre avec le temps, et toujours visité par les Britanniques de passage au cimetière de Bakou, en Azerbaïdjan, sa république d'origine.

Ce n'était pas, il faut le dire, un grand jour pour l'arbitrage sans vidéo : sur les six buts de la finale, au moins trois n'étaient pas valables. La science, donc, d'abord : des étudiants en biomécanique de l'université d'Oxford ont jugé un jour qu'il manquait « probablement » six centimètres pour considérer que le ballon avait entièrement franchi la ligne. Le culte, ensuite, pour l'ancien juge russe, devenu azerbaïdjanais, qui a vécu une vie entière sur cette décision d'une demi-seconde, sans doute une demi-vérité. Il assurerait même, dans sa biographie, que le ballon avait frappé la barre, rebondi devant la ligne, puis sur le filet à l'intérieur du but, alors que l'on est à peu près sûr que c'est faux. Il est décédé en 1996, devenu assez célèbre pour que le stade de Bakou porte son nom et abrite une statue rappelant la décision de Wembley. Huit ans plus tard, à l'occasion d'un match qualificatif à la Coupe du monde 2006, les supporters anglais en visite avaient demandé où était sa tombe, et étaient partis la fleurir. Pour l'Angleterre, l'été 1966 ne finira jamais.

Fekir, Nabil

Seuls six joueurs français ont disputé plus de matches que lui à la Coupe du monde 2018, et personne ne le sait. Il faut dire que Nabil Fekir s'est contenté de soixante-neuf minutes, au total de ses apparitions. Le Lyonnais était la doublure d'Antoine Griezmann, et il avait un rôle précis : entrer en fin de match pour garder le ballon pendant que le temps s'égrenait quand la France menait au score, c'est-à-dire presque chaque fois. Corentin Tolisso et lui peuvent remercier Hugo Lloris, sans doute, de sa bourde sans conséquence en finale contre la Croatie (4-2), à vingt minutes de la fin : si le score était resté à 4-1, Didier Deschamps aurait pu être tenté de récompenser d'autres soldats d'une participation à une finale de Coupe du monde. À 4-2, il lui a fallu gérer la fin de match comme d'habitude, et Fekir est entré. Un destin, pour un gaucher que l'OL avait renvoyé dans le football amateur, à Vaulx-en-Velin, et qu'il est allé rechercher là-bas. De Vaulx-en-Velin à Moscou, la route avait été belle.

Féminine (Coupe du monde)

Un jour prochain, quelqu'un écrira le *Dictionnaire amoureux de la Coupe du monde féminine*, et il nous arrivera dans la conversation d'évoquer une Coupe du monde masculine, pour que chacun comprenne dans l'instant ce dont il est question. Il est probable que les femmes sont l'avenir de la moitié du football : si les championnats nationaux restent encore très en retrait, par manque de densité, et peinent hors grandes affiches à capter l'attention médiatique et populaire, le développement de la Ligue des champions et du football de sélection ont permis au football féminin de faire tomber des barrières, les unes après les autres. Il en reste, mais la Coupe du monde féminine existe depuis 1991, et la victoire des États-Unis en Chine. Les Américaines ont toujours eu un temps d'avance, sur le jeu comme sur la place du football féminin et des joueuses dans la société : elles ont été professionnelles avant les autres, ont obtenu la parité des primes en attaquant leur propre fédération, et ont pu s'appuyer sur le socle sans pareil de millions de pratiquantes au niveau scolaire. Dans les séries télé américaines des années 2000, les mères de famille qui amenaient leurs filles au foot étaient surnommées « *soccer moms* », et puis l'expression s'est perdue, sûrement parce que les pères étaient jaloux.

Le football féminin n'est pas encore suffisamment universel, ce qui rappelle que le droit des femmes de jouer au foot est encore une conquête dans certains pays, mais la Coupe du monde féminine a trouvé sa place, ainsi qu'en témoigne le succès formidable de l'édition 2019 disputée en France, dans un pays où les féminines représentent moins de 10 % des licenciés (un pourcentage très proche des femmes journalistes de sport, il doit y avoir quelque chose à creuser, sans doute). Ce n'étaient pas tout à fait les mêmes rites, rarement les mêmes publics, mais on ne se souvient pas, vraiment, d'avoir entendu autant de bruit au Parc des Princes que le soir du quart de finale perdu par la France face aux États-Unis (1-2). Ce n'est pas une faute de frappe, ni un acte militant pour défendre cette cause moderne : c'est juste que l'on a vu 300 matches au Parc des Princes, les Bleus, le XV de France, une finale de coupe d'Europe, le PSG, et que l'on n'avait jamais entendu ça. Et puis, il y a eu autre chose : partout, à Nice, au Havre, à Paris, en ce mois de juin 2019, on pouvait croiser des grands-mères, les larmes aux yeux, venues avec leurs petites-filles, expliquer qu'elles avaient attendu ces moments toute leur vie, et décrire ce bonheur de partager leur passion de pionnières, toutes réunies, enfin adoubées par un nouveau public qui aura fait un triomphe au genre et à l'épreuve. Plus de 12 millions de téléspectateurs sur TF1 et Canal+ pour France-Brésil et France-États-Unis : la Coupe du monde féminine est passée au salon, et pour longtemps.

Il faut ainsi prévenir ceux que l'affaire gratouille, ou chatouille, que le monde a changé et que l'on ne reviendra pas en arrière : toujours la Coupe du monde féminine, désormais, sera retransmise sur une chaîne majeure, et occupera les colonnes de la presse spécialisée autrement qu'en tant qu'alternative au football des hommes. Le mécanisme de la comparaison suscite une grande fatigue, dans les deux sens : l'idée du vent de fraîcheur devient déjà insupportable, et c'est une première victoire, le premier signe que l'on regarde le football féminin avec le regard critique qui est la seule manière de le respecter, dans la détestation de la condescendance. La Coupe du monde féminine n'est pas un vent de fraîcheur, et le football féminin n'est pas un refuge au prétexte qu'il y aurait moins d'argent, moins de violence, plus de valeurs : c'est une compétition de haut niveau qui n'a de pitié pour personne et oppose des équipes qui ne font pas de prisonnières, avec des héroïnes et des perdantes qui doivent être envisagées avec la même exigence. Et le fait qu'il y ait moins d'argent ne peut pas être un axe de séduction, d'autant que l'idée est forcément qu'il y en ait de plus en plus, puisque cela reste une mesure du succès, dans ce monde, et que le football féminin va continuer à gagner du terrain, et sur tous les terrains. La prochaine Coupe du monde féminine aura lieu à Auckland, en Nouvelle-Zélande : comme l'aurait dit Thierry Roland, celles et ceux qui auront la chance d'y aller ne feront pas le voyage pour rien.

Femmes de

C'était une discussion avec Roger Lemerre, un soir d'interview à Bruxelles, alors que l'ancien sélectionneur de l'équipe de France revenait sur l'échec des Bleus à la Coupe du monde 2002 en Corée et au Japon, sous sa direction. Il n'avait écarté aucune explication, s'en était pris à lui-même autant qu'aux autres, s'était souvenu de la mauvaise gestion du suspense qui avait entouré la cuisse de Zidane, de la fatigue de quelques joueurs, de la difficulté de rester au sommet après la Coupe du monde 1998 et l'Euro 2000. À un moment, il avait fini par lancer : « Et puis, j'avais perdu l'harmonie chez les femmes. »

La place des femmes pendant la Coupe du monde, épouses et compagnes, est un enjeu moderne qui procède du glissement des footballeurs vers les pages glacées des magazines people, lesquels s'intéressent moins à leur pied droit qu'à leur moitié. Il s'agit d'abord de savoir qui est avec qui, puis de l'écrire et de le montrer sur des pages en couleurs. En 2002, les Bleus connaissaient un seul fonctionnement : la victoire au bout de l'aventure, les femmes dans l'ombre, mais dans leur sillage immédiat, selon des retrouvailles anticipées, organisées, et médiatisées juste ce qu'il faut. La Coupe du monde 1998 les avait rendues toutes célèbres et familières, parce que certaines l'étaient déjà (le mannequin Linda Evangelista, compagne de Fabien Barthez, Adriana Karembeu, qui allait épouser

Christian à la fin de cette année-là, ou encore la chanteuse Elsa, alors compagne de Bixente Lizarazu), et parce que toutes avaient été intégrées au récit. On avait vu les Bleus et leurs compagnes en couverture de *Paris Match* pendant tout l'été.

En 2002, les couples avaient changé, soit que la vie les ait transformés, soit qu'elle les ait séparés. Une image résumera toujours ce qui n'allait pas, dans le tableau, ou ce qui n'allait plus : trois ou quatre jours avant leur entrée dans la compétition, les Bleus s'étaient entraînés sur le terrain proche de leur hôtel, et soudain les femmes avaient débarqué, s'installant en tribune, une rupture colorée dans un décor spartiate, pendant que les photographes changeaient de cible. Il n'y avait plus d'harmonie et on mélangeait les genres, certaines compagnes accordaient plus d'interviews que leurs compagnons, sans compter que les règles d'intimité étaient diversement respectées, entre celles qui acceptaient de ne pas monter dans les chambres des joueurs, et celles qui transgressaient la règle, creusant le ressentiment des autres, pendant qu'un joueur, apprenant le lieu d'hébergement de son épouse, lâchait : « Comment voulez-vous que l'on reste concentrés alors que nos femmes dorment dans le même hôtel que les Sénégalais ? »

La théorie selon laquelle l'apparition des compagnes et des femmes, pendant la préparation à la Coupe du monde 2010, serait une cause de la crise absolue, a souvent pris de l'épaisseur au fil des rumeurs, d'abord, et des informations, ensuite. Les faits : pendant le stage de Tignes, tout se passe remarquablement bien, l'idée de la renaissance d'une équipe fait son chemin, et le premier match amical face au Costa Rica, à Lens, est même emballant à bien des égards. D'ailleurs, Christophe Dugarry, alors chroniqueur de *L'Équipe*, pour le quotidien, avoue son optimisme, plutôt partagé à l'époque. Mais entre Tignes, la première étape de la préparation, et l'île de la Réunion, la troisième et dernière, il y avait la Tunisie, et l'arrivée des femmes, au bout d'une saison très particulière quant à l'idée de la fidélité du footballeur professionnel. C'est en Tunisie que les Bleus ont discuté des primes, avec Noël Le Graët, alors simple vice-président mais responsable du club France et soutien de Raymond Domenech ; or c'est ce qu'il a vu en Tunisie qui a convaincu le dirigeant breton de ne pas partir en Afrique du Sud avec cette équipe, contrairement à ce qu'il avait prévu, pour avoir une chance de capitaliser sur l'échec inévitable, ce qu'il a fait. Grâce à la crise, Noël Le Graët parviendra à organiser une grande table ronde au retour, à modifier l'équilibre des voix entre les amateurs et les professionnels pour l'élection du président de la Fédération française, et donc à se faire élire, quelques mois plus tard.

Si Noël Le Graët a reculé après la Tunisie, et a laissé Domenech et les élus fédéraux foncer dans le mur sans lui, c'est parce qu'il a mesuré, aussi, la fin de l'harmonie. Pour quelques couples des footballeurs stars, la situation est en effet délétère, en ce printemps 2010 : au cœur du mois d'avril a surgi l'affaire Zahia, qui a mis en cause certains joueurs, dont Franck Ribéry, et leurs pratiques de la prostitution féminine. Tout cela a fait remonter des soupçons et des rancœurs, modifiant la vie sociale du groupe élargi aux moitiés, et quand le stage en Tunisie s'achève, l'harmonie a disparu, et l'idée de la renaissance d'une équipe a été balayée. Que l'atmosphère reste simple dans une équipe pareille, par-delà cet aspect, aurait été un miracle, mais Tunis aura été une parenthèse manquée, et marquante. La presse aussi avait changé. Elle avait senti le vent, et l'intérêt pour elle de s'en prendre aux footballeurs après avoir passé de longues années à les protéger pour protéger ses ventes, l'été venu, pendant leurs vacances : Ribéry et Zahia, c'était une bonne vente, cela accompagnait le rejet progressif des footballeurs et de cette équipe, depuis la main de Thierry Henry, alors que, quelques années plutôt, il avait été répondu à un photographe qui avait établi une infidélité à la sortie d'un hôtel, après une longue planque, que le joueur en question vendait mieux quand il posait avec sa femme.

Lorsque surviennent les retrouvailles, en Coupe du monde, il vaut mieux, parfois, que les résultats et le discours fassent passer l'idée du changement pour faire oublier ce qui ressemble à un caprice : en 2014, au Brésil, alors que la France célébrait une nouvelle ère, ainsi qu'une équipe qui faisait enfin oublier les turpitudes de la précédente, les joueurs avaient obtenu la peau du directeur de la délégation, Erwan Le Prévost, un proche de Noël Le Graët, au prétexte qu'il avait choisi un hôtel à Rio indigne des standards de ces joueurs et de leurs familles. Des chambres n'étaient pas prêtes, ou alors elles étaient un peu petites, et puis les enfants s'impatientaient, alors les téléphones avaient chauffé, et pendant toute la journée les joueurs de l'équipe de France ne s'étaient occupés que de cela au lieu de penser au match à venir. Il n'avait fallu que deux ou trois heures pour que tout le monde soit logé dans un palace, comme d'habitude, mais Erwan Le Prévost, lui, n'est jamais revenu auprès de l'équipe de France.

Les pionnières avaient été les femmes des héros de 1958, en Suède. Une opération publicitaire lancée conjointement par *L'Équipe* et Europe 1, au lendemain du quart de finale, les avait vues s'embarquer à bord d'un avion privé pour la Suède, juste avant la demi-finale face au Brésil, et Just Fontaine avait grommelé que ce n'était pas une bonne idée, que certains gars pensaient plus aux retrouvailles qu'au match à venir, et que tout le monde aurait pu attendre une semaine de plus.

Le monde aura vraiment changé quand on s'intéressera autant aux compagnons de l'équipe de France féminine en Coupe du monde ? C'est arrivé hier : en 2019, les maris et compagnons des Bleues, mais pas les compagnes, encore, avaient fait l'objet d'une médiatisation sans précédent, ce qui reposait sur le même ressort, faire raconter ce que l'on ne voit pas d'un joueur ou d'une joueuse pour mieux comprendre ce que l'on voit. Parfois, évidemment, l'autre moitié éclipse le joueur ou la joueuse, au moins aux yeux d'une partie du monde : en 2018, Adil Rami était moins célèbre, sur la planète, pour son titre de champion du monde, star en maillot bleu, que pour sa condition de compagnon de Pamela Anderson, une ancienne star qui s'était rendue célèbre quand elle portait un maillot rouge.

Fontaine, Just

Just Fontaine est un héros de la France de l'après-guerre, le meilleur buteur de l'histoire de la Coupe du monde, et le visage de la nostalgie. Lorsque, dans *Amélie Poulain*, Audrey Tautou découvre une boîte métallique remplie de souvenirs, cachée derrière le carreau descellé d'une salle de bains, et qu'elle en soulève doucement le couvercle, c'est d'abord une photo en noir et blanc qui apparaît, celle de Just Fontaine, un ballon sous le bras, en maillot bleu, un coq sur la poitrine. Quand la boîte aux souvenirs reviendra à son propriétaire, tout lui remontera, jusqu'aux larmes, une petite voiture, un cycliste, un couteau, la victoire de Bahamontes dans le Tour de France 1959, et Just Fontaine.

Ce héros français, cet enfant de Marrakech venu chercher puis trouver la gloire à Nice puis à Reims, dans les années 50, a suscité très tôt la nostalgie, dans une jeune vie de regrets : avant d'avoir 30 ans, terrassé par une fracture de la jambe, puis par une rechute, il était déjà un ancien footballeur, un type en costume, juste un peu plus célèbre, juste un peu plus drôle. Il était une manière d'Achille qui aurait été plongé dans le Styx, mais dont le talon n'avait pas été le seul à dépasser, le tibia et le péroné aussi, et cette fragilité aura fait basculer son destin.

Just Fontaine était un buteur, et un magnifique raconteur d'histoires, qui se sont perdues dans le brouillard de ses dernières années, dans sa résidence à Toulouse, où les visiteurs voyaient son regard s'animer quand il passait devant un baby-foot. Une étincelle revenait, et peut-être le sentiment de tous ses buts : 30 en 21 matches de l'équipe de France, de 1953 à 1960, dont 13 en Suède, la marque suprême. Dans le monde entier, Just Fontaine est la réponse à la question que l'on pose à tous les supporters de foot en quiz première année : quel est le recordman de buts marqués en Coupe du monde ? Il a toujours ainsi dressé le bilan de son été suédois, en 1958 : « 18 tirs, 13 buts, un poteau, une transversale. Mon prénom, c'est Just, ne l'oubliez pas. »

La légende prétend qu'il n'aurait pas dû jouer. Qu'il a bénéficié au dernier moment de la blessure de son coéquipier à Reims René Bliard. Au fil du temps, il a fini par s'en agacer un peu : « C'est moi qui ai entretenu cette légende pour lui remonter le moral. René, c'était un copain, on habitait dans le même immeuble. C'est vrai qu'il s'est blessé avant le départ pour la Suède, mais le sélectionneur, Paul Nicolas, m'avait déjà annoncé que je serais titulaire à la Coupe du monde. » En Suède, les deux attaquants avaient un rituel, ainsi résumé par Fontaine : « René me cirait les godasses par superstition et je le laissais faire par fainéantise. »

Il suffit de revoir des images de 1958 pour constater la vitesse et la modernité du jeu de Just Fontaine, ainsi que la complicité qui l'unissait à Raymond Kopa. Mais, sur ce plan-là, l'histoire réelle n'est pas complètement à la hauteur de l'histoire perçue : si les deux hommes sont associés pour toujours dans la mémoire collective, au sein d'une attaque que les plus de 60 ans connaissent presque par cœur (Maryan Wisnieski, Raymond Kopa, Just Fontaine, Jean Vincent, Roger Piantoni), ils ont très rarement joué ensemble. Quand Fontaine rejoint le grand Reims en 1956, au lendemain de la première finale de Coupe d'Europe perdue contre le Real Madrid (3-4), Raymond Kopa vient de signer au Real. Quand Kopa revient à Reims, à l'été 1959, « Justo » n'a plus que quelques mois à jouer au plus haut niveau : en mars 1960, il est victime d'une fracture de la jambe après un tacle malheureux du Sochalien Sékou Touré, qui sera inconsolable, viendra inlassablement le visiter à l'hôpital, et lui demandera même d'être le parrain de sa fille. Fontaine va se battre pour revenir, rejouera même en équipe de France contre la Bulgarie (3-0) en décembre 1960, mais sa jambe se brisera peu après au même endroit. Après une greffe osseuse, une cheville complètement bloquée – et un cynique combat avec les assurances –, il abandonnera définitivement le football en 1962, à l'âge de 29 ans.

Kopa et Fontaine sont unis dans le récit national sportif de l'après-guerre, grâce à l'équipe de France, mais leur duo n'a pas beaucoup débordé du seul été 1958 en Suède, où ils faisaient chambre commune : au total, ils n'ont disputé que 11 matches ensemble sous le maillot bleu, durant lesquels les Bleus ont inscrit 44 buts, dont 22 de Just Fontaine.

13 buts en 6 matches, personne ne fera aussi bien avant que le format de la Coupe du monde soit de nouveau bouleversé : aujourd'hui, un attaquant compte au maximum sept matches à son programme, et bientôt huit, lorsque l'édition 2026 accueillera 48 équipes et un tour de plus. Or, depuis Fontaine en 1958, personne n'a fait mieux que les 10 buts de Gerd Müller en 1970, et seul Ronaldo, le Brésilien, a inscrit 8 buts, en 2002.

Les années de gloire de Just Fontaine sont extrêmement concentrées dans le temps, prisonnières de sa révélation et de son arrivée à Reims, en 1956, et de sa grave blessure, au printemps 1960 : meilleur buteur du championnat de France en 1958 et 1960, deuxième en 1957 et 1959, il aura été l'un des premiers à profiter de sa célébrité sur tous les terrains. Il était tellement connu qu'il avait enregistré plusieurs disques, généralement oubliables, ce qui lui permettait de prétendre qu'il touchait le même pourcentage que Tino Rossi, 0,6 % par disque vendu, mais qu'il en vendait un tout petit peu moins. Il avait chanté en première partie de Dalida au Théâtre Fontaine, ça ne s'invente pas, en 1959, et se souvenait que ses coéquipiers l'appelaient « la Callas » en Suède, à la Coupe du monde, où on lui demandait toujours de chanter une chanson les soirs de réception officielle : là-bas, un soir, il avait fait mettre toute la salle au garde-à-vous en prétendant chanter « La Marseillaise », alors qu'il entonnait, avec les chœurs de l'armée bleue, « Les couilles de mon grand-père », un autre classique du répertoire.

Après sa carrière, Just Fontaine a eu trois boulots qui font rêver à peu près tout le monde, dans le football : commentateur à la télé, sélectionneur de l'équipe de France et entraîneur du Paris SG. Il a battu un record à la tête des Bleus, deux matches perdus en 1969 et la porte, et il est l'homme qui a fait monter le PSG en première division, un soir de printemps au Parc des Princes, face à Valenciennes. Quand venait la Coupe du monde, personne ne l'oubliait, et lui n'oubliait jamais les copains : en 1986, au Mexique, il avait embarqué avec lui Dominique Colonna, le gardien remplaçant de 1958, le producteur Régis Talar et Enrico Macias, tous en voiture, Justo au volant, d'un match à l'autre, d'une ville à l'autre, d'un bon restaurant à l'autre, et toujours en chansons. « Pendant les voyages, il chantait mes chansons et celles de Charles Aznavour », se souviendrait Enrico.

Sitôt qu'il avait un public, à partir de deux personnes, disons, Just Fontaine avait toujours une histoire. Sa préférée était celle d'un homme prisonnier des glaces, retrouvé en 2430, soudain ramené à la vie, et qui demandait, à peine réveillé : « Just Fontaine est toujours recordman des buts en Coupe du monde ? » Mais on aime aussi beaucoup celle-ci, qui suscite l'impression d'entendre encore sa voix méditerranéenne et joyeuse : pendant la Coupe du monde 1990 en Italie, où il est consultant pour les médias, Just Fontaine arrive dans le salon d'un stade où une centaine de personnes entourent le roi Pelé et attendent leur tour pour un autographe, une photo, une poignée de main. Soudain Pelé aperçoit « Justo » et lui fait signe de venir. Pendant que Fontaine s'approche, tous les autres s'indignent, mais le Brésilien, royal, s'interpose : « Le jour où vous marquerez 13 buts en Coupe du monde, vous pourrez râler. »

Footix

C'est une espèce de coq bleu, à la crête et à la queue rouges, au bec jaune, qui a un ballon entre les mains. Dans le foot, les coqs ont des mains depuis que les poules ont des dents. Il s'appelle Footix en référence à Astérix, et pour le baptiser les Français ont voté par Minitel et par téléphone, cela décrit une époque. Il reste étrange qu'un nom ait à ce point résisté au temps alors qu'il y avait eu moins de 20 000 votes, mais au moins on avait échappé à Gallik, Houpi, Raffy et Zimbo. Footix était la mascotte de la Coupe du monde 1998, à ne pas confondre avec Jules, la mascotte de l'équipe de France. Jules, c'était en référence à Jules Rimet, l'un des pères de la Coupe du monde, et Jules était fidèle aux contrats des Bleus : il portait des chaussures Adidas, en surplus d'un béret rouge et d'une tenue bleu-blanc-rouge, pendant qu'il posait un pied sur un ballon, Adidas lui aussi.

Footix, c'est devenu autre chose, une expression désignant un gars ou une fille qui aurait découvert le foot en 1998, rallierait sans relâche des positions superficielles ou opportunistes sur le jeu et les joueurs, s'alignerait sur les résultats mais jamais sur les raisonnements, et serait capable dans la même phrase de dire « mouiller le maillot », « trop payé », mais avec une forme de prétention qui n'en ferait pas un « beauf », une catégorie qui demande une constance et reste l'œuvre d'une vie, alors que le footix ne fait que passer. Le footix répète bêtement ce qu'il a entendu, ce qui est parfois moins catastrophique que lorsqu'il tente de penser par lui-même, il se mêle de tout, surtout des conversations auxquelles il n'est pas invité et de ce qui ne le regarde pas. Il propose une nouvelle vision du sport et la présente comme une lumière dans la nuit, mais avant la fin de sa phrase il s'est déjà brûlé à sa flamme si courte, et c'est étrange, il continue quand même de parler. Le footix pérore et se souvient probablement d'où il vient, du moment et du prétexte de sa naissance, parce qu'il semble en fêter l'anniversaire tous les quatre ans, quand une nouvelle Coupe du monde le fait sortir du bois où il aurait mieux fait de se perdre.

Gaetjens, Joe

Les Anglais connaissent mieux son nom que certains de leurs héros parce qu'on n'oublie jamais son bourreau. Joe Gaetjens, un gars de Haïti, international américain par hasard, a inscrit le but qui a éliminé la première équipe d'Angleterre en Coupe du monde, à Belo Horizonte, au Brésil, en 1950. À ce titre, il y aura toujours une place pour lui dans les classements des cent héros de la Coupe du monde ou des cinquante plus belles histoires. Mais la légende telle qu'elle a été longtemps rapportée, un pauvre gars d'Haïti parti chercher une vie meilleure à New York, faisant la plonge dans un restaurant et footballeur de circonstance, héros d'une Coupe du monde et instantanément retombé dans l'oubli et la pauvreté, ne tient pas vraiment. D'abord parce qu'il est né dans une famille aisée de Port-au-Prince, en 1924, où un aïeul avait été envoyé au XIXe siècle faire du commerce par Frédéric-Guillaume III, le roi de Prusse. Ensuite parce qu'il était footballeur, déjà, champion national avec l'Étoile haïtienne en 1942 et 1944. Enfin, parce qu'il n'était pas parti à New York, en 1947, pour fuir la pauvreté et un destin sans avenir : il avait une bourse d'études pour l'université de Columbia. C'est en parallèle qu'il avait trouvé un boulot à la plonge d'un restaurant allemand de Harlem, tout en devenant un acteur remarqué de l'American Soccer League sous les couleurs de Brookhattan, ce qui lui permettait de gagner 25 dollars par match.

Mais la Coupe du monde aurait dû lui être un horizon impossible : comment jouer pour les États-Unis quand on est haïtien d'origine allemande ? Nommé deux semaines avant la Coupe du monde, le sélectionneur William Jeffrey le contacte deux ou trois jours seulement avant le départ pour le Brésil, et résout le problème du passeport : Joe Gaetjens signe une demande de citoyenneté qui fait office de passeport provisoire. Plus tard, après enquête, la FIFA découvrira que trois joueurs de l'effectif n'étaient pas éligibles à la nationalité américaine, Gaetjens, donc, mais aussi le Belge Joe Maca et l'Écossais Ed McIlvenny. Les États-Unis avaient eu du mal, de fait, à trouver suffisamment de joueurs, tous amateurs : se nichaient un professeur, un chauffeur de corbillard, un facteur, et cela ne pouvait pas impressionner l'Angleterre, le 29 juin, à Belo Horizonte. Tom Finney, Alf Ramsey et les autres stars du championnat anglais étaient donnés gagnants à 500 contre 1, au pays, alors que le futur premier lauréat du Ballon d'or, Stanley Matthews, était sur le banc. Mais à la 37e minute, reprenant d'une tête plongeante le tir manqué d'un coéquipier, Joe Gaetjens a inscrit le seul but du match, entrant dans l'histoire. Il n'existe aucune image de son exploit : la photo généralement associée, qui le montre s'accrochant au filet du but anglais, est liée à une autre action. La vérité est que tous les photographes s'étaient massés du côté de l'attaque anglaise, dans le pressentiment déçu de l'avalanche.

Que la nouvelle ait choqué le monde est une litote : une agence de presse anglaise avait immédiatement rectifié le score à 10-0 pour l'Angleterre quand l'information lui était parvenue.

Pour que Gaetjens soit ainsi accueilli dans la légende du jeu, il a fallu un autre héros : le gardien d'origine italienne Frank Borghi, dont le jeu au pied est si mauvais que les autres viennent dégager le ballon à sa place, mais qui repousse tous les tirs anglais, et qui est sauvé deux fois par ses poteaux. Le conducteur de corbillard, c'est lui. Comme il va vivre vieux, qu'il sera professionnel au base-ball, son histoire sera assez américaine pour devenir un film, en 2004, *Le Match de leur vie*, avec Gerard Butler dans le rôle de Frank Borghi. Dix ans plus tôt, à l'approche de la Coupe du monde 1994 aux États-Unis, *USA Today* avait enquêté sur les traces des héros de 1950, un décorateur d'intérieur, un docker, un mécanicien, un entrepreneur de pompes funèbres, donc, parce que Frank Borghi était monté en grade, alors que Walter Bahr, l'homme qui avait manqué son tir et offert involontairement le but de la victoire contre l'Angleterre à Joe Gaetjens, décoré de la Bronze Star, Purple Heart et ancien de la bataille des Ardennes, était désormais le père d'un vainqueur du Superbowl. Ancien international amateur de *soccer*, Chris Bahr avait remporté deux Superbowl avec les Raiders, en 1981 et 1984, en entrant seulement quelques secondes, match après match, pour jouer autrement que les autres et frapper le ballon avec le pied, comme son père. Casey, le frère aîné, avait disputé les JO 1972 avec l'équipe de *soccer*, et Matt, le plus jeune, serait pro à la fois au *soccer* et au football américain.

Joe Gaetjens était mort depuis longtemps. Après la Coupe du monde, il avait tenté de monnayer son exploit dans le championnat de France en signant un contrat au Racing Club de France puis à Alès, en Division 2, où la ville disait qu'il lui fallait une femme différente dans son lit la veille de chaque match pour être bon, mais avait fini par constater que cela ne lui suffisait pas, visiblement. En 1954, il était retourné chez lui, à Haïti, où on l'imagine joueur du dimanche dans une île indifférente à son histoire. Il ne s'intéressait pas à la politique, mais ses deux frères, Jean-Pierre et Fred, si, et la politique finirait par s'intéresser à lui : après le massacre de ses opposants en 1963, et son coup d'État de 1964 où il s'était proclamé Président à vie, François Duvalier, dit « Papa Doc », avait fini par faire kidnapper les opposants qui avaient survécu, et Joe Gaetjens avait été emmené dans une prison politique pendant l'été 1964. Sa famille n'eut plus jamais de nouvelles. Après la mort de Duvalier en 1971, l'ambassade américaine avait réclamé une enquête sur le héros de Belo Horizonte, et le gouvernement haïtien avait confirmé sa mort en 1972, probablement survenue en juillet 1964, peu après son arrestation.

Reste l'image d'un homme porté en triomphe dans la lumière du Brésil, un jour de juin 1950, dans le beau maillot blanc à large bande rouge oblique, un homme que l'Angleterre aidera le monde à ne pas oublier.

Garrincha

Quelques anciens le décrivaient comme un « dribbleur de chaises », et cela posait une admiration pour son genre, pour ces dribbleurs qui effaçaient un défenseur comme on gomme un trait au crayon ; ils étaient là et soudain ils n'étaient plus là, jour, nuit, tu me vois, tu me vois plus, et de leurs arabesques remontaient tous ces jeux de cache-cache de l'enfance et qui étaient, pour lui, l'enfance de son art, avec sa jambe plus courte que l'autre et ses airs de moineau. Manoel Francisco dos Santos, dit

« Garrincha », s'envolerait peut-être, mais plus tard, un jour où il y aurait moins de vent. Il était le bonheur du Brésil, qui l'appellerait même « Allegria di Povo », la « joie du peuple », et c'était le titre du film qui lui avait été consacré en 1962, un documentaire pour perpétuer le souvenir de la grâce. On retrouve, notamment, l'essence du jeu de Garrincha et l'origine de la fascination : cette manière de défier un défenseur, parfois une défense entière, en arrêtant le temps et son propre mouvement, lançant des fausses pistes sans que le ballon bouge, laissant ses adversaires dans l'ignorance de l'instant où le dribble allait réellement commencer, et quand ils comprenaient il était trop tard. Soit parce qu'il était magnanime, soit parce qu'il était cruel, il lui arrivait de s'arrêter en chemin, derrière, pour attendre son défenseur, le remettre en jeu, et le tourmenter une nouvelle fois, avec les mêmes feintes. On comprend très bien, si longtemps après, la joie du peuple : quand le ballon arrivait à ses pieds, le football devenait autre chose, Garrincha partait à l'assaut avec des élégances de mousquetaire, et si le fleuret était moucheté, l'artiste ne faisait pas de prisonnier.

Il est possible que Garrincha ait été plus fort que Pelé en 1958, et il est certain qu'il a été plus décisif que le Roi lors du deuxième titre mondial du Brésil, en 1962. En Suède, Pelé avait inscrit 6 buts, dont 3 contre la France, à onze contre dix, en demi-finale (5-2), et Garrincha avait été insaisissable tout le temps. Mais Pelé, après avoir accédé à la royauté, n'était jamais revenu vivre avec le peuple, alors que Garrincha, venu de la pauvreté et de l'alcool, était revenu sur ses pas. Son arrière-grand-père, un Indien de la tribu des Fulvios, avait été un esclave au milieu du XIXe siècle. Cinquième d'une fratrie de neuf enfants, surnommé « Garrincha », « petit oiseau », par sa sœur Rosa à l'âge de 4 ans, longtemps avant qu'il devienne « Mané Garrincha », le « petit oiseau fou », il était l'enfant fragile, souffrant d'une malformation de la colonne vertébrale qui lui avait donné une jambe droite plus courte que l'autre, déjà accoutumé à l'alcool par une préparation artisanale à base de cachaça qui était censée soigner tout, et que sa mère mettait dans son biberon.

De son handicap, il ferait une force : avec Botafogo, puis le Brésil, le mythe de ce drôle de dribbleur s'était répandu instantanément. De l'alcool, il ne ferait rien, sinon sourire aux jolies femmes et mourir doucement, mais plus vite que les autres. Parfois on le prenait pour un simplet, alors qu'il était joyeux et ivre. Il ne se couchait jamais avant l'aube, et rarement tout seul. 1962, l'année du deuxième titre mondial, et de sa deuxième finale gagnée, parce que la FIFA l'avait gentiment blanchi après qu'il avait été expulsé en demi-finale, avait surtout été l'année de sa rencontre avec la chanteuse Elza Soares, avec laquelle il formait un couple adultère, passionnel et destructeur. L'amour du héros du peuple, déjà père de huit enfants, et de la chanteuse noire, mariée de force à 12 ans, mère à 13, aurait dû être une belle histoire, et cela avait été un scandale national. Lui ne savait pas quoi faire de sa gloire, et Nílton Santos, le champion du monde 1958, disait qu'il ne se rendait pas compte qu'il était Garrincha, qu'il ne voyait le mal nulle part, et qu'il était un saint autant qu'un diable.

Les années 70 seraient son calvaire, le couple était parti en exil à Rome pendant quelques mois, mais Garrincha avait emporté ses démons avec lui, et il était revenu au pays en 1973 où ses amis avaient organisé son jubilé pour qu'il puisse payer ses dettes, juste avant que la mère d'Elza Soares meure dans un accident de voiture alors qu'il était au volant. Elza, disparue en janvier 2022, à 91 ans, et qui disait que Garrincha avait été l'amour de sa vie, le quitterait en 1977, à bout de forces, ayant enfin compris qu'elle ne pourrait pas sauver ce moineau perdu aux ailes rognées, interné une quinzaine de fois en psychiatrie entre 1974 et sa mort, en 1983, avant d'avoir 50 ans. Le drame, jusqu'au bout : leur seul enfant était mort en 1985 dans un accident de voiture. À la mort du dribbleur de chaises, le 20 janvier 1983, le Brésil avait été frappé de douleur et de nostalgie, se reprochant la distance prise avec cet ivrogne au crépuscule, et se souvenant de la magie ancienne de « l'ange aux jambes tordues », selon les mots du poète Vinícius de Moraes. On peut revoir les images, et constater que seuls les anges ont des ailes.

Giroud, Olivier

C'est un symbole encombrant pour une certaine idée française du jeu : la France a été deux fois championne du monde avec un avant-centre qui ne marque pas de but. Ni Stéphane Guivarc'h, en 1998, ni Olivier Giroud, en 2018, n'a été buteur pendant la conquête. Pour le second nommé, au moins, c'est une parenthèse atypique au cœur d'une carrière internationale remarquablement prolifique. Quel que soit l'instant où sa période bleue se refermera, il restera pendant longtemps l'un des meilleurs buteurs de l'histoire de l'équipe de France, ce qui ne le détachera d'aucun débat : si l'on saura grâce aux chiffres à quelle place le situer parmi les buteurs, sa position parmi les grands attaquants s'envisagera dans une zone un peu plus grise. C'est le destin des joueurs de surface que de paraître dépendre des autres à un point tel que leur mérite en semble atténué. Olivier Giroud a rarement inscrit un but de quarante mètres en dribblant tout le monde. Mais le sentiment qu'il n'a fait que finir le travail des autres n'est pas une manière de ratiociner :

finir le travail des autres, lui donner un sens et assumer cette responsabilité, est une charge sous laquelle d'autres épaules se sont affaissées.

Parce que le milieu du football professionnel a commencé par le rejeter, lui imposant des détours dans les divisions inférieures après sa formation à Grenoble, bien avant une reconnaissance crépusculaire majuscule (Arsenal, Chelsea, AC Milan), il a toujours envisagé l'affaire comme un combat, et comme une revanche. Parfois, cela a été quelque peu lassant : à chaque doublé, chaque but important, chaque retour après une blessure ou un court séjour sur le banc, il a fallu entendre le discours sur le mental, sur l'idée que tout avait toujours été plus difficile pour lui, qu'il lui avait toujours fallu prouver plus que les autres. Ce n'est pas la réalité d'une carrière internationale à 112 sélections et 48 buts, ses statistiques au 1er septembre 2022. C'est son moteur, mais ce n'est pas la réalité. Si tout avait été plus difficile pour lui que pour les autres, aurait-il été titulaire pendant toute la Coupe du monde 2018 sans marquer un seul but ? Cela ne signifie pas qu'il n'ait pas été important, au contraire : cela souligne que l'équipe a besoin de lui, de ce point d'ancrage. Sur la théorie du manque de reconnaissance, en revanche, on peut discuter.

Gol

Ils parlent tellement vite et enchaînent si soudainement qu'on ne sait jamais à quel moment ils ont pris une longue inspiration. Les Sud-Américains, qui ont révolutionné le commentaire sportif, sont la bande-son des grandes heures de la Coupe du monde. Les premiers extraits dont on se souvienne remontent à 1978 en Argentine, les « *Gooool* » interminables et extatiques qui s'accordaient à la ferveur des stades qui avaient lancé une autre mode, celle des *papelitos*, les petits papiers, ces confettis géants qui semblaient tomber du ciel et tapissaient la pelouse. Le précurseur serait José María Muñoz, un Argentin qui commentait le foot à la radio dans les années 40, célèbre pour annoncer le danger de but, l'imminence du but, puis le but lui-même, avec un « *Goool* » qui s'était répandu dans toutes les cours d'école, toutes les rues, toute l'Amérique du Sud et l'Amérique latine, et bientôt l'Espagne. C'est que le commentaire de foot, en espagnol ou en portugais, existe d'abord par la radio, un média plus chaleureux et plus populaire que la télévision, si bien qu'on a longtemps vu des spectateurs, au Brésil, en Argentine ou en Espagne, venir au stade avec un transistor collé à l'oreille. L'affaire a évolué : il suffit, aujourd'hui, d'avoir un écouteur branché à son téléphone. Un commentateur brésilien a édicté un jour qu'il suffisait de parler vite, de mettre de l'émotion dans chaque action et de parler la langue du peuple, apprise dans les tribunes, parce que c'était lui qui écoutait.

L'Argentino-Américain Andrés Cantor est devenu à son tour une célébrité américaine en étant le premier commentateur de langue anglaise à lancer ce « *Goool* », en 1990, et surtout en 1994, pendant la Coupe du monde aux États-Unis, mais le zapping mondial a popularisé bien d'autres moments. Comme le craquage absolu du commentateur néerlandais, après le but de Dennis Bergkamp à Marseille face à l'Argentine à la dernière minute du quart de finale de la Coupe du monde 1998, perdant sa voix sous l'émotion et finissant par psalmodier, en larmes, le nom du sauveur. Ou encore le « goal, goal, goal, goal, goal, goal » du commentateur belge de la RTBF, Roger Laboureur, en 1986. Mais le plus beau geste technique demeure probablement le commentaire de Javier Fernandez Franco, un Colombien, après l'égalisation de sa sélection face à l'Angleterre à la dernière minute du temps réglementaire, à Moscou, pendant la Coupe du monde 2014 : ce jour-là, il avait réussi à crier « *Goooooool* » pendant vingt-trois secondes. Ne pas essayer sans avis médical.

Griezmann, Antoine

Il nous a fallu du temps pour comprendre sinon la véritable nature d'Antoine Griezmann, du moins la nature de l'attachement qu'il peut susciter dans les rangs, ainsi qu'une certaine réserve au moment de le classer parmi les grands Bleus de deux siècles en ballon : « Grizou », c'est Peter Pan, il semble n'avoir jamais vieilli, le même sourire, la même spontanéité, la même légèreté, la même absence de revendication en tant que leader, la même évidence qu'il n'est pas fondamentalement un patron, malgré les sélections, malgré les buts, et en dépit du constat que Didier Deschamps, depuis 2016, organise son équipe en fonction de lui. Il reste à savoir si c'est une limite ou un secret, parallèlement à un feuilleton capillaire aux ressources considérables. Il faudrait, en fait, définir Griezmann par ce qu'il n'est pas : ce n'est pas un ailier comme Mbappé l'était, ce n'est pas un avant-centre comme Benzema, ce n'est pas un meneur de jeu comme Zidane, ce n'est pas un « neuf et demi » comme Platini avait défini Djorkaeff. C'est un attaquant qui se déplace librement, un lien entre les lignes, adroit devant le but, passeur, et dont le jeu fait l'éloge de la simplicité.

Après l'Euro 2016, dans une équipe qui n'avait fait naturellement émerger aucune star, on a évoqué une « génération Griezmann », en forçant un peu le trait, comme on avait dit « génération Platini » puis « génération Zidane ». Mais son caractère ne le conduit pas naturellement vers ce leadership, et deux ans plus tard, dans la conquête du titre de champion du monde, chacun s'est demandé quel candidat français méritait le plus d'être poussé vers le Ballon d'or, entre Kylian Mbappé et lui. Les deux occasions en lesquelles Griezmann a le plus forcé sa nature, au moins, en apparence, ont eu un effet contraire : quand il a mis en scène sa décision de ne pas rejoindre Barcelone en 2018, dans un documentaire que le vestiaire du Barça avait décidé de lui faire payer quand il l'a finalement rejoint, un an plus tard, et quand il a annoncé dans une interview qu'il pouvait « s'asseoir à la même table que Messi et Ronaldo ». Son échec à Barcelone a montré que ce n'était pas tout à fait le cas, alors qu'en équipe de France le retour de Benzema a atténué la dépendance collective envers Griezmann, puisque Benzema s'occupe à la fois des buts et du lien avec les autres attaquants, notamment Mbappé. Mais, en attendant, Peter Pan n'a jamais vieilli, et Griezmann pas encore.

Guadalajara

C'est un nom qui reviendra toujours dans la nuit, et pas seulement à cause du décalage horaire, quand il faudra chercher celui qui dirait le mieux la Coupe du monde, la magie, l'aventure, l'éloignement, le temps suspendu et le souffle coupé. Guadalajara n'est pas seulement le nom d'une ville, il est celui de l'enfance, en 1970, et celui d'une jeunesse, en 1986, le lieu de Brésil-Angleterre, de Pelé et Gordon Banks, puis celui de France-Brésil, de Platini, Sócrates et Zico. Un jour que l'on avait demandé à Joël Bats, le gardien des Bleus de ce match pour toujours, ce qui lui restait de ce quart de finale, il avait réfléchi longuement, puis lâché ce souvenir comme une splendeur et un éblouissement : « La lumière blanche de Guadalajara. »

Sans Guadalajara à l'intérieur, la phrase n'aurait pas eu la même force évocatrice, c'est un nom comme un code, au point que quelques dingos de foot, au début des années 90, avaient fondé une revue de foot qui s'appelait *Guadalajara*, rien d'autre, pas besoin de sous-titre ni d'explication. La première fois que l'on avait vu le magazine au kiosque, on avait compris dans l'instant, et tout était revenu. On ignore s'il l'aurait fait pour un journal portant un nom banal, mais Michel Platini avait accordé une longue interview au magazine, dans laquelle il avait raconté que, joueur, lorsqu'il fermait les yeux, il était capable de dire où étaient situés les vingt et un autres joueurs sur le terrain. Quand on ferme les yeux, nous, il nous arrive de penser à Guadalajara.

Guerres

À la suite de Clausewitz, qui avait estimé que la guerre est la continuation de la politique par d'autres moyens, le *Times*, avant un Angleterre-Allemagne de l'Euro 1996 qui avait vu la presse populaire anglaise surmonter les joueurs allemands d'un casque à pointe, avait suggéré que le football « est la continuation de la guerre par d'autres moyens ».

Il n'évite pas les guerres, il les recule tout au plus : la Russie n'aurait pas envahi l'Ukraine dans les mois qui précédaient sa Coupe du monde, en 2018, ni avant les Jeux olympiques d'hiver à Sotchi, en 2014, mais au début de l'année 2021, l'acte de guerre n'était pas incompatible avec le calendrier sportif international.

Le pouvoir pacifiste du football n'est pas avéré : un universitaire américain a même calculé que le niveau d'agression des États augmentait statistiquement dans les mois qui suivaient une qualification de justesse pour la Coupe du monde, comme si le sentiment de force s'étendait.

L'un des beaux contre-exemples reste la qualification de la Côte-d'Ivoire pour la Coupe du monde 2010, qui avait entraîné une trêve dans la guerre civile, une trêve dans laquelle Didier Drogba, l'avant-centre des Éléphants, avait joué un rôle fondamental.

Mais la Coupe du monde a aussi provoqué « la guerre du football », également surnommée « la guerre de cent heures », qui a opposé le Salvador au Honduras, États frontaliers, sur le chemin de la Coupe du monde 1970 au Mexique. Après une tension de longue date due notamment à l'émigration salvadorienne au Honduras, et à des manipulations médiatiques extrêmes des deux côtés, le match aller, à Tegucigalpa, au Honduras, puis le match retour, au Salvador, furent délétères. Une victoire chacun, il fallut un match d'appui, le 26 juin 1969 à Mexico, remporté par le Salvador, lequel décida d'attaquer le Honduras le 14 juillet, après qu'un avion datant de la Seconde Guerre mondiale eut lâché une bombe sur Tegucigalpa. Après quatre jours, d'où « la guerre de cent heures », sous la pression internationale et après que les répliques honduriennes eurent immobilisé leur armée, les Salvadoriens retirèrent leurs troupes. La guerre aura fait 3 000 morts et 15 000 blessés. Au Mexique, un an plus tard, le Salvador allait perdre ses trois matches sans marquer un but.

La guerre a souvent été utilisée comme métaphore dans la narration de l'exploit sportif ou de la défaite. Le siège du but, un mental de guerrier, une opération commando, sans oublier les métaphores napoléoniennes, Waterloo, Austerlitz, la Bérézina. Ou « Comme en 18 », pour reprendre un titre de *L'Équipe* après Allemagne-France (0-1), au début de l'Euro 2021, un titre mal compris, à une époque où le second degré passe difficilement : nombre d'historiens, d'ailleurs, avaient fait les difficiles en défendant leur pré carré. Le titre de départ était « C'est reparti comme en 18 », allusion légère et double à la victoire française en Coupe du monde 2018, et à l'expression populaire « C'est parti comme en 14 », qui n'a rien de belliciste depuis soixante-dix ans au moins. « Comme en 18 » était peut-être un poil plus réducteur, puisque réduit, mais l'équipe premier degré des réseaux sociaux aurait gagné, franchement, à se détendre un peu.

Ce n'était pas un titre belliciste ou nationaliste, juste un clin d'œil, et sur football et nationalisme, voici ce que propose Pap NDiaye, le ministre de l'Éducation nationale, historien : « Les équipes représentent symboliquement les sociétés, locales et nationales. Dès lors, la composition des équipes est commentée dans une double perspective : l'efficacité tactique et l'adéquation entre l'équipe et la nation imaginée. En football ou dans un sport olympique de premier plan, le public attend de s'identifier à l'équipe nationale. Le sport propose un discours sur la nation, sur ce que signifie être français (ou britannique ou allemand). » Être français, c'est aussi admettre, peut-être, que l'on puisse remplir les salles de cinéma avec *La Grande Vadrouille*, *Papy fait de la résistance* et *La 7e Compagnie au clair de lune*. Et que l'on puisse titrer « Comme en 18 » après un match en Allemagne.

Guivarc'h, Stéphane

Ceux qui ne gardent de lui que le souvenir de la finale de la Coupe du monde le prennent pour un avant-centre maladroit qui a manqué les occasions de but qui auraient pu changer sa vie. Ils n'ont raison qu'à moitié : Stéphane Guivarc'h n'était pas, lors de la saison 1997-1998, un avant-centre maladroit, plutôt un attaquant que toutes les défenses envisageaient comme un cauchemar, après qu'il eut inscrit

47 buts en 63 matches avec l'AJ Auxerre. L'injustice aurait été, cette année-là, qu'il ne soit pas l'avant-centre d'une équipe de France qui n'en avait pas vraiment, parce que Christophe Dugarry n'était pas un buteur, parce que Thierry Henry était encore un ailier, et parce que David Trezeguet était encore tout neuf. La question la plus fascinante, au sujet de Guivarc'h, consiste à se demander si ses deux ou trois occasions nettes de la finale France-Brésil (3-0) auraient vraiment changé sa vie. Si, sa carrière évanouie et sa fortune disséminée, il n'aurait pas eu à vendre des piscines pour vivre, mais eu pour seul métier d'être Stéphane Guivarc'h, champion du monde et buteur français en finale. La vie des buteurs consiste à passer de la gloire à l'oubli pour quelques centimètres, et si longtemps après, on voit bien de quel côté le Breton a lentement glissé. Il compte 14 sélections, a marqué dès la première, en octobre 1997 contre l'Afrique du Sud, mais dans aucune des treize suivantes, par malédiction, manque de confiance, manque de bons ballons parfois, aussi, dans une équipe où Zidane trouvait plus naturellement Dugarry et où Djorkaeff cherchait plus naturellement Djorkaeff. Avant de revenir au pays, de s'occuper de Trégunc, le club de ses débuts, d'être consultant furtif pour Canal et de se reconvertir dans la piscine et la balnéothérapie, il avait été rattrapé par les blessures à répétition, et par la pression d'un transfert et d'un salaire qui l'avait étouffé, quand il avait rejoint Newcastle, en 1998, juste après la Coupe du monde. Alors que *L'Équipe* avait annoncé son salaire mirobolant à Newcastle, il avait immédiatement appelé le journal, affolé, en soulignant qu'il n'avait même pas osé le dire à ses parents. Comme si, au fond, tout le monde n'était pas fait pour l'argent et pour la gloire. Comme s'il s'était protégé, d'une certaine manière, en manquant ces occasions en finale.

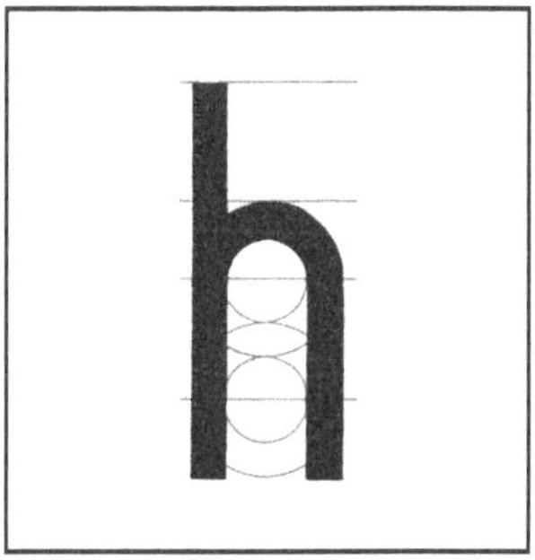

Henri-Martin (83, avenue)

Avant la Coupe du monde 1978 en Argentine, la presse française offrait un écho aux cris des suppliciés de Buenos Aires et d'ailleurs, aux larmes des femmes de la Plaza de Mayo, et ouvrait le débat, qu'elle tranchait parfois, autour du boycott d'une épreuve qui avait choisi de s'installer sur le territoire de la junte militaire du général Videla. Le slogan « Pas de football entre les camps de concentration » détournait l'affiche de la Coupe du monde, alors qu'Amnesty International placardait sur les murs de Paris : « Lorsque vous applaudirez le 11 de France, les acclamations couvriront les bruits des personnes que l'on torture. » L'opinion était suffisamment divisée pour que, en mai 1978, deux employés de l'hôtel Meurice soient virés pour avoir refusé de porter les bagages du vice-amiral Lambruschini, venu acheter en Europe des armes que l'embargo imposé par les États-Unis empêchait l'Argentine d'acquérir auprès de son fournisseur habituel. Après une campagne du quotidien *Libération*, les deux salariés avaient été réintégrés.

C'était bien la peine que la junte argentine se soit donné autant de mal. Dès l'été 1977, elle avait loué un bureau au 83, avenue Henri-Martin, une base parisienne pour infiltrer les exilés et défendre l'image de la dictature. L'une de ses cibles était le COBA, le Comité d'organisation pour le boycott de l'Argentine. Le tortionnaire Alfredo Astiz, surnommé « L'Ange blond » ou « L'Ange de la mort », qui avait fait kidnapper puis assassiner les fondatrices des Mères de la Plaza de Mayo ainsi que deux religieuses françaises, Alice Domon et Léonie Duquet, allait même venir en personne à Paris infiltrer le mouvement des Disparus. En avril 1978, le quotidien *Le Matin de Paris*, qui avait obtenu l'information de l'existence de ce bureau, titrait « La police argentine opère en plein Paris ». Le bureau allait fermer, mais Astiz allait encore être photographié en octobre 1978, après la Coupe du monde, au milieu des exilés parisiens ; il ne serait reconnu sur cette photo qu'en 2009, deux ans avant son procès, qui le vit condamné à la perpétuité pour crimes contre l'humanité. Il avait seulement été arrêté en 2003 après l'abrogation des lois d'amnistie qui l'avaient protégé, en 1986. On ne sait toujours pas, si longtemps après, s'il fallait ou non aller en Argentine en 1978. On sait seulement qu'il fallait au moins faire du bruit, et se rendre sur la Plaza de Mayo avec les mères des disparus pour embarrasser la junte aux yeux du monde, et lui demander des comptes qui ne seraient pas le nombre de prisonniers et de disparus, assassinés dans les sous-sols de l'École mécanique de la marine, ou bien précipités dans la mer depuis des hélicoptères. Le 1er juin 1978, au moins, la télévision hollandaise avait retransmis une marche silencieuse et interviewé les Mères. Mais elles n'avaient aucune chance de recouvrir le bruit qu'a fait l'Argentine la nuit où elle est devenue championne du monde pour la première fois, trois semaines plus tard, pour la plus grande gloire du général Videla.

Henry, Thierry

On ne s'explique pas cet oubli, ces airs de malentendu, cette manière de le célébrer mais sans lui faire toute la place. Avant de savoir où se situera Kylian Mbappé dans dix ans, notre conviction est faite : Thierry Henry est le quatrième joueur français de l'histoire, derrière Michel Platini, Zinédine Zidane et Raymond Kopa. On peut argumenter qu'il était plus fort que Kopa, sans doute, mais il n'est pas si facile de bousculer la Trinité des Ballons d'or, qui couvre à peu près toutes les générations glorieuses. Thierry Henry est le seul membre potentiel de cette Trinité qui ait été le contemporain de l'un des trois, le seul à s'être couvert d'or plutôt que de poussière de gloire en évoluant à l'ombre d'un monument. Lui-même a plutôt eu, sans doute, l'impression de partager le soleil, parce que Zidane et lui n'ont jamais été assez proches pour se faire mutuellement de l'ombre.

Avant Hugo Lloris, Thierry Henry est le seul joueur français qui ait disputé quatre phases finales de Coupe du monde (1998, 2002, 2006, 2010), mais c'est sans doute la fin de l'histoire, cet effacement volontaire et découragé d'un ancien capitaine devenu silencieux au fond du bus de la honte, qui l'a éloigné du public français, quelques mois après sa fameuse main en barrage au Stade de France.

Il suffit pourtant de revoir les matches de l'époque, sans les emballements ni les prismes du moment, pour constater quel joueur immense il aura été sous le maillot bleu. Dans une équipe organisée pour défendre, il avait tranché par ses jambes de feu en 1998, seulement privé de finale par Aimé Jacquet qui avait sans doute estimé que Dugarry n'en jouerait pas d'autres, mais Henry si, ce qui était injuste mais vrai. Il s'était blessé lui aussi juste avant la Coupe du monde 2002, mais le feuilleton s'était uniquement reporté sur la cuisse de Zidane, et quand Roger Lemerre avait lâché dans une conversation une ellipse malheureuse au sujet d'Henry, ce dernier en avait pris ombrage, avait menacé de rentrer à la maison, et tout cela s'était ajouté au chaos avant son expulsion contre l'Uruguay au deuxième match. En 2006, on peut bien prendre les sept matches de l'équipe de France par tous les buts, par tous les bouts, le constat sera toujours le même : Thierry Henry a été fantastique. On se souvient de l'admiration rétrospective pour son match énorme contre le Brésil, un soir que l'on avait décidé pourtant de ne revoir que Zidane, si longtemps après.

Les joueurs orgueilleux devraient eux-mêmes choisir leur crépuscule, mais cet orgueil irréversible les pousse à durer au-delà du raisonnable et à estimer que la date limite qui s'impose au commun des mortels n'est pas la même pour eux. Quand, à la fin de l'hiver 2010, Raymond Domenech était allé le voir à Barcelone pour lui annoncer qu'il ne l'emmènerait pas en Afrique du Sud, Thierry Henry avait supplié et promis qu'il serait un coéquipier exemplaire dans le rôle du remplaçant. Il était sûrement sincère, mais les ego des champions balaient toujours ces promesses, et l'orgueil qui en avait fait un champion et lui avait permis de durer s'était retourné contre lui, pour l'empêcher de vivre ainsi qu'il l'avait imaginé sa condition de remplaçant en Coupe du monde. Il n'était pas fait pour être un simple passager. Raymond Domenech a reconnu sa culpabilité : quitte à l'avoir emmené, il aurait dû le faire jouer, au moins le troisième match, s'appuyer de nouveau sur un leader, même vexé, même au ralenti depuis de longs mois, plutôt que de laisser un capitaine non joueur traîner sa peine et son déclassement en marge du groupe. Tellement en marge qu'au retour à Paris il passera par l'Élysée pour un débriefing avec Nicolas Sarkozy, dont la présidence de la République a toujours dit qu'elle ne l'avait pas sollicité, et que le rendez-vous ne figurait pas sur son agenda. Cette manière de vouloir rendre des comptes par soi-même et pour soi-même n'avait pas beaucoup fait pour son image cet été-là. Mais il faut aussi aimer les champions pour leurs imperfections. De la même manière, Henry est difficilement fait pour être un entraîneur, mais il ne serait jamais devenu le joueur qu'il a été sans être à ce point autocentré, dans un réflexe protecteur après une enfance qui ne l'avait pas poussé à être apaisé par ses performances.

Il aura été le meilleur buteur de l'histoire des Bleus jusqu'à ce que Kylian Mbappé ou Olivier Giroud le devancent, et plutôt que la fin de l'histoire, ce retour en catimini par la porte de service du palais, on se souviendra d'un attaquant aux jambes de feu capable de traverser le terrain en ouvrant une défense en deux comme Moïse devant la mer Rouge, et s'en allant défier tous les gardiens du monde devant lesquels il entretenait le doute et la double menace d'un dribble ou de cette frappe enroulée du pied droit qui restera sa signature. La télé moderne a révélé qu'il n'y avait pas grand monde aujourd'hui pour parler de jeu aussi bien que lui. Ce n'est pas ce qui en fera un grand pédagogue devant un groupe de joueurs, ni un entraîneur capable de fédérer, mais il y a peu d'anciens joueurs capables de rendre les téléspectateurs plus intelligents. L'impression qu'il avait commencé par le meilleur, et que la suite n'avait pas été aussi belle, en équipe de France, peut être atténuée par ce chiffre qui, avant qu'il s'en mêle, ainsi que quelques autres, aurait semblé inaccessible à un joueur français : lorsque Thierry Henry disputait une Coupe du monde, il allait en finale une fois sur deux.

Hernandez, Lucas

Comme Youri Djorkaeff et David Trezeguet, Lucas Hernandez est un champion du monde fils de footballeur professionnel. Mais lui n'a jamais connu son père, Jean-François Hernandez, ancien joueur de Toulouse, notamment, qui a disparu pour s'installer en Asie, et dont ses anciens amis n'ont jamais eu de nouvelles. Lucas a maintenu un lien français par ses étés dans l'est de la France à pêcher avec son grand-père, mais il est fondamentalement espagnol : il a grandi à Madrid, où il a développé une agressivité de défenseur qui a changé le monde des Bleus, en Russie, en 2018. Les autres joueurs ont souvent raconté leur attente des premières minutes : ils savaient que Lucas Hernandez allait donner le ton, en démontant soigneusement son adversaire direct pour prévenir tous les autres de ce qui les attendait, en s'excusant poliment, et en rappelant à l'arbitre qu'il s'agissait de sa première faute, et qu'il n'allait quand même pas sortir un carton jaune pour si peu. En général, cela marchait – mais avec ses adversaires, un peu plus difficilement, après.

Hidalgo, Michel

La dernière fois qu'on l'avait vu, dans sa résidence marseillaise à mi-chemin du stade Vélodrome et de la Méditerranée, il avait été d'une gentillesse renversante, qui n'avait jamais été un défaut, juste une raison de plus d'apprécier le commerce de cet honnête homme. Il fatiguait, déjà, mais n'oubliait pas l'essentiel, et dès le lendemain à l'aube avait appelé pour être sûr que l'on était bien rentré. On se souvient très bien de s'être dit qu'il n'y en aurait plus comme lui, que Michel Hidalgo avait tracé un sillon qui ne ressemblait pas toujours à son milieu : trop de bienveillance, de compréhension, d'amour de son prochain.

Quand on évoquait cette visite avec quelques champions d'Europe 1984, quelques mois plus tard, certains cachaient mal leurs larmes, dans le pressentiment qu'il allait les quitter. Il s'est éteint progressivement, la lumière dans ses yeux avait baissé, et lors de leurs dernières visites, les Bleus qui l'entouraient de leur affection éternelle se penchaient avec des attentions filiales sur sa silhouette devenue si frêle, déjà un peu absente.

On l'a toujours appelée la génération Platini, cette équipe qui aura vécu la nuit de Séville, en 1982, et le couronnement du Parc des Princes, à l'Euro 84, mais c'était aussi la génération Hidalgo. Les deux hommes avaient commencé ensemble, un France-Tchécoslovaquie au Parc des Princes devenu célèbre, en février 1976, parce que, en sa première sélection, Michel Platini, 20 ans, avait lancé à l'ancien, Henri Michel, quelque chose comme « tu me la donnes et je marque », sur un coup franc qui était le premier d'une liste longue et magnifique. À l'heure de se retourner, l'enfant de Mondeville et du Calvados, fils d'un ouvrier métallo espagnol, résumerait : « Je n'avais pas tellement d'attaquants qui éclaboussaient, mais Michel Platini éclaboussait pour eux. »

Michel Hidalgo, c'était une vie de foot, celle d'un bon joueur, d'abord, buteur dans la première finale de la Coupe d'Europe des clubs champions Real Madrid-Reims (4-3), en juin 1956 au Parc des Princes, puis milieu de terrain important de la belle équipe de l'AS Monaco qui avait dominé le football français dans la première moitié des années 50. Il était devenu un entraîneur adjoint de l'ombre, travaillant auprès de deux sélectionneurs,

Georges Boulogne et le Roumain Ştefan Kovács, qui s'étaient mis à deux pour ne pas qualifier la France pour la Coupe du monde 1974. Sa première qualité était que ses joueurs l'aimaient, mais il en avait bien d'autres, et pour les journalistes c'était encore autre chose : ses conférences de presse duraient longtemps, car Michel Hidalgo aimait parler, et il aimait tellement les belles phrases qu'il les préparait avant, en les notant sur un petit cahier, si bien que sans cesse les aphorismes traversaient ses apparitions médiatiques, comme « la peur n'évite pas le danger », l'un de ses plus célèbres. Il disait de ces rendez-vous : « On ne sait jamais si ce qu'on dit a un sens, tend vers la vérité, on ne le sait que le lendemain, quand on le voit écrit. Le tout, c'est d'être vrai avec soi-même. »

Avec le temps, les méchantes langues prétendraient que Michel Platini décidait de tout et que Michel Hidalgo se contentait d'offrir les sous-titres de cette belle histoire, qui dura de 1976 à 1984, mais c'était injuste, et cela ne valorisait pas un fonctionnement participatif que d'autres sélectionneurs ont souvent recherché, après, pour avoir le soutien et l'implication de leurs joueurs majeurs. C'est vrai, pendant les stages, il demandait leur avis à Marius Trésor, à Michel Platini, à Henri Michel ou Jean-Marc Guillou, et les autres joueurs, plus tard, étaient persuadés que Michel Platini pouvait choisir avec qui il jouait. Mais s'il l'a fait, considérant l'évolution de l'équipe de France sous son règne, de ses résultats, de son jeu et de son atmosphère, il a bien fait. On se souvient de ce mot d'un joueur offensif des Bleus pendant l'Euro 1984, à qui un confrère demandait s'il allait jouer le match suivant, et qui avait répondu : « Demande à Platini. »

Mais Platoche, par exemple, n'était pas très fan du carré magique, au départ. Or c'était ce que Hidalgo avait imaginé, et imposé, et quand on regarde de près l'histoire moderne des sélectionneurs de l'équipe de France, on constate qu'ils sont rares à avoir laissé ce genre de traces, ou à avoir inventé quelque chose. Michel Hidalgo, dans l'élan du moment en 4-4-2, qui faisait jouer les équipes sans ailiers véritables, mais avec deux attaquants qui se déplaçaient sur la largeur, et quatre milieux derrière eux, avait choisi de rompre l'équilibre traditionnel du milieu entre défensifs, relayeurs et meneurs, pour aligner trois meneurs de jeu, trois numéros 10 (Platini, Giresse et Genghini) devant un milieu défensif qui courait pour tout le monde, Jean Tigana. Il voulait une équipe qui crée du jeu et de l'intelligence, et il avait souvent les mots pour le dire, parlait de joie, de beauté, de collectif et de récompense.

Parfois, dans les moments de tension, il avait été moqué pour ses intentions pures, et plutôt que de leadership ses contempteurs décrivaient une philosophie de boy-scout ; on ne sait pas s'il avait raison, mais on est à peu près sûr que les autres avaient tort. Il faudrait réécouter le « Radioscopie » enregistré avec Jacques Chancel, à l'aube d'Argentine-France, le 6 juin 1978, parce que l'époque permettait à un journaliste de passer une heure avec le sélectionneur de l'équipe de France en son hôtel, le matin d'un match de Coupe du monde. Tout Michel Hidalgo est là, le sensible, qui pleure au bout de quatre minutes face aux questions de Jacques Chancel sur la vie, les hommes, qui se dit « déçu par les hommes », d'ailleurs, mais ne parle pas de ses joueurs, et s'interroge sur ce monde où « la gentillesse et la bonté deviendraient une faiblesse ». Il n'avait pas réellement d'armure, sans doute parce qu'il s'habillait comme tout le monde, un K-Way bleu sous la pluie de novembre le soir de la qualification pour la Coupe du monde 1978 contre la Bulgarie (3-1), au Parc des Princes, un tee-shirt et un short de vacancier contre le Koweït (4-1) à la Coupe du monde 1982 en Espagne, un jour où la police espagnole l'avait violemment repoussé en le prenant pour un touriste.

Il avait vécu la finale de l'Euro 84 au Parc des Princes, contre l'Espagne (2-0), comme un aboutissement, mais le souvenir du vide, derrière, avait voilé, un peu, celui de son plus beau triomphe. Il avait dit à ses joueurs, juste avant : « Tant que nous n'avons rien gagné, nous ne sommes rien. Pour la première fois, nous nous trouvons devant un match qui résistera au temps. Il faudra inventer, jusqu'à l'épuisement. » Les joueurs diraient qu'il transmettait un peu de sa peur, aussi, les jours de match, mais il l'enveloppait de tant d'affection qu'ils décidaient, collectivement, de le rassurer. Juste après, Michel Hidalgo n'avait plus su quoi faire de sa vie, du moins n'avait rien trouvé d'aussi beau, ni d'aussi intense. Il promettait depuis de longs mois qu'il laisserait le poste à Henri Michel, et il l'avait regretté toute sa vie, et le reste de sa vie serait long, parce qu'il n'avait que 51 ans. Il avait dit non au Real Madrid pendant l'été, parce que c'était trop tôt, et il avait été assez naïf pour leur suggérer de revenir dans un an, et c'était trop tard. Il avait été embarqué par Bernard Tapie à l'OM, en 1986, mais il n'était fait ni pour être une caution ni pour la compromission, alors que Tapie ne voulait pas qu'il entraîne, ni qu'il recrute, ni qu'il décide de quoi que ce soit, seulement qu'il soit là. Il en était parti en 1991, n'aurait plus jamais de rôle actif dans le football, à 58 ans, devenu un monument que l'on visitait de loin en loin, à Marseille, ou alors un consultant qui ne disait du mal de personne et était difficilement de son temps, de ce temps qui changeait. Mais il continuait d'aimer le football et les hommes comme personne ; quand il parlait de l'un et des autres, montait le sentiment d'un monde perdu.

Hurst, Geoff

Il est le champion du monde 1966 le plus visitable, sans doute. Sir Geoff Hurst porte beau sa noblesse et son titre de seul homme à avoir inscrit trois buts en finale de la Coupe du monde, et se fiche bien que deux d'entre eux n'aient probablement pas été valables. Le deuxième, parce que le ballon n'avait vraisemblablement pas franchi la ligne, et le troisième, parce que la pelouse de Wembley avait déjà commencé d'être envahie, au bout de la prolongation d'Angleterre-Allemagne (4-2), quand il avait marqué. Joueur de West Ham comme son capitaine Bobby Moore, Hurst dirait de cette gloire soudaine, mais finalement assez passagère : « Avant la finale, pour réserver une table au restaurant, je disais "Mon nom est Hurst, je suis un ami de Bobby Moore". Après, il me suffisait de dire que j'étais Geoff Hurst. » Il avait fallu, pour cela, que le Français Joseph Bonnel blesse Jimmy Greaves au premier tour ; avec ses quatorze points de suture, le buteur de Tottenham avait manqué le match suivant, puis tous les autres, puisque Hurst était là et que l'Angleterre gagnait. De cet été magique, Geoff Hurst a gardé deux souvenirs parmi une multitude. Sur la route de Wembley, l'équipe d'Angleterre écoutait « Sunny Afternoon » des Kinks. Et le lendemain de la finale, enfin rentré chez lui, Geoff Hurst avait tondu sa pelouse.

« I Will Survive »

À cette époque où les suiveurs de l'équipe de France la suivaient immédiatement, voire la précédaient, joueurs au fond de l'avion, journalistes à l'avant, lesdits joueurs n'étaient pas encore exonérés de la vie ordinaire des passagers qui attendaient l'heure. Ils traînaient de la porte d'embarquement aux boutiques d'aéroport, par exemple celles qui vendaient des CD, parce qu'il y avait des magasins de disques dans le monde et le football d'avant. On se souvient très bien du voyage vers la Finlande, dans les premiers jours de juin 1998, dernière station avant la Coupe du monde à la maison. Les joueurs de l'équipe de France n'étaient pas encore les Beatles en tournée, puisqu'ils n'étaient pas encore champions du monde, ils pouvaient susciter un murmure, parfois une demande d'autographe, mais pas d'émeute. Lilian Thuram achetait Miles Davis, et en déambulant au milieu des CD, Vincent Candela chantait Louis Prima, « We No Speak Americano ». Candela, un des grands arrières gauche du football européen des années 1990-2000, barré par Lizarazu en équipe de France, est donc passé à la postérité comme DJ de la Coupe du monde 1998 : c'est mieux que d'être oublié, mais réducteur. Mais c'est lui, en effet, qui a trouvé l'hymne des Bleus, la version de « I Will Survive » d'un groupe hollandais, The Hermes House Band, qui remixait celle de Gloria Gaynor, et que Max Guazzini, le patron de NRJ et du Stade français Paris rugby, utilisait déjà au stade Jean-Bouin. Ce qui comptait, ce n'était pas l'air, ni les paroles, mais le pont de « la-lala-la-la-lalalala » que les Bleus et leurs supporters pouvaient chanter *ad libitum*. Au bout d'un été à l'entendre à chaque fête de village, chaque barbecue du club de foot, chaque soirée tee-shirt mouillé dans les campings, chaque nuit tardive en boîte, il est bien possible que l'on ait commencé à se lasser, et la vérité est que, six mois plus tard, on n'en pouvait plus. Mais, près de vingt-cinq ans plus tard, cet air-là vient de plus en plus loin, de plus en plus rarement, et ainsi retrouve-t-il son sens, bande-son presque oubliée d'un bonheur ancien, qui renaît chaque fois que l'on entend ces mots à la radio : « *At first I was afraid, I was petrified...* »

Indes

La Coupe du monde dit à quel point ce monde a changé en moins d'un siècle. La partition de l'URSS, de la Yougoslavie, de la Tchécoslovaquie, de l'Allemagne puis sa réunification ont modifié la carte du football mondial. Quatre-vingt-cinq équipes se sont qualifiées pour une phase finale de Coupe du monde, mais seulement 84 ont participé, l'Inde ayant déclaré forfait pour le voyage au Brésil en 1950. On dit 85 équipes, mais pas nations, puisque les fédérations britanniques ont droit au découpage de toujours (Angleterre, Écosse, pays de Galles,

Irlande du Nord) : elles avaient fondé leur fédération et installé leur rivalité bien avant la création de la FIFA en 1904, qui avait rappelé le principe « un pays, une équipe », mais sans les Britanniques, qui allaient débarquer en 1906. Non sans débat : les Français avaient plaidé pour un Royaume-Uni, à des fins de cohérence, quand la plupart des autres, qui l'avaient emporté au vote, préféraient que les fédérations britanniques restent divisées, afin de ne pas former une équipe qu'ils jugeaient imbattable.

Le seul pays disparu reste la RDA, présente en 1974 et absorbée par la réunification de l'Allemagne en 1990, mais le nom disparu le plus exotique demeure celui des Indes orientales néerlandaises, la future Indonésie, qui avaient fait le voyage en 1938 jusqu'en France. Les tensions existaient entre les colonisateurs et les colonisés : les premiers avaient inscrit l'équipe à la Coupe du monde sous l'égide de la Fédération de football des Indes orientales néerlandaises, et les seconds, au nom de la Fédération indonésienne, avaient accepté une trêve tardive dans le cadre de l'événement, après avoir regretté le trop faible nombre de joueurs javanais et de Sumatra.

L'équipe ne s'était pas vraiment qualifiée, en fait : le Japon, protestant contre l'organisation d'une deuxième Coupe du monde en Europe, et les États-Unis, les deux adversaires que la FIFA avait mis sur sa route, avaient déclaré forfait. Mais quelle aventure ! Ces footballeurs amateurs, employés d'État pour la plupart, avaient quitté le port de Tanjung Priok le 27 avril 1938 à bord du navire *Baluran*, pour arriver à Gênes trois semaines plus tard. Dans le sillage de leur capitaine Achmad Nawir, un médecin qui jouait avec ses lunettes en défense centrale, ils avaient ensuite rejoint les Pays-Bas par le train, accueillis en fanfare en gare de La Haye le 18 mai. Ils avaient séjourné à l'hôtel Duinoord, à Wassenaar, au bord de la mer du Nord, et disputé plusieurs matches amicaux, avant de rejoindre la France le 1er juin, quatre jours avant leur match contre la Hongrie. C'était un très long voyage pour une drôle de Coupe du monde : pas de premier tour, vu le faible nombre de participants, mais des huitièmes de finale directement, et pour les Indes orientales néerlandaises, un seul match contre la Hongrie, le 5 juin, à Reims, devant 9 000 personnes. Un mois et une semaine de voyage et de préparation pour quatre-vingt-dix minutes passées à la vitesse de l'éclair, dans un match injouable et perdu dans les grandes largeurs (0-6), face au futur finaliste. Les premiers joueurs asiatiques de l'histoire de la Coupe du monde, et les seuls avant les apparitions de la Corée du Sud et de la Turquie en 1954, les Turcs étant alors affiliés à la confédération asiatique, portaient les couleurs des Pays-Bas (maillot orange, short blanc, bas bleus) et avaient chanté l'hymne national néerlandais, « Het Wilhelmus ». Au moins l'équipe était-elle constituée de joueurs nés dans la future Indonésie, avec trois Européens, trois Javanais et Sumatranais, deux Chinois et trois joueurs originaires des Moluques.

Le gardien, Tan Mo Heng, avait placé une poupée dans son but pour écarter le danger, mais le danger n'avait pas eu très peur. Tan deviendra le seul joueur de cette équipe à représenter l'Indonésie par la suite, en 1951, contre un club de Singapour, alors que l'entraîneur néerlandais de la sélection, Johannes Christoffel van Mastenbroek, laissera tomber le football dans la foulée pour devenir un grand nom du softball et du base-ball aux Pays-Bas. Avant de reprendre le bateau, le 1er juillet, pour un nouveau voyage de trois semaines, les joueurs avaient perdu 9-2 face à l'équipe nationale néerlandaise, au stade olympique d'Amsterdam, devant 50 000 spectateurs. Puis ils avaient repris leur vie, fragile, face à l'imminence de la guerre, qui avait noué le destin tragique du milieu de terrain Frans Alfred Meeng, prisonnier dans les cales du navire japonais *Jun'yō Maru* lorsque ce dernier avait été coulé par un sous-marin britannique en septembre 1944.

Iniesta, Andrés

Le football devrait encore ressembler à Andrés Iniesta, à cette intelligence en mouvement et à ce mouvement perpétuel, à cette douceur dans les passes, un véritable don de soie, à cette invention permanente des espaces que personne n'avait entrevus. De même que chez Truffaut « les jambes des femmes sont des compas qui arpentent le globe terrestre en tous sens, lui donnant son équilibre et son harmonie », Iniesta arpentait les terrains pour donner au jeu son équilibre et son harmonie, définissant une géométrie nouvelle. L'Espagne a dominé le monde pendant plus de quatre ans, championne d'Europe en 2008, championne du monde en 2010, de nouveau championne d'Europe en 2012, et si ses standards esthétiques et offensifs avaient tendance à s'affaisser légèrement au fur et à mesure que les compétitions prenaient de l'altitude, comme si le pragmatisme finissait par rattraper les artistes, il aura été symbolique que le seul buteur de la finale 2010 à Johannesburg, la plus haute conquête espagnole, ait été Andrés Iniesta lui-même, au crépuscule du combat contre les Pays-Bas, tout au bout d'une saison qui l'avait laissé tourmenté, à mi-chemin de la dépression, après que son ami Dani Jarque, un joueur de l'RCD Espanyol de Barcelone, avait été retrouvé mort dans sa chambre pendant un stage de préparation, victime d'un arrêt cardiaque. Il avait vécu cette saison-là avec le sentiment d'une chute libre et d'un malaise constant, se sentant vulnérable et apeuré, et il dirait que ce but l'avait ramené parmi les vivants, parce qu'il avait aussi marqué pour son ami : il avait immédiatement enlevé son maillot pour révéler un tee-shirt sur lequel il avait écrit au feutre maladroit ces mots touchants : « Dani Jarque, pour toujours parmi nous ». Iniesta a toujours été un joueur de classe.

Iran-États-Unis

On a beau savoir que tout cela n'est qu'une illusion, un reflet menteur du monde, un frêle drapeau blanc agité au milieu de l'océan, les signes de paix en temps de guerre sont considérés avec tendresse, qu'ils soient un répit ou un symbole. Le foot serait une version de plein air de la vieille définition disposant qu'un ennemi est quelqu'un avec lequel on n'a pas encore dîné, mais quand l'Iran et les États-Unis se retrouvent à Lyon, au premier tour de la Coupe du monde 1998, on sent bien qu'un déjeuner ne sera pas suffisant. Les deux pays n'ont plus de relations diplomatiques depuis la crise des otages et l'occupation de l'ambassade américaine de Téhéran, en 1979, mais Sepp Blatter, le président de la FIFA, qui se rêve en prix Nobel de la paix, veut faire de ce match une grande réconciliation, et fera notamment en sorte que les deux équipes se mélangent pour la photo, sans que l'on sache, si longtemps après, si le symbole était réellement important ou ridicule. La vérité est qu'il avait même fallu négocier le moment juste après les hymnes : quelle nation allait bouger pour aller saluer l'autre ? L'Iran avait exigé que les Américains se déplacent et que le réalisateur du match ne montre aucune banderole jaune à la gloire de Maryam Radjavi, la présidente en exil du Conseil national de la résistance d'Iran : l'idée de la paix, quand même, n'avait pas été facile à maintenir, quand les 7 000 supporters officiels iraniens avaient traité de terroristes les partisans de Maryam Radjavi. Sur le terrain, les joueurs iraniens avaient offert un bouquet de fleurs blanches à leurs homologues américains, mais sur les toits du stade de Gerland, plusieurs snipers s'étaient installés et cherchaient des mouvements suspects. L'Iran avait gagné 2-1, mais le message de l'ayatollah Ali Khamenei, qui n'était certes plus au pouvoir, n'avait pas été extrêmement pacifiste : « Ce soir encore, le fort et arrogant adversaire a ressenti le goût amer de la défaite contre nous. » Le président de la République islamique d'Iran, le réformateur Mohammad Khatami, élu par les femmes et les jeunes, avait été plus modéré, mais sa pondération ne suffisait pas aux Américains qui décriraient sa présidence comme « l'axe du mal », et ce n'était pas un match de Coupe du monde avec une belle photo et quelques fleurs qui aurait pu faire évoluer la relation diplomatique. Tant pis pour les rêves de Nobel de Sepp Blatter.

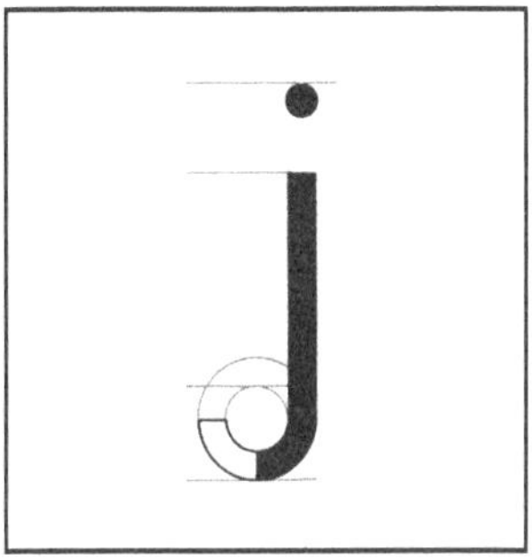

Jairzinho

Derrière le grand homme d'une Coupe du monde se cache toujours un joueur fantastique que la postérité pourrait presque oublier si on la laissait faire : plus on revoit Pelé et le Brésil 1970, et plus on voit Jairzinho, une merveille d'ailier droit, un athlète en avance, dribbleur, buteur, passeur, une joie d'un bout à l'autre du printemps et de l'été magique au Mexique, cette année-là. Il a inscrit un but dans chacun des sept matches du Brésil, finale comprise, tous du pied droit, tous dans la surface, tous dans la dernière demi-heure, sauf contre la Roumanie, dévorant son côté droit mais bien d'autres espaces, aussi, avec la complicité de son arrière droit et capitaine Carlos Alberto, auquel il ouvrait la porte en se recentrant pour attirer son défenseur, comme sur le quatrième but inoubliable du Brésil en finale contre l'Italie (4-1), point d'orgue d'une domination absolue et d'une expression collective jamais atteinte, depuis, en Coupe du monde. Jair Ventura Filho, dit « Jairzinho », est resté « l'ouragan de la Coupe du monde », le surnom gagné au Mexique, et l'ancien joueur de Botafogo, où il avait croisé Garrincha au début des années 60, finira à l'Olympique de Marseille, à 33 ans, avec les adducteurs qui sifflent, en 1974-1975. Il avait été brillant et plutôt professionnel, sur la Canebière, mais il avait été blessé pendant deux mois et avait eu le malheur d'être accompagné d'un autre Brésilien, Paulo César, simple remplaçant du Brésil 1970, qui avait toujours soif et jamais sommeil, et qui, un jour où l'équipe était partie sans lui parce qu'il était une nouvelle fois en retard, avait demandé au photographe du *Provençal* de l'emmener : sur l'autoroute, ils avaient rattrapé le car, qui s'était arrêté sur la bande d'urgence, et Paulo César avait fini par monter sous les applaudissements. Au mois de mai 1975, après un match contre le PSG, il avait agressé l'arbitre, et comme Jairzinho était en fin de contrat et rentrait à la maison, il avait dit que c'était lui, avait endossé l'année de suspension. Cinq ans après Mexico, l'ouragan avait été emporté par le mistral.

Jeanne Mas

Écrire que l'on se souvient de la chanson de son premier slow et de la cassette que l'on écoutait pendant sa première Coupe du monde dit à peu près notre âge, puisqu'il n'y a plus de slows, et que l'on garde avec une fatalité d'archéologue d'anciennes cassettes dans un carton sans être sûr d'avoir conservé un lecteur quelque part. Pour le slow, nous, c'était « Sister Jane » de Taï Phong, à une époque où on ne connaissait pas le chanteur du groupe, Jean-Jacques Goldman. Et se souvenir d'avoir écouté de la musique sur cassette lors de notre première Coupe du monde suffit à la dater, mieux que du carbone 14 : c'était en 1986, les CD venaient d'arriver, mais les lecteurs CD portables pas encore, il nous semble, et pour aller au

Mexique, premier voyage transcontinental, première Coupe du monde, on avait emporté un walkman Aiwa, pas follement original mais robuste. N'être jamais à court de piles était une grande aventure.

Étrangement, de la même manière qu'une Coupe du monde a un début et une fin, et que le tout forme une aventure qui suspend le temps ordinaire, cette parenthèse se soustrait à nos goûts musicaux profonds. On n'emporte pas de soi, ou pas tant que cela, on cherche un air du temps, dont la réécoute ultérieure nous ramènera à cet instant, à cet âge-là et à ce voyage. En 1986, voilà, c'était Jeanne Mas, et même si on avait emporté quelques cassettes de compilations maison, c'était la cassette de son album éponyme que l'on avait le plus usée. Il avait fallu la laisser s'installer, et puis nous accompagner, et parfois nous précéder, et je me souviens qu'un jour de retour d'entraînement de l'équipe de France, dans les environs de Guanajuato, l'un d'entre nous, dans le car de la presse française, avait proposé de mettre une cassette, et c'était Jeanne Mas. Quand j'entends ces chansons-là, sur une radio nostalgique ou au supermarché, elles me ramènent au Mexique et à la toute première fois, de même que l'air de notre premier slow nous ramène à la jeune fille dont on fait semblant d'avoir oublié le nom.

Chaque Coupe du monde, chaque Jeux olympiques, cela a été la même chose, ou presque, parce que les albums ne nous accompagnent plus pendant un mois, désormais, et qu'on les écoute moins en entier : on garde le meilleur dans une playlist qui nous évite, comme en 1986, de se sentir obligé d'aller toujours jusqu'au bout de la cassette, afin de ne pas l'abîmer en la retournant au milieu du défilement de la bande. Aujourd'hui encore, il y a toujours une chanson, ou deux, ou trois, qui nous choisissent avant de partir et qu'on ne quittera plus jusqu'au retour. C'est le hasard qui les emmène et le voyage qui les installe. En 1990, c'était Patricia Kaas, parce que les copains qui nous avaient trimbalés en voiture de Milan à Rome l'écoutaient en boucle. En 1994, les lecteurs de CD permettaient d'élargir le champ, c'était Elton John, IAM et Ennio Morricone, parce qu'il n'était pas question de découvrir l'Amérique sans lui. Curieusement ou non, je n'ai aucun souvenir musical de la Coupe du monde 1998, parce que, si c'était un grand voyage intérieur, il fallait une demi-heure pour aller du journal au Stade de France, et puis, quand on finissait Aux Trois Mailletz, entre la Seine et le boulevard Saint-Germain, on écoutait de l'ancienne chanson française jusqu'au lever du jour.

En 2002, c'était Aznavour, c'était étrange d'être nostalgique avant d'avoir 40 ans, mais pas tant que cela, et pour l'équipe de France il y avait de quoi. Après, les chansons nous suivraient sur les iPod puis les téléphones, Vincent Delerm et « Our Mutual Friend » de The Divine Comedy en 2006, Bobby Womack au Brésil, en 2014, avec l'enchaînement « Please Forgive My Heart », « Across 110th Street » et « California Dreaming », et en 2018 une chanson entendue par hasard un soir sur France Inter, « Les vies de mes sœurs », de

Thousand ; on l'écoutait deux ou trois fois par jour, et c'était une chanson qui avait fini championne du monde. Elle répondait à un impératif du voyage, la nécessité d'un effet boléro (au sens de Ravel, pas de la veste), un thème musical qui tourne sur lui-même : c'est paradoxalement parce que ce thème se répète que la chanson échappe aux sentiments de répétition et à l'usure des écoutes quotidiennes, comme dans « Our Mutual Friend », citée plus haut, la plus belle chanson du monde. Oui, c'est vrai, il n'y a rien dont on se souvienne pour 2010, sans doute parce qu'on a beaucoup fait pour oublier cette Coupe du monde et que, après le bruit des vuvuzelas, le silence qui suivait était encore le bourdonnement des vuvuzelas.

Ainsi l'expérience prouve-t-elle scientifiquement qu'il n'y a pas de mauvaise chanson, ni de mauvaise musique, pas de goût musical qui serait supérieur à un autre, il n'y a que ce qui reste et ce qui ne fait que passer. Ce n'est pas tant la chanson qui compte que la trace qu'elle laisse et sa capacité à survivre au mois passé de la vie ordinaire. Elle doit pouvoir s'écouter au fond du bus, dans la nuit, en revenant d'un match dans la banlieue de Moscou ou de Rio de Janeiro, et déclencher ce souvenir après une seule note vingt ans après.

Jésus

Il y a deux sortes de joueurs brésiliens : les Brésiliens Jésus et les Brésiliens Samba. Les premiers sont prosélytes, boivent de l'eau et rentrent tôt à la maison, et célèbrent même parfois quelques messes pour la famille et les amis dans le jardin. Les seconds n'ont pas besoin de faire de prosélytisme, la nuit les surcharge de fidèles, ils ne commandent de l'eau que lorsqu'ils ont fait une tache, et rentrent quand il fait jour pour être sûrs de ne pas se perdre en chemin. Tous les clubs européens ont pu observer cette double tendance, en souhaitant en vain que leur meilleur joueur choisisse Jésus plutôt que la samba. Personne ne sait quelle carrière aurait accomplie Ronaldinho, l'ancien joueur du Paris SG et de Barcelone, s'il avait été un Brésilien Jésus comme Kaka, Ballon d'or 2007, et champion du monde 2002 à Tokyo en arborant un tee-shirt « I belong to Jesus ». Les Brésiliens ont toujours été très prosélytes : au PSG, le défenseur Marcos Ceará avait lui-même baptisé Blaise Matuidi, le milieu de terrain international, au nom de l'Église évangélique, entre un entraînement et un barbecue. Neymar est pentecôtiste de São Vicente, et de nombreux internationaux sud-américains, dont l'Uruguayen Edinson Cavani, le meilleur buteur de l'histoire du PSG, donnent 10 % de leur salaire à l'Église évangélique « Les athlètes du Christ ». Le prosélytisme musulman a plus encore atteint le football professionnel français, dans les sélections de jeunes des équipes de France comme dans les clubs, et il a notamment bouleversé la vie des vestiaires, en particulier le rite de la douche, que la majorité des joueurs prend désormais en caleçon. Après la finale de la Coupe du monde 2002, dont le tour d'honneur avait ressemblé à une séance d'évangélisation planétaire par les champions du monde brésiliens, la FIFA a tenté de réglementer la présence de la religion sur ses pelouses, permettant aux joueurs de se signer et de prier ostensiblement, mais interdisant toute « inscription commerciale, politique, religieuse ou personnelle », ruinant d'un même élan les messages « Cochonou forever », « Jésus revient » ou « À ma maman ». Parallèlement, elle a décidé que le voile et le foulard étaient des signes culturels et non religieux, pour permettre la pratique du foot aux femmes dans des sociétés qui ne les y autorisent que sous cette condition, même si cela pourra être envisagé, en Occident, comme une manière de céder à la pression religieuse à grande échelle.

On a avancé, un peu plus haut, que les Brésiliens Samba n'avaient pas besoin de convaincre de nouveaux fidèles, mais la vérité est que la frontière entre les deux Brésil n'est pas complètement étanche : si les rédemptions sont rares ou mal connues, les conversions sont parfois spectaculaires, et le très calme Edmílson, l'ancien défenseur de Lyon champion du monde en 2002, avait fini par être un apôtre de Ronaldinho, à Barcelone, ne manquant jamais une liturgie, jamais un bon vin de messe. La foi est fragile et le foie aussi, à force.

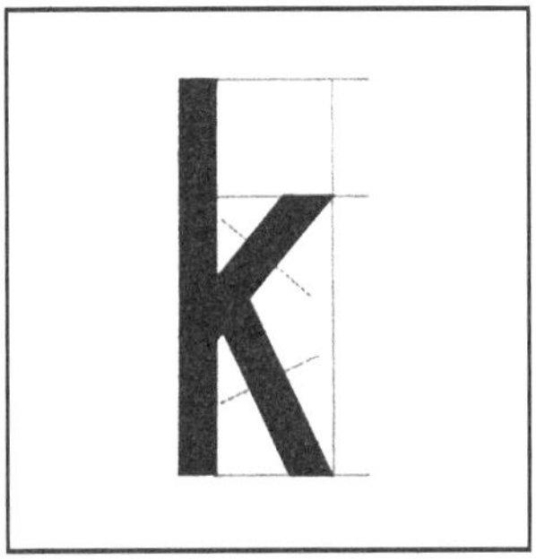

Kanté, N'Golo

C'est tout à la fois son histoire, ses manières silencieuses et sa façon de dominer son monde avec ses allures de petit bonhomme : N'Golo Kanté est un footballeur populaire. Parce qu'il vient du même football que les autres, le football amateur, dont il a su sortir sans que les clubs professionnels aient eu un seul regard pour sa jeunesse timide. Parce qu'il ne parle pas, ou alors d'une voix qui demande à tendre l'oreille, et qu'il sourit tout le temps. Et parce qu'il est un joueur incroyable, qui arpente les terrains du monde en ne s'arrêtant jamais de courir et en donnant l'impression qu'ils sont deux. « Il est petit, il est gentil, il a bouffé Leo Messi », chantait la France de l'été 2018 sur l'air de « Champs-Élysées » de Joe Dassin, qui n'est pas exactement la référence de sa génération. Joueur le plus fêté au retour de Russie, lors de la présentation des champions du monde au Stade de France, à la rentrée suivante, il est devenu immense en Angleterre, à Leicester d'abord, à Chelsea ensuite, au point que les Anglais ont inventé les « Kanté Facts », sur le modèle des exploits imaginaires et drolatiques de Chuck Norris.

« 70 % de la surface de la Terre est couverte par l'eau. Le reste est couvert par N'Golo Kanté. »

« Le jour où N'Golo Kanté a perdu sa virginité, il l'a récupérée sur l'action suivante. »

« N'Golo Kanté a un grizzly allongé dans son salon. Il n'est pas mort, il a juste peur de bouger. »

« Les scientifiques craignent que la Terre cesse de tourner si N'Golo Kanté arrête de courir. »

Son ancien coéquipier à Chelsea Eden Hazard, lui, expliquait pour de vrai : « Quand je suis sur le terrain, je le vois en double. Il y a un Kanté à gauche, et quand je me tourne, il y en a un autre à droite. J'ai l'impression de jouer avec des jumeaux. »

Karembeu, Christian

Il a vraiment fallu que la pente douce de l'été 1998 fasse glisser les Bleus vers la presse sur papier glacé pour qu'il devienne d'abord le mari d'Adriana. Moins bien servi que les autres le jour de la distribution de l'élégance et de la technique, il s'était rattrapé sur tout le reste. La différence entre l'équipe jusqu'en huitièmes de finale face au Paraguay (1-0) et celle qui avait conquis le monde, ensuite, c'était lui, le troisième milieu que Didier Deschamps et quelques autres avaient réclamé à Aimé Jacquet pour un surcroît d'équilibre et de solidité.

En pleine Coupe du monde, on n'attend pas les matches pendant trois semaines, ni pendant trois jours : au premier tour, il y en a chaque jour, souvent chaque nuit, un bonheur télévisé absolu au sortir de l'adolescence, en 1978, et c'est en couleurs, enfin, à la maison, ce qui me permet de comprendre, avec le recul, ma très mauvaise note à l'oral de français cette année-là. L'équipe de France, elle, est éliminée avant son troisième et dernier match de poule, face à la Hongrie, à Mar del Plata, mais cela n'existe pas vraiment, un match pour rien en Coupe du monde, quand on n'a pas été invité à la fête depuis 1966. Donc on n'attend pas ce match pendant trois jours, mais, le jour venu, on l'attend un peu quand même, et quand sonnent 18 heures, le moment supposé du coup d'envoi, la surprise est qu'on l'attende encore. On aperçoit la première scène, la preuve de la bévue originelle : à l'heure dite, l'équipe de Hongrie entre dans le tunnel avec son beau maillot blanc, suivie par l'équipe de France, qui entre dans le tunnel avec son beau maillot blanc. Il ne s'ensuit pas un murmure, mais un chaos. Niveau organisation française, on est assez près de *La Septième Compagnie*, qui vient de boucler son triptyque inoubliable, à mi-chemin entre « le fil vert sur le bouton bleu, le fil jaune sur le bouton rouge » et « si je connaissais le con qu'a fait sauter le pont » : l'arbitre brésilien, M. Coelho, annonce que la France aurait dû jouer en bleu, l'intendant Henri Patrelle montre la circulaire de la FIFA de février, la Hongrie répond par la circulaire de la FIFA du 31 mai que la délégation française n'avait pas lue. Mais le maillot bleu est déjà reparti vers la France dans les malles du retour, la Hongrie refuse de jouer en rouge, et la France est menacée d'une défaite par forfait, pendant que les télés du monde entier patientent en bavardant et en regardant passer le petit train Interlude (référence interdite aux moins de 55 ans). Un bénévole argentin propose d'aller chercher en taxi le jeu de maillots de son club amateur d'un quartier de Mar del Plata, le FC Kimberley, et c'est parti pour un aller-retour avec escorte : une demi-heure après l'heure prévue, l'équipe de France se présente de nouveau dans le tunnel pour disputer un match de Coupe du monde, bas rouges, shorts bleus, mais maillots trop courts à rayures verticales vertes et blanches. Entre le 28 juin 1958 contre l'Allemagne (6-3) et le 21 juin 1982 contre le Koweït (4-1), soit en près de vingt-quatre ans, la France a remporté sa seule victoire en phase finale de Coupe du monde en portant le maillot d'un club amateur de la banlieue de Mar del Plata. Le lendemain du match, l'intendant bénévole, Henri Patrelle, président du premier PSG de 1971 à 1974, a retrouvé la circulaire du 31 mai.

Kimpembe, Presnel

Il n'a jamais semblé assez irrésistible pour être titulaire en Coupe du monde 2018, en retrait d'Umtiti, ni pour incarner la défense centrale idéale du PSG sur la durée, malgré le départ de Thiago Silva. On sent pourtant une personnalité, on sait sa vitesse et sa puissance, mais il reste poursuivi par le principe disposant qu'un défenseur se juge d'abord par ses fautes, celles-là mêmes qu'il ne parvient pas à gommer, saison après saison. Dans un groupe, il est un bonheur, et c'est souvent lui qui choisit la musique, dont tous ceux qui ont au moins deux ans de plus que lui estiment qu'elle n'est pas de leur âge.

Klose, Miroslav

Personne n'a jamais marqué autant de buts en Coupe du monde qu'un type que personne ne connaît vraiment, et dont la trace se perd doucement, moins de dix ans après sa retraite internationale, parce que sa carrière a été admirable, longue et plutôt lisse, comme son personnage, déserté par les soubresauts de la plupart des héros de son époque. Miroslav Klose a pourtant fait beaucoup d'efforts pour ne pas rester discret, en inscrivant 16 buts en quatre Coupes du monde, 5 en 2002, 5 en 2006, 4 en 2010 et encore 2 en 2014. Évacuons l'aspect statistique de sa trace : il devance Ronaldo le Brésilien (15), Gerd Müller (14) et Just Fontaine (13), et ce sera toujours une bonne raison de parler de lui, tous les quatre ans, jusqu'à plus soif. Sa signature restera celle d'un grand joueur de tête, et d'un avant-centre qui fêtait chacun de ses buts par un saut périlleux, à la grande inquiétude de ses entraîneurs successifs, auquel il répondait que s'il pouvait jouer au foot, il pouvait faire un salto.

Son histoire est un peu française : son père, Josef, un ailier droit international polonais, avait signé à l'AJ Auxerre juste après sa naissance, en 1978, disputant la finale de la Coupe de France avec les Auxerrois en 1979, puis montant en Division 1 en 1980, avant de passer quatre ans de plus au club de Chalon-sur-Saône, si bien que le recordman de buts en Coupe du monde a vécu une petite enfance bourguignonne. D'origine silésienne, la famille Klose avait obtenu d'être rapatriée en Allemagne, où le jeune Miroslav, qui avait ôté toute trace polonaise de son prénom de naissance, Miroslaw, s'était construit avec lenteur. D'ailleurs, à 15 ans, jeune joueur de Hombourg, il avait tenté de se faire une place à l'AJ Auxerre, où son père avait contacté Guy Roux, l'homme qui lui avait offert un ours en peluche quand il apprenait à marcher. C'est du moins ce que racontait Guy Roux lui-même, et, avec l'entraîneur bourguignon, il y avait toujours un doute, son sens du récit et de la légende lui faisait prendre des libertés avec la vérité, ou avec les détails, mais après tout c'était peut-être vrai – on se souvient d'un ancien joueur, croisé vingt ans après, dont il avait demandé des nouvelles des enfants sans se tromper sur un prénom.

Guy Roux se souviendrait de la rencontre avec l'adolescent, présenté par son père, pendant un été : « J'avais devant moi un grand gamin, tout maigre, tout frêle. Il m'a dit qu'il jouait chez les jeunes à Hombourg. On a envoyé quelqu'un le superviser. Il n'a pas touché un ballon. Je ne peux pas regretter de l'avoir raté. »

Tout le monde l'a raté, d'ailleurs, longtemps. Miroslav Klose est un exemple de bourgeonnement tardif, seulement confronté au haut niveau à l'âge de 22 ans, à son arrivée à Kaiserslautern. Le reste a été plus linéaire, irrésistible, avec 71 buts en 137 sélections, et un palmarès en Coupe du monde qui en fait l'un des plus grands joueurs de la compétition, par-delà même sa trace de buteur. Il ne s'est jamais déplacé pour rien : finaliste en 2002, demi-finaliste en 2006 et 2010, champion du monde en 2014. Cela fait beaucoup de chiffres pour un dictionnaire amoureux. Mais c'est toujours dans les chiffres que les buteurs placent tout l'amour du monde.

Kopa, Raymond

Quelque temps avant sa mort, un samedi après-midi de courses dans un supermarché de ma ville des Yvelines, pendant un week-end sans match qui ressemblait enfin aux week-ends de ceux qui habitent la même maison que moi, je suis tombé sur Raymond Kopa. Je ne l'ai pas aperçu par hasard au rayon fruits et légumes avec son Caddie. Il était dans le hall, assis derrière une petite table de camping où étaient posés des exemplaires de son dernier livre en piles régulières. Il avait une feuille devant lui, sur laquelle il traçait une barre à chaque vente. On n'imagine jamais croiser une ancienne idole dans le décor de sa vie ordinaire. On ne s'attend pas, globalement, à surprendre Céline Dion à Leroy-Merlin un dimanche matin entre les scies et les tubes.

Les jours où il ne boitait plus, Raymond Kopa courait vers ses 80 ans. J'avais deux biographies de lui, toutes lues une vingtaine de fois pendant l'enfance et l'adolescence, plus une collection de *Sport et Vie* offerte par un ami de la famille, plus quelques numéros du *Miroir du football* : je savais sa place dans la mémoire collective, et ne l'avais jamais relégué au tréfonds de mon imaginaire.

J'ai grandi aux côtés de sa légende, ses deux phalanges perdues au fond de la mine quand il poussait les wagonnets, adolescent, la révélation à Angers, puis à Reims, l'encouragement d'Albert Batteux à dribbler, encore dribbler, toujours dribbler, le transfert au Real Madrid, les coupes d'Europe remportées, le Ballon d'or en 1958, la troisième place à la Coupe du monde en Suède, mais aussi la maladie et la mort de son fils Denis, sa fâcherie avec le sélectionneur de l'époque, Georges Verriest, qui lui reprochait son absence à un stage pendant que son fils agonisait, sa déclaration à *France Dimanche* (« Les joueurs sont des esclaves ») pour pousser à la création d'un contrat à temps, sa reconversion dans les affaires, chaussures à crampons, jus de fruits, textiles. Je savais ses paradoxes, aussi, cette manière d'être un champion populaire et de ne pas savoir complètement se faire aimer.

Les Anglais l'avait appelé « le Napoléon du football », et ce samedi-là dans les Yvelines je mesurais sa gloire en exil dans le hall d'un supermarché ; il cachait mal son impatience quand des passants venaient lui parler du bon temps et souvent de leur propre jeunesse sans acheter son livre.

Raymond Kopa a disputé deux phases finales de Coupe du monde. Une pour voir, en 1954. Une pour mener une génération vers une gloire française, en 1958. Occupé à remporter une nouvelle coupe d'Europe avec le Real Madrid, il avait rejoint le reste de l'équipe de France sur le tard, en Suède, dans un village qui s'appelle Kopparberg, cela ne s'invente pas. Les 13 buts de Just Fontaine sont entrés dans l'histoire, mais le brio, l'ascendant et les dribbles de Kopa les ont accompagnés.

Il a été la première star du football français. Le premier footballeur à faire la une de *Paris Match* et de tous les magazines possibles. Un champion populaire de l'après-guerre, comme Louison Bobet. Cela remontait à l'enfance, aussi, aux trois années passées au fond, de 14 à 17 ans, avec son père et son frère aîné, fosse n° 2, 602 mètres sous terre, trois kilomètres de marche sous la galerie avant de pousser les wagonnets. C'est dessous, au tréfonds, qu'un bloc de schiste lui était tombé sur la main ; il avait seulement eu le doigt coupé, un miracle.

Il disait qu'il avait été élu meilleur joueur de la Coupe du monde 1958, même si la distinction n'avait pas été officielle, mais issue d'un dîner international informel auquel participait Jacques Ferran, le journaliste de *L'Équipe*. Un jour que *L'Équipe*, d'ailleurs, avait publié un classement des meilleurs joueurs de l'histoire de la Coupe du monde, il avait appelé tous les anciens journalistes qu'il connaissait, avec aigreur, après avoir constaté qu'il avait été oublié. Il existait deux éléments de réponse. La vraie : son nom avait disparu par mégarde au gré des « copiés-collés » d'un classement sans cesse amendé, alors qu'il n'était pas question, à nos yeux, qu'il ne soit pas dans les 50 plus grands joueurs de l'histoire de la compétition. L'autre réponse, qui a grandi dans notre réflexion comme si l'oubli technique avait semé une graine, était que près de 200 joueurs ont été champions du monde, mais pas lui, et que 1958 aura été la Coupe du monde qui avait révélé Pelé, souligné la magie éternelle du Brésil de Garrincha et Didi, et resterait toujours celle de Just Fontaine.

La vérité est que cela n'avait pas vraiment d'importance, parce que Raymond Kopa aura été un marqueur de son époque, et que cela est plus important encore qu'avoir été meilleur buteur. Raymond Kopaszewski, dit « Kopa », restera l'un des premiers grands mythes sportifs français de l'après-guerre. Il restera notre nostalgie.

Kostadinov, Emil

Il y a toujours de la place dans nos cœurs, et dans nos dictionnaires amoureux, pour les amours déçues. Mais on aura toujours une infinie difficulté à considérer avec un fond de tendresse un souvenir aussi dévastateur, dont le bruit résonne encore si longtemps à nos oreilles : le silence. Car c'est d'abord ce qu'il nous reste, presque trente années plus tard, d'un soir de novembre funeste au Parc des Princes, de ce France-Bulgarie qui aurait dû emmener les Bleus à la Coupe du monde 1994 aux États-Unis, et qui les avait laissés à la maison, éparpillés de tristesse. Le silence était tombé sur le Parc comme un glas, comme un velours de deuil sur une cathédrale ; de notre siège à mi-hauteur, on avait peut-être perçu les hurlements de joie des Bulgares dans la nuit, mais on ne le jurerait pas, le silence était bien trop fort.

Ce match aura condamné Gérard Houllier, le sélectionneur, qui lui-même condamnera David Ginola, l'auteur du dernier centre manqué qui avait mené à la contre-attaque fatale et au but d'Emil Kostadinov. Il s'est échappé de cette élimination une mythologie particulière, qui répondait principalement au goût qu'ont les grandes défaites de construire des coupables. Ils étaient plus multiples qu'on ne l'a dit. Un mois plus tôt, alors qu'une victoire sur Israël aurait suffi à aller aux États-Unis, la France du foot avait tout confondu : le champagne était au frigo, la sono du Parc avait joué « L'Amérique » de Joe Dassin, Gérard Houllier détaillait son plan de bataille pour les États-Unis, et Éric Cantona avait choisi de rester un artiste un jour de pluie, au lieu d'être un footballeur soucieux de ses outils, en jouant avec des crampons moulés qui lui avaient fait faire un match de ballerine. Il aurait suffi qu'il fasse beau, c'est vrai, mais les Bleus avaient perdu ce match imperdable (1-2), alors qu'ils s'étaient baladés au match aller, en Israël (4-0).

Après, il suffisait d'un nul contre la Bulgarie, et l'équipe de France aurait été qualifiée jusqu'à la dernière seconde. Mais, à la dernière seconde, donc, Kostadinov avait marqué. On peut, avec le recul, examiner les coupables qui ont expié leur faute, et ceux qui sont restés à l'abri des flèches et du remords. Trois coupables ou responsables, reportons les nuances à plus tard, ou à jamais, ont payé leur faute de leur place, à court ou à moyen terme : Gérard Houllier, le sélectionneur, David Ginola, le centreur maudit mais pas seulement, et Jean Fournet-Fayard, alors président de la FFF. Ce dernier a fini par démissionner après une fin de mandat extrêmement pénible : ce bon gestionnaire, cadre dans une entreprise pharmaceutique, mais très mauvais communicant, aura vécu le drame de Furiani en 1992, ses 18 morts et ses 2 000 blessés après l'effondrement d'une tribune provisoire avant une demi-finale de Coupe de France Bastia-OM, puis l'affaire de la corruption VA-OM, au printemps 1993, qui avait jeté un voile sur le championnat de France et révélé les pratiques de Bernard Tapie et du club dominant, et enfin cette élimination. Cela faisait beaucoup pour un seul homme et trop pour un président.

Passons à David Ginola et évacuons la moitié de l'affaire : lui reprocher son centre est un peu gonflé. Bien sûr, il y avait mieux à faire, n'importe quel minime première année aurait cherché plutôt à garder le ballon près du poteau de corner pour faire tourner l'horloge, et on peut éventuellement lui reprocher, alors qu'il était entré en jeu, d'avoir voulu laisser une trace positive et personnelle de son passage au lieu de s'asseoir sur son orgueil et le ballon, ainsi que la mission lui en avait été assignée. Mais derrière, lorsque les Bulgares ont récupéré le ballon, ils avaient 90 mètres à faire, et les Français étaient en place : la contre-attaque qui s'est esquissée et qui s'est terminée par le tir de Kostadinov sous la barre de Bernard Lama a passé en revue la moitié de l'équipe, dont chaque élément, pour une raison ou pour une autre, a manqué son intervention. Il faut toujours un enchaînement malheureux de circonstances pour créer une grande catastrophe.

En revanche, David Ginola est responsable de l'autre moitié de l'affaire, pour avoir lâché une bombe à Clairefontaine, deux ou trois jours plus tôt, au coin de la cheminée, égratignant Gérard Houllier, son sélectionneur, coupable d'accorder l'immunité perpétuelle à Jean-Pierre Papin et à Éric Cantona, quand lui, David Ginola, méritait tout autant de jouer. C'était la manifestation d'un égoïsme à quelques jours d'un match essentiel, et si Gérard Houllier n'avait pas fait une analyse aussi politique du moment, il aurait pris la décision qui s'imposait : exclure Ginola, qu'il allait accuser de « crime contre la cohésion du groupe », ou en tout cas ne pas le faire entrer en jeu contre la Bulgarie. Tout le monde, aujourd'hui encore, est prêt à le jurer : Houllier a dit que le centre raté de Ginola était un crime. Notre mémoire nous donne à tous des airs de faux témoins : Houllier faisait allusion à la manière qu'avait eue Ginola de s'en prendre à ses coéquipiers, à deux jours du match, pas à son centre.

Mais de cette soirée Gérard Houllier a toujours porté le fardeau. S'il avait cru, dans un premier temps, pouvoir en réchapper, insistant qu'il n'était pas du genre à abandonner le navire et qu'il comptait se remettre tout de suite au travail, l'évidence l'avait rattrapé assez rapidement. Et après sa démission avait émergé la solution provisoire Aimé Jacquet, que les dirigeants avaient même qualifiée de « moins mauvaise solution », repoussant les candidatures de Robert Herbin et Gilbert Gress, notamment.

Sélectionneur de l'équipe de France pendant douze matches et dix-sept mois, Gérard Houllier a toujours été le coupable, mais il ne méritait qu'une part de cette charge qui ne lui a jamais laissé de repos. Toute sa vie, il a été ramené à cette soirée de novembre, même quand il était devenu un grand entraîneur de Liverpool à quatre trophées, en 2001, même quand il a été champion de France deux fois de suite avec Lyon, en 2006 et 2007, même quand il a été l'un des meilleurs directeurs techniques nationaux, par son sens politique, son intelligence, sa connaissance des dossiers, sa vision et sa capacité de travail.

Cette soirée de novembre a changé sa vie. On l'a vu souvent, et longtemps, mais la vérité est que ce souvenir n'est pas revenu systématiquement dans la conversation, il avait une autre vie à vivre, et nous d'autres questions à poser. Il nous disait, quand même, qu'il avait eu longtemps peur des dernières minutes, ensuite, qu'il trouvait cruel qu'une vie de foot soit résumée à un automne, que les gens avaient sous-estimé les traces de la rivalité OM-PSG et les conséquences de l'affaire VA-OM, que la reconnaissance était une maladie du chien non transmissible à l'homme, et que les gens diffuseraient ce but le jour de sa mort. Mais le jour de sa mort, en décembre 2020, quelques semaines après une opération dangereuse de l'aorte, celle qui avait failli se rompre un jour de match à Liverpool et le faisait vivre en sursis, depuis, l'ombre de Kostadinov est passée très vite dans une vie trop riche pour qu'on la résume à une minute, un soir de novembre.

Koweït

Il serait exagéré d'écrire que l'on a très bien connu le cheikh Fahad al-Ahmad al-Jaber, mais on peut au moins rapporter qu'on l'a vu de près, dans les dunes du désert du Koweït, un jour de grand méchoui et de balade, à l'abri d'une grande tente de soie qui les protégeait du vent, du sable et du soleil, lui et son tigre, cependant que défilaient devant le buffet tous ses invités, Michel Platini, Michel Hidalgo, l'équipe de France au complet et la caravane suiveuse. C'était au mois de janvier 1990, on avait reçu la mission redoutable de suivre l'équipe de France en tournée, et, plus de trente ans après, le souvenir de cette proximité nous fait l'effet d'un vertige, en regard des manières modernes. Il nous reste de cette journée, souvenirs mêlés : le buffet somptueux installé à une heure de route de Koweït City, le tigre du cheikh, Louis Nicollin sur un chameau fatigué, Éric Cantona tirant à la kalachnikov sur des boîtes de conserve dans le désert, comme sorti d'un album de Tintin, quelques joueurs galopant avec les chevaux arabes magnifiques du prince, les journalistes en dishdasha, et pour que l'habit soit à sa taille, la maman de Rémi Garde avait cousu en urgence un ourlet pour Eugène Saccomano.

Quant à savoir ce que l'équipe de France et nous-mêmes fichions dans le désert au cœur de l'hiver 1990, la réponse se nichait dans la légende même de la Coupe du monde, et de cet après-midi du 21 juin 1982 à Valladolid, à la minute même de France-Koweït où le président de la Fédération koweïtienne de football et frère de l'émir, le cheikh Fahad al-Ahmad al-Jaber, était descendu sur la pelouse pour contester ce qui aurait dû être le quatrième but de l'équipe de France contre le Koweït (4-1), signé Alain Giresse, à la 82e minute de ce match du premier tour.

Ce jour-là, parce qu'un cheikh a envahi le terrain, tout seul, descendant de la tribune d'où il ne parvenait pas à se faire entendre, un arbitre russe, M. Stupar, a accepté d'annuler un but de l'équipe de France, au prétexte d'un éventuel coup de sifflet venu du public, qui aurait perturbé les joueurs koweïtiens. Le cheikh n'a pas fait que descendre sur la pelouse, il a demandé à ses joueurs de quitter le terrain, et puisque l'arbitre russe finit par céder, contre toute raison et contre toute jurisprudence, voilà que Michel Hidalgo entre en scène à son tour. Il est un sélectionneur d'été et de touffeur du cœur de l'Espagne : un short, un tee-shirt, il ne ressemble pas à l'idée que se font les policiers de son rôle, si bien que tout le monde le repousse, et dans le chaos une caméra heurte son visage et attise sa colère. Bossis inscrira quand même le quatrième but, la FIFA suspendra à vie l'arbitre russe, et voilà ce que l'on faisait dans le désert, en janvier 1990 : Michel Hidalgo et le cheikh étaient devenus amis dans l'intervalle, et ils avaient organisé la tournée de la grande réconciliation pour l'équipe de France alors dirigée par Michel Platini.

Il serait exagéré, donc, de prétendre que l'on a bien connu le cheikh Fahad al-Ahmad al-Jaber, mais comme tous ceux qui l'avaient alors approché, une façon de parler puisque son tigre suggérait de passer très au large, nous avons regretté de ne l'avoir jamais revu : il a été tué un an plus tard, pendant la guerre du Golfe.

Lacombe, Bernard

Dans un coffre, à la banque, Bernard Lacombe possède une jolie montre en or qui est peut-être à l'heure. Elle lui a été offerte en 1978 pour avoir inscrit le but le plus rapide de la Coupe du monde, après 38 secondes de jeu face à l'Italie (1-2), à Mar del Plata, ou alors pour avoir inscrit le premier but de la Coupe du monde en Argentine, les souvenirs et les archives hésitent. Bernard Lacombe a marqué des buts comme personne, dans le championnat de France, du moins comme aucun autre buteur français (255 buts entre 1970 et 1987), mais il reste d'abord célèbre pour ce but de l'autre côté de l'Océan, une année où les espoirs bleus en Coupe du monde n'ont pas duré beaucoup plus longtemps que ces quelques secondes. Il a toujours la montre, mais plus le record, que détient désormais l'attaquant turc Hakan Şükür, qui aura marqué après moins de 11 secondes contre la Corée du Sud, lors du match pour la troisième place, en 2002.

Bernard Lacombe a disputé deux Coupes du monde, parce qu'il était encore à Séville, quatre ans plus tard, mais dans la tribune, en raison d'une blessure, et la trace qu'il laissera est multiple. Buteur, entraîneur ou dirigeant de l'Olympique lyonnais, il aura été un homme de petites phrases, un George Best à la française, mais sans l'alcool. C'est peut-être la montre, sûrement une inclination naturelle, mais il n'a jamais été en retard pour dire du mal. Pour être drôle non plus.

Des avants-centres maladroits venus après lui, il pouvait dire qu'ils avaient « oublié d'enlever les boîtes des chaussures », qu'il leur « fallait un lasso pour attraper le ballon », ou alors qu'ils savaient si peu se démarquer qu'il fallait « travailler à la NASA pour les trouver ». Il disait aussi « premier poteau, premier servi », prétendait que la surface de réparation, pour un avant-centre, ressemblait à « la place de l'Étoile à l'heure de pointe », et pouvait être presque poétique dans ce registre, à propos d'un dirigeant qui aimait trop les micros et la lumière : « La nuit, quand il se lève, qu'il ouvre le frigo et que la lumière s'allume, il commence à parler. »

Lama, Bernard

Champion du monde à sa manière, solitaire et fière, il n'a pas joué une seule minute en 1998. Par la faute d'Aimé Jacquet, beaucoup, et par la sienne, un peu : après que le sélectionneur eut décidé de lui préférer Fabien Barthez, à trois semaines du début de la compétition, pendant le tournoi de préparation Hassan-II à Casablanca, Bernard Lama avait refusé de disputer le troisième match du premier tour, face au Danemark (2-1) à Lyon, que Jacquet avait ouvert au reste du groupe, la France étant déjà qualifiée. Il aura été le meilleur gardien du monde, peut-être, en 1996, avant une grave blessure au genou.

Laurent, Lucien

Un petit but pour l'homme, un grand but pour la Coupe du monde : il faut imaginer la longue vie de Lucien Laurent, premier buteur de l'histoire de la Coupe du monde le 13 juillet 1930, à Montevideo, mort à 97 ans, en avril 2005, cependant qu'il était encore célébré par les journalistes de la planète entière venus aux sources entendre le récit de la première fois. Pendant soixante-quinze ans, il s'est visité comme un musée, dans son appartement de Besançon, mais alors un musée en mouvement : « P'tit Lulu », comme on le surnommait encore quand il était déjà vieux, avait 80 ans bien sonnés quand il a enfin accepté de regarder les jeunes taper le ballon sans lui.

Chaque fois qu'il racontait la fameuse action, il commençait par dire qu'elle n'avait pas été fameuse, ni sur le moment ni avant longtemps, et puis il avait la politesse de la décrire de la même manière pour tout le monde, de ne pas en rajouter ni de ne rien enlever. Et voilà comment les choses s'étaient passées : « On jouait la 13e minute et Thépot, notre gardien, intercepte le ballon. Il fait une longue relance sur Augustin Chantrel, qui trouve Liberati sur l'aile. Celui-ci déborde et centre en retrait sur moi. Instantanément, je reprends de volée du pied droit. Et pan ! En coin dans la lucarne ! » Il n'existe pas d'images du premier but. Il n'existe que les souvenirs de Lucien Laurent, et, s'agissant des secondes qui avaient suivi, on a presque l'impression qu'il avait fini par inventer une réponse, puisque tout le monde voulait savoir : « On a juste dû s'embrasser ou se taper dans la main avant de reprendre le jeu. Sur le coup, je ne me suis pas posé la question de savoir si c'est le premier but du Mondial. »

C'est l'autre aspect de la gloire crépusculaire de Lucien Laurent : pendant longtemps, personne, ou presque, n'a remarqué quoi que ce soit. En 1982, France-Football hésitait encore entre Lucien Laurent et l'Américain Bart McGhee, ce qui l'avait poussé à chercher vraiment et à trancher, la semaine suivante, en faveur du petit homme

(1,62 mètre) de Besançon : il avait marqué à la 19e minute, et McGhee à la 23e, et on pouvait raisonnablement considérer que les deux rencontres avaient à peu près débuté à la même heure.

De fait, c'est la longévité de « P'tit Lulu » et le caractère immuable, immobile et imbattable de son record qui en ont entretenu le mythe. Un jour, un attaquant battra peut-être le record de Just Fontaine en marquant 14 buts dans une Coupe du monde, mais personne ne marquera avant le 13 juillet 1930 dans l'après-midi. La célébrité lui était venue quand, à l'approche du Mondiale 90 en Italie, la *Gazzetta dello Sport* s'était rendue chez lui pour populariser son histoire. Puis la Coupe du monde 1998 en France en avait fait l'un de ses personnages, à l'approche de l'événement, et Gary Lineker lui-même, le grand buteur de l'Angleterre, était venu l'interviewer. Il était l'un des derniers témoins de cet autre monde, un ailier de poche, qui avait eu la chance de faire carrière avec son frère Jean, du CA Paris à Montevideo, et à Sochaux à partir de 1930, parce que Jean-Pierre Peugeot offrait aux footballeurs un salaire de 2 200 francs quand les ouvriers n'en touchaient que 800. Il était resté dans l'Est, avait tenu une brasserie dans le centre de Besançon, où la plupart de ses clients ignoraient qu'avant Pelé, Cruyff, Platini, Eusebio, Ronaldo ou Messi, il y avait eu Lucien Laurent. On dit que Neil Armstrong n'est jamais complètement revenu de la Lune, mais il semblerait que « P'tit Lulu », au fond, n'ait mis que deux semaines à revenir de Montevideo, en bateau, comme tout le monde.

Lebœuf, Frank

Il faut le confesser ici, on s'est longtemps trompé sur Frank Lebœuf. On le voyait autocentré, prétentieux, sans talent particulier, vainqueur d'un concours de circonstances, on moquait ses tentatives désordonnées de faire parler de lui et de réussir, et il nous le rendait bien : c'est à peu près le seul joueur avec qui on ait failli se battre, un soir, au Havre, alors qu'il jouait encore à Strasbourg, et qu'il avait voulu nous virer du vestiaire. Il était redescendu du car pour s'excuser, était remonté en donnant aux autres la version selon laquelle il nous en avait mis plein la gueule, et la tension avait duré quelques années, prolongée par une citation personnelle dans sa biographie, et parfois dans des interviews à chaud sur d'autres micros. Un jour que l'on déjeunait avec Marcel Desailly à la cantine de Chelsea (voir « Desailly »), son partenaire en défense dans le club londonien, il était passé avec son plateau et avait lancé à Marcel : « Tu manges avec ce con ? »

On partait de loin. Et puis le temps a passé et on est arrivé à autre chose. On a déjeuné ensemble, à Los Angeles (ces journalistes, incapables de faire simple et d'organiser ça à Boulogne-Billancourt), pour une longue interview, alors qu'il n'était plus joueur, au milieu des années 2000, et on l'avait trouvé formidablement touchant et attachant, dans un moment un peu instable de sa vie. Quand on renverse la perspective, sa vie a été dingue et son mérite immense, parce qu'il est constamment rentré par la fenêtre quand les portes étaient fermées, récompensé par sa finale de la Coupe du monde 1998 et par une carrière d'une richesse incroyable. Même sa prétention était attachante, avec le recul, parce que ce n'était pas une manière de se prendre pour un autre, plutôt une supplique pour être reconnu. Il a juste fallu un peu de temps pour comprendre que Frank Lebœuf gagne plutôt à être connu.

Lemar, Thomas

C'est parfois le propre des techniciens au toucher de balle soyeux de ne pas faire de bruit. De la Coupe du monde, Thomas Lemar a connu le match des coiffeurs, en 2018, face au Danemark (0-0), et rien d'autre, pas une seule minute. Il est beaucoup plus qu'un Antillais de plus en équipe de France, qui doit tant aux Ultramarins : il est le dernier en date, et peut-être le seul avant longtemps, à être né et avoir grandi en Guadeloupe, seulement quittée à l'adolescence pour la métropole et l'hiver de Caen. Parmi les Antillais champions du monde, Lilian Thuram était né à Pointe-à-Pitre, mais Thierry Henry dans la banlieue parisienne, aux Ulis.

L'Équipe

Notre rapport à ce journal a longtemps été celui que l'on a au papier, recherché avec des attentions et des constances de chercheurs d'or. Nous sommes nombreux à avoir parcouru des villes étrangères de long en large pour dénicher le kiosque où serait plié avec soin *L'Équipe* de la veille : il suffit d'une soirée entre quinquas pour que remonte à la surface l'exotisme de ces quêtes du bout du monde, le bonheur de la découverte, la fièvre de tourner les pages pour connaître les résultats, les dernières nouvelles, tout, puisque rien d'autre n'était possible. Lors d'une soirée chez Laurent Fournier, dans l'Ouest parisien, Yannick Noah s'était pointé en voisin, et la conversation avait porté sur le rapport au journal *L'Équipe* de cet homme qui avait arpenté le globe et l'avait cherché, toujours, partout. Par-delà sa quête du journal dans les villes où le tennis puis sa vie l'avaient mené, il rapportait ses obsessions, sa sacralisation de l'objet, mais aussi l'organisation de son rituel : quand il l'achetait, ou le faisait acheter, en vacances par exemple, personne n'avait le droit de le déplier avant lui, et si quelqu'un s'y risquait et le repliait avec méticulosité pour cacher son forfait, rien à faire, il le remarquait tout de suite, démasquait de coupable, et s'en allait acheter un autre exemplaire. Personne, non plus, n'avait le droit de lui dire ce qu'il y avait dans le journal. Pour le lire, par exemple dans son lit, pendant la sieste, il observait des rituels de pliage bien particuliers.

On aurait du mal, aujourd'hui, à trouver des kiosques dans certaines villes étrangères, et c'est encore plus difficile à Paris, et c'est presque impossible un dimanche. Nos rituels se sont transfigurés : comme de nombreux lecteurs de *L'Équipe*, il m'arrive d'attendre 0 h 30 et la mise en ligne du journal pour le télécharger, plutôt que de me lever à l'aube dans ma forêt, de m'habiller, de prendre ma voiture pour aller au village voisin, revenir et me recoucher avec mon journal.

L'objet papier, pourtant, conserve une valeur affective et quasi spéculative pendant la Coupe du monde. Son histoire y restera attachée : le journal le plus vendu de l'histoire de la presse française demeure l'édition de *L'Équipe* du 13 juillet 1998, le lendemain de la victoire face au Brésil (3-0) : 1 642 501 exemplaires ont été vendus ce lundi-là et le lendemain, puisque les rotatives n'avaient pas pu imprimer plus de 1 200 000 exemplaires le lundi, si bien que le journal du lundi réimprimé avait été vendu en même temps que celui du mardi, au lendemain du triomphe. Six des sept meilleures ventes du journal, dans l'histoire, sont liées à la Coupe du monde, l'exception étant le journal du 3 juillet 2000 (« Monumental »), au lendemain de la finale de l'Euro contre l'Italie, avec 1 255 633 exemplaires vendus. Avec le recul, c'était à la fois l'âge d'or de la presse papier, du moins à l'échelle de *L'Équipe*, et son chant du cygne, mais l'effet Coupe du monde continue de faire revivre au quotidien de sport des heures que l'on croyait révolues : au lendemain de la victoire en Coupe du monde 2018 face à la Croatie (4-2), *L'Équipe* a vendu 1 155 200 exemplaires, dont plus d'un million en version papier, le reste en numérique. Une partie de ces journaux a été mise en vente le mardi, cette fois encore, selon un engouement qui doit totalement à l'effet collection : *L'Équipe* du lendemain des triomphes de l'équipe de France en Coupe du monde prend place soit sous un cadre de verre, soit dans le buffet du salon, dans le même tiroir que l'argenterie de famille.

Lilas (Clinique des)

La première chose que l'on ait su, ce soir-là, c'est qu'il était arrivé quelque chose à Ronaldo, et que le Brésilien n'était pas sur la première feuille de match qui avait été remplie, le 12 juillet 1998 au Stade de France. La rumeur évoquait un malaise, et puis, à moins d'une heure du coup d'envoi, une seconde feuille de match avait été distribuée, et cette fois le nom de Ronaldo figurait à la place d'Edmundo. Mais le grand attaquant brésilien avait traversé la finale comme un fantôme, et il avait même fait un soleil, à un moment, quand Fabien Barthez était venu à sa rencontre en décidant qu'il ne s'arrêterait pas.

Toute la journée, ainsi que les jours précédents, les défenseurs français avaient réfléchi à la meilleure manière de défendre sur Ronaldo. On peut les voir le matin de la finale, dans *Les Yeux dans les Bleus*, expliquer à Frank Lebœuf ses déplacements et ses préférences. Finalement, défendre sur « Il Fenomeno » aura été plus facile qu'anticipé.

La vérité sur le malaise du Brésilien est venue un peu plus tard, au fil des heures, des jours, même, parce que les versions ont longtemps divergé. Ronaldo faisait la sieste, dans l'après-midi du 12 juillet, dans la chambre 290 qu'il partageait avec Roberto Carlos, au château de Grande Romaine à Lésigny, en Seine-et-Marne, quand il a été secoué de spasmes, dans une crise d'une trentaine de secondes ressemblant à de l'épilepsie. Roberto Carlos a hurlé « Ronaldo est mort ! », parce que l'attaquant brésilien s'est évanoui immédiatement après la crise, et le médecin de la sélection est accouru, ainsi que les gendarmes du GIGN. Il n'était pas mort, il était endormi et, quand il s'est réveillé, quelques minutes plus tard, il ne se souvenait de rien et avait mal partout. Il est descendu au restaurant prendre un thé, et alors que le staff brésilien hésitait à lui révéler ce qui venait de se passer, Leonardo avait insisté pour qu'on lui dise. À 17 heures, à quatre heures du coup d'envoi de la finale de la Coupe du monde, la décision a été prise de l'emmener passer des tests à la clinique des Lilas, dans l'Est parisien, sur le chemin du Stade de France. Les tests n'ont rien révélé, et écarté l'hypothèse cardiaque. Mário Zagallo, le sélectionneur, a décidé de le faire jouer seulement quand Ronaldo est arrivé au Stade, à une petite heure du coup d'envoi. Deux enquêtes parlementaires ont été menées au Brésil pour tenter de savoir si ce risque était justifié. La rumeur faisait état de la pression de Nike, qui voulait que sa tête de gondole soit à la tête de la plus belle affiche du football mondial, cette année-là. Zagallo, lui, dira seulement qu'il n'avait pas vraiment eu le choix, que s'il n'avait pas fait jouer Ronaldo et qu'il avait perdu cette finale 3-0, il aurait dû déménager au pôle Nord. Il a perdu 3-0, mais il est resté à Rio.

Lipton, Thomas

Thomas Lipton, of London, n'a pas seulement fait le thé pour plusieurs générations pendant plus d'un siècle. Il a créé, en 1909 et 1911, ce qui ressemble à une esquisse de Coupe du monde avant l'heure, et qui portait le nom, autant faire simple, de Sir Thomas Lipton Trophy. Passionné de navigation, au point d'avoir été cinq fois challenger de la Coupe de l'America, ce qui lui avait valu un trophée de « meilleur perdant de l'histoire » et avait favorisé son commerce avec les États-Unis, il s'était mis en tête d'organiser un tournoi mondial de football à Turin, en 1909. Il avait invité quatre équipes : Stuttgarter Sportfreunde (Allemagne), FC Winterthur (Suisse), Torino XI (Italie) ainsi que le WAFC, en Angleterre. On imagine, après coup, que le bristol devait être envoyé au Woolwich Arsenal FC, l'ancien nom d'Arsenal, une équipe phare du pays : sinon, comment expliquer qu'il soit parvenu chez les gars de West Auckland Town FC, un club amateur de 9e division, à une époque où il n'y en avait pas forcément dix ? Ou alors quelqu'un, autour de Thomas Lipton, connaissait quelqu'un qui connaissait quelqu'un dans ce coin du nord de l'Angleterre, comté de Durham, mais cela semble pareillement douteux. C'était un club de mineurs qui n'avaient jamais quitté l'Angleterre, et qui avaient dû emprunter de l'argent pour faire le voyage, 1 800 kilomètres, vingt-huit heures de trajet : le train de Bishop Auckland jusqu'à Darlington, puis à Londres, puis le ferry jusqu'en France, puis le train jusqu'en Suisse, et enfin l'Italie, où ils avaient été reçus par une fanfare, des hommes en complet et des femmes en crinoline, le football international avait de l'allure, quand même.

Partis à onze joueurs, un entraîneur et deux dirigeants, ces gars-là qui n'auraient jamais dû gagner avaient gagné, bien sûr, et puis ils avaient trop bu, ils avaient trouvé le moyen d'oublier le trophée en chemin, et quand ils étaient rentrés à la maison, alors que tout le monde semblait étrangement se ficher de l'aventure, comme s'il y avait quelque chose de plus important que ce qui ressemblait à la première Coupe du monde, ils avaient dû encore emprunter 40 livres pour faire rapatrier leur titre de gloire.

Deux ans plus tard, sir Thomas Lipton avait remis ça, toujours à Turin, les mineurs s'étaient encore endettés, ils avaient encore gagné, et s'ils n'avaient pas oublié de rapporter la Coupe, cette fois, ils avaient été confrontés, les premiers, à la banalisation de la conquête. Ils n'avaient plus d'argent, bientôt plus d'équipe, et les mines de charbon les attendaient, ainsi que l'oubli. Leur gloire, de fait, aura été posthume, l'Angleterre conservant toutes les traces dès lors qu'il s'agit de football, et leur histoire a été plusieurs fois racontée. Dans un livre, *The Miner's Triumph*, et dans un film de fiction intitulé *The World Cup: A Captain's Tale*. Le trophée offert par sir Thomas Lipton a été volé en 1994 et jamais retrouvé, mais à l'entrée de la ville, on peut lire ce panneau, aujourd'hui : « West Auckland, berceau de la première Coupe du monde ». C'est peut-être un poil exagéré, mais d'autres, après tout, ont revendiqué bien plus après en avoir fait bien moins.

Liste (La)

C'est un cérémonial entre la composition d'un nouveau gouvernement et l'annonce du Goncourt. C'est d'abord une attente, qui permet de passer l'hiver quand la Coupe du monde a lieu en juin, pour évaluer, départager les certains et les impossibles, estimer le noyau dur et la marge d'erreur, avant de se souvenir, dans la dernière ligne droite, que la meilleure liste de 23 joueurs consiste avant tout à ne pas emmener les 23 meilleurs joueurs.

C'est le dernier moment de visibilité des joueurs de la marge qui sont au cœur du débat. Dans les minutes mêmes qui suivent l'annonce des 22 ou des 23, voire des 26 désormais, la question du deuxième arrière gauche devient accessoire, et le joueur en question bascule vers un mois de transparence, souvent, à moins qu'il ne choisisse très bien la musique, comme Vincent Candela en 1998, ou qu'il fasse évacuer tout l'hôtel en pleine nuit dans une forêt au nord de Moscou, comme Adil Rami avec son ami l'extincteur, en 2018.

Pour cette annonce furtive ou solennelle, toutes les méthodes sont envisageables, et cela tombe bien : elles ont toutes été envisagées et essayées. La logique des droits télévisés du football a bouleversé en profondeur l'exercice : jusqu'en 1998, c'était une conférence de presse ordinaire au siège de la Fédération française, avenue d'Iéna, et en 1978 comme en 1982, par exemple, un Michel Hidalgo sincèrement bouleversé et empathique venait expliquer devant les micros que « choisir, c'est renoncer », sans jamais trouver les mots pour consoler les absents, puisque le baume n'existe pas. Aimé Jacquet en 1998 s'est un peu emmêlé les pinceaux dans l'affaire en convoquant la presse à la mi-mai pour une conférence en direct de Clairefontaine sur LCI, la filiale de TF1, partenaire de l'équipe de France, pendant laquelle il avait annoncé 28 noms ; il n'avait pas dit qu'il donnerait les 22, mais c'était implicite aux yeux de beaucoup, et l'affaire avait entraîné le célèbre titre de une de *L'Équipe* le lendemain : « Et on joue à 13 ? » Le sélectionneur des futurs champions du monde n'a jamais communiqué ses 22 pour la Coupe du monde en France : quand il a donné sa liste, un samedi de fin mai, l'information était déjà sortie partout, parce qu'il avait prévenu les six exclus la veille au soir (Anelka, Letizi, Laigle, Djetou, Lamouchi et Ba) et que les six avaient filé dans la nuit, alors qu'Aimé Jacquet avait plutôt prévu de les garder au déjeuner le lendemain pour des adieux fraternels avec leurs camarades, juste avant l'annonce officielle. Il avait presque tout prévu.

Quatre ans après, et juste avant la Coupe du monde, marqué par cette fuite et la cruauté du processus, Roger Lemerre avait choisi d'ajouter plutôt que de soustraire, annonçant les sélectionnés au fur et à mesure de la fin de la saison des clubs. Mais rien n'avait fonctionné, cet été-là, pas même cette manière humaine.

L'ère médiatique moderne aura commencé avec la conférence de presse de Raymond Domenech en 2006 sous un chapiteau de Clairefontaine, en direct sur « Téléfoot », avec Thierry Gilardi en duplex depuis le siège de TF1. Pas vraiment un triomphe : le sélectionneur avait commencé à lire le nom des joueurs retenus, mais les diapos sur l'écran géant avaient accéléré, il avait lâché quelque chose comme « Vous pouvez lire le nom des milieux de terrain sur l'écran », alors que non, il y avait un reflet pour les téléspectateurs, ils ne voyaient rien, et à l'issue de l'annonce de la liste il avait fallu tout recommencer, repartir de A jusqu'à ZZ.

2010 serait l'année de la faillite sportive et morale, mais d'un professionnalisme absolu en la matière, avec annonce pendant le journal de 20 heures de TF1, teasing en début de journal, Raymond Domenech sur le plateau, lisant chaque nom qui apparaissait à l'écran, et s'étant préparé depuis deux semaines à répondre à la première question qui viendrait sur l'absence de Karim Benzema. C'est désormais le cadre convenu, et la conférence de presse suit juste derrière.

Elle est d'un intérêt incertain, parce qu'elle est souvent déconnectée de la tension que l'on pourrait attendre d'un exercice finalement aussi démocratique, qui repose sur l'idée même que l'équipe de France appartient à tout le monde et que le sélectionneur doit rendre compte de ses choix devant le peuple. C'est là que l'éventuel parallèle avec l'annonce d'un nouveau gouvernement s'arrête, justement, ou alors il faudrait que le Premier ministre, qui serait contraint d'affirmer en préambule que le président de la République n'a eu aucune influence sur les choix que la Constitution lui demande de faire, vienne répondre aux questions sur un potentiel ministre de la Santé qui aurait été plus méritant en tenant compte de l'ensemble de la saison.

Didier Deschamps, qui est le sélectionneur français maîtrisant le mieux les médias de toute l'histoire, ce qui ne l'empêche pas d'être aussi paranoïaque que les copains à la moindre lecture de travers, a compris depuis longtemps qu'il fallait faire fuiter les informations en amont pour désamorcer le débat, et donc les critiques. Cela prépare l'opinion, cela flatte les médias, et quand vient la conférence de presse où le sélectionneur devra se justifier, l'éventuel effet de surprise ou d'indignation se sera évaporé depuis l'aube, voire la veille.

L'information restant la mission première des médias, la révélation de la liste en avant-première, bien plus qu'en exclusivité, parce que Deschamps fait courir plusieurs lièvres à la fois, éteindra facilement les débats et les tensions autour d'une incertitude. On peut le regretter : concrètement, l'annonce « Selon nos informations, Darry

Cowl sera le troisième gardien de l'équipe de France » reléguera toujours aux oubliettes le débat « Comment Didier Deschamps peut-il oublier Fernandel ? », et c'est quand même dommage.

Lizarazu, Bixente

La première fois qu'on l'a vu, dans un quelconque match espoir, en 1990, la presse sportive l'appelait encore Vincent, mais il avait déjà un cou de taureau sur un corps de poney basque, avec son 1,69 mètre. Dès qu'il a fait entendre le son de sa voix, tout le monde a compris qu'il faudrait l'appeler Bixente et qu'il allait falloir compter avec lui. En douze ans et 97 sélections en équipe de France, de 1992 à 2004, il a repoussé la concurrence par son agressivité, son placement et son intelligence de jeu, souvent magnifié par le jeu à trois esquissé sur le côté gauche avec Zidane et Dugarry, un souvenir d'une jeunesse bordelaise. Avoir été champion du monde 1998 a probablement été sa plus belle conquête, parce qu'elle a été la plus difficile : diminué par une pubalgie, il aura passé tout le début de l'année à se battre, dans un contre-la-montre remporté sur le fil. La Coupe du monde venue, il en aura profité pour marquer contre l'Arabie Saoudite (4-0) l'un de ses trois buts en bleu.

Après sa retraite de joueur, en 2006, à l'âge de 36 ans, il a opéré l'une des plus belles reconversions de sa génération, devenant omniprésent dans les médias, ayant compris mieux que les autres qu'il fallait travailler, observer, lire, écouter, et que dans le rôle de consultant tous les anciens grands noms, au fond, étaient encore en concurrence. Commentaire en duo des matches des Bleus sur

TF1, avec Grégoire Margotton, chronique dans *L'Équipe*, émission sur France Bleu, « Liza » va partout où sa curiosité le mène. Surtout si c'est très loin, dans des mers chaudes, et où on l'on peut faire du surf.

Lloris, Hugo

Trois gardiens ont soulevé en capitaine la Coupe du monde : Dino Zoff (Italie, 1982), Iker Casillas (Espagne, 2010) et Hugo Lloris (France, 2018). Le Niçois a attendu d'avoir 31 ans et une centaine de sélections pour gagner enfin un grand trophée, après avoir seulement remporté la Coupe de France 2012, et le voici membre d'une trinité légendaire. À son sujet, les critiques se perdent entre l'essentiel et l'accessoire. Ils moquent son jeu au pied, alors que les statistiques confirment que sa distribution du jeu est peu reprochable, avec Tottenham, et qu'il concède moins de buts sur une passe manquée que ceux qui prennent des risques qu'il ne prend pas. Le jeu au pied des gardiens vu comme un critère absolu est une mode héritée du dogme de Pep Guardiola, et qui s'atténuera quand les entraîneurs feront les comptes : il ne peut faire la différence, entre deux gardiens, qu'à valeur égale dans tous les autres domaines, les réflexes, l'anticipation, la gestion de la profondeur, les sorties aériennes. Et ce qui compte, dans le jeu au pied, n'est pas la note artistique, mais la conséquence pour l'équipe. Pour juger de la valeur d'un gardien, il n'y a qu'une règle, que ce milieu oublie trop souvent d'appliquer : à la fin d'une saison de championnat, combien de points a-t-il gagné par ses interventions ? Les entraîneurs de Lloris ont toujours fait ce calcul. L'entraîneur de Tottenham, l'Italien Antonio

Conte, s'est vu proposer un gardien italien pour remplacer le Français, qui était en fin de contrat, en juin 2022 : il a immédiatement exigé de sa direction qu'elle prolonge le contrat de Lloris.

Le malentendu commence quand on n'entend pas une voix qui porte. C'est une justice tardive rendue par le confinement et les stades vides, et par la découverte par les observateurs du commandement exercé par Hugo Lloris en équipe de France : soudain, on n'a entendu que lui. La période a sous-titré son ascendant, l'a rendu audible au-delà du visible. Lui, un type lisse ? La théorie ne tient pas quand on l'entend un soir de défaite, une situation qui le rend fou, et qu'on le voit apparaître, lèvres pincées, pour rappeler ses coéquipiers à leurs devoirs. L'image de sa colère à la mi-temps d'un match de Tottenham, une colère telle qu'il avait fallu le retenir alors qu'il allait s'en prendre à Heung-Min Son, coupable d'avoir négligé une course défensive, aura été l'un des temps forts de la série Amazon consacrée aux Spurs.

Hugo Lloris, capitaine des Bleus depuis 2010, à un moment de sa carrière où il n'était pas forcément prêt pour la fonction mais où il fallait attribuer les galons à un joueur à la rectitude irréprochable, après une période de crise morale sans précédent, est surtout un grand gardien, décisif en Coupe du monde. Sa boulette en finale contre la Croatie ? Sans conséquence, la France menait 4-1 et a gagné 4-2. Ce qui comptait, c'était que les Bleus ne seraient pas parvenus en finale sans ses exploits contre l'Argentine, l'Uruguay et la Belgique. Son arrêt sur la tête de Cáceres, face à l'Uruguay, aura été le plus beau de la compétition et aurait dû lui permettre de remporter le titre de meilleur gardien de la Coupe du monde 2018, plutôt que Thibaut Courtois. Mais quand il s'agit de juger les gardiens, les gens du foot se prennent souvent les pieds dans le tapis. L'essentiel, l'accessoire, tout cela.

Main (de Dieu)

Le football en connaît le jour et l'heure, comme le monde se souvient que Neil Armstrong a marché sur la Lune le 21 juillet 1969 à 2 h 56, heure universelle. Le 22 juin 1986 à 12 h 51, heure de Mexico, se précipitant sur un ballon aérien mal dégagé par le défenseur anglais Steve Hodge, Diego Maradona, 1,65 mètre, a bondi devant le gardien Peter Shilton, 1,85 mètre plus la longueur des bras, pour frapper le ballon avec le poing, au-dessus de sa tête. On ne sait pas ce qu'ont vu les 115 000 spectateurs du stade Aztèque de Mexico, mais on sait que l'arbitre tunisien, Ali Bennaceur, n'a rien vu, et que son juge de touche, qui aurait pu le sauver, ne l'a pas fait. On sait, aussi, que Maradona est parti vers le poteau de corner fêter son but en demandant à ses coéquipiers de le rejoindre tout de suite en leur lançant : « Dépêchez-vous, sinon ils vont le refuser. »

L'expression « la main de Dieu » serait venue de Maradona lui-même, comme s'il n'y était pour rien, comme si lui, moins qu'un autre encore, ne pouvait contrarier un dessein plus grand et plus vaste. La réalité est un peu différente : dans le vestiaire du stade Aztèque, où il persistait à nier les faits, c'est un journaliste argentin qui aurait suggéré, moqueur, que ce devait être la main de Dieu, et Diego avait simplement acquiescé. Mais puisque c'était moins bien que de prétendre qu'il l'avait dit lui-même, il avait fini par revendiquer l'expression. C'était la main de Maradona bien plus que la main de Dieu, mais les joueurs argentins n'étaient pas, à la vérité, follement rationnels dans leur approche des matches. Au Mexique, jusqu'à leur conquête de la Coupe du monde, ils avaient observé les mêmes rituels : aller au match dans le même bus sans confort, être survolés par un hélicoptère, au point d'attendre sur le bord de la route à l'approche du stade s'ils n'en avaient pas vu, attendre que la cassette des chansons fétiches se termine, avec « Total Eclipse of the Heart » de Bonnie Tyler juste avant « Eye of the Tiger », parler aux mêmes journalistes une fois arrivés au stade.

Le 22 juin, le maillot de Diego sort de petites mains successives. Alors que le premier maillot, bleu et blanc, était d'une matière légère, les joueurs avaient souffert de la chaleur avec le deuxième maillot, tout bleu, lors du match précédent. Le sélectionneur argentin, Carlos Bilardo, avait donc fait chercher dans tout Mexico des maillots bleus plus légers de la marque Coq Sportif, et en avait trouvé une quarantaine, d'un bleu assez brillant. Les femmes de ménage de la résidence des Argentins avaient cousu l'écusson de la Fédération argentine sur le cœur, les intendants avaient floqué les numéros, et voilà comment le maillot bleu numéro 10 est entré dans l'histoire. Il en ressortit au printemps 2022, lorsque l'adversaire direct de Maradona ce jour-là, Steve Hodge, l'a mis en vente aux enchères, à Londres, pour assurer ses vieux jours : le maillot est parti au Moyen-Orient, chez un acquéreur inconnu, pour 9 millions de dollars, un record absolu, à la démesure du joueur et du moment.

C'était le maillot d'un tricheur, mais puisque c'était la main de Dieu, bien sûr, ce n'était pas pareil.

Main (de Thierry Henry)

La vérité, là, tout de suite, est qu'il faut vraiment ne pas être un pays de football pour en avoir fait des tonnes. La vérité parallèle, révélée quelques mois plus tard : il aurait peut-être mieux valu que l'arbitre l'ait vue, cette main de cour de récréation, cette grivèlerie du dimanche matin, ce réflexe qui remonte à l'enfance et à la nuit des temps. Ce scandale ? Oui, peut-être. Et alors ? C'était du foot, du temps où les joies comme les peines étaient spontanées et duraient toujours, avant l'invention satanique de l'arbitrage vidéo et de la police du ralenti, lequel crée une image au lieu de rejouer une action. C'était du foot, avec des arbitres qui se trompent, comme parfois, comme souvent, comme toujours : sur une saison, il paraît que cela s'équilibre, alors sur bientôt un siècle de Coupe du monde, il fallait se contenter de prendre ce que le sort donnait, en souvenir de tout ce que le hasard et les mauvais arbitres avaient enlevé jusque-là, et déroberaient encore.

Les faits n'ont même pas tellement d'importance. Ils sont le décor du débat et le ressort de la polémique, mais ils sont parfaitement banals, une histoire de foot ordinaire un soir de novembre 2009 : pendant la prolongation du barrage retour pour la qualification à la Coupe du monde 2010 (la France a gagné 1-0 à Dublin à l'aller, but d'Anelka), alors que l'Irlande mène 1-0, Thierry Henry contrôle le ballon de la main gauche avant de centrer pour William Gallas qui égalise : 1-1, les Bleus se qualifient pour la Coupe du monde, et les Irlandais crient au vol. Ils ont raison : ils sont du mauvais côté de l'histoire du jeu.

Mais il faut vraiment ne rien connaître de cette histoire, précisément, n'avoir jamais éprouvé les déceptions les plus atroces ni les joies les plus absolues au soir d'un match, pour vouloir plaquer des principes et une morale sur quelques secondes isolées de cette légende au long cours.

Une partie de la classe politique française, alors, demande à rejouer ce match retour de barrage de Coupe du monde entre la France et l'Irlande, Jacques Attali lance « Nous sommes tous des Irlandais », et le débat est déséquilibré parce que les nuances et le bon sens sont inaudibles : il aurait fallu s'habituer, face à cette dictature de l'émotion, à accepter que la main de Dieu soit un mythe et que celle de Thierry Henry soit une honte.

Les vrais pays de football ne se seraient jamais divisés de la sorte pour une erreur d'arbitrage en leur faveur. Ce n'est pas parce qu'ils sont chauvins et pas nous (moins, en tout cas), même si cela compte un peu : c'est parce qu'ils intègrent dans l'instant ces faits de jeu à la narration et les digèrent, connaissant leur place dans l'histoire. Évidemment, même si longtemps après, il faut se poser la question : est-ce que le constat qu'aucun autre pays de football n'aurait contesté une décision arbitrale favorable est une raison suffisante pour dénigrer la posture morale d'une partie de l'opinion française ? Sans doute pas, mais alors, pour être crédible, cette posture doit être constante, elle ne peut pas avoir été visible pendant quelques jours en novembre, dans l'année 2009, et complètement invisible dans les années qui ont précédé et dans celles qui ont suivi. Si la France voulait devenir le pays qui ne transige pas avec l'injustice dans le football, il aurait fallu continuer à la combattre, par exemple quand le PSG a été très mal arbitré à Barcelone, le soir de la remontada. Mais la position de l'opinion française, ce soir-là, était que l'invocation de l'arbitrage était l'argument des faibles, et il n'y avait rien à gagner à se mêler du débat, alors qu'en 2009 il était plus facile de s'en prendre à une équipe de France aussi impopulaire que son sélectionneur.

Au lendemain de la main de Henry, les Irlandais étaient les seuls réellement fondés à demander à rejouer le match, mais eux-mêmes étaient arrivés aussi loin dans la compétition grâce à plusieurs erreurs d'arbitrage, et même une main non sifflée de leur avant-centre, Robbie Keane. Quand ils ont menacé de porter l'affaire en justice pour réclamer des dommages et intérêts, la FIFA leur a fait un chèque de cinq millions de dollars pour rappeler que l'injustice a un prix, mais le silence aussi.

L'autre versant de la main de Thierry Henry est presque plus intéressant, à la vérité. Même si on ne croit pas à la morale dans le foot, à laquelle la plupart des buts et des décisions d'arbitrage se soustraient constamment, l'équipe de France a été poursuivie, jusqu'au mois de juillet 2010, par une certaine idée du karma. Cela ne vaut pas tellement pour l'homme qui a commis la main, Thierry Henry lui-même : il a plutôt été rongé par l'évidence de son crépuscule et par le sentiment de solitude absolue qu'il a ressentie dans les jours qui ont suivi. Ce n'était pas de la malchance, c'était de la dépression. L'homme montré du doigt pour une main, le tricheur, ne s'est pas remis du traitement médiatique et populaire dont il a fait l'objet, et il a commencé à moins jouer à Barcelone, avant de partir en Afrique du Sud pour de mauvaises raisons, capitaine non joueur, monté dans l'avion après avoir supplié Raymond Domenech de l'emmener, un jour où le sélectionneur était allé chez lui, justement, pour lui annoncer sa non-sélection. Mais Domenech n'en avait pas eu le courage, et lorsque l'heure du véritable scandale était venue, le dimanche de la grève, à Knysna, avec des joueurs qui refusaient de sortir du bus pour s'entraîner pendant la Coupe du monde, Thierry Henry n'avait rien fait, n'avait rien dit. Sa main ne s'était pas levée.

Main (du médecin)

À l'été 1994, Jean-Marcel Ferret, le médecin de l'équipe de France, n'est pas encombré par l'actualité des Bleus. Une tournée au Japon, en juin, mais pas de Coupe du monde, depuis le but de Kostadinov au mois de novembre, un soir d'extrême glaciation au Parc des Princes. La FIFA lui propose, comme à plusieurs médecins de sélections non qualifiées, d'être le responsable médical du site de Boston, pendant la compétition. Dans la vraie vie, Jean-Marcel Ferret est médecin de l'Olympique lyonnais depuis quinze ans : c'est là-bas qu'il a connu Aimé Jacquet, lorsque ce dernier a entraîné l'OL, de 1976 à 1980, et qu'il a côtoyé l'ancien président de la Fédération française, Jean Fournet-Fayard, installé à Bron, dans la banlieue lyonnaise. Quand Jacquet est nommé de manière provisoire en décembre 1993, le docteur Ferret s'installe pour de bon chez les Bleus, et pour longtemps, puisqu'il officiera jusqu'à l'Euro 2004.

Le voilà donc à Boston, où il n'a pas exactement un boulot de dingue. C'est la grande vie du personnel de la FIFA sur les grandes compétitions, avec indemnités journalières en liquide, et la possibilité de faire venir la famille. Son boulot ? Superviser les contrôles antidopage, notamment, les jours de match, et s'assurer du dispositif médical. L'histoire va montrer, quand même, que ce n'est pas un boulot de petite main.

Le jour d'Argentine-Grèce est un jour comme un autre, pour un médecin de site, mais pas pour Diego Maradona : c'est le jour de sa résurrection, le jour où il danse de nouveau, un génie parmi les hommes, le jour où il marque le troisième but d'un triomphe (4-0), où il hurle sa joie au contact de la caméra au bord du terrain, laissant le monde bouleversé par sa renaissance.

C'est un jour comme un autre pour Jean-Marcel Ferret. À la fin du match, il tire au sort le numéro du joueur qui devra passer au contrôle antidopage. Vingt-deux numéros sont dans un chapeau, et le voilà qui tire le numéro 10 : Diego Maradona. L'Argentin devrait arriver tout de suite, mais il traîne un peu, parti dans un tour d'honneur, suivi par l'infirmière qui lui a signifié le contrôle et doit l'amener dans le local réservé. Rien, dans son attitude, ne trahit la moindre inquiétude, ni la moindre culpabilité. Il sourit, pose avec le staff médical, tout à sa fierté d'être redevenu Diego, mais déshabillé de la rage et de l'arrogance. Jean-Marcel Ferret a surveillé toute l'opération, classique, dont on n'attend jamais rien, parce que ceux qui ont mis la main dans le pot de confiture, en général, se sont lavé les mains juste avant de venir. Maradona satisfait au contrôle, il a peut-être bu une bière pour y parvenir, parce que les sportifs qui ont beaucoup sué ont déjà évacué autrement les liquides, et puis il quitte le Foxboro Stadium et rejoint la sélection argentine dans la nuit, qui est belle, puisque la magie est revenue.

El Pibe de Oro a perdu 20 kilos en six mois. Il l'attribue à une cure chinoise. Mais, à 2 heures du matin, le 30 juin, un laboratoire californien envoie à Boston le résultat de la contre-expertise, l'analyse de l'échantillon B : cinq produits interdits ont été retrouvés dans les urines de l'Argentin. Le 1er juillet, la FIFA confirme son exclusion de la Coupe du monde. Le 24 août 1994, la FIFA annoncera la suspension de Diego pour quinze mois, et de Daniel Cerrini, le préparateur physique, pour deux ans. La punition sera une lueur pour les défenseurs de Diego, qui pourront clamer qu'il ne savait pas, que Cerrini l'avait dopé contre son gré, le vieux refrain des coupables, mais des innocents aussi, et c'est éternellement le problème.

Jamais les ténèbres n'avaient été aussi proches de la renaissance, et les voilà qui engloutissent le dernier rêve de Maradona, pendant que le mystère se renouvellera face à la manière dont le monde lui pardonne. Tout, toujours : la main, la cocaïne, ses comportements avec les femmes, le dopage. Il aurait pu être ridicule à crier au complot, après son contrôle antidopage positif, et il l'a été, d'ailleurs, à clamer que c'était le peuple que l'on suspendait, mais entre le ridicule et le panache absolu, il n'y a presque rien, et c'était une autre manière pour Maradona de continuer à vivre sa vie sur un fil. Le temps qui a passé a recouvert l'épisode d'oubli, n'en faisant surnager qu'un peu de nostalgie, et à la fin de l'histoire c'était comme si tout cela ne comptait pas, comme si, pendant que Diego se relevait dix fois et chutait onze fois, le monde continuait d'avoir envie de pardonner les fautes d'un enfant perdu.

Mandanda, Steve

Les deuxièmes gardiens qui sont capables de devenir troisièmes gardiens sont des joueurs qui pensent d'abord à l'équipe, habitués à protéger les autres et à s'oublier un peu. Steve Mandanda a vécu sous tous les statuts en bleu : titulaire en 2008, puis remplaçant de Lloris pendant douze ans, puis remplaçant de Lloris et de Maignan pendant l'Euro 2021, et puis rien, le temps qui passe, les pages qui se tournent. Mais il a toujours été quelqu'un qui compte. Dans un groupe qui passe quarante jours ensemble, il faut des voix qui ramènent l'idée de l'équipe au centre du jeu. Et il n'y a que trois gardiens français qui aient été champions du monde en jouant : Barthez, Lloris, et lui, Mandanda, titulaire en 2018 dans le match pour rien contre le Danemark (0-0). En équipe de France, ce sera sa trace.

Maracanazo

Un jour que Maceo Barbosa, le gardien du Brésil à la Coupe du monde 1950, faisait ses courses dans un supermarché de Rio, au début des années 1970, une femme l'avait désigné du doigt à son fils en lançant : « Regarde, c'est l'homme qui a fait pleurer le Brésil. » Dans la vie cabossée de Barbosa, le premier gardien noir de l'équipe du Brésil, la scène avait remué mille poignards dans la plaie. Elle résumait une malédiction autant qu'une injustice, survenues un jour de football que le pays, depuis, désigne sous le nom de « Maracanazo », pour signifier le lieu, le stade de Maracanã, à

Rio, et la catastrophe, la perte de la Coupe du monde 1950 dans les dernières minutes du match contre l'Uruguay (1-2).

Ce n'était pas une vraie finale, il n'y en avait pas, en 1950 : la FIFA avait décidé d'un système de poule pour attribuer le titre, si bien qu'il suffisait au Brésil d'un match nul face à l'Uruguay pour remporter son premier titre mondial, à la maison. 199 854 spectateurs s'étaient serrés au Maracanã, dès l'aube d'un jour que l'écrivain uruguayen Eduardo Galeano décrirait ainsi : « Pour voir ce match, les moribonds ont repoussé leur mort, les nouveau-nés se sont dépêchés de naître. »

Maceo Barbosa est alors le meilleur gardien du monde, puisqu'il sera élu meilleur gardien de la Coupe du monde, le seul rassemblement qui permette de juger sur pièces plutôt que sur la réputation et les éblouissements de la presse nationale. C'est un gars modeste, qui a bossé dans une usine d'emballage, dans un atelier d'ébénisterie, qui s'est marié à 19 ans, en 1940, et a pu devenir laveur de carreaux dans une entreprise qui avait une équipe de foot. Le jour où il est devenu gardien par hasard, sa vie a changé, le club de Vasco de Gama est venu le chercher, en 1944, et il a débuté en équipe du Brésil un an plus tard.

Le 16 juillet 1950 aurait dû être son jour de gloire, et lorsque l'on revoit l'action fatale, on a du mal à penser qu'elle lui a été reprochée jusqu'au soir de sa vie. Quand l'Uruguayen Alcides Ghiggia est entré dans la surface, légèrement sur le côté droit, Barbosa a certes fait un pas de côté pour anticiper un centre, et laissé l'espace un peu trop ouvert entre lui et son poteau, mais c'est un pari que font tous les gardiens du monde, et si Ghiggia a trouvé le but et la gloire dans cet espace, son tir était soudain, et le gardien brésilien n'aurait pas dû, sans doute, avoir à en porter une telle culpabilité. Ghiggia prononcerait par la suite deux phrases importantes. La première n'a jamais été entendue, ou alors oubliée : « Bigode, le défenseur, est bien plus coupable que lui. » La seconde fait partie de la légende du jeu et de la Coupe du monde : « Trois personnes seulement ont fait taire le Maracanã. Le pape, Frank Sinatra et moi. »

Mais Barbosa serait un paria ; malgré le refuge offert par son club, Vasco de Gama, et une carrière étirée jusqu'en 1962, il jouerait une seule fois avec le Brésil dans les douze années qui suivraient, à ce point un chat noir, et l'image éternelle du traumatisme d'une nation, que la Fédération brésilienne refuserait qu'il commente un match de la sélection en 1993, avant de lui dénier l'accès au camp d'entraînement du Brésil avant la Coupe du monde 1994. Il dirait : « Au Brésil, un crime grave est puni d'une peine maximale de trente ans de prison, et moi, j'ai pris perpétuité pour un crime que je n'ai pas commis. » Devenu employé municipal, chargé de l'entretien de la piscine de Maracanã, ce qui traduisait une volonté inconsciente de vivre près de ses fantômes, il avait tenté de les exorciser, en 1963, quand les poteaux du stade avaient été remplacés et qu'il avait récupéré les anciens pour les brûler, organisant un grand barbecue. Rien n'avait adouci la blessure. Quand il est mort, en avril 2000, à l'âge de 79 ans, l'une de ses amies dirait devant son cercueil qu'il pleurait souvent, qu'il disait qu'il n'était pas coupable et qu'ils étaient onze sur le terrain, le jour du Maracanazo.

Maradona, Diego

Pendant la Coupe du monde 1990, dont il nous reste toute la beauté de l'Italie et très peu de football, on se dépêchait d'arriver au stade pour être assis à notre place juste à temps, en tribune, presque recueilli, quand commencerait l'échauffement de Diego. On ne l'aurait fait pour personne d'autre. C'était un cérémonial et un enchantement, une demi-heure suspendue, en marge de ce qui se jouait autour de lui, l'habituel échauffement des autres, les courses progressives, les gammes obligées, cette mise en route des machines à moteur ordinaire. Diego, lui, ne courait presque pas. Il prenait un ballon, et puis le caressait pendant une demi-heure avec une grâce et une virtuosité qui rendaient l'été italien plus éclatant encore, et que l'on n'a jamais oubliées, plus de trente ans après. Dans ces minutes-là, il ne faisait déjà pas le même sport que les autres, comme s'il résumait ce qui l'avait toujours séparé du commun des joueurs et qu'il annonçait dans le même temps ce qui allait suivre. C'était parfois la beauté du diable, mais dans ces instants où ses adversaires étaient encore de l'autre côté du terrain et où le ballon était son ami, selon une proximité inaccessible aux autres, il ne restait que le génie d'un homme. Cela devait ressembler à cela, les gammes de Glenn Gould avant de jouer Bach.

Diego Maradona est presque une religion ; cela lui a permis d'être presque toujours pardonné et de vivre des rédemptions plus belles que ses péchés. C'est un enfant du peuple, à qui il a offert ses plus beaux jours et qui a gardé pour lui toutes les nuits, celles où il s'est enfoncé dans la dépendance, l'alcool, la drogue, les femmes, les amitiés toxiques ; de la même manière que sur le terrain son jeu était guidé par une lumière qui n'éclairait que lui, il n'a pas toujours eu conscience des ténèbres qui le happaient, devenu incapable de faire la différence entre l'aube et le soir.

C'est l'un des plus vieux débats du foot : Diego Maradona est-il le meilleur joueur de l'histoire de la Coupe du monde devant le roi Pelé ? C'est une interrogation à la mesure du culte dont fait l'objet d'Argentin, mais qui ne résiste pas vraiment à l'étude comparative de leur palmarès et de leur trace. On peut comprendre les arguments des maradoniens : Pelé était un simple et jeune passager dans la grande équipe du Brésil en 1958, il avait eu peu de poids dans la conquête du titre en 1962 en raison d'une blessure, et il avait encore une très grande équipe autour de lui, peut-être la plus belle de l'histoire du jeu, en 1970 au Mexique. Comme dans la vie, Diego Maradona a dû apprendre à se débrouiller tout seul ; c'est une large partie de sa mythologie et de l'attraction qu'il a toujours suscitée. En dehors de Michel Platini à l'Euro 1984, il n'y a pas d'autre exemple d'un joueur portant ainsi une équipe sur son dos pour l'amener au titre suprême, comme l'a fait Maradona en 1986 au Mexique. La main de Dieu avait été moins décisive que son pied gauche, et même s'il avait de bons joueurs de football autour de lui, comme Burruchaga et Valdano, l'Argentine n'aurait peut-être même pas passé le premier tour sans lui. Cela restera son seul sacre planétaire, le plus beau moment de sa carrière, mais il aurait dû avoir la chance d'être nimbé beaucoup plus tôt de cette gloire mondiale, si le sélectionneur César Menotti ne l'avait pas jugé trop jeune pour participer au titre de 1978, au pays. Même encore postadolescent, cheveux bouclés sur un visage d'ange, Diego aurait été parfait dans cette équipe de dingues, beaux attaquants et mauvais coups, une lueur de folie au fond des yeux, où se mélangeaient l'amour du jeu, le patriotisme, ainsi que quelques produits pharmaceutiques, sans doute. Puisqu'on ne l'avait pas invité à cueillir ce titre de champion du monde, puisque tout était plus difficile pour ce génie que pour quelques sans grade ni aspérité qui plaisaient mieux aux entraîneurs, il lui a fallu aller le chercher tout seul. En 1982, en Espagne, son talent brut s'était légèrement poli, mais le football à l'ancienne lui avait fait vivre un enfer comparable à celui qu'avait connu Pelé en 1966, ces assauts impunis des défenseurs dont le seul horizon était de détruire les créateurs de son espèce. Il faut revoir les images, ou plutôt ne pas les revoir, de Claudio Gentile, le défenseur italien, le décourageant de son antijeu et de ses brutalités, le sortant du match par ses provocations et le déshabillant de son génie au point que le monde n'en verrait que la frustration, cette réaction sanguine qui lui vaudrait un carton rouge.

Un jour que l'on demandait à Michel Platini qui de Pelé ou de Maradona était le plus grand joueur de l'histoire de la Coupe du monde, il avait réfléchi quelques secondes et nous avait répondu : « Pelé. Maradona, ce n'est pas la même chose, j'ai joué contre lui et le dimanche après les matches, je savais que ce n'était pas lui qui pissait. »

Pour prendre ses revanches, en 1986, sur le pays qui l'avait oublié en 1978, sur les arbitres qui l'avaient si mal protégé en 1982, Diego avait quitté Naples dès le printemps pour suivre en Argentine une préparation particulière. Il savait déjà qu'il devait échapper aux nuits napolitaines pour redevenir un athlète, que tout le reste suivrait à partir du moment où son enveloppe terrestre de joueur divin s'allégerait quelque peu. La victoire de l'Argentine sur l'Angleterre à Mexico, à la Coupe du monde 1986, sur fond de revanche de la guerre des Malouines, raconte l'histoire d'une vie et dit tout de Maradona ; c'est ce que l'on a vu et revu au soir de sa mort. Le football n'aurait probablement pardonné à personne d'autre d'avoir inscrit un but de la main d'une manière aussi cynique et volontaire, mais le football n'avait jamais vu en Coupe du monde un exploit pareil à son deuxième but contre les Anglais, un slalom parti du milieu de terrain avant une pichenette, de l'autre côté au bout d'un vertige pour toujours. Compte rendu clinique de l'exploit : 52 mètres, 44 foulées, 10,6 secondes, 14,4 km/h de moyenne, cinq adversaires éliminés, deux autres impuissants à l'atteindre.

Il a fait entrer dans l'éternité le commentaire du journaliste argentin Victor Hugo Morales, célébrant ainsi ce but, en direct : « Un génie, un génie, un génie ! Gooooool… Je veux pleurer ! Dieu saint, vive le football ! Golaaazooo ! Diegoooool ! Maradona, lors d'une action mémorable, la plus belle action de tous les temps... Un cerf-volant cosmique... De quelle planète viens-tu pour laisser sur ton chemin autant d'Anglais ?... Merci, Dieu, pour le football, pour Maradona, pour ces larmes. »

Toute la carrière de Maradona est contenue dans ces minutes qui laissent à chacun le choix entre l'admiration absolue et le regret de cette face sombre. Comme si, passant sa vie sur ce fil, au risque permanent du déséquilibre et de la chute, il invitait en retour le public à ressentir l'incertitude de ce vertige et à ne pas le juger, mais seulement admirer la vue, de là-haut.

En 1986, Maradona avait une meilleure équipe autour de lui qu'en 1990 en Italie où, en dehors des jeunes jambes de Claudio Caniggia, qui sera suspendu pour la finale, et de la technique du Parisien Gaby Calderón, il avait porté sur ses épaules jusqu'en finale à Rome une phalange ordinaire qui n'aurait pas vu le mois de juillet sans lui. Il reste de la finale perdue face à l'Allemagne (0-1) le souvenir de l'une des apothéoses les moins intéressantes de l'histoire, ainsi que les larmes de Diego, avant que le match commence, pendant que l'hymne argentin était conspué et que l'on pouvait lire sur ses lèvres « *Hijos de puta* » (« Fils de p… »), adressé aux Romains qui lui reprochaient d'avoir sorti l'Italie en demi-finale à Naples, et sans doute d'avoir dominé le pays avec son petit club du Sud. La vie de Maradona a été une succession de revanches, et ce n'est pas toujours lui qui les a prises. L'idée de l'exemplarité du champion n'a jamais accompagné son génie, et c'est peut-être ce renoncement même qui l'a soustrait, le plus souvent, au jugement moral, après ce crépuscule bouffi d'orgueil, d'étincelles et de soufre, en 1994, aux États-Unis, où il avait paru renaître une nouvelle fois de ses cendres, ce qui était son métier principal depuis de longues années, mais où il avait été pris la main et peut-être même le pied gauche dans le pot de confiture et de produits interdits, à Boston. Il aura été le dernier joueur exclu d'une Coupe du monde pour dopage, ce qui a renforcé la théorie du complot : la FIFA devait vraiment le chercher pour le trouver aussi facilement, et on dirait qu'elle n'a jamais aussi bien cherché, depuis. Mais que la FIFA l'ait ciblé reste une hypothèse qui s'oppose au hasard du tirage au sort et du numéro 10 tiré par le médecin de l'équipe de France de l'époque, Jean-Marcel Ferret, à moins qu'il n'y ait eu que des numéros 10 dans le chapeau, et rien de tout cela ne peut modifier le fond de l'affaire : Maradona était coupable. Mais tandis que Lance Armstrong a disparu du palmarès et des hommages du Tour de France, Diego n'a jamais été autant célébré : c'est comme si les zones d'ombre étaient inséparables de la narration d'une vie comme aucune autre et pareillement soustraites au jugement moral, comme si Maradona devait éternellement porter la beauté du diable, alternativement un fardeau et un étendard, comme s'il était plus populaire d'être aussi fragile, comme si chacune de ses chutes le rapprochait du peuple dont il ne vivait plus la vie depuis longtemps, mais qui demeurait sa matrice. C'est de là qu'il venait, et c'est là qu'il s'était promis de retourner à la fin de sa vie, malade, bouffi, épuisé par les nuits, la drogue, l'alcool, les médicaments et les mauvais médecins. C'est le peuple qui le pleurerait après sa mort, qui se presserait sur les routes et sur les ponts au passage du convoi funéraire, pour hurler son nom, chanter sa gloire, pleurer sur cette disparition et sur sa propre jeunesse, sur la fierté de l'Argentine et sur l'orgueil d'un homme de 1,65 mètre qui bombait le torse et avait décidé que personne ne serait plus grand que lui, ni vivant ni mort.

Marcel

Dans *New York-Miami*, le film de Frank Capra, Clark Gable avait fait chuter les ventes de tricots de corps aux États-Unis au cœur des années 30 en apparaissant le torse totalement nu après avoir enlevé sa chemise devant Claudette Colbert, dans la chambre partagée d'un motel. En 1951, Marlon Brando avait relancé les actions du « marcel » dans *Un tramway nommé désir*. On ignore si les footballeurs italiens, ensuite, ont à peu près maintenu le marché mondial des maillots de corps, mais ils essaient : les soirs de triomphe, ils échangent leur tunique bleue et on ne voit que leurs marcels blancs, le col à peine grignoté par leur torse velu et une médaille de la vierge, ou alors une croix, du moins à l'époque où les footballeurs avaient le droit de jouer avec leurs bijoux.

On ne sait pas si c'est une vieille consigne de leur mère, un « mets ton tricot de corps, ne prends pas froid » qui remonterait à l'enfance et qu'ils n'auraient jamais oublié. On ne sait pas si c'est une pudeur à l'italienne, ou alors une certaine idée d'une élégance maintenue même sans maillot. On ne sait pas, et cela n'arrive presque plus, d'ailleurs, la mode est passée, le maillot de corps est devenu rare, les équipementiers ont récupéré l'espace, et plus personne ne se souvient que le marcel tient son nom de l'usine Les Tricots Marcel qui fabriquait des maillots de corps à la fin du XIXe siècle. Pour relancer le marché mondial, il faudrait que Ronaldo décide soudain de cacher ses abdos sous un marcel : c'est dire si ce n'est pas gagné.

Mascottes

Footix, la mascotte de la Coupe du monde 1998 en France, a toujours eu des petits frères et des petites sœurs. Un lion pour l'Angleterre en 1966, Junanito et Sombrero, deux frères mexicains en 1970, Tip et Top sous le maillot de la RFA en 1974, Gauchito, un petit garçon argentin en 1978, avant que l'époque passe aux fruits et légumes. En 1982, en Espagne, c'était Naranjito, une orange avec un maillot, et en 1986, au Mexique, Pique, un piment avec un sombrero et un petit maillot rouge. En 1990, l'Italie avait innové, avec Ciao, un objet design aux couleurs de l'Italie, un bonhomme en petits cubes à la tête en ballon. Ont suivi : Striker en 1994 aux États-Unis, retour à l'anthropomorphisme, un chien en tenue de footballeur, puis Footix, donc, avant le trio Kaz, Nik et Ato, lutins japonais et coréens en 2002, puis le retour du lion avec Goleo et Pille, son ballon parlant, en Allemagne 2006, l'arrivée du léopard, Zakumi, en 2010 en Afrique du Sud, avant Fuleco, un tatou brésilien en 2014. Après

Zabivaka, un loup russe en 2018, le Qatar a innové, pour 2022, avec La'eeb, littéralement « joueur super doué », en arabe, qui représente un keffieh.

Le prétexte de la mascotte est toujours de refléter une partie de la culture du pays, de même que son but est toujours de développer les ressources liées au merchandising. Mais les autocollants n'existent plus, plus personne n'accroche de porte-clés à son rétroviseur, et les peluches prennent vite la poussière. Les mascottes restent une signature, quand même, et il est possible qu'un jour quelqu'un considère Footix avec quelque nostalgie. Mais pas encore.

Materazzi, Marco

Il a fini par avoir la statue qu'il méritait, mais pas tout seul, pour le geste technique le plus célèbre de sa carrière : le coup de boule de Zidane sur sa poitrine, ainsi gravé dans le marbre, personne n'ayant songé à représenter le moment où l'Italien est tombé au sol en se tenant la tête et en ne se souvenant plus d'où il avait mal. Fils d'un footballeur et d'autre chose, aux yeux des supporters français pendant l'été 2006, Marco Materazzi aura été l'homme de la finale de Berlin, par quelque bout qu'on la prenne : c'est lui qui a commis la faute sur Malouda avant le penalty de Zidane, lui qui a échappé à la surveillance de Vieira pour égaliser de la tête, lui qui a sorti Zidane du match en l'insultant et en s'écroulant, lui qui a réussi son tir au but dans la série victorieuse de l'Italie. International tardif, à 28 ans, « Matrix », qui n'aura disputé que deux matches en entier pendant la Coupe du monde 2006, la demi-finale et la finale, a été suspendu pour deux matches et puni d'une amende de 5 000 francs suisses après le coup de boule, sans que l'on sache de quoi, au juste, la FIFA le jugeait coupable. Car personne n'avait entendu l'insulte, sans quoi il était impossible d'évaluer la provocation. L'Italien publiera même un livre humoristique sur les hypothèses entourant l'insulte, avant de révéler pour de bon l'enchaînement fatal. Après que Zidane, lassé de voir l'Italien tirer son maillot, lui eut suggéré d'attendre la fin du match pour avoir son maillot, Materazzi avait répondu : « Je préfère ta pute de sœur. » Personnellement, on aurait peut-être préféré le mystère.

Matthäus, Lothar

Les tauliers ne devraient jamais quitter leurs habits et se présenter nus à l'heure de vivre de leur gloire. On aurait juré qu'il y aurait plusieurs actes dans la vie de Lothar Matthäus, et puis il n'y a rien eu d'autre que son immense carrière, ce qui reste beaucoup pour un seul homme, mais assez peu pour un joueur qui avait passé vingt ans à commander, à réprimer, à manipuler, et qui n'avait jamais imaginé qu'il serait incapable, une fois devenu entraîneur, de faire passer une idée de jeu, de convaincre un groupe autrement que par la terreur, et de donner envie aux autres de jouer pour lui.

Après quelques tentatives désordonnées, il s'est rangé à une vie de consultant, comme les autres, mais on s'en voudrait presque de commencer par la fin : Matthäus a été un joueur incroyable, qui a révolutionné le poste de libero quand il est descendu d'un cran sur le terrain, qui a disputé cinq Coupes du monde (1982, 1986, 1990, 1994, 1998) et a remporté l'édition 1990 comme capitaine, l'année de son Ballon d'or. Matthäus, c'était une agressivité, une vision du jeu et une frappe de balle peu communes, et pour le leadership, il ne fallait pas venir le chatouiller. Mais on n'était pas obligé de dire oui à tout, et un matin qu'il avait décidé de dire non, Bixente Lizarazu s'était battu avec lui, à l'entraînement du Bayern, poings contre poings, comme dans une cour d'école. Matthäus avait apprécié, c'était ainsi qu'il voyait la vie, et quand tout avait été fini il était passé à autre chose. Dans la vraie vie, plus tard, passer à autre chose avait été un peu moins facile.

Matuidi, Blaise

Certains de nos amis, et quelques personnes que l'on aime moins, n'envisagent toujours pas que l'on puisse être un grand joueur sans élégance. La grandeur serait inséparable de l'esthétisme, et la qualité de la performance serait insuffisante à masquer des manières de laborieux. Blaise Matuidi a souvent avancé dans cette injustice médiatique et populaire, indispensable à la collectivité, mais accompagné des réserves du jury qui trouvait pertinent, en 2018, de comparer son apport sur le côté gauche au jeu de feu de Kylian Mbappé sur le côté droit, puisque le schéma choisi par Deschamps induisait cette comparaison. Matuidi attaquait moins vite, mais il défendait plus fort, et il a toujours su se projeter, aller créer de l'espace par ses courses. Cela ne l'a pas aidé à être une star, mais cela a aidé tous les autres à devenir champions du monde.

Mbappé, Kylian

Il est né après la conquête de la Coupe du monde 1998, et il en a gagné une lui-même dès qu'il en a eu l'âge, avant d'avoir 20 ans, dans l'été 2018 de Moscou où il avait semblé filer comme une comète, notamment dans le huitième de finale difficile face à l'Argentine (4-3), le jour qui l'a révélé au monde. Chacun avait perçu le phénomène, depuis le premier jour, mais les fans de football et les observateurs sont habitués au son que font les trompettes de la jeune renommée : parfois, il s'estompe dans le temps, où il se perd dans le même élan que les anciennes promesses.

Kylian Mbappé est devenu champion du monde presque au même âge que Pelé, quarante ans plus tôt, et la comparaison a émergé, facilitée par un message du Roi lui-même, certes téléguidé par un sponsor suisse commun, mais quand même. L'arrogance des dribbleurs de feu, la foudre sous ses pas, la manière dont il aura été le meilleur joueur du meilleur match des Bleus à la Coupe du monde, contre l'Argentine, tout a participé à une gloire soudain planétaire. Depuis la mondialisation du foot, l'accès à Internet suffit à connaître le moindre joueur émergeant à l'autre bout du monde. Mais si la Coupe du monde ne découvre plus de nouveaux visages, elle consacre les nouveaux rois. Sans Mbappé, peut-être Antoine Griezmann aurait-il pu mieux contester le Ballon d'or de Modrić. Mais le jeune joueur du PSG a divisé les voix en multipliant les exploits, et il a manqué à Griezmann un peu de lumière, puisqu'il lui a fallu la partager. Au fond, on sait exactement ce qui est fascinant dans la trajectoire de ce jeune homme : c'est la manière dont presque tout a été anticipé depuis son enfance par ses parents, Wilfried et Fayza, l'entraîneur de foot et l'éducatrice, l'un pour le jeu, l'autre pour l'image et les intérêts à venir, énormes. Kylian Mbappé a presque toujours su ce qui allait lui arriver, si bien qu'il n'a pas eu à en être autant surpris que les autres ; la gloire se digère mieux quand on la voit venir de loin, et pour les interviews c'était pareil, il avait de longues saisons derrière lui devant le miroir de sa salle de bains, et pour les mots qui lui auraient manqué, peut-être, il avait pris des cours de théâtre. On comprendra insuffisamment Mbappé si on n'intègre pas qu'il était un enfant précoce, captant tout et plus vite que les autres, forcément en décalage avec sa génération, cherchant la compagnie des plus vieux, mais ne cherchant pas forcément de compagnie non plus, célébrant le titre de champion de France de l'AS Monaco, en 2017, en rentrant chez lui jouer à la console au lieu de fêter cela dans la nuit, avec les autres. Depuis, il a rattrapé ce décalage et n'est pas guetté par la vie monacale plus qu'un autre, mais s'il a vraiment changé dans les mois qui ont suivi la Coupe du monde, c'est dans le jeu, surtout : il a progressé sans cesse, d'une saison sur l'autre, et c'est encore ce qui le sépare de la plupart des espoirs qui continuent de vivre sur des promesses qu'ils savent ne plus pouvoir tenir. Parfois le regard des autres s'est décalé, pour le faire grandir à son jeune corps défendant, parce qu'une nouvelle armure est toujours la réponse à la logique des flèches. Il faudrait récapituler ce qui se disait de lui deux ans après le sacre mondial, au creux du phénomène de balancier connu, disposant qu'à la fin de la période de révélation et d'innocence, le scepticisme devient une posture chez quelques-uns : égoïste, incapable de devenir un véritable avant-centre, rétif au moindre effort défensif, un « tout-droit » qui ne sait pas se réinventer, moins fort que Haaland, même, pour la moitié la plus ratiocineuse des observateurs. Le temps a rapidement effacé ces réserves : le PSG sans lui serait une équipe ordinaire, il sait être passeur à présent qu'il n'a plus besoin d'être seulement buteur pour gagner son paradis, est devenu un attaquant complet qui peut marquer dans toutes les positions et déclencher le danger à partir de toutes les zones, et pour la défense, c'est une autre affaire, mais ses entraîneurs ont besoin de lui ailleurs.

Depuis les premiers mois, on a toujours su que c'était parti pour quinze ans, et qu'à la fin de l'histoire il faudrait réviser le classement des plus grands joueurs français et modifier le marbre des statistiques. On a à la fois hâte et on n'est pas pressé, parce que chaque étape du feuilleton reste une bonne manière de voir passer le temps, parce que l'esthétique de son jeu embellit les soirées, et parce que, même en supposant le meilleur tous les trois jours, on parvient à être surpris. Mais on sait ce qui classe les plus grands du jeu : des victoires en Coupe du monde, ce qui vaut pour Pelé et Maradona, notamment, ou alors le nombre de Ballons d'or, ce qui distingue Messi et Ronaldo, qui n'ont jamais été champions du monde. Kylian Mbappé a déjà tracé un trait dans la première colonne, et il s'impatientera au moins un an de plus avant d'imaginer remplir la seconde, mais on sait déjà qu'il va devoir faire de la place sur ses étagères.

Meazza, Giuseppe

En allant au stade, on ne sait pas toujours à qui on rend hommage. Il n'est pas sûr que tous les spectateurs du football français sachent que Jean Bouin était un champion olympique d'athlétisme de 1912 mort sur le front pendant la Première Guerre mondiale, que Geoffroy Guichard était le fondateur de Casino, que Gerland est un quartier, que Bernabeu était le président du Real Madrid et que Giuseppe Meazza, qui a donné son nom au stade de Milan, était l'un des plus grands joueurs italiens de l'histoire, l'un des deux à avoir remporté la Coupe du monde 1934 puis celle de 1938, avec Giovanni Ferrari. Avec le *naming*, qui permet aux clubs de vendre un peu de l'âme des stades pour des sommes dérisoires en regard de l'économie du football (plus de 5 millions d'euros à Lyon pour le Groupama Stadium, qui serait l'un des contrats les plus élevés en France, mais seulement 2,5 millions d'euros pour l'Orange Vélodrome à Marseille), tout cela se perdra, mais cela permettra au moins au stade de Lille de ne plus porter le nom de Pierre Mauroy, qui détestait le foot, et d'effacer ainsi les traces de cette vacherie posthume de Martine Aubry.

Le stade de Milan s'est longtemps appelé San Siro, le nom du quartier où il est posé, majestueux et vieillissant, et c'est ainsi que les Milanais continuent de le désigner, le plus souvent, surtout les fans de l'AC Milan, mais ceux de l'Inter rendent volontiers hommage à Giuseppe Meazza, gloire des années 30, 216 buts en Série A, champion du monde en 1934, capitaine de la seconde conquête, en 1938, et personnage rare : l'ancien pauvre des faubourgs de Milan, qui avait perdu son père sur le front italo-autrichien de la Grande Guerre et avait travaillé dès 14 ans dans une fabrique de ceintures, avait été une vedette absolue de l'époque, apparaissant dans les publicités pour le Martini, du dentifrice et de la gomina, ce qui se mariait parfaitement à sa vie, voitures de sport, costumes de luxe, salles de jeu et cabarets. L'un de ses coéquipiers, qui avait renoncé à compter sur ses doigts, prétendait qu'il avait eu plus de maîtresses qu'il n'avait marqué de buts, et il marquait souvent.

Mendy, Benjamin

La Coupe du monde 2018 doit lui sembler un paradis perdu, à présent que sa vie est devenue un enfer. On n'est pas vraiment sûr qu'il méritait d'aller en Russie, cet été-là : après s'être battu contre une grave blessure et le temps, il avait trouvé le moyen d'arriver en retard à l'entraînement du dernier match de la saison avec Manchester City, le seul qu'il pouvait jouer, enfin, parce qu'il avait manqué son avion après une nuit parisienne. Pep Guardiola, son entraîneur, l'avait exclu du groupe, quatre jours avant que Didier Deschamps annonce sa liste. De fait, s'il a été un membre important de l'équipe de France à la Coupe du monde par sa personnalité solaire, les entraînements et même le France-Danemark auquel il a participé ont confirmé qu'il n'était pas vraiment en état de jouer. Mais tout cela, c'est du foot. Sa vie d'avant. Aujourd'hui, si Benjamin Mendy est champion du monde pour toujours et un gars adoré par les autres, sa vie a basculé après des accusations de viol qui l'ont envoyé en prison pendant plusieurs mois, puis en liberté surveillée et dans une très longue procédure judiciaire, dont on ignore quand il reviendra, ni comment.

Messi, Lionel

La défaite du meilleur joueur du monde en finale aurait dû être une tragédie pour le jeu, la même qui avait été ressentie lorsque Johan Cruyff a perdu la Coupe du monde 1974 en Allemagne. Mais quand cela est arrivé à Lionel Messi, en 2014, cela n'a été qu'une défaite pour lui et pour l'Argentine. Cruyff, lui, était précédé par l'idée d'une apothéose pour le football total, après que son Ajax Amsterdam avait révolutionné le jeu moderne, et la victoire allemande, en regard, avait des airs réactionnaires. Pour Messi, battu par l'Allemagne (0-1, après prolongation) au Maracanã, ce n'était qu'un rendez-vous manqué. Il y a toujours ce doute qu'il soit fondamentalement argentin, pour prix de son adolescence et de son éducation barcelonaises, ce qui l'a fait longtemps porter la culpabilité de cet écart entre la magie distillée avec le Barça et son ascendant moindre avec la sélection. Il n'a pas porté l'Argentine comme l'avait fait Maradona, mais il l'a portée quand même pendant plus de quinze ans, et si l'âge semble le rattraper de plus en plus facilement, à l'allure où il se déplace, l'histoire n'est pas finie. Il a enfin remporté un trophée majeur avec l'Argentine, en gagnant la Copa America en 2021, ce qui lui a suffi pour engranger un septième Ballon d'Or crépusculaire et contesté. Mais si jamais son histoire avec la Coupe du monde devait se terminer comme elle a commencé, flotteraient dans l'air deux questions pour longtemps. Est-ce que l'on peut prétendre au titre de meilleur joueur de l'histoire sans une victoire en Coupe du monde ? Est-ce que cela suffirait à en faire l'égal de Pelé, qui en a remporté trois ? Vous avez quatre heures, mais pour y parvenir il n'est pas certain que Messi ait quatre ans de plus devant lui.

Miracle de Berne (Le)

Das Wunder von Bern est un miracle à deux faces. D'un côté, une finale de Coupe du monde que l'Allemagne n'aurait jamais dû gagner, et un triomphe traversé de suspicions, très au-delà du sentiment commun qu'une équipe aussi extraordinaire que la grande Hongrie aurait mieux mérité semblable couronnement. De l'autre côté, l'acte refondateur de la nation allemande, neuf ans seulement après la Seconde Guerre mondiale : à Berne, le 3 juillet 1954, les Allemands ont de nouveau été fiers de leur hymne, de leurs couleurs et d'une conquête.

C'était beaucoup plus qu'un match, comme souvent les finales de Coupe du monde. Mais c'était un match, aussi, et le rapport de force, à l'aube du grand rendez-vous, est assez simple : la Hongrie de Puskás, Kocsis et tant d'autres est alors invaincue depuis 31 matches, elle a mis l'Angleterre à genoux, à Wembley (6-3) en 1953, et elle a balayé l'Allemagne au premier tour (8-3) de l'épreuve.

L'Allemagne renaît lentement de ses cendres, et ce n'est pas une image. Son meilleur joueur, Fritz Walter, a été soldat en France, puis embarqué vers le front soviétique, où il sera malade, puis prisonnier. Il sera reconnu dans un camp en Russie, épargné d'un transfert vers la Sibérie, ce qui lui permettra de rentrer à la maison, à Kaiserslautern. Il souffrira de crises de paludisme toute sa vie, perdant ses pouvoirs face à la chaleur, mais les retrouvant tous les jours de pluie, au point qu'on l'appellera Fritz « Water », tant il aimait l'eau.

Dans cette Coupe du monde en Suisse, seul candidat déclaré en 1946, parce que sa neutralité pendant la guerre avait solidifié son économie, apparaît une nouvelle Allemagne : la sélection n'a pas joué de 1942 à 1950, et c'est la première fois qu'une équipe uniquement allemande est formée depuis les JO de Berlin en 1936, puisque l'Allemagne avait aligné l'équipe de l'Anschluss, avec des Autrichiens, pendant la Coupe du monde 1938 en France. Mais toutes les pages n'ont pas été tournées. Le sélectionneur, Sepp Herberger, le bâtisseur du miracle de Berne, a une histoire, voire un historique. Il s'occupait déjà de l'équipe quand elle s'entraînait avec une croix gammée sur son survêtement. De fait, il a dirigé la sélection de 1936 à 1964, après avoir été membre du parti nazi, en 1933. Le IIIe Reich ne s'était pas exagérément intéressé au football, considéré comme trop aléatoire, un sport collectif dont les résultats sont trop indépendants du rapport de force. Herberger, quand même, avait coopéré en 1941 pour un film de propagande intitulé « Le grand match », ce qui pouvait au moins faire de lui un complice par ambition.

Mais organiser une équipe, concevoir une stratégie, créer une dynamique collective, il savait faire. Au mois de mai 1954, il emmène tout le monde à Spiez, dans une pension de famille, mais sans familles, justement, sans journalistes, ni visiteurs ou amis. Il contrôle si bien son groupe et l'événement que, au début de la Coupe du monde, le président de la Fédération allemande n'avait rien trouvé de plus subtil ni de plus intelligent que de louer le « Führerprinzig », l'idée nazie du commandement, la soumission de l'ensemble aux ordres d'un seul, et retrouvée au travers de ce management tellement admirable.

Au premier tour, quand l'Allemagne croise déjà la Hongrie, Herberger fait profil bas, n'aligne pas sa meilleure équipe, et se fiche de la défaite (3-8), qui le dirige d'ailleurs vers un tableau plus facile, jusqu'à la finale. Mais dans sa volonté de planification, a-t-il sciemment placé un contrat sur la tête de Ferenc Puskás ? Werner Liebrich ne jouera qu'un match pour l'Allemagne, celui-là, et il s'occupe de mettre le génial gaucher hongrois hors de combat, qui sort blessé, ne jouera aucun des deux matches suivants, et disputera la finale sur une jambe.

Il n'empêche, la veille de la finale, personne ne croit aux chances de l'Allemagne, sinon elle-même, et encore, pas dans n'importe quelles conditions : « S'il pleut, ce sera un autre match », promet Herberger.

En regard de la reconstruction rapide d'une équipe et lente d'une identité, la Hongrie est une grâce, la lumière et l'intelligence du football de ces années-là. Vingt ans plus tôt, c'est un peu les Pays-Bas de Johan Cruyff en 1974 : une équipe qui a inventé un jeu nouveau, avec un génie à sa tête, et à laquelle il ne manque que cette couronne. Cette équipe n'a plus que deux années de football en commun devant elle : en 1956, les chars soviétiques entreront dans Budapest, et, alors en tournée avec Honvéd, les internationaux hongrois décideront, pour la plupart, de se réfugier à l'ouest et de ne pas rentrer au pays. Déjà, d'ailleurs, le gardien Grosics a tenté de fuir en 1949, ce qui lui a valu deux années de suspension en équipe nationale.

Le matin du 4 juillet 1954, à Berne, survient le premier miracle : il pleut, ce que les Allemands appellent « la météo de Fritz », puisque Walter se transforme sous l'averse. Quand vient la finale, l'après-midi, devant 62 471 spectateurs, dont 30 000 Allemands, le terrain est glissant, pourtant la Hongrie semble dérouler son jeu, et mène 2-0 après dix minutes. Mais les Hongrois tiennent difficilement debout, plus difficilement que les Allemands, en tout cas, qui possèdent un avantage caché, qui sera révélé bien plus tard : Adolf Dassler, dit « Adi », le fondateur d'Adidas, a conçu exclusivement pour la sélection allemande des chaussures légères à crampons révolutionnaires, des crampons vissés qui peuvent être changés selon les conditions de jeu. C'est un avantage décisif, un peu comme lorsque l'Angleterre avait remporté le titre olympique de tir à la corde, en 1908, parce qu'elle avait inscrit une équipe de policiers qui concouraient avec des souliers à clous. En huit minutes, l'Allemagne égalise (2-2), son gardien Turek effectue des arrêts fantastiques, et Helmut Rahn inscrit le but vainqueur à la 84e minute. La grande Hongrie, dont ce sera la seule défaite en 48 matches, de mai 1950 à février 1956, va bien marquer par Puskás deux minutes plus tard, mais le but sera refusé pour hors-jeu, à juste titre selon les témoins et quelques images. Parce qu'il avait tenté de fuir le pays, quatre ans plus tôt, parce qu'il s'était engagé dans une milice antisoviétique pendant la guerre, et parce qu'il a encaissé trois buts, Gyula Grosics, considéré comme le meilleur gardien du monde, sera interrogé à son retour à Budapest, et détenu dans des conditions militaires autour de soupçons d'espionnage. Après les événements de 1956, il rentrera au pays en 1957, en raison des menaces planant sur son père, et continuera d'être interrogé par la police, chaque semaine, pendant plusieurs années.

L'ombre du dopage plane sur ce triomphe, et le Major galopant, Ferenc Puskás, l'un des plus grands joueurs du XXe siècle, avait même porté des accusations sérieuses contre les joueurs allemands. Il était allé si loin que la rumeur prétend qu'il avait été interdit de séjour en Allemagne, en 1959, pour la finale de la Coupe d'Europe des clubs champions contre Reims à Stuttgart. Ce qui est faux : il avait fait le voyage, mais s'était légèrement blessé en demi-finale, et il avait été écarté de la finale en raison de sa forme moyenne. Le temps a glissé sur sa rancœur : quinze ans après la finale de Berne, en 1969, il avait accepté de participer à un match amical qui avait réuni huit champions du monde en état de courir, à Stuttgart.

Mais pour le dopage, le faisceau d'éléments permet d'aller très au-delà de la rumeur. Les joueurs allemands auraient reçu les mêmes pilules de pervitine et de captagon que celles qui permettaient aux pilotes de la Luftwaffe de résister au sommeil pendant la guerre. Les médecins de la sélection avaient tellement exagéré sur la posologie que la plupart des champions du monde 1954 avaient fait une jaunisse avant la fin de l'année, et pour certains, une hépatite C, qui allait emporter Richard Hermann, mort en 1962 d'une cirrhose.

Mais, en Allemagne, cette victoire aura marqué la renaissance d'un sentiment national, le point de départ d'une nouvelle identité, le moment où le pays a de nouveau chanté l'hymne allemand sans craindre de faire un peu trop de bruit vis-à-vis des Alliés. Trois cent mille Allemands saluèrent le train du retour des héros, le long des voies ferrés, agitant des drapeaux qui n'avaient plus servi depuis longtemps, et ils étaient encore 500 000 sur Marienplatz à Munich pour applaudir les nouveaux champions du monde.

Cinquante millions d'Allemands auraient écouté la retransmission du match à la radio, sur la NWDR, la future Norddeutscher Rundfunk. Herbert Zimmermann, un ancien commandant de char de la 22e Panzerdivision, plusieurs fois décoré dans la guerre germano-soviétique, passé au journalisme après avoir été rapatrié des pays baltes, a été tiré au sort pour commenter la rencontre. Ses commentaires appartiennent tellement au récit national de l'après-guerre que dans la dernière scène du *Mariage de Maria Braun*, de Fassbinder, on peut entendre ses mots à la radio.

« *Aus, aus, aus ! Das Spiel ist aus ! Deutchland ist weltmeister !* »

(« Fini, fini, fini ! Le match est fini ! L'Allemagne est championne du monde ! »)

Müller, Gerd

La première fois que quelqu'un a bien voulu nous expliquer ce qu'était un oxymore en évoquant un « gentil bourreau », on a tout de suite pensé à Gerd Müller, ce qui situe l'affaire, sans doute, au milieu des années 70. Mais s'il paraît qu'il était très gentil, on se souvient surtout qu'il était très bourreau : il avait éteint les rêves des Pays-Bas de Cruyff en inscrivant le but de la victoire allemande en finale de la Coupe du monde 1974, dans son jardin du stade olympique de Munich (2-1). On continue de revivre douloureusement sa sarabande, cette manière de courir, de faire de petits sauts et de lever les bras, un truc qu'il aura fait plus de 700 fois dans sa carrière, qu'il inscrive un but de loin, ce qui était rare, ou qu'il perpétue sa réputation de rôdeur, marquant dans toutes les positions, et de toutes les surfaces de son corps, se trouvant toujours là où allait le ballon sans que l'on parvienne à faire le tri de l'expérience, de l'instinct et de la chance. Il aura inscrit 14 buts en deux Coupes du monde, 1970 et 1974, et puis il avait décidé que c'était assez, avait fini doucement avec le Bayern, puis aux États-Unis, et il avait vieilli difficilement, encombré par sa gloire, ne sachant pas faire grand-chose d'autre que marquer, ce qui ne lui servait plus beaucoup, enrôlé par le Bayern pour divers boulots qui traduisaient la fidélité de son club et sa difficulté à s'adapter à la vraie vie. Il avait passé sa jeunesse à être là où on ne l'attendait pas, et il n'avait plus su, ensuite, être là où on l'attendait. Au soir de sa mort, en août 2021, à 75 ans, alors que le brouillard l'avait recouvert depuis longtemps, on avait été très triste pour le gentil bourreau.

Mur (Le)

Le monde a changé. Jadis, les joueurs en Coupe du monde s'éclipsaient discrètement, la nuit tombée, pour quelque rendez-vous galant ou pour une soirée joyeuse dans un bar de la ville qu'ils découvraient. Personne ne le savait, ou personne ne disait rien, ce qui revenait au même. Au XXIe siècle, l'affaire est infiniment plus compliquée : les joueurs ont besoin de la complicité du chef de la sécurité pour s'éclipser, si bien que tout doit être organisé en amont, le lieu, l'heure, et les participant.e.s (ce sera ici le seul exemple d'écriture inclusive dans ce livre). Dans le récit des conquêtes (pour les défaites, on fait toujours plus court), ces moments prennent toujours une place particulière, ils sont lus comme la clé de la construction du groupe et de sa force, et les joueurs emploient souvent un nom de code pour ne pas dire tout ce qu'il s'y passait, mais pour faire sourire les autres : quand ils expliquent qu'ils faisaient venir des beignets de Suisse, il faut comprendre que cela n'a rien à voir avec la pâtisserie.

En 1938, les conditions de sécurité n'étaient pas les mêmes. L'hostellerie du Grand Cerf à Chantilly, qui était la résidence de l'équipe de France pendant sa Coupe du monde à domicile, était infiniment plus poreuse, en bordure de la forêt. La vie sociale y était un peu monotone entre les matches, mais agréable : baignade à la plage de Boran-sur-Oise, au bord de l'étang, parties de pêche à l'étang des Nonettes, journées au champ de courses, visites de Jean Gabin et de Danielle Darrieux, qui aimait beaucoup Edmond Delfour, dit « Trottinette », l'attaquant de l'équipe de France. Gabin était alors en plein tournage de *La Bête humaine*. Tout cela était bien agréable, de même que toutes ces jeunes filles qui s'aventuraient à l'entrée de l'hôtel pour les apercevoir, mais ces joueurs n'étaient pas de bois et avaient envie d'un peu plus de liberté et d'aventure. La direction de l'équipe de France leur avait seulement promis une sortie parisienne les soirs de match, et quelques joueurs avoueraient qu'ils attendaient presque ces moments-là autant que le match lui-même. Confession ultérieure de Raoul Diagne, le premier joueur de couleur sous le maillot bleu : « On ne traînait pas dans le vestiaire. On était comme des gamins quand la cloche sonnait. » L'un des entraîneurs, l'ancien gardien Maurice Cottenet, les suivait, mais avait pour politique de rentrer une heure plus tôt, afin d'instaurer une distance.

Mais la longue concentration en forêt, comme toujours, n'était pas vécue de la même manière par ceux qui ne jouaient pas. Ainsi Mario Zatelli trouvait-il le temps long, et son statut injuste. Futur entraîneur de l'OM, alors joueur marseillais, fils d'un cafetier romain installé à Sétif, et repéré là-bas par le grand-père de Jean-Pierre Elkabbach, qui était alors recruteur pour l'OM, Zatelli avait brillé dans un match d'entraînement en inscrivant trois buts aux titulaires, mais rien n'avait changé, il était toujours remplaçant. Découragé, il avait donc décidé de faire le mur avec son coéquipier de l'OM, Abdelkader Ben Bouali, dit « Bimbo ». Direction le triangle des Bermudes où les footballeurs en visite à Paris, dans les années 30, aimaient se perdre : après une large revue d'effectif dans les cabarets, chez Ève et chez O'Dett, notamment, ils étaient revenus à l'hostellerie du Grand Cerf à pas de velours, à peu près certains que tout le monde dormait et n'allait pas tarder à se lever. Mais le directeur de l'hôtel, qui avait des consignes, les attendait, pour les emmener directement dans la chambre du dirigeant de la FFF Victor Mestre, lequel leur infligea une amende de 2 000 francs. La vraie sanction était ailleurs : Zatelli et Ben Bouali ne joueraient pas une seule minute de la Coupe du monde. C'est ce qui les attendait dans tous les cas, mais grâce à leur sortie, au moins, ils savaient pourquoi.

Mussolini

Quand arrive la Coupe du monde 1934, Benito Mussolini est au pouvoir depuis douze ans. C'est un pouvoir répressif, violent, traversé de meurtres, d'enfermements et de disparitions. L'Italie est un pays fasciste, les chemises noires sèment la terreur, et c'est exactement pour cela que le Duce veut la Coupe du monde : il souhaite montrer au reste de la planète les bienfaits de l'ordre et de l'organisation. Jules Rimet et la FIFA ne sont pas extrêmement regardants sur les droits de l'homme et la démocratie puisqu'ils choisissent l'Italie de Mussolini plutôt que la Suède ; déjà en 1934 courent les rumeurs de corruption et de paiements illégaux en amont du vote. Le président de la Fédération italienne, Giovanni Mauro, a annoncé il est vrai que les pertes éventuelles de la compétition seraient couvertes par l'État italien. La FIFA accepte *de facto* que Mussolini utilise la Coupe du monde comme outil de propagande de l'Italie fasciste : on en retrouve la volonté à chaque coin de rue avec ces affiches géantes montrant Hercule en footballeur, et levant le bras pour le salut fasciste. Pour la propagande, le dictateur italien a vraiment des facilités : avant le match d'ouverture, il s'installe quelques minutes avec le peuple dans la file des spectateurs qui veulent acheter un billet, car cette Coupe du monde qui se déroule dans plusieurs villes se jouera parfois dans des stades vides, ce que les Italiens ignoreront, puisque la radio annonce qu'ils sont pleins.

Quatre ans avant les Jeux de Berlin, l'instrumentalisation du sport a commencé : deuxième nation au classement des médailles des JO de Los Angeles en 1932 derrière les États-Unis, l'Italie ne veut pas perdre sa Coupe du monde. Elle est prête à tout pour cela, jusqu'à naturaliser des Argentins, qui sont quatre dans l'équipe, des *oriundi* censés avoir une origine italienne mais pour lesquels il a parfois fallu inventer une grand-mère. Parmi eux, Luigi Monti, déjà un boucher avec l'Argentine, encore un boucher avec l'Italie, notamment en quarts de finale contre l'Espagne (1-1), à Florence, où un arbitre belge refuse le but de la victoire à l'Espagnol de la Fuente, qui réussit l'exploit d'être signalé hors-jeu après avoir dribblé quatre joueurs. Après la prolongation, pas de tirs au but : on rejoue le lendemain avec les rescapés, et l'Espagne doit changer sept joueurs après tant de fatigue et de violences. L'Italie va se qualifier sur un but de Giuseppe Meazza, l'idole de Milan. Ensuite, la demi-finale face à l'Autriche (1-0) sera plus facile, mais il faudra une prolongation à l'Italie pour battre la Tchécoslovaquie (2-1) en finale, à Rome. Mussolini a vraiment annexé la Coupe du monde, ce qui fera dire à Jules Rimet, dans ses mémoires : « J'ai parfois eu l'impression que le président de la FIFA était Mussolini. » Il ne dira pas que cela, il passera dans ses souvenirs la trace d'une admiration « pour la foi capable de susciter de telles vertus », et il décrira même « une féerie ». Le soir de la finale 1934, à Rome, on sait très bien qui a la plus grande : à côté de la coupe du monde sculptée par l'artiste français Abel Lafleur, l'Italie brandit également la Coppa del Duce, remise par Mussolini, six fois plus haute.

Quatre années plus tard, à Paris, sous les lourds nuages noirs qui passent dans le ciel de l'Europe, l'Italie va conserver son titre, nourrissant la légende de la génération Meazza, mais une légende encore sous-titrée et utilisée par Mussolini, qui leur avait lancé, avant de partir, puisque tout devenait une guerre : « Gagnez ou mourez. » Ils avaient gagné, mais d'autres allaient mourir, bientôt.

Naples (1990)

Il est impossible d'oublier cette nuit quand on l'a traversée en passager, glissant à petits pas dans la touffeur de Naples en juillet, frôlant les murs pour chercher la fraîcheur, découvrir un portrait de Diego Maradona au détour d'une ruelle, et se hâter, enfin, au milieu des scooters roulant en vagues, l'écume d'une ville, vers le stade San Paolo et le match qui devait déchirer Naples : l'Italie de toujours, en demi-finale de sa Coupe du monde 1990, face à l'Argentine de Diego, le joueur qui avait rendu sa fierté à la cité, l'homme qui vivait comme un deuxième volcan, et avait mis à terre l'Italie du Nord qui la moquait d'éternité et déployait ses banderoles « Bienvenue en Italie » quand Naples allait jouer à Milan.

On n'a pas le souvenir, tout de même, que Naples ait été à ce point écartelée : elle s'était dit qu'elle hurlerait son amour pour Diego mais qu'elle chanterait pour que l'Italie gagne, et il est bien possible qu'elle se soit résolue à l'inverse, plutôt. Le 3 juillet 1990 serait un tournant fatal dans la vie de Diego, une rupture, le commencement de la fin au moment même où il imaginait l'immortalité, mais il était impossible de le lire de la sorte à cet instant précis, même au crépuscule, une fois l'espoir de l'Italie éteint, une fois Diego hissé en finale et redevenu l'objet de la détestation du reste de l'Italie. Maradona avait été excessif, provocateur, puis s'était repenti, et s'il avait toujours fonctionné et conquis l'amour selon ce schéma qui avait scandé ses vies, il avait piétiné l'Italie au nom de Naples, et c'était une erreur stratégique. Il avait lancé, à la veille de cette demi-finale : « Amis napolitains, pendant 364 jours par an, vous êtes considérés comme des étrangers dans votre propre pays. Aujourd'hui, vous devez faire ce qu'ils veulent que vous fassiez, supporter l'équipe d'Italie. Moi, je suis napolitain pendant 365 jours par an. Je ne peux demander plus aux Napolitains que ce qu'ils me donnent depuis six ans, mais s'ils veulent me faire plaisir, j'aimerais qu'ils soutiennent l'Argentine. Quand Naples a eu besoin de Maradona, j'ai répondu présent… »

On se souvient d'une étuve. On ne sentait même pas l'air de la mer, seulement la tension, dans un été traversé d'une ferveur, les drapeaux italiens à chaque fenêtre : la Squadra Azzurra n'avait pas perdu un seul match, pas encaissé un seul but, et huit ans après le triomphe de Madrid rêvait d'une quatrième étoile après 1934, 1938 et 1982. L'accueil du pays organisateur à l'endroit de Maradona avait été simple, jusque-là : il venait d'offrir au Napoli son deuxième titre de champion d'Italie, avait gagné la Coupe de l'UEFA l'année précédente, et tout le reste de l'Italie lui avait craché sa haine, comme on déteste son bourreau. Naples, au moins, n'allait pas siffler l'hymne argentin, et jamais Diego quand il serait en possession du ballon, mais, dans la Curva de San Paolo, les tifosi avaient brandi cette banderole : « Maradona, Naples t'aime, mais l'Italie est notre pays. »

La demi-finale ne prendrait nulle ampleur par le jeu, seulement par l'attente et l'incertitude, et par la présence de Maradona sous un maillot bleu plus sombre que son habit habituel de héros à San Paolo. Toto Schillaci, un gars de Palerme, le buteur d'un seul été, l'homme qui réconciliait le sud avec le nord du pays quand Maradona en soulignait la division, avait marqué en première période, mais Claudio Caniggia avait égalisé, et l'Argentine avait choisi d'attendre la séance des tirs au but. On avait attendu longtemps, longtemps : perturbé par le décor, sans doute fatigué, l'arbitre français Michel Vautrot avait oublié de siffler la fin de la première mi-temps de la prolongation, laissant jouer huit minutes de trop, un acte manqué qui soulignait combien la soirée était interminable. La séance des tirs au but venue, Donadoni avait manqué sa quatrième tentative, et juste derrière Diego s'était élancé sous des sifflets, il avait marqué son tir au but et hurlé de joie sans retenue, sans une pensée pour ceux de ses admirateurs qui avaient le cœur brisé autant que partagé ; après lui, Serena avait à son tour manqué son cinquième tir au but, et l'Argentine avait définitivement privé l'Italie de la finale de ses rêves, à Rome. Personne n'avait entendu Diego quand il avait voulu réparer l'irréparable, après : « Je n'ai jamais dit que les Napolitains devaient soutenir l'équipe d'Argentine. Je me suis seulement souvenu des banderoles du stade de Vérone qui disaient : "Napolitains, lavez-vous d'abord et bienvenue en Italie." Mais les Napolitains sont italiens, ils l'ont prouvé en étant derrière leur équipe nationale. »

Naples pouvait être en Italie, mais nulle enclave ne pouvait abriter Diego des flèches qui allaient tomber en rafales de tous les ciels. Comment savoir que tout s'était arrêté là pour Maradona, à cette minute même, trois jours avant sa deuxième finale de Coupe du monde contre l'Allemagne, au pied des sept collines, au stade olympique ?

Il avait perdu la finale, ses larmes avaient perlé aux yeux du monde pendant l'hymne argentin couvert de sifflets et d'insultes, pendant que l'on lisait sur ses lèvres « *Hijos de puta* », « fils de pute » : soudain, puisque Diego avait éliminé l'Italie et voulu instrumentaliser la ville qui l'avait fait roi, Naples dans l'instant était redevenue la ville du choléra, des pots-de-vin, de la Camorra et des diables, et Maradona retrouvait la peau mal tannée d'un joueur bientôt perdu, aux amitiés sulfureuses, qui ne s'endormait jamais avec la même femme et jamais avant l'aube, et qui vivait le nez dans la poudre. C'était la fin, le générique avait déjà commencé et allait dérouler pendant quelques mois, le fisc aux trousses, la justice aussi, un contrôle positif à la cocaïne en mars 1991, huit mois après la demi-finale de Naples, et quatorze mois de suspension, le début d'une longue nuit et de rédemptions occasionnelles pour vivre quelques semaines ou quelques mois au-dessus des ténèbres. Il a prétendu, toujours, qu'il n'aurait pas été suspendu et que Naples aurait été mieux arbitré, moins lésé par toutes les décisions favorables à la Juventus, sans cette demi-finale, sans la nuit qui aurait pu faire de lui le roi du monde, et qui en avait fait un paria, dans un aperçu du futur raccourci qui l'attendait. Il avait été un immense joueur pendant trente ans. Il serait un homme aux frontières du chaos pendant trente autres années, jusqu'à sa mort. Au milieu, comme une démarcation, il y avait eu la nuit du 3 juillet à Naples. Dans les minutes qui avaient suivi sa victoire, Diego l'avait considérée comme une aube, et ce n'était pas la dernière fois qu'il confondait le jour et la nuit.

Nasazzi (Bâton de)

Cela semble noble et ancien, un trophée virtuel qui porte le nom du premier capitaine champion du monde, l'Uruguayen José Nasazzi. En vrai, ce n'est presque rien. Le principe : en remportant la première Coupe du monde 1930, en Uruguay, le champion du monde a détenu le Bâton de Nasazzi, qu'il a cédé au vainqueur suivant lors d'un match de compétition officiel. Depuis, si l'on suit l'historique de la chose, l'équipe de France l'a détenu à plusieurs reprises, et notamment en juin 2022, le cédant face au Danemark (1-2), qui lui-même l'a abandonné à la Croatie quelques jours plus tard. Mais ce trophée est si virtuel qu'il n'existe pas : il sort de l'esprit joueur de deux statisticiens d'un site remarquable, RSSSF, qui l'ont imaginé en 2003, en lui inventant une noblesse et un passé. Il a eu une certaine existence médiatique pendant quelques années, et puis chacun a fini par comprendre que cela n'avait pas de sens, et que le seul véritable témoin, dans l'histoire de l'épreuve, se passait d'un champion du monde à l'autre, tous les quatre ans.

New York, New York

C'était l'été de notre découverte de l'Amérique, un jour de juin à New York dans la fournaise, alors que 20 % des Américains seulement savaient que le pays organisait la Coupe du monde. C'était le jour d'Italie-Irlande, le 18 juin 1994, de l'autre côté de l'Hudson, dans le New Jersey, au stade des Giants. C'était une ville à deux vitesses, enfiévrée par la possibilité d'un doublé, les Knicks en basket, les Rangers en hockey, et assez indifférente à la fascinante coïncidence d'un match de Coupe du monde à sa porte, entre les deux communautés qui l'avaient bâtie, dans la ville où il y avait le plus d'Italiens et d'Irlandais en dehors de l'Europe. Si les États-Unis se souviennent surtout que c'était le lendemain de la fuite d'O.J. Simpson, au volant de sa Ford Bronco, poursuivi par les hélicoptères de la police et des télés sur les voies rapides de Los Angeles, on se souvient, nous, de notre pèlerinage : il existait encore quelques rues qui délimitaient Little Italy, et pour trouver les Irlandais, il suffisait de suivre les trèfles au fronton des bars, surtout dans le Queens. Les Irlandais étaient arrivés les premiers à New York, fuyant la grande famine du milieu du XIXe siècle, et ils avaient été les plus nombreux, les plus bruyants, dans ce Giants Stadium parcouru de couleurs presque jumelles, vert blanc et orange pour l'Irlande, vert, blanc et rouge pour l'Italie, 77 000 spectateurs dont une moitié, moins habituée à la chaleur, avait un peu plus bu que l'autre. On n'a jamais oublié le bruit que fit le but de Ray Houghton à la 11e minute, entre les Irlandais qui hurlaient de joie et les Italiens qui criaient de désespoir. Des années plus tard, un jeune journaliste anglais d'origine irlandaise a raconté une histoire vraie : il venait de se réveiller de sa nuit de noces, quand son épouse s'est tournée vers lui pour lui demander amoureusement si c'était le plus grand jour de sa vie. Il ne savait pas pourquoi il avait été franc, sans doute l'idée du premier jour de mariage, et avait répondu que c'était le deuxième plus grand jour de sa vie, après la victoire de l'Irlande sur l'Italie à New York, en 1994. Il dirait aussi qu'ils n'avaient même pas fêté leur premier anniversaire de mariage, mais au moins, ce n'était pas parce qu'il avait menti dès le premier jour.

Niké

On a volé la coupe du monde ! Le cri a retenti deux fois, au moins. Une fois en 1966, pendant la Coupe du monde en Angleterre. Une autre fois en 1983, lorsque des voleurs l'ont extraite de sa cage de verre au Brésil. Avant de la voler, il avait fallu la sculpter, et cela avait été l'affaire du Français Abel Lafleur, à qui Jules Rimet, le président de la FIFA, avait demandé d'imaginer un trophée pour la nouvelle Coupe du monde qui s'annonçait, en 1930. On l'appellerait d'abord « coupe du monde », puis assez vite « coupe Jules-Rimet », en toute simplicité. Faisons les présentations de cette coupe du monde qu'on ne voit plus que dans les livres d'histoire, puisqu'elle a été remplacée par le trophée actuel avant l'édition 1974, non pas parce qu'elle était trop vieille et que ses rides ne convenaient plus à l'époque, mais parce qu'il avait été convenu que le premier pays comptant trois victoires s'approprierait définitivement le trophée : 35 centimètres de haut, 6,175 kilos, argent plaqué or, base bleue en pierre semi-précieuse, du lapis lazuli. Sur les quatre côtés de la base figuraient quatre plaques en or où étaient inscrits le nom des pays vainqueurs. Reprenant l'idée de la Victoire de Samothrace, mais avec des bras, peut-être même des ailes, Lafleur avait sculpté la déesse Niké soulevant une coupe au-dessus de sa tête.

Pour qu'elle puisse être volée, il avait d'abord fallu la protéger, ce qu'avait fait le président de la Fédération italienne, Giorgio Vaccaro, la sortant du coffre à la banque pour la cacher dans une boîte à chaussures sous son lit pendant la fin de la Seconde Guerre mondiale. Double champion du monde en titre, en 1934 et 1938, l'Italien en avait la garde et avait assumé la tâche. C'est ensuite que tout se complique, même si l'histoire ressemble plus aux Pieds Nickelés qu'à l'attaque du train postal. Le dimanche 20 mars 1966, en Angleterre, le trophée est dérobé au cours d'une exposition philatélique au Methodist Central Hall de Westminster. Le voleur, qui a désamorcé l'alarme, n'a pas eu un regard pour la collection de timbres d'une valeur de trois millions de livres, juste à côté. Le lendemain, un homme téléphone au président du club de Chelsea et lui fait parvenir une demande de rançon, ainsi qu'une plaque en or de la coupe. Il sera arrêté au moment de la transaction, fera deux ans de prison, mais affirmera n'être qu'un intermédiaire et ne connaître que le surnom du voleur. Il dira aussi, avant le verdict : « Quelle que soit ma peine, j'espère que l'Angleterre gagnera la Coupe du monde. » L'affaire fait scandale, l'opposition surfe sur la faillite de la police, et dans la hâte, pour sauver l'honneur, les Anglais commandent une réplique. Une semaine plus tard, le dimanche 27 mars, un promeneur, David Corbett, voit son chien Pickles foncer vers un fourré et en rapporter un sac de papier kraft. À l'intérieur, la coupe du monde. Corbett recevra une récompense de 5 000 livres (près de 100 000 livres aujourd'hui, cinq fois la prime des champions du monde anglais), ce qui lui permettra d'acheter une maison, alors que Pickles deviendra un chien célèbre, invité au banquet de victoire de l'Angleterre, l'été venu, nommé chien de l'année, demandé dans les spots télévisés et au cinéma (*L'Espion au nez froid*), assuré d'une année de nourriture par une grande marque. Le pauvre Pickles mourra étranglé par sa chaîne, en 1967, alors qu'il était attaché à un arbre, dans sa nouvelle maison, en voulant poursuivre un chat.

Au soir du triomphe, à Wembley, la reine Elizabeth avait bien remis le trophée original à Bobby Moore, le capitaine de l'Angleterre, mais très vite, un dirigeant avait accouru, juste avant le tour d'honneur, pour lui substituer la réplique et mettre l'original en lieu sûr. Du coup, évidemment, s'est posée la question : en 1970, lorsque l'Angleterre a rendu le trophée, a-t-elle rendu la réplique ou l'original ? La question, de fait, s'est posée jusqu'à ce que la Fédération anglaise mette en vente cette réplique aux enchères en 1997 : estimée 20 000 euros, elle sera adjugée à 280 000 euros en raison de la concurrence entre la FIFA et la Fédération brésilienne, qui soupçonnaient toutes deux qu'il s'agissait de la vraie. Mais la FIFA, qui l'a acquise, l'a immédiatement fait expertiser, et c'était bien une réplique, en bronze plaqué or.

Vainqueur pour la troisième fois en 1970, le Brésil a donc définitivement rapporté la vraie sculpture d'Abel Lafleur à Rio. Mais on vole de nouveau la coupe du monde le 19 décembre 1983, au siège de la Fédération brésilienne, alors qu'elle était protégée par une glace pare-balles impossible à briser : les voleurs avaient détruit le bois de l'armoire, derrière la glace, pour s'emparer du trophée. Ils n'ont jamais demandé de rançon, et personne n'a jamais revu la coupe du monde d'Abel Lafleur. L'enquête a désigné quatre coupables, qui avaient quitté le pays et ont été condamnés par contumace, et chacun a déduit qu'ils avaient faire fondre le trophée pour en récupérer l'or et l'argent : pourtant, cet alliage ne peut être fondu pour former un lingot d'or, ce que la légende continue de prétendre. En 1984, le Brésil a fait faire à son tour une réplique, en moins d'une semaine, grâce aux moules utilisés par les Allemands après leur victoire de 1954. Les Allemands avaient donc des répliques ? C'était pour cette raison, sans doute, que la coupe du monde rendue en 1958 mesurait deux centimètres de plus que celle attribuée en 1954, affirmeront des experts. Auquel cas, l'évidence est que la coupe du monde a bien été volée. Reste à savoir quand.

Nzonzi, Steven

Après une longue enquête, nous sommes en mesure de confirmer que Steven Nzonzi reste, à ce jour, le plus grand joueur de l'histoire de l'équipe de France : avec 1,96 mètre, il devance l'ancien gardien de Sochaux et de Lyon Gilles Rousset (1,95 mètre). Ce joueur que l'on voyait venir de loin aura dû attendre longtemps pour arriver, mais cela valait le coup : il a joué trente-cinq minutes de la finale 2018, en remplacement de NGolo Kanté qui mettait difficilement un pied devant l'autre, épuisé par son été. Pierre Danos, l'ancien demi de mêlée de l'équipe de France de rugby de l'après-guerre, disait qu'il fallait des joueurs qui jouent du piano, et d'autres qui le déménagent : Nzonzi était celui qui remettait le piano à sa juste place, et calmait le tempo des matches avant qu'ils ne soient soumis au déséquilibre.

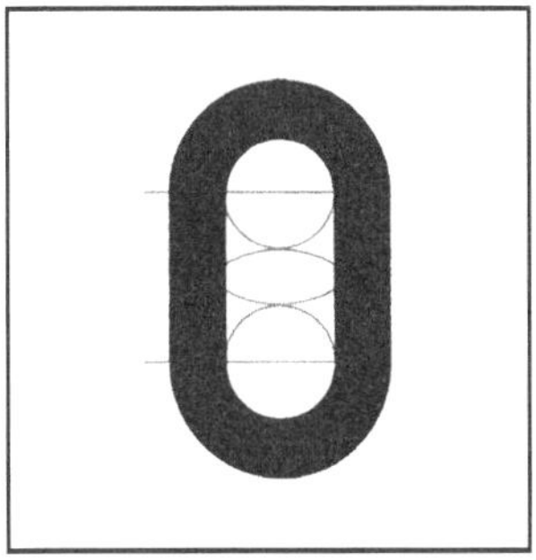

Occultes (Coups de pied)

Pendant que de vieux entraîneurs répètent qu'ils ne sont pas superstitieux parce que cela porte malheur, d'autres acteurs du foot s'organisent. Cela peut être d'abord la chaussette gauche, puis la chaussette droite, comme Zidane dans un spot publicitaire, cela peut impliquer de jouer avec le même slip toute la saison (lavé régulièrement, en général), ou une manie de jeter du sel devant le but, comme Luis Fernandez quand il était devenu entraîneur et que le rationnel ne lui suffisait plus.

Et puis il y a les marabouts, féticheurs et autres chamans, qui vivent de leurs pronostics et de leurs promesses, demandent beaucoup d'argent pour quelques sacrifices, une poule, un mouton, une distribution de nourriture au peuple dans une ville, et assurent que, ensuite, le visage de la Coupe du monde en sera changé à tout jamais. Faut-il payer ou ne pas payer ? Pour quelques entraîneurs occidentaux, la volonté de se soumettre aux coutumes locales se double d'une manière de pari pascalien : si on hésite entre croire ou ne pas croire en Dieu, autant faire le pari de croire et réserver une place au paradis, et c'est la même chose pour le sorcier, sinon qu'il est difficile de prétendre que cela ne coûte rien. En 2002, lors de la Coupe du monde qui l'avait vue accéder aux quarts de finale après avoir battu l'équipe de France dans le match d'ouverture (1-0), la fédération de football du Sénégal avait été accusée d'avoir dépensé 140 000 euros en pratiques mystiques diverses, un reproche que les Sénégalais avaient détourné en suggérant que Zidane avait été maraboutée, d'où sa blessure. La présence de sorciers et autres conseillers spéciaux dans les délégations africaines en Coupe du monde, parfois sous le terme « préparateur physique et mystique », fait toujours l'objet de rumeurs, de même que l'utilisation de plantes à la limite du dopage, non décelables mais proches des stimulants. François Omam-Biyik, l'auteur du but du Cameroun en match d'ouverture de la Coupe du monde 1990 face à l'Argentine de Maradona (1-0), a affirmé dans une interview, un jour, que son but de la tête était la conséquence de cérémonies mystico-magiques qui avaient été organisées par des sorciers dans son village. L'affaire est assez sérieuse pour avoir été réglementée : au Sénégal, il est désormais interdit de se livrer à des actes de sorcellerie ou de superstition aux abords des terrains pour éviter les violences entre supporters. L'ancien grand gardien du Cameroun, Thomas Nkono, devenu entraîneur adjoint de la sélection, avait été surpris par la police puis menotté, en 2002, au Mali, avant un match de Coupe d'Afrique des nations, alors qu'il s'apprêtait à enfouir une amulette sous la pelouse. Selon la légende, les Camerounais avaient au préalable enterré un chien sous le terrain, pour augmenter leurs chances de remporter la compétition. Bien sûr, ils avaient gagné.

Ordonnance

Quand les dirigeants du football au pouvoir affirment que le dopage n'existe pas, parce qu'il ne sert à rien dans ce sport collectif, ils se fichent de nous absolument et complètement. Ce déni ne correspond ni à l'histoire, ni à ce que l'on a vu, ni à ce que l'on sait, ni à ce que l'on pressent. On ne peut pas, ni ici ni ailleurs, tout mélanger, les certitudes et les rumeurs, les témoignages et les intimes convictions, mais la manière qu'a le football de s'imaginer en sport différent, au prétexte de son côté aléatoire, et d'un résultat qui ne correspond pas forcément au rapport de force, est difficilement supportable, sur la longueur. D'abord parce que cela repose sur un biais, qui consiste donc à nous prendre pour des imbéciles : ce n'est pas parce qu'un âne chargé comme une mule ne gagne pas le prix de l'Arc de triomphe que le dopage ne sert à rien dans les courses. Ensuite parce que c'est faux, tout simplement : de nombreuses équipes ont gagné alors qu'elles étaient dopées. Mais le football, en général, n'a pas très envie de le savoir, ni en Coupe du monde, pour la FIFA, ni en Ligue des champions, pour l'UEFA, ni en championnat de France, pour la FFF, même si les contrôles sont si fréquents qu'ils ont probablement provoqué la fin de l'artisanat et de l'automédication un jour de jambes lourdes.

Depuis Diego Maradona en 1994, aucun contrôle positif n'a été effectué en Coupe du monde, ou n'a été publié, du moins. Cela renforcerait presque l'idée du complot, longtemps porté par l'Argentin, si son numéro n'avait pas été tiré au sort. À propos de numéros, remonte le souvenir du jour où l'OM, dans les années Tapie, avait confondu le 3 avec le 9 et le 6 avec le 2, c'était sa défense, pour avoir présenté au contrôle deux autres joueurs que ceux qui étaient demandés, lesquels, la poisse, avaient déjà quitté le stade.

En Coupe du monde, on sait aujourd'hui que la Russie avait fait l'objet d'un programme de dopage organisé lors de la Coupe du monde 2014. Deux ans après qu'un tiers de la délégation russe eut été interdite de participation aux Jeux de Rio, et deux ans avant le rapport McLaren concluant à un « dopage institutionnalisé entre 2011 et 2015 concernant plus de 1 000 sportifs et plus de 30 disciplines », tout est cohérent.

L'Allemagne s'est beaucoup livrée sur le sujet. Franz Beckenbauer avait raconté en 1976 qu'il se faisait injecter son propre sang régénéré, comme le double champion olympique d'athlétisme Lasse Virén, et on sait que plusieurs joueurs français l'ont fait, bien plus tard. Harald Schumacher a décrit l'éphédrine des années 80. Et une commission olympique a confirmé que les champions du monde 1954 recevaient des injections de pervitine et de méthamphétamine.

En Italie, le procès de la Juventus Turin, entre 2002 et 2004, avait été un modèle d'étouffement, mais un expert hématologue avait conclu à « l'utilisation systématique et intensive d'EPO », avec des variations de taux de l'hématocrite incompatibles avec des explications naturelles. Mais c'était un complot, une fois encore, puisque le dopage ne sert à rien dans le football.

Ouragan (Comme un)

On n'a jamais oublié ce 8 juillet 2014 à São Paulo – et Brésil-Allemagne, pourtant, se jouait à Belo Horizonte, à 600 kilomètres de là. São Paulo était une métropole au cœur battant, jaune et joyeuse depuis l'aube, s'arrêtant de vivre, comptant les heures et les minutes jusqu'au soir, jusqu'à la demi-finale de sa Coupe du monde, se souvenant à peine qu'elle accueillerait la seconde demi-finale, le lendemain, entre les Pays-Bas et l'Argentine, en rêvant de voir les Argentins rentrer le plus vite possible à la maison.

Organiser une Coupe du monde n'a pas toujours été une garantie, mais cela aide, quand même : l'Uruguay (1930), l'Italie (1934), l'Angleterre (1966), la RFA (1974), l'Argentine (1978) et la France (1998) ont gagné sur leur sol, et quelques outsiders ont profité de l'avantage du terrain pour se hisser en finale (Suède, 1958) ou en demi-finale (Chili, 1962 et Corée du Sud, 2002). Seules deux nations championnes du monde, le Brésil et l'Espagne, ne l'ont jamais été à domicile. Les Espagnols avaient eu une seule chance, en 1982, et on sait le désespoir qui avait enveloppé le Brésil après sa défaite en 1950 au Maracanã (voir « Maracanazo ») face à l'Uruguay.

Ce 8 juillet 2014, on se souvient de la joie, puis des cris, puis du silence, ce bruit que font le deuil et l'incompréhension. Si l'on ne sait pas vraiment par quoi commencer, il suffit de rappeler que cela a été très vite fini : à la 29e minute d'une demi-finale de la Coupe du monde, le meilleur du football, l'un des combats les plus incertains et haut perchés du jeu, le moment où les loups enfin se dévorent entre eux, l'Allemagne menait 5-0 à Belo Horizonte, face au Brésil. Joachim Löw, le sélectionneur allemand, raconterait s'être alors tourné vers Hansi Flick, son adjoint et aujourd'hui son successeur : « Dis-moi, Hansi, ce qui vient de se passer est réel ? » Il dirait qu'il était à mi-chemin de la joie et de l'incrédulité, après que l'Allemagne, qui avait assommé le Brésil d'un but de Klose dès la 11e minute, avait emporté les Brésiliens, comme un ouragan, donc, en inscrivant quatre buts entre la 23e et la 29e minute. Ce n'était pas une victoire du jeu, mais une victoire par chaos, l'histoire d'une équipe complètement délitée sous la pression, et sur les écrans géants des rues de São Paulo, les larmes des Brésiliennes étaient immenses. Jamais une équipe n'a à ce point perdu pied, en Coupe du monde, et dans un laps de temps si court : quatre buts en moins de sept minutes, entre le moment où l'horloge marquait 22'08" et le moment où elle indiquait 28'49". Longtemps, ensuite, le Brésil tenterait d'expliquer l'inexplicable : avec la blessure de Neymar, il avait perdu son meilleur joueur, et avec la suspension de Thiago Silva, son meilleur défenseur, alors que son sélectionneur, Felipe Scolari, le champion du monde 2002, avait décidé de jouer de la même manière avec des remplaçants qui n'avaient pas leur talent. L'attaque avait peu de qualité, les latéraux Maicon et Marcelo n'ont à peu près jamais défendu de leur vie, et David Luiz, un faux leader, avait joué en illustrant le mot d'un ancien joueur méchant (« Chez lui, il n'y a que les cheveux qui bougent »), mais aucune explication rationnelle ne peut tenir : la vérité est que les Brésiliens ont soudain joué avec un voile devant les yeux, absents d'eux-mêmes, en voyant s'écrouler leur rêve. Ils pleuraient déjà pendant les hymnes, submergés par l'émotion, et ces ressorts-là ne suffisent pas, ils se cassent comme une fine dentelle au premier moment de tension.

Tout a été étudié autour de ces huit minutes, qui ne ressemblent pas aux huit minutes qui avaient emporté le PSG le soir de la remontada à Barcelone (1-6), et qui avait vu Paris ne réussir que quatre passes entre la 87e et la 95e minute : le Brésil s'est fait 32 passes dans ces minutes-là, contre 25 à l'Allemagne, mais les Allemands ont marqué quatre buts en six tirs. Des limites des statistiques : avec l'outil moderne des xG (les buts probables en fonction des situations), l'Allemagne aurait dû gagner 3-2. Parce que les stats ne mesurent pas, ou mal, ce qui se passe entre les deux oreilles d'un joueur quand le brouillard et la confusion l'envahissent, et que les gestes simples lui semblent inaccessibles. L'humiliation suprême, pour le Brésil, viendra des précautions prises par l'Allemagne, en seconde période, pour ne pas l'humilier, justement : les Allemands ont gagné 7-1 presque sans le faire exprès, en tout cas en faisant exprès de ne pas gagner plus largement. Mats Hummels dirait : « On a essayé de ne pas les humilier. Il faut montrer du respect à l'adversaire. » À la fin, ils ont juste levé les bras, mais ils avaient eu le temps de s'habituer, aussi. Júlio César, le gardien brésilien, a tout de suite eu le sens de l'histoire : « Le jour de ma mort, on annoncera : "Júlio César, le gardien du 7-1, est mort."»

Papi, Claude

Il n'avait jamais vraiment envie de quitter son île, même pour la grande aventure d'une Coupe du monde en Argentine. En 1978, le football français ne pouvait pas passer à côté de Claude Papi, le meneur de jeu de Bastia, mais lui aurait presque préféré qu'on l'oublie, qu'on le laisse avec ses amis sous le soleil de juin, plutôt que de l'emmener aussi loin éprouver le manque de la Corse, dans l'approche de l'hiver argentin. Claude Papi avait 29 ans, et il y a peu d'exemples comme lui, d'un joueur aussi simple passager, international involontaire. Il sortait de la saison de gloire du Sporting de Bastia, finaliste de la coupe de l'UEFA face au PSV Eindhoven. Une saison dont la Corse chante encore l'épopée, plus de quarante ans après, avec les bateaux qui emmenaient les supporters par milliers vers l'Italie pour l'exploit au Torino, les qualifications face à Newcastle et aux Grasshoppers, et cette découverte du stade de Furiani par le Sporting Lisbonne, au premier tour : « Merci de nous montrer le terrain annexe, mais il est où, le stade principal ? » Claude Papi était l'homme qui faisait le lien, entre l'âme corse et les gars venus de loin (Rep, Larios, Lacuesta), entre le milieu et l'attaque, il avait marqué sept buts pendant la campagne, et Michel Hidalgo avait décidé de récompenser sa saison et celle de Bastia en l'emmenant en Argentine. Là-bas, il avait compté les jours, comme quand il partait en stage de préparation en club, pour deux semaines, et que Charles Orlanducci, son capitaine, le chambrait affectueusement : « Allez, Claude, plus que deux semaines. » Là-bas, il avait joué une mi-temps de France-Hongrie (3-1), avec le maillot de Kimberley, et puis il était rentré au pays, enfin, retrouver sa femme, ses enfants, ses amis, la chasse, le foot, les boules, la vie. Comment songer qu'elle serait aussi courte ? Moins de cinq ans après la Coupe du monde 1978 et l'épopée bastiaise, Claude Papi s'est effondré sur un court de tennis, victime d'une rupture d'anévrisme. Un souvenir de lui ? Pas la Coupe du monde. L'ancien buteur de Bastia, Fanfan Félix, nous raconterait un jour : « Je nous revois à la chasse. On avait notre Gauloise, à l'abri des roseaux. On appréciait le moment, sans dire grand-chose, et on attendait les canards. »

Pas le Pérou

Le Pérou a le plus beau maillot du monde, blanc avec une diagonale rouge, la couleur portée par Luis Cubillas et Hector Chumpitaz à la Coupe du monde 1970, au Mexique, où leur jeu enchanteur avait marqué jusqu'aux enfants de 8 ans. Le maillot du gardien, c'est autre chose : en 1978, en Argentine, on ne se souvient plus de la couleur du maillot de Ramón Quiroga, mais il nous reste le sentiment qu'il mettait des gants pour cacher le soupçon que ses mains n'étaient pas très propres.

Quiroga, un gardien fantasque, à la longue chevelure tenue par un bandeau, dépourvu d'élégance, semblant bondir à contretemps, avait grandi en Argentine, où il était né, et c'était contre lui que les Argentins avaient eu besoin de gagner par quatre buts d'écart pour se qualifier pour la finale de la Coupe du monde. Ils avaient marqué six buts, bien sûr (6-0), et Quiroga avait navigué quelque part entre Darry Cowl dans *Le Triporteur* et Fernandel dans *Les Rois du sport*, mais en mondovision, quelques minutes après que le général-dictateur Videla était venu parler aux Péruviens dans leur vestiaire, où il n'avait absolument rien à faire, sauf à nourrir de très mauvaises intentions.

L'affaire coulait tellement de source que la vague avait fini par emporter Quiroga qui, deux jours après la déroute, avait écrit à *Clarín*, le grand quotidien argentin, pour nier la corruption et défendre ses coéquipiers. Il aurait été mieux entendu, sans doute, s'il n'était pas si fou, si son surnom El Loco ne lui allait pas comme un gant, et s'il n'avait pas renié le Pérou, plus tard, en rappelant qu'il est argentin, et qu'il avait joué pour le Pérou parce qu'il avait besoin de lui, et parce que lui avait besoin du Pérou. Certains de ses coéquipiers sont morts, parfois dans des circonstances tragiques, notamment l'entraîneur Marcos Calderón et le jeune remplaçant Roberto Rojas, qui avait été titularisé ce jour-là sans la moindre expérience, ce qui fait songer soit à une malédiction, soit à une vengeance. Une enquête anglaise de 1998 a suggéré que trois joueurs péruviens avaient reçu 20 000 dollars chacun des Argentins, qui eux-mêmes avaient sans doute largement pioché dans l'armoire à pharmacie, au point que certains d'entre eux qui évoluaient en club avec des Péruviens ne les avaient même pas reconnus.

Quiroga, lui, finira par reprocher à ses coéquipiers de l'avoir abandonné, et par dessiner de lui-même un portrait de lanceur d'alerte. El Loco n'était pas si fou.

Pavard, Benjamin

Second poteau.

Pelé

J'avais 6 ou 7 ans, il me semble, quand j'ai appris à réciter son vrai nom pour m'en souvenir toute ma vie : Edson Arantes do Nascimento. Plus de cinquante ans plus tard, il me vient tout de suite, comme si j'avais à décliner ma propre identité ; ma mémoire me trahit pour les scores, parfois même pour celui du match de la semaine précédente, et certains noms que j'ai sur le bout de la langue ne franchissent pas mes lèvres au moment où je le voudrais, mais je ne peux pas oublier le vrai nom de Pelé. J'ai grandi au cœur de sa mythologie, tout contre, en lisant et en relisant sa biographie signée d'Alain Fontan et parue en 1970, sobrement intitulée *Le Roi Pelé*. Je sais donc qu'Edson Arantes do Nascimento est son vrai nom, et que « le Roi » est son prénom. Sur la couverture, Pelé est encore jeune, il porte le maillot blanc de son club de Santos, et il a un ballon de cuir blanc dans la main droite, de marque Maracana : j'ai longtemps rêvé d'avoir le même, mais ces ballons-là, à supposer qu'ils aient été des ballons de compétition, ne sont jamais venus jusqu'à nous. J'ai lu ce livre une trentaine de fois, et tout me fascinait comme un film préféré, toujours les mêmes passages, la scène du football de rue dans les faubourgs de Bauru, ses premiers pas en club, l'apparition d'un enfant en équipe du Brésil, et le sacre d'un adolescent champion du monde, selon le mécanisme commun à la narration qui entoure les films de superhéros et les biopics des grands chanteurs : la révélation des superpouvoirs et la découverte du monde.

Mon regard d'enfant sur Pelé et mes souvenirs de la Coupe du monde 1970 me donnent une mission, sur cette terre peuplée de débats, Maradona ou Cruyff, Messi ou Ronaldo, Platini ou Zidane : rappeler que le football existait avant eux, qu'aucun d'entre eux n'a remporté trois Coupes du monde, et que Pelé n'est pas seulement une légende, puisque les images existent. Le récent documentaire sur Netflix, sobrement intitulé *Pelé*, a nimbé le mythe d'une lumière nouvelle, avec des images en couleurs parfois inédites, en ressuscitant les traces de la fascination, ainsi que ses manifestations, l'électricité à chacune de ses apparitions, l'impression que Dieu entrait dans la pièce, bien plus qu'un roi.

Enfant, j'avais mal saisi à quel point la Coupe du monde 1970 avait modifié sa trace et l'avait soustrait à tout compagnonnage, à toute comparaison. Je l'avais lue comme une logique : il est Pelé, il est le Roi, il a gagné cette finale qu'il a achevée en slip, torse nu, sur les épaules des Brésiliens et des Mexicains, après la victoire sur l'Italie (4-1). La vérité est qu'elle a tout changé. Il m'a fallu entrer dans l'adolescence pour pressentir que la manière dont on présentait le vainqueur de trois Coupes du monde était un peu exagérée. En 1958, il était un môme de 17 ans qui avait profité d'une équipe irrésistible et qui avait montré son génie dans les derniers matches : après ses trois buts contre la France (5-2) en demi-finale, il avait confirmé en finale, contre la Suède (5-2), enchaînant frappe sur le poteau, but après un sombrero, et but de la tête, à 17 ans. Mais en 1962, il n'avait fait que passer, un match et un bout de match du premier tour, avant d'être blessé, de devenir un spectateur du premier rang, en pull épais dans l'hiver chilien, et de laisser le Brésil gagner sans lui. S'agissant de 1966, j'en voulais encore au Bulgare Jetchev et au Portugais Morais, sans les connaître, sans avoir vu les images, parce que toute la presse avait écrit qu'ils avaient massacré le Roi, la première puis la seconde lame. Les images, d'ailleurs, on ne les voyait jamais. Pas d'Internet, pas de magnétoscope. Il fallait croire les récits épiques sur parole, observer les photos, imaginer, et attendre la Coupe du monde suivante pour voir Pelé. Il fallait attendre 1970, se distraire d'un match amical en passant, quand il venait en tournée avec son club de Santos et qu'il jouait à Paris. Une fois, il avait joué contre une sélection de l'OM et de Saint-Étienne, au Parc des Princes, coup d'envoi donné par Brigitte Bardot, en direct sur l'ORTF. Je serais bien plus vieux quand j'entendrais la suite de l'histoire, les valises pleines de billets qu'il recevait à titre personnel dans ces tournées, le cachet du Roi, mais aussi la simplicité de ses apparitions au siège de *L'Équipe*, rue du Faubourg-Montmartre, où il lui arrivait de passer pour offrir du café brésilien et saluer ses vieilles connaissances.

Ce fils de footballeur (son père s'appelait Dondinho), ancien cireur de chaussures, qui ignorait, à 16 ans, qu'il existait un autre pays que le Brésil, et qui avait aidé tout un peuple à oublier, en 1958, la cicatrice de la Coupe du monde perdue en 1950 au Maracanã, avait annoncé après la Coupe du monde 1966 qu'il arrêtait sa carrière internationale.

Il ne l'a pas fait, bien sûr. Mais il s'était retiré de la sélection de l'été 1966 à juillet 1968, et on ne savait pas ce qui l'avait mieux poussé à revenir, l'orgueil, l'amour du jeu, la dictature militaire, ou quelques contrats, qui le verraient retarder sciemment le coup d'envoi de la demi-finale de la Coupe du monde 1970, parfaitement conscient que la planète le voyait en gros plan en train de refaire lentement les lacets de ses chaussures Puma. En mars 1970, quatre mois après son millième but, avec Santos, le Maracanã l'avait sifflé, face au Chili (2-1), et Saldanha voulait l'écarter, prétextant sa myopie et sa manière indifférente de défendre. Évidemment, il avait eu la peau de Saldanha, viré par João Havelange, le président de la Fédération brésilienne, futur souverain de la FIFA (1974-1998), et c'était son ancien coéquipier champion du monde 1958, Mário Zagallo, qui avait pris la suite à quelques semaines de la Coupe du monde, en faisant le choix de la liberté pour le Roi. Dans ce 4-2-4, Pelé n'était pas vraiment avant-centre : c'était Tostão, celui qui jouait pour les autres. Il n'était pas non plus vraiment meneur de jeu, ni assigné à une zone précise comme l'étaient Jairzinho à droite et Rivelino à gauche : il choisissait ses armes comme son territoire.

Quand on a grandi avec le sentiment d'une royauté incontestable, ces zones grises des années et des mois qui précèdent 1970 sont fascinantes. Le récit épique, longtemps, a occulté l'idée partagée, avant le Mexique, d'un génie au crépuscule, critiqué par la presse. Écartons la thèse de la myopie pour le Roi, mais peut-être pas pour tout le monde. En travaillant sur la Coupe du monde 1970, j'ai retrouvé trace, dans les archives de *L'Équipe*, de ce texte, le matin de la finale : « Pelé est toujours capable, bien qu'il soit alourdi, moins rapide et moins jaillissant, de remporter un match à lui seul, mais désormais en faisant marquer les autres plus qu'en réussissant lui-même un exploit individuel, bien qu'encore capable d'offrir quelques échantillons aux spectateurs. » Avant la compétition, mon journal (le « mon » considère ici mon lien de lecteur) avait écrit qu'il était un joueur en pente douce, loin de son niveau physique, devenu simulateur.

Peut-être leur manquait-il le recul, ou alors les images. Parce que les images de la Coupe du monde 1970 sont une magie et un envoûtement, les deux plus beaux buts qui n'aient pas été marqués de l'histoire, le lob de 50 mètres sur le Tchèque Viktor et le grand pont sans toucher le ballon devant l'Uruguayen Mazurkiewicz, la tête sauvée par l'arrêt du siècle de Gordon Banks (« J'ai marqué le but, et Banks l'a effacé »), et les buts, et les passes décisives, et l'influence, ce geste incroyable de reprendre de volée un dégagement de gardien, son but de la tête contre l'Italie en finale, sa passe aveugle pour Carlos Alberto, le dernier but de la Coupe du monde 1970, et le plus beau, collectivement. Le capitaine avait marqué après dix passes et vingt-neuf secondes ; Pelé, lui, avait gardé le ballon deux secondes, effectué quatre touches de balle en marchant, fait semblant de regarder l'appel de Jairzinho côté opposé, et avait glissé le ballon dans l'espace ainsi libéré du côté qu'il ne regardait pas.

En six matches et dix-neuf jours, quatre buts, six passes, vingt-huit occasions créées, dans cette Coupe du monde 1970, Pelé est devenu le plus grand joueur de tous les temps. Vous avez tous le droit d'en préférer un autre, mais le plus grand, c'est lui, c'est le gamin d'un été 1958 à Stockholm, le souverain absolu de la plus belle Coupe du monde, en 1970, et tant pis s'il lui est arrivé d'être un homme décevant, ensuite, par son absence de courage politique, ou son faible engagement pour le football, se contentant d'être un roi n'allant jamais au-delà de la lisière de sa Cour, accueillant les marques et les puissants, distribuant sa bénédiction comme un pape qui oublierait d'aller à la messe. Mais sans doute l'homme avait-il peu de chances d'être à la hauteur du joueur, et cet homme était bouleversant dans les dernières scènes du documentaire de Netflix, qui le montrait s'avançant une première fois en déambulateur, une deuxième fois en chaise roulante, dans une scène magnifique, à un repas d'anciens de Santos qui n'arrêtaient pas de chambrer le Roi redevenu un môme, et l'un des leurs. Le reste du documentaire, Pelé semblait triste et vieux, mais dans ces instants la lumière était revenue, et le souvenir qui remontait des abysses n'était pas une victoire, pas un but. Le Roi a soudain levé la tête un court moment, il avait 25 ans : « Vous vous souvenez de la soirée à Paris où j'ai chanté ? »

Petit, Emmanuel

Ce qui a été étrange, longtemps, c'est le contraste entre ce joueur solide, presque granitique, qui comprenait parfaitement le jeu et faisait tout bien, et cet homme fragile, dont quelques conférences de presse et interviews ressemblaient à une thérapie. Trop de tourments sans le moindre baume, trop de questions sans réponses qui puissent l'apaiser. Mais il a su rester arrimé au foot, est devenu un consultant pertinent, et il est toujours une idole, à Arsenal. La vérité est que, en 1998, son jeu de gaucher a transformé le jeu de l'équipe de France, et que la finale est la sienne : il commence au milieu, sur lequel il règne, et après l'expulsion de Desailly devient défenseur central, pour fermer toutes les portes à dix contre onze. Mais pour finir, c'est lui qui s'engouffre dans une porte ouverte pour aller inscrire le troisième but. Et un et deux zéro, cela aurait été moins bien.

Pirès, Robert

Quand les gens croisent Robert Pirès dans la rue, aujourd'hui encore, ou dans les stades où il vient commenter les matches pour M6, vient la même apostrophe : « Muscle ton jeu, Robert ! » L'incitation d'Aimé Jacquet, presque une incantation, entendue dans *Les Yeux dans les Bleus*, ne le quittera jamais. Et comme il est le type le plus gentil du monde, une crème absolue, il continuera de sourire et de dire merci. Mais de Pirès et de la Coupe du monde, il y a autre chose à dire : si 1998 était venu un peu tôt pour lui, il a été privé du rendez-vous de 2002 pour une grave blessure au genou, alors que nous étions quelques-uns, ce printemps-là, à le considérer comme le meilleur joueur du monde du moment. Ses déplacements, ses dribbles, son intelligence, ses buts, ses passes en faisaient un joueur spécial. Qui avait donc musclé son jeu, puisque tous les textes sur Robert Pirès se terminent par cette allusion obligée.

Platini, Michel

Il y a peu de joueurs dont l'époque porte le nom, en étendard et en souvenir. On dit « les années Platini » ; avant elles, la préhistoire du football français, après elles, l'histoire moderne, une belle histoire, parfois, traversée de triomphes et de joueurs immenses, mais sans jamais qu'un autre joueur symbolise à ce point une aussi longue période, ni ait fait autant de différence entre les années sans lui et les années avec lui.

Les années Platini sont nichées entre deux parenthèses, deux longues tristesses sans Coupe du monde, la période 1958-1975, puis la période 1987-1998, avant une qualification d'office au titre de pays organisateur, une désignation portée par Michel Platini lui-même, coprésident du comité d'organisation avec Fernand Sastre, l'ancien président de la FFF.

On dit « les années Platini », et cc n'est pas par facilité, c'est par reconnaissance. Meilleur buteur de la période (41 buts en 72 sélections, alors un record), meilleur joueur, meneur de jeu, capitaine, grand joueur de grands matches, et pour la Coupe du monde, la France pouvait compter sur lui (voir « Agence de voyages Platini »).

On dit « les années Platini » parce qu'avec lui, grâce à lui, la France a remporté son premier titre international, l'Euro 1984, sur lequel il avait plané comme jamais un joueur avant lui ne l'avait fait : cinq matches, neuf buts, deux triplés parfaits (un but du droit, un but du gauche, un but de la tête). C'était le sommet d'une carrière internationale parce que c'était la seule fois qu'il avait pu se préparer, la seule fois qu'il avait pu jouer sans blessure, et exercer vraiment le métier dans lequel il était insurpassable, et qui consistait à être Michel Platini.

Trois participations à la Coupe du monde grâce à lui, trois bonheurs arrachés sur une période de quarante ans, au cœur des automnes qui devenaient moins gris, dans les années Platini : dans les matches de qualification décisifs qui nous faisaient retenir notre souffle, Platoche avait marqué contre la Bulgarie (3-1) en novembre 1977, contre les Pays-Bas (2-0) en novembre 1981, et contre la Yougoslavie (2-0) en novembre 1985. Il avait assumé la pression pour tout le monde, et le lendemain, tout le monde avait préparé le grand voyage, merci qui ?

Il n'est pas le seul joueur immense, dans l'histoire du jeu, qui n'ait pas été couronné d'une victoire en Coupe du monde. Il y a eu Cruyff, juste avant lui, et tant d'autres, Puskás, Messi, Ronaldo. Mais il n'a jamais pu défendre ses chances normalement. En 1978, il avait trop joué et il était trop jeune, parti à l'aventure l'été de ses 23 ans quand Zidane attendrait celui de ses 26 ans pour découvrir le grand monde. En 1982, les douleurs tendineuses le frustraient, et le difficile premier tour l'avait poussé à un repli silencieux, dans sa chambre, au point que Fernand Sastre, le président de la FFF, avait envoyé Alain Giresse en éclaireur pour lui parler et essayer sinon de le dérider, du moins de le ramener dans le présent et de l'arracher à ce découragement triste qui commençait à l'engloutir. Il y aurait Séville, et juste avant, après la victoire sur l'Autriche (1-0) grâce à un coup franc de Bernard Genghini, alors que Platoche était suspendu, il y aurait cet invraisemblable débat, dans les colonnes de *L'Équipe*, que personne n'a oublié, ni la rubrique football ni lui : « Platini est-il indispensable ? » Un peu, mon neveu.

1986 est une date différente, porteuse de douleurs dissemblables mais profondes. La Coupe du monde au Mexique survient un an après la tragédie du Heysel, où Michel Platini a été accusé de danser sur les morts, pour avoir célébré son but lors de Juventus-Liverpool (1-0), alors que 39 personnes avaient perdu la vie avant le coup d'envoi. Il a toujours dit qu'ils avaient joué pour qu'il n'y ait pas plus de morts, que le match avait peut-être évité la guerre à l'extérieur, que la police leur avait demandé de faire un tour d'honneur pour que les supporters de Liverpool aient le temps de quitter le stade.

Il n'a plus jamais été le même, ni le même homme, ni le même joueur, rongé par le drame bien plus que par l'âge, parce qu'il allait seulement fêter ses 31 ans pendant la Coupe du monde au Mexique, et c'était encore tôt pour un crépuscule. Les blessures, c'était autre chose, ce n'était pas l'âge ni les saisons accumulées, plus sûrement les conséquences du Heysel, conscientes et inconscientes, cette tristesse qui ne le quittait pas, ces tourments que le temps peinait à éteindre. Il avait tout de même inscrit 12 buts avec la Juve en Série A, mais quand l'été et la Coupe du monde étaient arrivés, son corps avait continué de lui murmurer qu'il n'en pouvait plus, à travers une tendinite qui le diminuait sans qu'il puisse rien en dire.

Il y avait eu le huitième de finale gagné face à ses amis italiens, et puis Guadalajara, quand même, son dernier but en bleu et son tir au but manqué contre le Brésil, un match pour l'histoire, une beauté absolue, avant cette demi-finale fatiguée face à l'Allemagne, de beaux adieux, en dépit du regret d'avoir joué à 50 %, presque sur une jambe, comme Alain Giresse, alors que ce n'était pas le moment, alors qu'il serait trop tard, ensuite.

Un an plus tard il était à la retraite, après un dernier match contre Brescia, et ce jour-là il aurait aimé être un peu plus accompagné, mais les amis qu'il attendait de France n'étaient pas venus, et il en avait éprouvé une morsure, il n'avait pas besoin de ressentir aussi tôt le vide de l'après. Mais le vide allait se remplir, il allait devenir sélectionneur, mais sans pouvoir qualifier l'équipe de France pour la Coupe du monde 1990, peut-être parce que le gars qui avait la meilleure technique, chez les Bleus, portait un imperméable couleur crème, sur la touche.

On ne pensait pas, à la vérité, qu'il y aurait tant d'actes dans la vie de Michel Platini. On ne pensait ni qu'il irait aussi haut, après, ni qu'il tomberait de cette manière, au moment même où il s'apprêtait à devenir le roi du monde. Oui, le roi du monde, parce que le président de la FIFA règne sur un territoire sans égal, qu'il vit du clientélisme bien plus que de la démocratie, et qu'il se déplace avec des manières de royauté. Michel Platini, le gamin de Jœuf qui attendait la gloire devant la porte du garage que son ballon frappait inlassablement, allait devenir le président du football : cette ascension programmée, immédiatement suivie de la chute, emprunte au mythe d'Icare, une vieille porte ouverte pour le destin des ambitieux.

Le soleil qui a fait fondre ses ailes de cire est suisse, c'était une chaleur par résistance, ou par réaction, parce qu'il n'y a pas que les rois dans la vie : il y a la Cour, et quelques ministres austères qui vivent de la mazarinisation des pouvoirs, jamais élus, toujours appelés. Le sceptre de la FIFA aurait dû passer de Sepp Blatter, ancien

Mazarin devenu Louis XIV, à Michel Platini, ancien tireur de coups francs et acteur de pub pour Fruité, certes président de l'UEFA et d'une autre Suisse (l'UEFA vit à Nyon, la FIFA à Zurich), mais un passé de saltimbanque, et précédé par la rumeur d'une révolution.

La FIFA est un royaume, ou alors un autre Vatican : dans la désignation de son guide, elle demande à ses ouailles de croire en la démocratie et au mérite, comme le Vatican demande d'avoir foi en la volonté divine qui désigne ses papes alors qu'une palanquée de neveux et d'arrière-petits-cousins de papes se sont succédé au fil des siècles. Il faut avoir la foi, c'est vrai, pour accepter l'idée que la foudre tombe toujours au même endroit. Les deux derniers présidents de la FIFA, Sepp Blatter et Gianni Infantino, l'homme qui a directement profité de la disgrâce de Platini après s'être caché derrière la promesse de sa loyauté, sont issus du même canton, le Valais, et s'ils sont fâchés aujourd'hui, cela signifie simplement que ceux qui les soutiennent ont une garde-robe réversible, mais toujours le même bureau, à Zurich.

Si longtemps après, on ne sait toujours pas de qui ni de quoi Michel Platini a été la victime, de sa propre légèreté avec l'argent, ou d'un complot ourdi par des salariés de la FIFA qui, pour garder le contrôle, ont exhumé une facture ancienne et une concordance des temps problématique. Il a été léger, insouciant, et il a été Platoche, en somme. Il n'aurait pas dû demander son salaire quatre ou cinq ans après son travail, il n'aurait pas dû révéler qu'il avait voté pour l'organisation de la Coupe du monde au Qatar après un dîner à l'Élysée avec Nicolas Sarkozy, il aurait dû être âpre au gain, dès la première heure, secret et hypocrite, cela lui aurait fait la même armure que les autres. Bien que la justice ait fini par l'acquitter, Michel Platini n'est pas devenu le roi du monde. Mais il reste Michel Platini, et c'est déjà beaucoup.

Pogba, Paul

L'Angleterre a décidé depuis longtemps que Paul Pogba n'avait ni la capacité ni le désir d'être avec son club le grand joueur qu'il est en équipe de France. Elle n'aura cessé de le tancer pour cette double vie qui ressemble à un choix, celui de la lumière et des grands soirs, dans le désintérêt des combats réguliers du samedi. Si les grands matches révèlent les grands joueurs, les petits matches aussi, et ce sont ceux-là qui ont maintenu Pogba dans une zone grise : une star, par son comportement, ses revendications et ses flamboyances, mais un joueur trop inconstant pour maintenir les admirations deux fois par semaine.

Sa carrière semble attester qu'il faut le connaître vraiment pour l'apprécier tout à fait, et qu'il n'a pas un goût démesuré pour l'aventure : il a signé à Manchester United, son premier club professionnel, après avoir quitté la Juventus Turin, et puis il a choisi de revenir à la Juve quand il a quitté Manchester. En équipe de France, au moins, rien ne change, et depuis sa première sélection, pas même le sélectionneur, qui l'a appelé dès 2013 mais l'a toujours poussé à sortir du confort vers lequel le dirige une pente naturelle : à la Coupe du monde 2014 comme à l'Euro 2016, il avait écarté Pogba de l'équipe après le premier match. L'idée était qu'il ne s'enflamme pas, parce que Pogba a tendance à sortir de son match quand il est un peu trop content de lui. La Coupe du monde 2018 a été son couronnement, parce qu'il a été bon tout le temps, et parce que sa personnalité solaire et joyeuse a transpiré de chaque instant de la conquête : dans les documentaires *inside* qui ont suivi, on n'entend que lui, parfois, notamment dans ses incantations à la mi-temps des matches de la grande aventure, son refus de la défaite et de rentrer à la maison. Il parle tellement qu'il parle trop, sûrement, au goût de quelques-uns de ses coéquipiers qui tentent parfois de le ramener vers l'essentiel, mais quiconque a vu Pogba pendant la Coupe du monde 2018 sait à quel point il a dominé le jeu, parfois. L'isolement lui convient : ce n'est pas qu'il soit extrêmement mondain, et les fans de Manchester lui ont même reproché de ne pas s'immerger plus souvent dans la ville, mais la vie en bleu l'oblige à se coucher plus tôt et à manger à heure fixe, et tout compte quand le moindre détail infléchit les destins. Mais c'est bien la peine d'avoir choisi aussi souvent de rester dans le cadre familial et amical, et d'être trahi par ceux, de ce cercle, qui ont tenté de lui extorquer 13 millions d'euros au printemps 2022, avec l'appui de son frère aîné, Mathias. Il n'y a pas que le foot dans l'existence des grands joueurs ; il y a la vie, aussi.

Mais l'Euro 2021 a rappelé combien le jeu de l'équipe de France dépendait, au fond, de l'image que Paul Pogba a de lui-même : quand il se comporte en leader et s'en tient à une version épurée de son jeu, tourné vers la simplicité et l'intérêt collectif, son influence est remarquable et positive ; mais sitôt qu'il s'imagine en sauveur et veut faire plusieurs métiers à la fois, milieu de terrain, meneur de jeu et avant-centre, sitôt qu'il porte le ballon au-delà de ce qui est raisonnable avec la volonté de laisser une trace, il se perd et l'équipe de France n'y gagne rien. De fait, moins on voit Paul Pogba, et plus il est fort : il ne reste plus qu'à le convaincre.

Pozzo, Vittorio

La difficulté de juger le passé avec les yeux d'aujourd'hui a régulièrement protégé la mémoire de Vittorio Pozzo, considéré comme l'un des premiers grands entraîneurs du jeu, disparu en 1968 alors qu'il avait doucement rejoint l'oubli, après avoir mené l'Italie de Mussolini à la victoire dans deux Coupes du monde, en 1934 en Italie, puis en 1938 en France, ainsi que dans le tournoi de football des Jeux de Berlin, en 1936. Avec son éternelle posture, vaguement chiraquienne, pantalon remonté très au-dessus du nombril, cravate courte, veste ouverte, mains dans les poches, il aura construit une phalange imbattable avec des méthodes nouvelles. Camp d'entraînement avant une Coupe du monde, préparation athlétique rationnelle, étude de la récupération, autant d'approches techniques modernes nées de son parcours d'étudiant à Manchester, de joueur en Suisse, ou de ses nuits à parler de jeu avec les deux grandes influences de l'avant-guerre, l'Autrichien Hugo Meisl et l'Anglais Herbert Chapman : Pozzo avait fait en sorte de penser à tout. Sa vie était peu commune : il était un haut dirigeant de Pirelli, mais aussi journaliste à la *Stampa*, étudia jusqu'à neuf langues, entraînait des clubs parallèlement à son œuvre de sélectionneur, un boulot pour lequel il avait décidé d'être bénévole.

Et il était prêt à tout pour gagner, ne lésinant sur aucun mauvais coup lors de la Coupe du monde mussolinienne, en 1934 à la maison, organisant le recrutement de joueurs sud-américains d'origine italienne, les *oriundi*, qui avaient pourtant représenté d'autres pays, comme les Uruguayens Scarone et Andreolo, ou les Argentins Monti, Orsi, Cesarini et Guaita, notamment. Il se retranchait derrière l'obtention de papiers militaires que le pouvoir avait facilité pour tous ces joueurs, et la polémique l'indifférait : « S'ils peuvent mourir pour l'Italie, ils peuvent jouer pour l'Italie. » En 1938, à Marseille, contre la Norvège, après que ses joueurs eurent fait le salut fasciste à la présentation des équipes, sous les sifflets de 3 000 exilés italiens antifascistes, il avait demandé à ses joueurs de recommencer pendant les hymnes, pour répondre à l'intimidation par la provocation. Il l'avait justifié par le devoir d'un joueur envers son pays, mais après la guerre, sera exclu de la Fédération pour coopération avec le gouvernement fasciste, même si aucun lien direct ne sera établi. Seul un petit stade du Piémont, à Biella, porte aujourd'hui le nom de Vittorio Pozzo, ancien héros de l'Italie.

Qatar

Peut-on organiser des Jeux olympiques dans un jardin d'hiver, une course de bobsleigh dans un congélateur, une Coupe du monde au Qatar ? La réponse est non, bien sûr, parce que cela consisterait à regrouper les supporters de 32 pays pendant un mois sur un territoire grand comme la Gironde, mais pour l'essentiel un désert, à la capacité hôtelière limitée, et que l'on ne peut pas contraindre les supporters du monde entier à s'installer tout autour, à Dubaï, en Arabie Saoudite, et à payer un billet d'avion 1 000 euros pour faire un saut de puce au Qatar pour un match. La réponse est non, parce qu'on ne peut pas concevoir une Coupe du monde qui ne serait pas tournée vers les supporters, et dont le pays hôte les obligerait à ne pas boire, à ne pas avoir de relations sexuelles hors conjugalité, et même à quitter le territoire deux jours grand maximum après l'élimination de leur équipe.

La réponse est non, mais puisque pour les plus grandes fortunes « non »n'est pas une réponse, c'est oui. La facilité serait d'avancer que l'histoire de cette édition s'écrira sur du sable et qu'elle sera recouverte au premier vent, mais ce n'est pas aussi simple, parce que la FIFA vend essentiellement l'épreuve aux télés, et qu'elle vend aussi aux spectateurs la possibilité unique de voir trois ou quatre matches par jour, considérant la concentration des sites. Si le Qatar accepte sur son sol quatre fois moins de visiteurs possédant quatre fois plus de moyens, il remplira ses stades de ces privilèges et se félicitera du même succès que d'habitude, ailleurs.

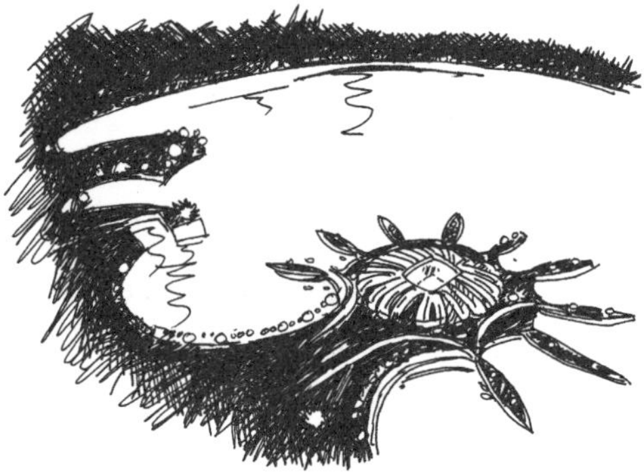

Un jour du printemps 2022, en amont, on s'est vraiment rendu compte de la nature lilliputienne de cette Coupe du monde, lorsque le Qatar a fait visiter à quelques invités le siège de sa fédération de football, surmonté en étage élevé d'un musée circulaire : de là-haut, on pouvait voir la mer, mais surtout sept des huit stades de la Coupe du monde.

La superficie du Qatar est de 11 571 kilomètres carrés. De l'infiniment petit à l'infiniment grand : la prochaine Coupe du monde, en 2026, aura lieu sur un continent et un peu plus, les États-Unis, le Canada et le Mexique, près de 21 800 000 kilomètres carrés, un territoire 1 884 fois plus grand que le Qatar. On a fait le calcul pour vous, alors que la FIFA se sert généralement de la calculette pour d'autres additions. Ce sera la première Coupe du monde à 48 équipes, 16 groupes de trois, 2 qualifiés par groupe pour les seizièmes de finale, suppression des matches nuls en phase de groupes, mais instauration systématique des tirs au but en cas d'égalité pour empêcher les arrangements de la dernière journée quand la troisième équipe est exempte. Tout cela semble un peu compliqué à la lecture, mais l'avantage est que cela ne sera pas plus simple en pratique. D'ailleurs, c'est parce qu'il faut autant de temps pour comprendre et accepter cette nouveauté que la Coupe du monde n'a lieu que tous les quatre ans.

Quatre ans

Ce qui réunit le mieux le monde aide à diviser une vie et à se repérer dans le temps. Depuis toujours, les deux événements les plus importants du sport mondial, la Coupe du monde de football et les Jeux olympiques, ont lieu tous les quatre ans, à deux années de distance, les années paires. Il y a suffisamment de choses qui changent en ce bas monde pour que ces deux repères, au moins, restent stables et immuables. C'est un temps qui correspond à la préparation et à l'attente, laquelle est consubstantielle au caractère magique et précieux du rendez-vous : un coureur de 100 mètres joue sa vie en dix secondes tous les quatre ans, et il faut que cela reste un vertige. Nos vies de passionnés sont réglées sur ce calendrier, nous sentons l'odeur de la Coupe du monde à un an, à six mois, à un mois, les repères sont reconnaissables, un tirage au sort dans le pays organisateur, la description du camp de base des Bleus avec la photo d'un hôtel inaccessible ou ordinaire, il n'y a pas de règle, le programme des matches amicaux, les dernières polémiques sur quelques joueurs de bout de liste dont on ne parlera presque pas pendant l'épreuve, puis le grand départ, les articles dans les journaux qui annoncent « de notre envoyé spécial », de là-bas, donc, depuis le cœur même de l'aventure qui s'esquisse, pendant que les équipes de télévision se relaient devant l'hôtel, parfois devant un chemin gardé par la police, pour donner l'impression au téléspectateur d'être sur place, et tant pis si c'est un sur-place vraiment immobile.

Nous nous sommes souvent demandé si tous les deux ans ce serait pareil, ou mieux, ou moins bien. On le sait, la FIFA a envisagé, sous l'impulsion d'Arsène Wenger, de modifier la périodicité de la Coupe du monde et de l'installer tous les deux ans, au prétexte que le comportement moderne des consommateurs de football à la télé voulait avoir le meilleur, et plus souvent, et que certains petits pays auraient un peu plus de chances de participer à l'épreuve, ce qui aiderait au développement du football dans le monde. Cela n'avait rien à voir, évidemment, avec la volonté de la FIFA d'augmenter ses recettes, ni de mieux contrôler le calendrier du football international, dans sa lutte avec l'UEFA, l'Union européenne qui rêve d'une autre compétition de clubs, les années impaires.

Personne ne le sait, ou presque, ou alors personne ne s'en souvient, ou enfin personne n'a vraiment cherché (c'était notre cas pour les trois cas de figure, jusque-là), mais la FIFA a déjà décidé, dans son histoire, d'organiser une Coupe du monde tous les deux ans. Après la Coupe du monde 1938 en France, elle avait d'abord eu l'idée d'attribuer la Coupe du monde 1942 au Brésil, plutôt qu'en Allemagne, également candidate, bien qu'elle ait imaginé que les économies délicates dissuaderaient nombre de nations du long voyage. D'ailleurs, Jules Rimet était au Brésil, envoyé spécial par lui-même, pour en discuter avec les organisateurs potentiels, à la fin de l'été 1939, dans le temps même où les troupes allemandes avaient envahi la Pologne, le 1er septembre 1939. Il avait été rapidement établi que la Coupe du monde 1942 ne pourrait pas avoir lieu, et qu'il faudrait attendre des jours meilleurs. Le congrès de la FIFA avait pu se réunir de nouveau en 1946, huit ans après la Coupe du monde précédente, et, dans sa hâte de rattraper le temps perdu, avait décidé que l'épreuve se déroulerait désormais tous les deux ans, et les années impaires. C'est à côté de ce bouleversement de nos vies que nous sommes passés. Tout était voté : l'épreuve aurait lieu en 1949, puis en 1951, et ainsi de suite, et nous aurions été définitivement privés de ces repères fixes et pairs dans nos vies. Par bonheur, et faute de candidats assez nombreux, la lucidité était revenue à Jules Rimet et aux dirigeants de la FIFA qui, en 1948, étaient revenus à la périodicité de toujours, et à une Coupe du monde de reprise en 1950 au Brésil, la seule sans finale, ce qui est une autre histoire. Depuis, nous savons exactement ce que nous faisons en juin et juillet, tous les quatre ans. Enfin, en dehors de 2022, bien sûr, après que l'on nous eut annoncé très tôt et exactement ce que l'on ferait en novembre et en décembre. Garder ses repères dans ce monde est décidément un combat de tous les instants.

Quiniou, Joël

Il a toujours dit qu'il ne regrettait rien, qu'un déni de justice lui aurait coûté bien plus, qu'il a appliqué le règlement en cas de tacle dangereux. Voici le rapport de police : le 13 juin 1986, l'arbitre français Joël Quiniou, fonctionnaire au ministère de l'Intérieur, est devenu célèbre en expulsant le joueur uruguayen José Batista après cinquante-six secondes de jeu, pendant Écosse-Uruguay (0-0), au stade Neza 86 de Nezahualcoyotl, dans la banlieue est de Mexico.

Personne n'a jamais fait mieux, en Coupe du monde. En général, les bad boys du foot profitent de la zone grise des premières secondes pour commettre leurs forfaits dans une relative impunité : ils passent les premiers quarts d'heure, tout au long de leur carrière, à faire signe à l'arbitre qu'il s'agit de leur première faute et à éviter, ainsi, un carton jaune. Un carton rouge direct, cela ne se fait pas, à leurs yeux, sinon les blâmes deviennent inutiles, et la plupart des arbitres sont d'accord, laissant les intimidateurs mettre hors d'état de nuire les artistes du camp d'en face avant d'entrer dans une logique répressive. On se souvient peut-être qu'en finale de la Coupe du monde 2010, Espagne-Pays-Bas (1-0 a.p.), l'arbitre anglais Howard Webb avait laissé le Néerlandais De Jong labourer la poitrine de l'Espagnol Xabi Alonso d'un coup de pied de karatéka, dans les premières minutes, et si c'était pour montrer qu'il pouvait tenir son match autrement, c'était raté, parce qu'il allait distribuer quatorze cartons jaunes dans la finale.

José Batista le méritait plutôt, son carton rouge. Lancé, et très, très en retard, il était venu agresser Gordon Strachan, et Quiniou avait en tête la petite musique de Sepp Blatter, alors secrétaire général de la FIFA, qui était venu voir les arbitres en leur demandant de mieux sanctionner les violences. Le capitaine uruguayen, Jorge Barrios, était venu contester sa décision en posant sa main sur l'épaule, et le Français s'était dégagé, avait brandi une deuxième fois le rouge, ce qui n'était pas nécessaire, il suffisait d'une fois. Joël Quiniou a toujours été un bon arbitre, globalement, et si l'on a vu certains de ses confrères français arborer leur idéal répressif autour du cou, un sifflet rouge, un sifflet jaune, ce n'était pas son cas, son autorité s'exerçait autrement. Curieusement, en Coupe du monde, c'est pourtant la trace qu'il a laissée, puisqu'il a expulsé le futur Parisien Ricardo lors du huitième de finale Brésil-Argentine (0-1), quatre ans plus tard, en Italie, puis un autre futur Parisien, Leonardo, en 1994, pendant le huitième de finale Brésil-États-Unis (1-0), à San Francisco. À 44 ans, il avait alors eu du mal à boucler les tests physiques.

Arbitre de trois Coupes du monde, dont la demi-finale Italie-Bulgarie (2-1) en 1994, Joël Quiniou a toujours dit que son plus mauvais moment remontait à la main de Dieu, et au but accordé à Diego Maradona, en 1986, par l'arbitre tunisien M. Bennaceur. Ali Bennaceur était son ami, il était également son juge de touche le jour où il avait expulsé Batista après 56 secondes, et le Français n'a jamais compris que soit instruit le procès de l'arbitre, mais pas celui du joueur. Dans l'affaire Batista, au moins, lui-même avait été acquitté.

Rami, Adil

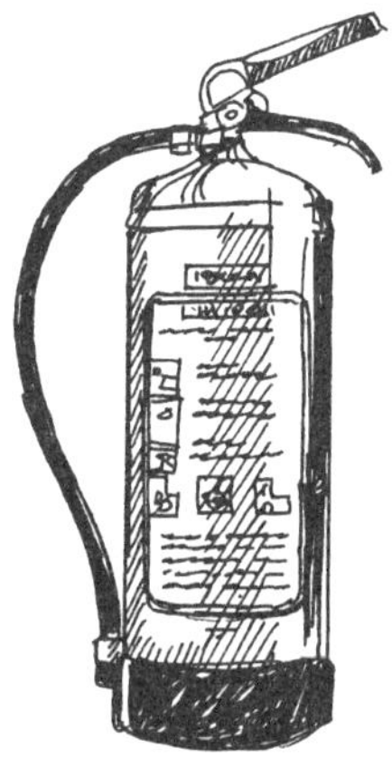

Il n'a pas joué une seule minute de la Coupe du monde 2018 et pourtant il est entré dans l'histoire, en pleine nuit, en obligeant les Bleus à évacuer leur hôtel, à Istra, après s'être servi d'un extincteur dans un couloir un soir où il n'avait pas sommeil. Il est même possible que l'histoire retienne autant ce fait d'armes que le couple qu'il a formé avec Pamela Anderson. D'ailleurs, un an après, à l'occasion d'une réunion des champions du monde, ce footballeur joyeux et venu de loin, ancien jardinier municipal à Fréjus, a offert un cadeau personnel à chacun de ses coéquipiers ainsi qu'à tout le staff : un extincteur miniature.

Refus

On ne sait pas comment le dire simplement : un jour, l'équipe de France a trouvé naturel de vivre la déception d'une élimination en match d'appui face à la Yougoslavie (1-2) sur terrain neutre, à Florence, de demander son repêchage, de l'obtenir par le lobby, de concevoir une préparation, de disputer des premiers matches amicaux, et de décider de ne pas participer à la Coupe du monde 1950 au Brésil.

Une semaine après l'élimination face aux Yougoslaves, à la mi-décembre 1949, le président de la FFF Emmanuel Gambardella s'était dit optimiste, la rumeur courait déjà du désistement des Indes et de l'Écosse. Le 30 avril 1950, la France est repêchée, s'organise, se prépare contre l'Écosse (0-1) le 27 mai, puis en Belgique (1-4) le 4 juin, et s'entraîne à Maisons-Laffitte avant le grand départ. La Coupe du monde débute le 24 juin, moins de trois semaines plus tard, et la France doit affronter l'Uruguay à Porto Alegre, le 25 juin, puis la Bolivie à Recife, le 28 juin. Elle se plaint déjà, cependant, de la longueur du voyage : « S'il n'est pas fait droit à notre requête justifiée, la dignité de la FFF lui dictera la réponse qui s'impose. » Les grands mots cachent les petits calculs : la FFF a réservé ses vols sur Air France, mais les organisateurs ne remboursent que les vols sur Panair, la compagnie brésilienne. Les dirigeants de la FFF ont autant envie d'aller au Brésil que chez le dentiste, demandent au patron du comité de sélection, Gaston Barreau, si l'équipe a une chance, n'écoutent pas vraiment sa réponse (« en les entraînant rationnellement, on peut encore constituer une équipe honnête »), n'attendent pas non plus la réponse des Brésiliens pour les billets d'avion et décident, le 5 juin, de ne pas disputer une Coupe du monde au Brésil, le pays du jeu. Des visionnaires.

Rimet, Jules

On a le droit de continuer de célébrer la vision de Pierre de Coubertin, l'initiateur des Jeux olympiques modernes, sans porter de regard critique sur son œuvre, et de faire de Jules Rimet l'inventeur de la Coupe du monde, sans mieux fouiller derrière les apparences. Mais on a le droit, aussi, de regretter que le récit sportif français du XXe siècle se soit encombré de si peu de nuances dans la célébration de ses grands hommes et dans la construction d'une fierté nationale.

L'une des croix de Coubertin reste son idée du sport réservé aux hommes, au travers de ce jugement célèbre venu, pour le coup, du XIXe siècle : « Une olympiade femelle serait impratique, inintéressante, inesthétique et incorrecte. Le véritable héros olympique est, à mes yeux, l'adulte mâle individuel. Les JO doivent être réservés aux hommes, le rôle des femmes devrait être avant tout de couronner les vainqueurs. »

La croix de Jules Rimet serait, plus simplement, de n'être pas tout à fait le créateur de la Coupe du monde, du moins pas dans les proportions où il l'a revendiqué. Rimet, qui a vécu une petite enfance agricole en Haute-Saône et n'a jamais joué au foot, met très vite le sport au service de son ambition politique. Ce n'est pas le foot qui le voit devenir l'un des fondateurs du Red Star, en 1897, à 23 ans : son implication dans le catholicisme social le pousse à favoriser les arts et le développement de l'âme dans la nouvelle association. Ce n'est pas lui, non plus, qui crée la FIFA en 1904, même s'il participe à la réunion, mais le journaliste Robert Guérin. Et ce n'est pas tout à fait lui, donc, qui invente la Coupe du monde.

Mais c'est un grand dirigeant, un homme qui sait accéder au pouvoir et l'exercer : diplomate, humaniste, remarquable orateur, il n'a pas son pareil pour devenir président de tout. De la Fédération française de football, de 1919 à 1942 puis de 1944 à 1949, de la FIFA, de 1921 à 1954, du comité des sports, aussi. Mais la question, ici, n'est pas celle du mérite ni de l'aura d'un homme qui avait fini la Grande Guerre avec le grade de lieutenant d'infanterie de l'armée de Foch et avec la croix de guerre, qui cherchera sa vie durant la reconnaissance et les décorations, et qui sera, sur ce plan-là, rarement déçu. La question centrale concerne la manière dont Jules Rimet a toujours revendiqué l'invention de la Coupe du monde, que la FIFA avait émis l'idée d'organiser dès 1906, avant de renoncer, puisque aucun de ses pays membres n'avait daigné s'inscrire. À partir du moment où le tournoi de football olympique avait pris son essor, en 1924 et 1928, le dirigeant français n'était pas vraiment pressé de voir apparaître une Coupe du monde : en 1928, il estimait encore qu'il n'y avait « pas d'urgence » et qu'il fallait étudier l'affaire « en toute tranquillité ». Pendant ce temps-là, d'autres dirigeants, comme son secrétaire général de la FFF, Henri Delaunay, s'activaient pour faire avancer le projet : Delaunay est dans la première commission de la FIFA qui réfléchit à l'idée, en février 1927, à Zurich, avec l'Allemand Linemann, l'Autrichien Meisl, le Suisse Bonnet et l'Italien Ferretti (voir « Delaunay »). C'est lui qui convainc les autres de la nécessité d'une Coupe du monde organisée tous les quatre ans et « ouverte aux équipes représentatives de toutes les associations nationales affiliées à la FIFA ».

Le procès en paternité ne s'est éteint ni avec la mort de Delaunay, en 1955, ni avec celle de Rimet, en 1956, puisque les héritiers ont continué de la mener. Quelques éléments ne font pas beaucoup de bien à la revendication de Rimet comme père de la plus grande compétition sportive de la planète, avec les Jeux olympiques : des lettres importantes allant dans le sens de Delaunay ont disparu sous sa présidence, à la FIFA, un témoignage décisif d'un vice-président, le docteur Schricker, ainsi qu'un courrier de Stanley Rous, qui sera lui aussi président de la FIFA dans les années 60. Dans le programme officieux de la Coupe du monde 1938, le journaliste Jean Ezkenazi écrivait à dessein, sous la photo d'Henri Delaunay : « Les paroles ne Riment à rien, seul le travail compte. »

Mais, une fois la décision prise, son entregent est considérable, et il est probable, en fait, qu'il rende la chose possible en se rendant en Uruguay et en obtenant notamment du pays organisateur, désireux de fêter son centenaire avec faste, qu'il prenne en charge les frais de transport et de logement des pays participants. Il organise en même temps un héritage à son bénéfice exclusif en laissant Delaunay à Paris lorsqu'il s'embarque pour Montevideo en 1930. Pour juger de l'affaire et de la fâcherie ultime, mais révélatrice, surgie en mai 1954, lorsque Jules Rimet écrit l'*Histoire merveilleuse de la Coupe du monde* et en réécrit l'histoire en n'accordant que trois lignes à Henri Delaunay, on convoquera l'arbitrage posthume de Jacques Goddet, le créateur de *L'Équipe*, dans ses mémoires : « Si Jules Rimet, petit cardinal onctueux, habile, tenace, put revendiquer la paternité de l'entreprise, Henri Delaunay, autoritaire et à l'intelligence fine, put prétendre en être le constructeur. »

Pour lui-même, Jules Rimet a moins aimé la fin de l'histoire. Il avait été mis en minorité à la tête de la FFF, en 1949, pour avoir tenté d'accepter Sarrebruck en championnat de France, à la demande du gouvernement, alors que les ligues d'Alsace et de Lorraine ne voulaient pas entendre parler de leurs voisins. Et il avait dû quitter la FIFA deux semaines avant la finale de la Coupe du monde 1954, en Suisse, à 80 ans, son dernier acte consistant à remettre sous un parapluie la Coupe du monde qui portait son nom depuis le congrès de Luxembourg en 1949. Les temps devenaient difficiles, et ingrats : il racontait qu'une secrétaire nouvelle de la FFF lui avait demandé la raison de sa venue, un jour de visite, et qu'un cerbère suisse avait refusé de le laisser entrer dans un stade pendant la Coupe du monde 1954 alors qu'il s'était présenté comme d'habitude (« Jules Rimet, je suis le président »). Sa candidature au Nobel de la paix avait été repoussée, en 1955, et il n'avait survécu que quelques mois à la retraite et à la perte des honneurs. La Coupe Jules-Rimet est devenue la Coupe du monde de la FIFA, mais les Anglais continuent de chanter son nom dans un couplet de leur hymne « *Football is Coming Home* », « *Jules Rimet still gleaming* ». Jules Rimet brille encore. C'est probablement ce qu'il aurait voulu.

Roland, Thierry

La voix de titi parisien de Thierry Roland reste notre madeleine, notre petite musique. Elle vient de loin, de l'enfance et du bout du monde, et cette vie qui aura été la sienne, celle d'un saltimbanque entré à la RTF en 1955, mort juste avant de revenir sur la scène de l'Euro avec M6, en 2012, aura été la nôtre, aussi. Il n'a pas toujours eu que des paroles lumineuses, mais il a toujours été là, notre repère en espoirs comme en indignation, et quand il prenait l'antenne, il nous avait dès son « bonsoir », on s'enfonçait dans le canapé, sa voix lointaine nous emmenait à l'est de l'Europe dans un stade rempli de militaires, ou alors dans une Coupe du monde où il était l'homme qui tournait les pages du feuilleton, au commentaire familier, complètement familier.

Il était chauvin et n'était pas un grand démocrate, mais on a connu des stars de la télé aux principes irréprochables qui étaient odieux avec leurs jeunes confrères : Thierry, lui, était toujours bienveillant et avait le salut fidèle, et s'il vous avait fait une blague sur votre coiffeur qui était en prison quand vous aviez 25 ans, vous saviez qu'il évoquerait l'apparent refus de sa remise de peine, vingt ans plus tard. Il avait commenté treize Coupes du monde, pour la télé ou la radio, et n'avait jamais oublié la première, en 1962 au Chili, où les envoyés spéciaux de la presse française, moins d'une dizaine, partageaient une pension de famille à Santiago tenue par une Basque, que l'un d'entre eux avait particulièrement prise en affection. Un jour qu'il se rendait dans l'une des quatre villes de la Coupe du monde, tout au nord du pays, à Arica, où le journaliste de *L'Équipe* Robert Vergne était en poste pendant l'épreuve, et qu'il attendait son bagage à la sortie de l'avion en compagnie du photographe André Lecocq, Thierry avait entendu cette annonce issue des haut-parleurs de l'aéroport : « Messieurs André Lecocq et Thierry Roland sont priés de se magner le train, parce qu'on a les crocs. » Robert Vergne, qui avait la plume polémique, avait le micro rassembleur. C'était l'une des anecdotes que Thierry Roland racontait, et s'il a écrit ou plutôt fait écrire à ses amis plusieurs livres du genre, qui le faisaient naviguer de son amitié avec Dean Martin à sa fidélité absolue à Michel Platini, c'est parce que les soirées étaient trop courtes. La vie aussi.

Thierry Roland était son époque et il était de son époque. Il aurait peut-être fini au poste, aujourd'hui, ce qui reste le destin d'un commentateur. Mais la mémoire collective de la Coupe du monde passe par la voix, et pour nous, cela reste la sienne. Il suffit de le lire pour l'entendre.

« Alors ça, je n'ai vraiment pas peur de le dire, M. Foote, vous êtes un salaud. [...] Oh, à côté ! Eh bien, il y a un bon Dieu, croyez-moi. Il y a vraiment un bon Dieu. Quel scandale cet arbitrage, c'est invraisemblable. J'ai jamais vu un individu pareil. Il devrait être en prison, pas sur un terrain de football ! »

« Honnêtement, Jean-Michel, ne croyez-vous pas, dans un monde aussi grand, qu'il y a autre chose qu'un arbitre tunisien pour diriger un quart de finale de la Coupe du monde ? »

« Ah, il l'attendait dans le zig, il lui a mis dans le zag. »

« Ah, mon p'tit Jean-Michel, ils ne passeront pas leurs vacances ensemble. »

« Oui, oui, mon petit bonhomme ! »

« Il n'y a rien qui ressemble plus à un Coréen qu'un autre Coréen, surtout habillés en footballeurs, d'autant qu'ils mesurent tous 1,70 mètre, qu'ils sont tous bruns, à part le gardien, mais enfin ça, ça aide pas trop… »

« Ouii, Michel ! Ouii, Michel ! »

« Il n'a pas fait le voyage pour rien. »

« Il y a deux Lee sur le terrain, c'est un grand appartement. »

« Il va au pressing, il a du linge à aller chercher ? »

« On va retrouver les studios parisiens pour quelques pages en couleurs. »

« À vous Cognacq-Jay, à vous les studios. »

« Il n'y avait pas la ligne droite de Longchamp. »

« Faut dire que Hrubesch, c'est pas Alain Delon. »

« Bel amorti de la poitrine de Néné. »

« Un Bulgare sera toujours plus con qu'un Israélien. »

« Pour les Marocains, le couscous est cuit. »

« Il faudrait que ce Japon-Croatie se débride. »

« La défense de l'Uruguay, c'est pas la Sécurité sociale. »

« Entrée en jeu de Phillip Cocu. Bien le bonjour à Madame. »

« Il y a toujours un barbu en équipe d'Argentine. »

« L'équipe de France est championne du monde, vous le croyez, ça ? Je crois qu'après avoir vu ça, on peut mourir tranquille. Enfin, le plus tard possible. Ah, c'est superbe ! Quel pied ! Ah, quel pied, oh, putain ! Oh, làlàlàlà, oh, c'est pas vrai ! »

Romanée-conti

Vingt ans après, on ne sait toujours pas ce qui leur avait pris, mais on sait exactement pourquoi et comment nous, la presse française, avons complètement torpillé l'idée que l'équipe de France et nous puissions vivre normalement ensemble pendant deux semaines, du moins en parallèle. En 2002, donc, il avait été décidé que la presse française et l'équipe de France s'installeraient à l'hôtel Sheraton Walkerhill, sur les hauteurs de Séoul en surplomb de la rivière Han. Les Bleus ne vivraient pas exactement sous le même toit, mais dans une annexe qui leur serait réservée. On se croiserait à peine, mais les jours d'entraînement, les bus de l'équipe de France et de la presse, gérés par le même voyagiste, suivraient la même escorte. Ils étaient champions du monde et champions d'Europe, on avait passé deux ans à les suivre au bout du monde, au Chili, en Australie, les Beatles en tournée, et cette proximité était une chance, au XXIe siècle. On n'a pas été infiniment long à comprendre que ce serait la dernière. D'abord parce que plus personne n'organise cette proximité, en ces jours qui érigent des murs, plutôt : les raisons de sécurité se sont conjuguées à la paranoïa naturelle des sélectionneurs et à la volonté des joueurs de ne pas se mêler à une population qui leur met des mauvaises notes.

L'autre raison, c'est l'éclatement de la confiance sans discernement, et la modification des pratiques médiatiques : nous sommes trop nombreux, nos intérêts trop concurrentiels, voire divergents, et depuis 2002, justement, nous sommes entrés dans l'ère de l'information instantanée, parfois, et de la rumeur immédiate, souvent. Dans le monde de 1998 et 2000, partager l'hôtel des Bleus aurait essentiellement servi à nourrir le récit de l'épopée, par petites touches discrètes, rien qui permette d'identifier la source ni de l'embarrasser, rien qui soit susceptible de pousser ceux qui se confient au silence ni de refermer ces portes. En 2002, les sites Internet avaient d'autant mieux besoin d'être nourris au fil des heures que le décalage horaire était très défavorable à la chose imprimée. Alors chaque média avait fait des Bleus un feuilleton, détourné de la mesure par la concurrence et la volonté de répondre immédiatement à l'autre. Quand, par hasard, parce que je m'étais perdu dans les couloirs du stade de Séoul, je m'étais retrouvé dans ses entrailles et au pied du bus de l'équipe de France, après le dernier match amical et la blessure de Zidane à la cuisse, j'avais entendu la confidence accablée d'un membre du staff qui avait soufflé à mon camarade Yves Merens, de *Var-Matin*, qu'il était impossible que Zizou joue le premier match de poule, et *L'Équipe* avait évidemment choisi de l'écrire, malgré les dénégations publiques du sélectionneur, Roger Lemerre. Dans la foulée, si l'on ose dire, d'autres journaux avaient assuré le contraire, selon un pari qui s'accordait à la nouvelle logique du Web et de l'information immédiate, et tant pis si ces informations étaient contradictoires, à partir du moment où elles étaient successives. C'était parti. C'est comme cela qu'il avait été écrit que des Bleus étaient en boîte avec des danseuses bulgares : ils étaient en boîte à l'hôtel, où les journalistes étaient assez proches de l'action pour les avoir vus, les danseuses bulgares dansaient, puisque c'était leur métier, mais rien ne disait qu'ils étaient « ensemble », sauf les raccourcis et les suggestions dans la même phrase. Mais on ne fera rien de plus ambigu et de moins scrupuleux que le jour où l'un d'entre nous, le « nous » au sens large, s'est présenté à la réception de l'hôtel Sheraton en se faisant passer pour Claude Simonet, le président de la FFF, afin de demander un compte intermédiaire de sa note sur imprimante : c'est ainsi qu'est sortie l'une des affaires les plus connues de cette Coupe du monde à la française, celle de la bouteille de romanée-conti à 4 800 euros. Claude Simonet était un chef d'entreprise bonhomme de la région nantaise, ancien vice-président du FC Nantes, et dont l'épouse aura eu une certaine influence sur les affaires du football français : elle avait lancé, un jour que Noël Le Graët, alors président de la Ligue nationale de football, était au téléphone et que la relation des deux présidents était conflictuelle, « Dis-lui, Claude, qui est le patron… ». Claude Simonet avait eu la chance d'être le président des deux plus grandes conquêtes, la Coupe du monde 1998 et l'Euro 2000, et il n'y était pas pour grand-chose ; pour la fameuse bouteille de romanée-conti qui avait figuré sur sa note de frais, non plus. Ce n'était pas lui qui l'avait commandée, et ce n'était pas lui qui l'avait bue. Mais ces 4 800 euros, cette note obtenue par un journaliste qui avait usurpé son identité, allait être le symbole de la faillite française en Corée.

La réalité de cette facture est toujours contestée par ceux qui avaient la charge de la FFF à l'époque : ils assurent que la bouteille en question était un vosne-romanée, qu'un romanée-conti coûtait beaucoup plus cher, et que la ligne « Conti » concerne la facture des petits déjeuners continentaux. On ne sait pas la vérité, on n'a jamais vu la facture, mais on sait que, ce jour-là, l'un de ses conseillers a tenté de convaincre Claude Simonet d'organiser une conférence de presse pour démentir l'information, en lui annonçant que l'affaire le poursuivrait comme Giscard et les diamants de Bokassa, mais que le bon président Simonet, très IVe République, avait rétorqué qu'il n'allait quand même pas s'abaisser à ça.

La vérité de l'échec français en 2002 était évidemment plus simple, et la proximité de la presse n'y était pour rien : les Bleus s'étaient embourgeoisés, ils avaient confondu les manifestations de la gloire avec les raisons qui les avaient amenés là, ils avaient perdu deux vrais leaders (Deschamps et Blanc, à la retraite internationale en septembre 2000), ils avaient perdu l'un des meilleurs joueurs du monde de cette saison-là, Robert Pirès, blessé au genou au printemps, ils avaient perdu leur meneur de jeu, Zinédine Zidane, forfait lors des deux premiers matches de poule et boiteux lors du troisième, et ils n'avaient pas eu de chance, mais vraiment pas, dans le premier match face au Sénégal (0-1) qui les avait mis à l'envers pour de bon.

Trois ans plus tard, nous sommes retournés au Sheraton Walkerhill. Pas en vacances, parce que le soleil a du mal à traverser le nuage de population qui nimbe Séoul, l'été, et que l'humidité vous étouffe : l'Olympique lyonnais était en tournée là-bas pour disputer la Coupe de la paix, un tournoi organisé par la secte Moon, et Jean-Michel Aulas avait décidé que la petite délégation, hors joueurs, irait dîner en pèlerinage au Sheraton Walkerhill. La pancarte à l'entrée, liée à la présence du casino au sous-sol, et ironique en regard de ce qui avait attendu les Bleus en 2002 (« *At the Sheraton Walker Hill, everyone is a winner* »), était toujours là. Le président lyonnais, au moins aussi ironique et taquin, avait invité tout le monde au restaurant italien, à l'étage. Puis il s'était dirigé vers une vitrine faiblement éclairée, avait montré la cave, et désigné les bouteilles de romanée-conti. Un pèlerinage, vraiment.

Romário

Ce n'est pas la couronne qui était trop grande, c'est lui qui était trop petit, 1,60 mètre d'orgueil, de talent fou et de sale caractère, une drôle de vie à ne pas boire, à ne pas fumer, mais à danser toutes les nuits, à se marier trop souvent et à crouler sous les dettes, les pensions alimentaires et les amendes pour diffamation envers la terre entière, au point de passer quelques nuits en prison : Romário, le buteur du Brésil champion du monde en 1994 (5 buts), était un « génie de la surface », selon le mot de Johan Cruyff, mais aura eu du mal à vivre au-dehors. Il disait que quand on avait grandi dans une favela, on n'avait peur de rien pour le reste de sa vie, mais par-delà ses magnifiques années barcelonaises, il restera l'homme de la Coupe du monde 1994, pour ses buts, son duo avec Bebeto, et sa manière d'être le meilleur dans les zones où il n'y a pas d'espace mais trop de défenseurs, parce qu'il se faufilait, parce qu'il était le plus vif, le plus technique et le plus adroit. Il avait 28 ans et ne serait jamais aussi grand.

Ronaldo(s)

Il n'y a eu longtemps qu'un seul Ronaldo. Quand le second est apparu, au début des années 2000, le langage courant atténuait ainsi l'ambiguïté : pour le Brésilien

Ronaldo, on disait « le vrai », et pour le Portugais Cristiano Ronaldo, on disait « l'autre ». Ce n'était pas pour être désagréable, c'était pour être précis, même s'il est bien possible que l'on ait employé la distinction un peu plus longtemps qu'il n'était nécessaire. À une époque qui sépare le monde entre les fans de Cristiano Ronaldo et ceux de Lionel Messi, et dresse un mur entre eux, là où ils auraient dû faire un peu de place pour la nuance, on court à grande vitesse vers les ennuis si l'on avance que, à l'échelle de la Coupe du monde, « le vrai » Ronaldo habite à l'étage au-dessus des deux phénomènes. Et pourtant. Jusqu'en 1998, Ronaldo a été une grâce, un joueur absolu, le meilleur joueur du monde depuis Pelé, un dribbleur incroyable, un buteur clinique, dont la puissance et les longues courses suscitaient la fascination. Peut-être n'avait-il pas l'âge qu'il prétendait avoir, comme de nombreux joueurs brésiliens, lorsqu'il est arrivé au PSV Eindhoven, en 1994, officiellement à 17 ans, après avoir été champion du monde avec le Brésil mais sans jouer, durant l'été, à Los Angeles. Pendant quatre ans, il a été génial, même si on ne peut pas comparer sa trace statistique en clubs avec celle de Cristiano Ronaldo et de Messi : sur ce terrain, ces deux-là sont absolument imbattables. Mais le vrai Ronaldo est une légende de la Coupe du monde, ce que les confiscateurs de Ballon d'or ne seront peut-être jamais. On peut bien commencer par son bilan : vainqueur en 1994 (mais pas une minute de jeu), finaliste en 1998, vainqueur en 2002, quart-de-finaliste en 2006. Pour confirmer qu'il n'y a pas réellement de comparaison possible, l'autre Ronaldo a déjà disputé quatre Coupes du monde et marqué dans chacune d'entre elles, mais en allant une seule fois au-delà des huitièmes de finale, lors de la demi-finale de 2006 perdue face à l'équipe de France (0-1), à Munich.

La légende de Ronaldo le Brésilien doit peu à son crépuscule fatigué de 2006 : surnommé « El Gordo » (le gros), en raison de son amour des barbecues, d'un corps hanté par les blessures et d'un dérèglement de la thyroïde, il n'accélérait plus vraiment, ne pouvait plus dribbler vers le côté droit, celui de son genou opéré, et ne supportait plus les paris de la presse brésilienne autour de son poids réel, probablement autour des 95 kilos. Son transfert au Real en 2002 en avait fait un rentier de sa réputation, et en quatre saisons, il n'inscrirait que 59 buts, l'équivalent d'une mauvaise année de Ronaldo, l'autre, et on exagère à peine. Mais, en 1998, il avait amené le Brésil en finale, qu'il avait disputée dans un état second, après la crise d'épilepsie ou le sérieux malaise qui l'avait conduit à la clinique des Lilas. Et la Coupe du monde 2002 l'a fait entrer dans la légende, parce qu'elle aura été un miracle dans une carrière cabossée. En novembre 1999, son tendon rotulien avait cédé, il avait rechuté en avril, était repassé sur la table d'opération du professeur Gérard Saillant à l'hôpital de la Pitié-Salpêtrière, et si ce dernier lui avait garanti qu'il pourrait rejouer, la vérité est qu'entre la Coupe du monde 1998 et la Coupe du monde 2002 le Brésilien aura disputé une soixantaine de matches seulement, et qu'il n'était plus titulaire à l'Inter Milan, au printemps 2002, quand les préparateurs physiques du Brésil ont entrepris de lui faire suivre un programme spécial. Cela reste probablement le plus beau come-back de l'histoire du foot : en Corée du Sud et au Japon, Ronaldo va devenir champion du monde en inscrivant huit buts, dont un doublé en finale contre l'Allemagne (2-0), qui lui vaudra son deuxième Ballon d'or, arraché à l'admiration du monde sur la base d'un mois dans l'année, quasiment le dernier grand mois de football de sa vie. Lassé des spéculations des médias sur son état de santé et sur le traumatisme de son malaise de 1998, le Brésilien s'était présenté avec une coupe de cheveux étrange, une crête vaguement iroquoise sur la tête, et cela avait marché, cela avait fait oublier le reste. Il n'avait pas oublié, ensuite, de s'excuser auprès « de toutes les mères qui ont vu leur enfant demander la même coupe ». Mais toutes les coupes, cet été-là, appartenaient à Ronaldo. Le vrai.

Rose Bowl

Quand on a vu le premier match de sa vie un dimanche de septembre au stade municipal de Péronnas, on ne s'attend pas forcément à assister un dimanche de juillet à une finale de Coupe du monde au Rose Bowl de Pasadena, Californie. C'est un long voyage intime, qui consiste à ne pas imaginer de frontières ou alors à les repousser une à une, mais à comprendre qu'il s'agit de la même vie, il n'y a que le décor qui change. Le Rose Bowl était entré dans notre imaginaire le jour où l'on avait lu son nom, il s'alliait à d'autres mythologies personnelles, l'Orange Bowl, la compétition de tennis qui révélait les stars de demain, ou l'Hollywood Bowl, pour le concert des Beatles récupéré sur une cassette pirate. C'était aussi au Rose Bowl, devant 100 000 spectateurs, que l'équipe de France de football était devenue championne olympique aux Jeux de Los Angeles en 1984, et c'est sur ces traces que l'on marchait à petits pas, parce qu'il avait fallu se garer très loin et qu'il faisait très chaud, le 17 juillet 1994, au matin de la finale Brésil-Italie. On se souvient de la lumière de juillet, presque aveuglante, d'une fanfare pleine de cuivres qui jouait le thème des JO de Los Angeles, à l'extérieur du stade – et comme c'était aussi l'ancien générique des matches de foot sur Canal+, c'était une double madeleine –, de ce coup d'envoi à midi par plus de 40 °C, de ce soleil qui faisait fondre les cristaux liquides de nos premiers ordinateurs et faisaient descendre nos lignes en bas de l'écran, jusqu'à ce que l'on récupère les cartons des postes télé pour créer de l'ombre, d'une finale complètement alanguie, des sprints impossibles, des supportrices brésiliennes qui avaient encore plus chaud que d'habitude, du sentiment, après le sacre du Brésil aux tirs au but, après l'envoi d'un papier dans la nuit française à une heure qui faisait retarder les camionnettes au départ de l'imprimerie du *Progrès* vers le Jura, que l'été était fini, que c'était un peu plus que l'été qui finissait, et que l'on ne reviendrait peut-être jamais au Rose Bowl de Pasadena.

Rossi, Paolo

Il n'était pas si facile de l'aimer, ce bel Italien aux boucles brunes. On avait l'impression qu'il se cachait pour mieux torpiller nos rêves, de quelque couleur qu'ils aient pu être. Évidemment, si l'on avait été supporter italien, tout aurait été plus simple, et l'été 1982 absolument magnifique, le triomphe absolu de Paolo Rossi, sa rédemption, aussi. Il faudrait toujours, parce que les Italiens sont les plus joyeux, quand ils sont heureux, que cette joie efface l'ombre. Il faudrait toujours admirer ces cœurs vaillants qui jamais de se battre ne se sont arrêtés. Il faudrait vibrer avec eux à la fin de « Fratelli d'Italia », quand les larmes leur montent et qu'ils hurlent leur fierté au monde. Il faudrait admirer leur panache quand ils en ont et leur culture défensive magnifique pour tous les jours où ils ne font pas beaucoup de bien au jeu. Il faudrait aimer l'équipe d'Italie par principe et isoler l'été 1982 de Paolo Rossi, dans l'oubli du scandale qui l'avait fait tomber, et lui accorder le pardon au prétexte de sa résurrection, un pardon éternel à présent qu'il est bien mort, disparu le 9 décembre 2020 à l'âge de 64 ans, des suites d'un cancer du poumon. Nous sommes nombreux dans ce monde à considérer que Paolo Rossi avait deux actes à se faire pardonner, et le scandale du « totonero », des paris clandestins, n'était pas le moins pardonnable. Tout était parti de la plainte d'un commerçant affirmant que plusieurs matches du championnat italien avaient été truqués, et accusant une trentaine de joueurs au total d'avoir arrangé les résultats du match pour s'enrichir auprès de bookmakers clandestins. L'AC Milan et la Lazio avaient été relégués en Série B en 1980, et Paolo Rossi, émergeant de la multitude par son statut et les sommes en cause (il aurait touché 8 millions de lires pour faire en sorte qu'Avellino-Pérouse, 2-2, finisse par un match nul), avait été condamné à trois ans de suspension, après quelques jours de prison, une peine ramenée à deux ans en appel. Il avait crié à l'innocence et au complot, et il n'avait pas crié seul dans la nuit : les supporters et les journalistes s'étaient indignés d'une si lourde suspension pour si peu. À l'époque déjà, on ne pouvait plus rien faire, décidément, et à l'époque déjà c'était toujours un complot. La corruption à l'OM sous Tapie, le dopage à l'EPO à la Juve des années 90, les arrangements des grands clubs italiens avec les arbitres, ce serait aussi un complot. Il n'empêche, aucun pays n'a autant de panache et de grandiloquence dans le déni que l'Italie, qui connaît toutes les nuances de la vérité quand on la lui présente, et s'arrangera toujours du gris pour le faire passer pour du blanc. Amnésie, amnistie, tout cela se ressemble, mais Paolo Rossi n'avait pas pu revenir sur les terrains avant le 15 avril 1982, deux mois avant la Coupe du monde 1982. Il avait 25 ans, n'avait joué que trois matches avec la Juve, mais le sélectionneur Enzo Bearzot avait décidé de l'emmener en Espagne, où il avait passé un été à marcher sur l'eau, à marquer six buts, à devenir champion du monde, meilleur joueur de la compétition, meilleur buteur, et Ballon d'or 1982, quelques mois plus tard.

Mais c'est précisément en Espagne que s'était déroulé le deuxième acte de la vie de Paolo, peu pardonnable aux yeux d'une partie du monde. C'était au stade de Sarrià de Barcelone, aujourd'hui détruit, le stade du deuxième club de la ville, l'Espanyol, et c'était un Brésil-Italie pour aller en demi-finale, dans la lumière catalane de la fin d'après-midi. Au premier tour, les Italiens s'étaient qualifiés avec trois matches nuls qui disaient leurs manières et leurs ambitions ; ils avaient besoin d'une victoire, cette fois, et le Brésil seulement d'un match nul, mais les Brésiliens avaient fait comme s'ils ne le savaient pas, comme si le jeu était le plus important, ils avaient tout fait pour gagner, jusqu'au bout, même quand ils n'en avaient pas besoin, même quand l'Italie attendait leurs initiatives pour trouver des espaces en retour. Gentile, qui avait impunément martyrisé Maradona au premier tour, ne lâchait pas Zico, réellement, c'est-à-dire qu'il le ceinturait ou tirait son maillot en permanence pour être sûr qu'il ne s'éloigne pas.

L'Italie tentait d'éteindre l'une des plus belles équipes de tous les temps et Paolo Rossi serait son arme. Nous sommes nombreux à l'avoir admiré, ce jour-là, pour ses trois buts face au Brésil (3-2), après ses quatre premiers matches sans marquer, mais à ne pas lui avoir pardonné, donc, d'avoir mis à genoux le Brésil de Sócrates, Zico et Eder, un enchantement et un esthétisme. C'était le Brésil de 1970 revenu, après l'abandon d'une identité, en 1974 et 1978, pour suivre une mode européenne athlétique, et Sócrates parsemait notre été d'une intelligence folle, d'une grâce, avec ce visage hiératique, et c'était étrange de ne voir aucun signe de bonheur sur le masque d'un joueur qui en donnait autant.

Il a fallu que l'on pardonne à Paolo Rossi d'avoir marqué trois buts ce jour-là, à la Sarrià, d'être revenu des enfers pour punir une équipe qui aurait mérité d'être bénie, et de n'avoir presque rien fait d'autre de sa rédemption : à 25 ans, c'est comme s'il avait commencé doucement à descendre l'autre versant de la colline, juste après la Coupe du monde. Il allait inscrire une seule fois plus de sept buts sur une saison de championnat avant sa retraite, en 1987. Ce n'était pas une vraie vie de buteur, il était un rentier de l'été 1982 et les dividendes diminuaient. Mais ni sa faute originelle ni son crépuscule n'auraient pu voiler la gloire de Paolo Rossi, le héros et le rêve de l'Italie.

Saccomano, Eugène

Les gens qui aimaient beaucoup Thierry Roland portaient également une affection considérable à Eugène Saccomano, disparu en octobre 2019 à l'âge de 83 ans, mais les deux voix les plus célèbres du football français avaient assez peu en commun, par-delà leur passion du micro, leur incapacité fondamentale à s'en défaire la retraite venue, une signature vocale inimitable et une passion profonde pour le football. C'est déjà beaucoup, bien entendu, mais ils n'ont pas passé beaucoup de soirées ensemble, non qu'ils ne s'aimaient pas, mais parce qu'ils n'avaient pas l'habitude de les occuper de la même manière. « Sacco » avait de multiples passions, littéraires et hédonistes, ainsi qu'une conscience de son personnage qui n'effleurait pas Thierry, né titi parisien, mort titi parisien, sans s'écarter une minute de cette nature joyeuse et d'expressions drolatiques sorties tout droit de son enfance. Sacco a inventé le débat télévisé autour du foot en France, et si c'était une importation de l'émission italienne « Il processo del lunedi », ce qu'il a toujours revendiqué, il en a fait, le premier, un petit théâtre. Impossible d'oublier sa manière d'articuler, les yeux ronds, « Oooоon refait le match », pour lancer l'émission, dont la première version s'appelait « Le match du lundi ». Avec cette émission, l'ancien reporter d'Europe 1, qui avait vendu à RTL la propriété du titre (déclinée par la station avec « On refait le monde »), lorsqu'il avait décidé d'y passer une belle retraite, aura accédé à une gloire crépusculaire et bonhomme ; on se souvient de sa fierté, à l'époque où l'émission était diffusée sur LCI, bien avant RMC, bien avant la chaîne L'Équipe, lorsque Bernadette Chirac, croisée dans une opération Pièces jaunes, lui avait dit que le Président regardait souvent l'émission. Sacco avait profité de l'élan de cette belle fin de carrière pour écrire ses mémoires et bien d'autres choses encore, fasciné de longue date par Céline, et continuant de raconter comment son roman *Bandits à Marseille* avait inspiré le film *Borsalino*, ce dont il conservait un souvenir ambivalent, parce que, par-dessus la fierté, subsistait le sentiment d'avoir été roulé dans la farine, cité au générique mais crédité de quelques droits tardifs et dérisoires.

Sacco, c'était d'abord une voix puissante dont il jouait comme personne avant lui, mais comme beaucoup, après, qui avaient grandi l'oreille collée contre le transistor (un truc à piles avec une antenne, mais ce serait un peu long à expliquer). Il avait décidé de forcer un poil sa nature de Méditerranéen (il était nîmois) après avoir entendu, en 1978, en Argentine, les commentateurs sud-américains crier « *goool* » jusqu'à perdre le souffle. On l'a vu tricher un peu, parfois, commenter le but en direct dix secondes après qu'il avait été marqué parce qu'à Paris, l'animateur du multiplex avait un peu tardé à lui donner l'antenne. On l'a entendu aussi se tromper de joueur, dans le feu de l'action, mais, à l'époque de la radio reine, sans l'image pour donner tort dans l'instant au commentateur, le préjudice était faible et c'était la petite musique qui comptait. Sacco, c'était aussi une proximité formidable avec des générations de joueurs : on se souvient de retours de matches internationaux, dans l'avion de l'équipe de France, dans la nuit, à Roissy ou à Orly, et d'un noyau de deux ou trois joueurs qui l'attendaient à la porte : « Eugène, on va où ? »

Sa trace en Coupe du monde ne peut pas être l'égale de Thierry Roland, porté par ses années de service public, puis à TF1 et même à M6, les ayants droit français de la compétition. Homme de radio, il avait commenté en de très rares occasions l'équipe de France à la télé, ce qui était un autre métier que le sien, parce qu'il fallait parler moins. Mais il était là, au début de l'aventure, pour commenter pour La Cinq, avec Marius Trésor, les deux matches amicaux des Bleus au Mexique, avant le début de la Coupe du monde 1986, et l'affaire avait été compliquée : c'était un entraînement, les Bleus en question jouaient en rouge, ce qui n'était pas le symbole rêvé par le diffuseur, et l'équipe de France avait même perdu 2-0 contre le Club Pumas. Sacco et la Coupe du monde, c'était plutôt 1998, et pendant que Thierry Roland entrait dans la postérité, le soir de France-Brésil (3-0) avec son « On peut mourir tranquille, le plus tard possible, mais on peut mourir tranquille », Eugène avait fait du très bon Saccomano, resté dans les mémoires, et ressorti dans quelques documentaires et expositions, depuis, parce que cette journée particulière méritait son enthousiasme. En fait, il faudrait imprimer le texte qui suit, le distribuer à tous les étudiants en journalisme qui rêvent de faire de la radio, les laisser s'entraîner à le réciter sous la douche en parlant devant le pommeau, et leur faire écouter, ensuite, la différence. Le voilà, sur Europe 1, au moment du troisième but de la finale, signé Emmanuel Petit : « Et troisième but, 3-0 ! Nous sommes, nous sommes, ils sont, tous ensemble, la France entière est championne du monde de football ! Historique ! Inimaginable ! 3-0, on les a assommés ! On les a renversés ! » Le texte seul, évidemment, ne lui rend pas suffisamment hommage. Rien que dans les trois mots « la France entière », il y avait au moins six notes et trois octaves. Magnifique.

Salenko, Oleg

Dans le train de la gloire, il avait un billet de troisième classe. Oleg Salenko n'aurait dû laisser aucune trace, sinon celle d'un attaquant banal de la Russie, qui, en 1994, cherchait son identité footballistique après sa séparation d'avec l'Ukraine, qui représentait plus de la moitié de la force de la sélection soviétique des deux décennies précédentes. Salenko a 24 ans à la Coupe du monde 1994, aux États-Unis, il joue à Logroñés, en Espagne, depuis deux ans, et il aurait pu choisir l'Ukraine, le pays de sa mère, dont il a porté une fois le maillot, en 1992. Il a déjà inscrit un penalty contre la Suède (1-3), dans cette Coupe du monde

1994, mais la Russie est déjà éliminée quand elle affronte le Cameroun, le 28 juin 1994, au Stanford Stadium, à San Francisco. Au début, ses buts semblent anecdotiques, mais lorsque la note enfle, l'histoire s'invite. Il marque successivement du pied droit (15e), du pied droit (45e), un penalty du pied droit (44e), du pied gauche (72e) puis du pied gauche (75e) : personne n'a jamais inscrit cinq buts dans un match de Coupe du monde. Anecdotique ou historique ? Sur place, les envoyés spéciaux hésitent. Celui de *L'Équipe*, peu convaincu par le cadre fatigué de ce match pour rien, lui donne la note de 6. À Issy-les-Moulineaux, au journal, on tousse : puisque personne n'avait jamais inscrit cinq buts en Coupe du monde, Oleg Salenko aura une note que (presque) personne n'a jamais eu, 10.

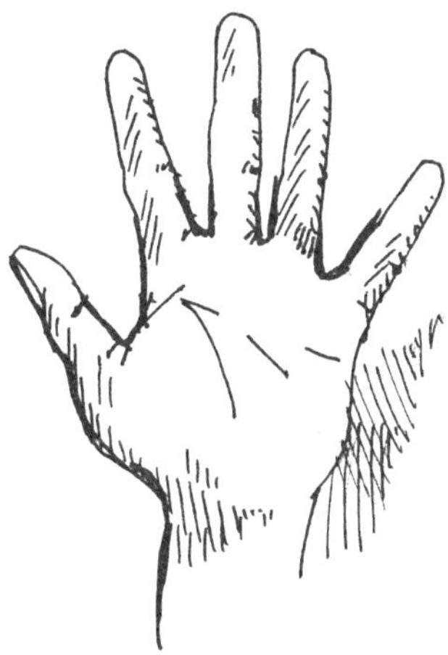

Il n'y a pas de match pour rien, en Coupe du monde. Il y a seulement les matches qui rentrent dans l'histoire et ceux que l'on oublie. Aucune chance, donc, d'oublier Salenko, puisque personne n'a fait mieux, depuis, ni aussi bien : avec six buts, il est devenu le co-meilleur buteur de la Coupe du monde 1994, poussant le Bulgare Hristo

Stoitchkov à faire n'importe quoi pour le dépasser, dans le match pour la troisième place face à la Suède, même à se battre avec ses coéquipiers dans le vestiaire à la mi-temps en leur reprochant de ne pas jouer pour lui, c'est-à-dire de ne pas jouer que pour lui.

Dans l'histoire des grands buteurs de la Coupe du monde, Oleg Salenko reste un passager clandestin. D'abord, il n'est pas le seul recordman de ce Russie-Cameroun (6-1) : en marquant le but camerounais, Roger Milla devient le plus vieux buteur de l'histoire de la compétition, à 42 ans et un mois, son âge officiel. Ensuite, ce fait d'armes sera le seul, ce match qui l'a rendu célèbre restant sa huitième et dernière sélection, en raison d'un conflit avec le sélectionneur Oleg Romantsev, qui devait surtout estimer qu'il y avait plus fort que lui. Enfin, il aura été incapable d'entretenir cette gloire d'un été, vendant son Soulier d'or en 2010 dans une vente aux enchères, mais rien n'allait, dans cette affaire : les hommes d'affaires orientaux qui l'avaient acquis n'avaient pas tenu leurs promesses, alors quelqu'un d'autre l'avait racheté, et le Soulier d'or aura été longtemps exposé dans le restaurant du stade olympique de Kiev, dernière trace visible de la gloire furtive d'Oleg Salenko, l'homme d'un seul match.

Schillaci, Totò

L'histoire de Totò n'a duré qu'un seul été, et on ne sait toujours pas, plus de trente ans après, s'il faut la considérer avec réserve ou s'il faut garder quelque tendresse pour les étoiles filantes. Quand l'Italie organise son Mondiale à domicile, en 1990, elle ne peut pas savoir qu'il s'agira de la Coupe du monde la moins intéressante dont on se souvienne, voire la plus moche, ni que toutes les stars qu'elle s'imagine, Roberto Baggio, Gianluca Vialli, vont être supplantées par un gars venu de nulle part, et qui va y retourner. Salvatore Schillaci n'aura brillé qu'un seul été, mais quel été ! Des jours de grâce jusqu'à Naples et la fin de l'aventure contre l'Argentine, des buts de petit taureau furieux pour faire pendre les drapeaux de l'Italie aux fenêtres de la botte tout entière. Avant la Coupe du monde, il était un joueur de Série B, comme on dit du cinéma et du championnat italien, et son transfert à la Juventus l'avait difficilement arraché à la pénombre, ainsi qu'au mépris du nord de l'Italie pour les hommes du Sud. L'Italie avait d'autres buteurs, Vialli, donc, Serena, Carnevale, mais c'était Schillaci qui l'avait sauvée, soir après soir, titulaire à partir du troisième match, tout cela pour finir meilleur buteur de la compétition avec six buts, puis deuxième du Ballon d'or, derrière Matthäus, alors qu'un an plus tôt il gagnait 5 000 francs par mois à Messine.

La suite, de fait, est aussi fascinante que son été, comme si Totò avait été rongé par le vertige et de sentiment de l'imposture : il a difficilement mis un pied devant l'autre, ui semblaient trop petits et la charge trop grande, ıblait plier sous le poids, peut-être rejoint par ıière de dépression, ou par l'incompréhension de és qu'il rencontrait alors qu'il marquait les yeux fermés, pendant l'été 1990, quand le ballon était son ami et qu'il fêtait ses buts avec un doigt tendu vers le ciel et des yeux ronds comme des billes. Longtemps après, il a dit que sa carrière avait duré trois semaines, mais qu'il ne l'échangerait contre aucune autre, et le héros d'un seul été songeait sans doute à tous les joueurs qui n'avaient connu que l'hiver.

Schumacher, Harald

C'était un bon gardien et un sale type. Dans la demi-finale de Séville, en 1982, qui continue de le définir aux yeux du public français, il n'avait pas attendu la 58e minute pour être détestable. Il avait notamment mis une gifle à Didier Six, avant de lui retomber dessus exprès, de tout son poids, avait donné un coup de coude à Manuel Amoros, le nez en sang. Il était dans un état de nervosité et d'agressivité extrême, mais en cette fameuse 58e minute, tout explose : quand Battiston, lancé par Platini, est le premier sur le ballon et le pousse en direction du but, du moins l'espère-t-il, juste à l'intérieur de la surface, Schumacher décide de ne pas s'arrêter et de le percuter épaule en avant, en pleine tête. Tout le monde, ou presque, connaît les conséquences : le ballon roule doucement à côté du but, l'arbitre M. Corver n'accorde pas de penalty et ne sort pas son carton rouge, l'une des injustices les plus considérables de l'histoire de la compétition, et au sol, complètement K-O, Patrick Battiston convulse, pendant que Schumacher jongle avec le ballon en souriant. L'image qui reste, ensuite, est celle de Battiston sur la civière, accompagné par Michel Platini qui lui tient la main. Il reprendra conscience à 3-1, dans le vestiaire. Pendant ce temps-là, M. Corver discute tranquillement avec Schumacher.

Patrick Battiston, d'ailleurs, n'aurait même pas dû se trouver là, mais Michel Hidalgo avait laissé tous ses milieux de terrain dans la tribune (René Girard, Jean-François Larios), selon un choix de seize joueurs un peu étrange pour le combat qui s'annonçait, et quand Bernard Genghini était sorti sur blessure (50e), le sélectionneur n'avait que Patrick Battiston sous la main. Quand Battiston sortira à son tour, l'entrant sera le Stéphanois Christian Lopez, qui n'avait jamais occupé un autre poste que libero, et qui, estimant les explications de Michel Hidalgo insuffisamment complètes, ira carrément demander à Michel Platini où il devait se situer sur le terrain. Mais c'est Platoche qui avait contredit le choix d'Hidalgo de faire monter Janvion au milieu et d'installer Lopez en défense, et il n'aurait pas dû.

Dans la nuit, à l'aéroport de Séville, quand les Bleus apercevront M. Corver en discussion avec les joueurs allemands, il faudra empêcher Jean Tigana d'aller provoquer une bagarre générale. Pendant le match, ils ont entendu

Charles Corver parler allemand, avenant, avec leurs adversaires, et l'injustice s'ajoute à la douleur de la défaite. Et il y a Schumacher. Sur le terrain, les Bleus ont toujours eu la même impression : il était chargé, et il avait dû doubler la dose. Pour le cynisme, en revanche, pas besoin, il était tombé dedans quand il était petit, et il dirait à chaud : « Je l'ai frappé de l'épaule. S'il n'y a que ça pour lui faire plaisir, je lui paierai des couronnes dentaires. »

Patrick Battiston, un chic type, acceptera quand même des retrouvailles pacifiques mais montées de toutes pièces, quelques mois plus tard. Il ne peut rien oublier : aujourd'hui encore, il ressent régulièrement des maux de tête liés à ce choc. Il a retrouvé son maillot de Séville, après que le chirurgien espagnol qui l'avait récupéré, à l'époque, l'avait envoyé à Michel Platini, à l'UEFA.

Harald Schumacher était un bon gardien et un sale type, mais aussi un joueur courageux, ou alors inconscient. Après la publication de son livre, *Coup d'envoi*, en 1987, dans lequel il confirmait qu'il était dopé à Séville, que l'un des joueurs de l'équipe d'Allemagne 1982 était surnommé « la pharmacie ambulante » et fournissait les autres en amphétamines, il avait été exclu de la sélection et de son club de Cologne. Cela ne l'empêchera pas de continuer sa carrière ailleurs, ni de continuer à prétendre joyeusement, au soir de sa vie, qu'il avait joué le ballon et qu'il ne voulait pas faire mal à Battiston. Tu parles.

Sélectionneurs

Ce n'est pas seulement accomplir un boulot saisonnier payé plein temps. C'est être un autre Premier ministre, confronté à un peu plus d'incompréhension, encore, aux tempêtes, et à l'impossibilité de la pédagogie : tout le monde n'a pas forcément un avis sur le réajustement des charges sociales, mais sur le meilleur arrière droit possible dans un 4-4-2, si, bien sûr.

On dit sélectionneur de la France ou du Brésil, on ne dit pas entraîneur. Ce n'est pas un métier du quotidien, mais un métier de l'extraordinaire, des étés inoubliables des années paires. Cela ne consiste pas à construire, à polir patiemment : les sélectionneurs qui prétendent avoir besoin de temps pour bâtir une équipe, ou la rebâtir, après un échec, ont simplement envie de rester un peu plus longtemps ; d'ailleurs, certains d'entre eux confondent, à la fin de leur règne, l'envie de gagner et l'envie de durer.

Ce boulot consiste à réunir la meilleure équipe possible à partir de joueurs qui seront seulement rassemblés cinq ou six fois par an. Dans l'intervalle, les sélectionneurs voyagent, regardent les matches à la télé, du moins pour ceux qui daignent payer tous leurs abonnements (pas de nom), assument leurs devoirs médiatiques au-delà de leurs réserves ou de leurs détestations, parce que l'équipe de France appartient à tout le monde et que passe, parfois, l'idée d'un service public.

Ils vivent avec ce cliché disposant qu'il y a en France soixante millions de sélectionneurs, ce qui est complètement faux : il y en a au moins vingt millions qui s'en fichent. Mais c'est un métier qui impose de répondre toujours aux mêmes questions en offrant les mêmes réponses, en tâchant de ne jamais impacter sa relation avec le vestiaire, un boulot qui vaut d'être populaire selon ses résultats bien plus que selon ses raisonnements, une mission, enfin, qui porte dès les premières heures la douleur du jour où elle s'arrêtera. Puisqu'il n'y a rien de mieux, il n'y a presque rien derrière, peu de vies de foot à vivre qui aient un sens, encore, en regard de ces mois ou de ces années passées dans la peau d'un personnage central de la vie du pays.

Il y a eu quinze sélectionneurs uniques et un duo à la tête de l'équipe de France, depuis 1964, et vingt-quatre Premiers ministres de la Ve République. Dans les deux cas, il n'y a pas réellement de deuxième acte possible : en dehors de Jacques Chirac (1974-1976 et 1986-1988), personne n'a jamais été Premier ministre deux fois, et personne n'a jamais été sélectionneur de l'équipe de France à deux reprises.

En équipe de France, l'expression « sélectionneur unique » existe depuis le début des années 60, et si c'était pour imager une nouvelle ère, celle d'une responsabilité suprême, sans dilution du pouvoir ni de cette responsabilité entre le comité de sélection et l'entraîneur, c'est peut-être « unique » qui compte, après tout. Unique : rien ne ressemble à ce boulot, et cela n'arrivera qu'une fois, parce qu'on ne s'en remet pas, parce que les autres ne voudront plus vous voir, parce que c'est la seule fois que ces hommes d'ordinaire raisonnables et réfléchis auront ce visage, ce masque de guerre. Il leur arrivera de ne pas se reconnaître – et dans cette fonction c'est souvent la reconnaissance qui manque.

Sept sélectionneurs français ont dirigé les Bleus en Coupe du monde : Henri Guérin (1966), Michel Hidalgo (1978, 1982), Henri Michel (1986), Aimé Jacquet (1998), Roger Lemerre (2002), Raymond Domenech (2006, 2010) et Didier Deschamps (2014, 2018, 2022). Trois des quatre derniers sélectionneurs de l'équipe de France en Coupe du monde sont allés en finale, ce qui signifie soit que la Fédération ne s'est jamais trompée dans son choix du guide suprême, soit que les joueurs sont si forts, désormais, que l'équipe serait en finale si le chauffeur du bus était sélectionneur. Ce n'est évidemment pas si simple, c'est même une bêtise absolue, parce qu'une aventure réussie nécessite une conjonction de compétences et de circonstances, et, selon les cas, historiquement, l'un des deux facteurs de la réussite, joueurs ou sélectionneur, a été un peu plus déterminant que l'autre.

C'est un boulot qui finit mal, en général. Henri Guérin, éliminé en 1966 au lendemain d'une défaite que *L'Équipe* avait pourtant qualifiée d'« héroïque », aura pu lire, dès le surlendemain, dans une une qui évoquait son procès, ce titre d'édito : « Pas de pendaison, mais... ». Les grands anciens du journal auront donc été un peu gonflés de reprocher à leurs successeurs quelques mots durs à l'endroit d'Aimé Jacquet, mais revenons à la fin de l'histoire : pour trois sélectionneurs qui l'ont choisie (Hidalgo après le titre européen en 1984, Platini après l'Euro 92, Jacquet après le titre mondial en 1998), tous les autres ont été raccompagnés sur le palier d'une manière ou d'une autre, qu'ils aient été en fin de contrat ou non. L'exception restera Jacques Santini, prenant ombrage du refus de la FFF de prolonger son contrat avant l'Euro 2004, et préférant signer à Tottenham et l'annoncer avant la compétition, ce qui n'aura pas été exactement un triomphe. Mais rien n'égale la violence d'un échec et d'une destitution après un échec en Coupe du monde, qu'il s'agisse de catastrophes survenues en qualifications (Henri Michel en 1988, Gérard Houllier en 1993) ou d'une phase finale manquée (Henri Guérin en 1966, Roger Lemerre en 2002, Raymond Domenech en 2010).

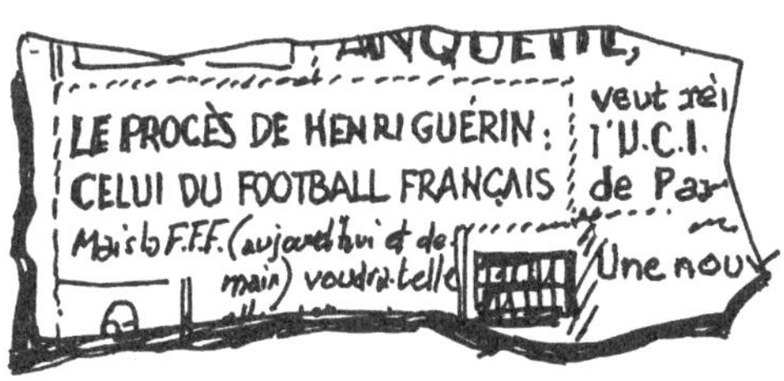

C'est le même enchaînement, toujours : le repli sur soi, la paranoïa, les complots inventés et les complots réels, la recherche d'alliés et la découverte des trahisons, la lucidité qui s'enfuit, les combats menés pour de mauvaises raisons, l'absolue solitude, pendant, après, les nuits sans sommeil, les rancunes éternelles, la souffrance à l'intérieur, sans cesse et longtemps après, la certitude que rien, jamais, ne sera aussi fort, et que le destin aurait pu basculer pour quelques secondes ou quelques centimètres et changer une vie. Gérard Houllier est toujours resté à dix secondes d'emmener l'équipe de France à la Coupe du monde 1994 aux États-Unis. Raymond Domenech sera toujours à quelques centimètres, la tête de Zidane sauvée par Buffon, la tête de Zidane sur le torse de Materazzi, les tirs au but de Wiltord et Trezeguet, d'être un sélectionneur champion du monde. Grâce à quelques centimètres, sur une frappe de Baggio dans la prolongation du quart de finale contre l'Italie en 1998, Aimé Jacquet sera toujours champion du monde.

Sénégal

Ce n'est peut-être pas l'équipe la plus folle de l'histoire de la Coupe du monde, parce qu'il y a de la concurrence, mais c'est l'équipe la plus folle à être allée aussi loin, celle qui a le mieux remis en cause les principes du repli sur soi, de la récupération, du sérieux et de l'enfermement, qui accompagnent généralement les candidats à l'aventure : le Sénégal a atteint les quarts de finale de la Coupe du monde 2002, seulement battu au but en or par la Turquie (0-1), à un moment où il commençait d'être rejoint par la fatigue des jours comme il n'en avait jamais connu, et de nuits trop familières. C'est une équipe un peu française, disait-on, qui avait battu l'équipe de France, championne du monde et championne d'Europe en titre, en match d'ouverture du Mondial, à Séoul, sur un but un peu chanceux de Papa Bouba Diop. Elle avait un sélectionneur français, Bruno Metsu, un gars adoré de ses joueurs, un ancien bon joueur de Ligue 1 qui avait décidé d'être un « entraîneur du monde », c'est comme ça que l'appelait José Mourinho, et qui était un Sénégalais de cœur, vivant à Saly avec femme et enfants. Il avait annoncé : « Il va y avoir un tremblement de terre, le Sénégal va battre la France. C'est le match de leur vie. » La veille de la rencontre, tandis qu'il traversait les couloirs de l'hôtel, peut-être pour inciter ses joueurs à ne pas éteindre trop tard, parce qu'il était près de 2 heures du matin, il avait trouvé une chambre grande ouverte où Salif Diao se faisait refaire ses tresses par sa maman, et où Beye, Fadiga, Diatta et Diouf rigolaient comme des baleines à la moindre blague. Lui : « Vous savez qu'on joue la France en Coupe du monde, demain ? » Eux : « Et alors ? » Deux jours plus tôt, un joueur s'était fait pincer par la vidéosurveillance en train de voler un bijou, et les autres joueurs avaient tout géré seuls, éteint l'incendie et dévié les vagues. Ils avaient gagné, et ils avaient continué à vivre de la même manière, à jouer joyeusement et à peu dormir, et rarement seuls, et il arrive que quelques observateurs en conçoivent quelque regret, en songeant qu'ils auraient pu se hisser plus haut encore. Ils oublient qu'en vivant à l'européenne, avec ces vingt joueurs sur vingt-trois qui évoluaient dans le championnat de France, ils ne seraient peut-être pas allés si haut. Suggérer que c'est une limite de l'Afrique, qui n'a jamais dépassé les quarts de finale, semble moins pertinent que de souligner la vraie limite, qui consiste à voir un continent pareil représenté par cinq pays seulement en Coupe du monde. En 2026, le monde va changer.

Séville

Séville est la mère de toutes les nuits et de toutes les défaites. Il n'y a pas eu d'aube plus douloureuse, ni de crépuscule plus blessé. Nous sommes entrés dans les ténèbres après avoir cru au bonheur éternel sous un ciel d'apothéose, arrachés à la gloire par un destin de tragédie antique, et le cœur transpercé.

Quarante années plus tard, nous repérons dans les conversations, aux rides au pourtour des yeux, au sel dans les cheveux et aux regrets dans la voix, celles et ceux qui n'ont pas pu s'endormir lorsqu'est tombée la nuit du 8 juillet 1982 dans un bruit de fin du monde. Séville est devenu un code, un ralliement des larmes ; on dit « Séville », et on embrasse un univers de beauté, d'espoir et de malédiction. On dit « Séville », et on ne devrait jamais avoir à expliquer pourquoi. Il arrive pourtant, dans les journaux rigoureux dans lesquels nous avons le bonheur et le privilège d'écrire, que la référence à Séville fasse l'objet d'une note en bas de page à l'intention de nos lecteurs, qui se présente ainsi :

(1) Le 8 juillet 1982, l'équipe d'Allemagne a battu l'équipe de France en demi-finale de la Coupe du monde à Séville (3-3, 5 t.a.b. à 4).

D'abord, ce n'était pas le 8 juillet, cela a duré tout l'été, pour commencer, puis toutes les saisons suivantes. C'est même le 8 juillet que la souffrance a été la plus courte, à peine quelques minutes avant le 9 juillet, mais dès la première heure du jour d'après nous avons compris que l'idée que demain serait un autre jour était un mensonge, parce que demain serait une autre nuit, et que les nuits longtemps ressembleraient à Séville.

Ce n'était pas la première fois que l'on se réveillait la nuit, puisque le jour n'allait jamais revenir, avec l'espoir qu'un événement fou allait survenir et qu'on allait rejouer le match, qu'on ne vivrait pas éternellement avec cette défaite et ces regrets, qu'il allait forcément se passer quelque chose. Là-bas, les gars qui décident, à la FIFA, allaient bien se rendre compte de l'injustice, ils n'allaient pas pouvoir faire comme si M. Corver avait arbitré normalement, ni comme si Harald Schumacher pouvait préparer sa finale en sifflotant, puisqu'il avait encore toutes ses dents, lui. Je n'ai jamais su si partager la défaite en adoucissait la meurtrissure, si la division du chagrin étendait cette peine ou nous en allégeait, mais j'ai compris assez rapidement qu'il serait plus difficile de s'en déshabiller si tout nous la rappelait, sans cesse.

Autour des Verts de 1976, à Glasgow, au moins (note de bas de page au milieu du texte, (1) : le mai 1976, le Bayern Munich a battu l'AS Saint-Étienne (1-0) en finale de la coupe d'Europe des clubs champions), la mémoire collective s'était accommodée d'une défaite pour en faire une victoire morale. Tout ce que nous sommes parvenus à faire de Séville, nous tous, collectivement, en unissant nos peines pour leur donner un sens, aura été d'imaginer le concept de défaite romantique, et d'exhumer de ce deuil le privilège des perdants : il fallait avoir pleuré au bout de la nuit pour avoir vécu, une fois dans une vie, le match de tous les sentiments. Pauvres Allemands, qui avaient vécu un jeudi soir comme un autre, posant un petit caillou de plus sur le chemin de la future maxime de Gary Lineker, le buteur anglais, disposant un jour que « le football se joue à onze contre onze, et à la fin, ce sont les Allemands qui gagnent ».

Les deux Coupes du monde gagnées en 1998 et 2018 n'ont rien effacé, elles ont seulement évité que le rapport de nos générations à l'équipe de France soit défini par une défaite, et déjà l'Euro 84 gagné à la maison par Michel Platini, 9 buts en 5 matches, était apparu comme un prolongement de Séville plutôt que comme une revanche, parce qu'il n'y a jamais eu de revanche ni d'amnésie possibles. Pour que l'émotion ait plusieurs faces, il faut avoir perdu, avant, et avoir visité tous les sentiments.

Séville était un match, deux heures plus la séance de tirs au but, et on peut toujours en rappeler les faits : but de Littbarski, égalisation de Platini, mi-temps, blessure de Genghini remplacé par Battiston au milieu, but refusé à Rocheteau, agression de Battiston par Schumacher sur une énorme occasion de but, aucune sanction de l'arbitre M. Corver, frappe d'Amoros sur la barre, prolongation, but de Marius Trésor, but d'Alain Giresse, fautes sur Giresse et Platini non sifflées, but de Rummenigge, égalisation de Fischer, tirs au but, échec de Stielike, échec de Didier Six, échec de Maxime Bossis, l'Allemagne en finale, la nuit la plus belle et la plus tragique de la génération Platini.

Mais voici plutôt le compte rendu de la nuit de Séville, tel qu'il nous en souvient : l'espoir, la crainte, l'admiration, l'espoir, mi-temps, la colère, la haine, l'incompréhension, l'espoir, l'attente, l'espoir, la déception, prolongation, le bonheur fou, le sentiment de l'apothéose, l'inquiétude, le fatalisme, la déception, les tirs au but, la chamade, l'espoir, la déception, l'angoisse, le désespoir, le chagrin, les nuits sans sommeil, les longues années à ne pas trouver la force de revoir cette demi-finale au-delà du but de Giresse, quand l'équipe de France de Michel Platini menait 3-1 en demi-finale de la Coupe du monde face à l'Allemagne, l'âge apaisé, la certitude qu'il fallait la vivre, cette nuit-là, être du mauvais côté même, pour mieux comprendre le monde et goûter tout le reste.

Si on devait emporter pour l'éternité trois images de Séville, ce serait Patrick Battiston allongé comme un pantin désarticulé par Schumacher sur la pelouse du stade Sánchez-Pizjuán, Michel Platini lui tenant la main ; Alain Giresse écartant les bras et hurlant de bonheur, la plus belle image de joie de l'histoire de l'équipe de France, une joie d'enfant et de cour de récréation à l'âge adulte sur la plus grande scène du monde ; la désolation, les Bleus éparpillés et nus, pleins de larmes, pressentant l'inconsolable.

Il fallait avoir vécu Séville pour ne pas confondre, en 1998, la culture du football et la culture de la victoire.

Sidibé, Djibril

Simple passager de la Coupe du monde 2018 en raison d'une blessure, mais retenu quand même parce que Deschamps est fidèle et parce que les sélectionneurs du monde entier cherchent en vain des arrières droit, il illustre la manière dont un groupe a besoin de tout le monde pour gagner, mais dans des rôles différents.

Sócrates

Ce n'était pas que la taille, c'était aussi la grandeur, cette élégance presque austère, cette manière de regarder le monde et de lui annoncer qu'il avait l'intention de le changer, ce visage creusé et mangé par une barbe christique, cette façon d'attirer les regards et la lumière sans un sourire, sans une facilité, son rapport particulier au ballon, et son rapport unique aux autres : Sócrates, capitaine et milieu de terrain du Brésil lors des Coupes du monde 1982 et 1986, était un peu Puskás, un peu Cruyff, les deux autres grands du jeu qui étaient à la tête des deux autres plus belles équipes de l'histoire privées d'un sacre mondial. Lorsque l'on voyait, à la télé, les Brésiliens s'échauffer ensemble au rythme d'une samba intérieure, selon une synchronisation inaccessible aux autres footballeurs de la planète, on comprenait d'où venait le football de Sócrates, ce rythme et ces langueurs, ces feintes et ces frappes soudaines, cette manière d'être en permanence au centre du jeu.

On se souvient d'avoir passé deux semaines à Ribeirão Preto, en 2014, pendant la Coupe du monde au Brésil, dans le sillage de l'équipe de France qui avait posé son camp de base dans l'État de São Paulo, et avoir été constamment ému de songer que c'était la ville de Sócrates. Celle de Raí, aussi, son frère, l'ancien capitaine du Brésil et du PSG, mais Sócrates a toujours émargé à une mythologie différente : il était allé au bout de ses études de médecine tout en jouant à Botafogo, et quand il avait rejoint les Corinthians, un autre club de São Paulo, il avait mis en place, avec son coéquipier Wladimir, ce qu'on allait appeler « la démocratie corinthiane », en pleine dictature militaire, qui s'était étendue de 1964 à 1985. Il était jeune, médecin, politisé, brillant, aimait le débat, et avait poussé les joueurs à prendre le pouvoir : ils votaient sur tout, pour eux-mêmes ou contre leurs dirigeants, et le pouvoir militaire avait détesté cet idéalisme et craint la contagion. Quand les Corinthians deviendraient champions du Brésil en 1982, en portant le nom « Democratia » au dos de leur maillot, Sócrates avait dit que c'était sans doute le jour le plus parfait de sa vie. Il avait dit qu'il n'irait jamais en Italie pour l'argent et puis il était parti quand même à la Fiorentina, en 1984, mais l'exigence athlétique et de l'environnement n'était pas faite pour Sócrates qui se définissait comme un « antiathlète » : ses amis, au Brésil, l'appelaient « Magrão », « l'asperge », pour son 1,92 mètre, et il n'avait pas l'intention de passer à la musculation pour mieux remplir ses maillots, il préférait fumer et continuer de boire. Quand il jouait encore, il en éliminait les traces comme on passe un chiffon sur la poignée de la porte de l'enfer, mais, en vieillissant, il était devenu un médecin qui ne s'occupait pas beaucoup de sa santé et ne respectait pas la posologie dans les bars, la nuit, loin de l'image de l'été 1982, de ces quelques jours magiques en Espagne.

La politique l'avait un peu suivi : il racontait souvent cet entretien surréaliste dans le désert libyen avec le colonel Kadhafi qui avait entrepris de le convaincre de se présenter aux élections présidentielles au Brésil. Mais d'une manière générale personne ne parvenait à le suivre, il aimait trop la bière et le reste, et si l'on savait que l'histoire finirait mal, on n'imaginait pas qu'elle s'achèverait aussi tôt, en décembre 2011, lorsque le grand Sócrates est mort, à 57 ans, d'un choc septique. S'il avait survécu, il s'en serait pris aux footballeurs brésiliens d'aujourd'hui, alignés derrière Bolsonaro et leurs privilèges, jouant loin du Brésil mais ignorant le peuple quand ils reviennent, des écouteurs aux oreilles, pour être sûr de ne pas l'entendre.

Stiles, Nobby

On ne pouvait pas savoir que l'homme qui posait ses dents dans la poche de son pantalon avant de partir au combat y laisserait aussi une partie de son cerveau, comme tant de champions du monde 1966 progressivement gagnés par le brouillard d'Alzheimer et autres maladies dégénératives. Les défenseurs luttaient tête contre tête, se fracassaient l'hiver sur des ballons de cuir gonflés de pluie qui pesaient trois fois leur poids, et on leur demandait de se relever vite ; on disait voilà l'éponge magique, mais il n'y avait nulle magie, juste le contact de l'eau et d'un produit qui débouchait le nez même quand on n'était pas enrhumé. À l'époque, ils oubliaient la deuxième mi-temps, et c'était mieux que de tout oublier au crépuscule. Nobby Stiles, champion du monde avec l'Angleterre en 1966 et champion d'Europe avec Manchester United en 1968, était un défenseur méchant et édenté, un second rôle de western de John Ford ou de film de Ken Loach sur le nord de l'Angleterre, et myope de surcroît : il assurait d'ailleurs qu'il n'était pas si brutal que cela, que c'était de la maladresse due à son infirmité, qu'il ne voyait pas tout le mal qu'il avait pu faire, sinon il aurait pris peur, il était presque sûr de taper dans le ballon, et c'était un grand malheur de l'avoir manqué aussi souvent et d'avoir ainsi frappé dans la jambe de son adversaire, qu'il n'avait jamais manqué, en revanche. Quand il est mort, en octobre 2020, les journaux anglais ont montré l'image de son sourire des jours de match auquel manquait la moitié des touches de piano, et raconté trois histoires, surtout : le jour où il a brutalement blessé le Français Jacky Simon pendant la Coupe du monde 1966 et suscité une indignation internationale, le jour où, parti aux toilettes sans lunettes (c'était lui qui n'avait pas de lunettes) au beau milieu d'un mariage, il était revenu s'asseoir à la table d'un autre mariage, dans la salle d'à côté, et s'arsouiller pendant deux heures sans s'apercevoir de rien, et enfin, le jour où il est entré dans la nuit, sa mémoire ayant à parts égales égaré ses exploits et ses méfaits.

Streltsov, Eduard

Parce qu'elle est russe, il ne faut pas s'étonner que cette histoire ait deux faces sombres, que la vérité soit impossible à extraire de la légende et que nous ne sachions pas choisir. Mais elle n'a pas d'équivalent en près d'un siècle de Coupe du monde, parce que l'équivalent consisterait à avoir vu Kylian Mbappé emprisonné la veille du départ pour la Coupe du monde 2018 en Russie, et dont on n'aurait pas eu de nouvelles pendant cinq ans.

Le 25 mai 1958, Eduard Streltsov quitte le camp d'entraînement de l'équipe d'URSS à Tarasovka, dans les faubourgs de Moscou, avec deux coéquipiers, Boris Tatuchine et Mikhaïl Ogonkov, pour se rendre à une soirée dans une datcha appartenant à un certain Edward Karakhanov, un officier revenu quelques jours plus tôt d'un poste en Asie. Le lendemain matin, deux jours avant le départ de la sélection soviétique pour la Coupe du monde en Suède, Eduard Streltsov est arrêté, conduit à la prison de Botirka et inculpé du viol de Marina Lebedeva, qu'il a rencontrée dans cette fête. La police lui promet que s'il avoue, il pourra disputer la Coupe du monde. Mais puisqu'il avoue, il est condamné à douze ans d'emprisonnement dans un goulag, ainsi qu'à l'oubli, même si près de 100 000 Moscovites vont défiler dans la rue pour réclamer sa libération, rare manifestation publique sous Nikita Khrouchtchev.

Un film russe sorti en 2020 et sobrement intitulé *Streltsov* a retracé ce parcours incroyable en se plaçant plutôt du côté du complot. Celui-ci est de l'ordre du possible, assez dans les habitudes du KGB, mais à ce jour rien ne l'a complètement avéré. En mai 1958, Eduard Streltsov est le meilleur joueur soviétique. Il a été champion olympique en 1956 à Melbourne où, à neuf contre onze face à la Bulgarie, il a fait basculer la demi-finale en inscrivant un but et en donnant une passe décisive en toute fin de prolongation. Il avait été écarté de la finale parce que le sélectionneur voulait aligner des attaquants d'un même club, et qu'il jouait pour le plus petit club de Moscou, le Torpedo. Il avait été remplacé par Nikita Simonian qui, gêné, lui avait offert sa médaille, ce que Streltsov avait refusé en lui répondant, fier : « J'en gagnerai d'autres. » Il avait 18 ans et il avait tout, et il serait même septième au classement du Ballon d'or, l'année suivante. Des observateurs assurent que s'il était parti en Suède dans les derniers jours de mai 1958, deux gamins se seraient révélés aux yeux du monde, Pelé et lui.

Mais le jour où Pelé devient champion du monde et pleure comme un enfant, Streltsov a déjà été envoyé en Sibérie. Le 28 mai, dans *L'Équipe*, trois jours après les événements, il figure toujours dans la liste des joueurs sélectionnés pour la Coupe du monde, et Robert Vergne, l'envoyé spécial du journal, décrit ses entraînements brillants, sa « Volga » sur le parking, et le village de Tarasovka, « quelque peu miséreux, avec des maisons en bois ». Une soirée dans une datcha moscovite, avec des filles et de l'alcool, c'était autre chose. Car Streltsov est une manière de George Best, avant que le vrai débarque en Angleterre, par la séduction, le jeu électrique et le goût de l'alcool. Il a même été écarté d'une tournée en Chine et destitué de son rang de « maître des sports émérite » pour quelques états d'ivresse ; un matin de départ pour un autre match international, il a manqué le train, avec son coéquipier Valentin Ivanov, et a pris sa voiture pour le rattraper aux arrêts suivants.

Les éléments du possible complot sont connus : il refusait de quitter Torpedo et de rejoindre le Dynamo Moscou, l'équipe du KGB, et à force de chercher à séduire toutes les femmes il était fatal qu'il trouve les ennuis. Ainsi aurait-il séduit Svetlana Furtseva, la fille d'Ekaterina Furtseva, la première femme membre du Politburo. Ce n'était pas une bonne idée, parce qu'elle avait 16 ans, qu'elle était très amoureuse, et que sa mère s'en était mêlée ; on dit qu'en 1957, à la réception tenue au Kremlin pour fêter le titre olympique des footballeurs, cette femme puissante et proche de Khrouchtchev aurait suggéré à Streltsov d'épouser sa fille, ce à quoi il aurait répondu : « J'ai déjà une fiancée, je ne l'épouserai pas. » Et puis dans la soirée, à des oreilles qui pouvaient l'entendre, il aurait ajouté, soit « Je préfère être pendu que d'épouser une fille comme ça », soit « Je n'épouserai jamais cette guenon », belle ambiance, chez les Kharakanov. L'autre élément du complot, ou de l'agacement du pouvoir envers cet homme libre, est son attitude générale. Après son expulsion à Odessa en avril, des journaux moscovites avaient publié de faux courriers de lecteurs condamnant le joueur, et le dessinant comme « un exemple des méfaits de l'impérialisme occidental ». Dans les archives de la Fédération russe, se trouve aussi ce commentaire à propos de son mariage : « Nous avons découvert qu'il s'est marié juste avant le match amical contre la Roumanie, ce qui montre la faiblesse de l'éducation au travail dispensée par le Torpedo. » Les archives du parti communiste font également état de l'intérêt de clubs français après une tournée occidentale du Torpedo (l'OM, battu 7-1 par le Torpedo après trois buts et quatre passes décisives du Russe, était prêt à tout pour le faire venir) et de l'inquiétude d'une défection. On peut lire enfin, dans son dossier : « Selon une source vérifiée, Streltsov a dit à des amis en 1957 qu'il était toujours désolé ou triste de revenir en URSS après des voyages à l'étranger. »

Mais ce n'est pas parce qu'il n'était pas le joueur communiste soviétique idéal que Streltsov n'était pas coupable. Ce qui surprend, c'est que Kharakanov l'invite quelques jours seulement après son retour à Moscou alors qu'il ne le connaît pas. De même, la manière dont les interventions de la Fédération pour décaler son procès au retour de la Coupe du monde ont été repoussées, confirmant que les consignes venaient de très haut lieu, disent à quel point la disgrâce d'Eduard Streltsov était devenue une affaire d'État autant qu'une affaire personnelle.

Les témoins n'ont jamais réellement remis en cause le fait que Marina Lebedeva ait été violée. Elle a déclaré, selon le rapport de police, que c'était Streltsov, et ce dernier a écrit dans une lettre à sa mère, beaucoup plus tard, que c'était quelqu'un d'autre. Étrangement, dans le rapport de police, sur les photos, la victime, Marina Lebedeva, et le coupable, Eduard Streltsov, portent tout deux des marques de coups.

Ce n'est que la première partie de cette histoire et de ce mystère. La seconde partie est, à l'évidence, ce qui a motivé le biopic russe qui lui a été consacré plus de soixante ans après l'affaire. Ce n'est pas la revanche de Monte-Cristo ni le retour de Jean Valjean, mais il y a quelques ressorts romanesques communs. Streltsov va être libéré après cinq ans de goulag, redevenant simple ouvrier, et footballeur dans l'équipe de l'usine, lui qui avait commencé comme mécano dans une usine de métallurgie. Il va même pouvoir rejouer au Torpedo Moscou deux ans après sa libération, enfin autorisé à reprendre le football par Léonid Brejnev, qui venait d'arriver au pouvoir. Dès son retour, le Torpedo deviendra de nouveau champion d'URSS, et Streltsov, plus populaire que jamais, va être nommé joueur soviétique de l'année en 1967 et 1968. Il rejouera même en sélection, incroyable retour, mais seulement les matches en URSS, le KGB lui interdisant désormais de quitter le territoire.

Les chances de connaître un jour la vérité sur l'équité de son procès et sur l'affaire sont faibles : Eduard Streltsov est mort d'un cancer de la gorge, en 1990, en raison des radiations contenues dans la nourriture qu'on lui distribuait au goulag, selon sa deuxième femme. Celle-ci attribuait également sa maladie à un autre épisode : alors que ses médecins, en raison des irradiations subies pendant son emprisonnement, l'avaient prévenu des conséquences dramatiques d'une nouvelle exposition, il avait accepté de se rendre à Tchernobyl, juste après l'explosion nucléaire, à la demande du Kremlin qui souhaitait afficher sportifs et artistes sur place pour rassurer la population.

Trente ans après sa disparition, Eduard Streltsov est demeuré une figure légendaire du football russe. Avec Lev

Yachine et Starostine, il fait partie des trois joueurs ayant leur statue à l'entrée du stade Loujniki, qui avait accueilli la finale de la Coupe du monde 2018. Et la légende, invérifiable, affirme que Marina Lebedeva a longtemps déposé des fleurs sur sa tombe le jour anniversaire de sa mort.

Substitute

Cela ressemble à un film de vacances, c'est l'effet que font un film en Super 8 et une caméra au poing. C'est un film sur la transgression, le renoncement et l'effacement. La transgression : membre de l'équipe de France à la Coupe du monde 2006 en Allemagne, déshabillé de sa place de titulaire par le retour de Zinédine Zidane qu'il appelle « Dieu » avec une pointe d'ironie et de fatalisme, le milieu de terrain de Milan Vikash Dhorasoo décide de filmer les Bleus de l'intérieur. Il ne le décide pas tout seul, ce film est un projet sous le nom de *Substitute*, avec Fred Poulet. La transgression, c'est la manière dont Dhorasoo, qui ne demande pas l'autorisation, ou à peine, filme des scènes de la vie quotidienne d'un joueur de l'équipe de France pendant la Coupe du monde, au milieu de ses coéquipiers qui s'en agacent, souvent, mais ont décidé de ne pas faire de vagues. Il filme ces scènes pour les montrer, torpillant le principe incertain selon lequel ce qui se passe dans le vestiaire reste dans le vestiaire. Le renoncement est palpable, que l'on soit acteur du film, c'est-à-dire joueur pendant la compétition, ou spectateur, longtemps après, en salle ou à la télévision : vient le moment, dans le film comme dans la vraie vie, où Dhorasoo devient l'homme qui filme beaucoup plus que l'homme qui joue, acceptant le sort que Zinédine Zidane, celui qui joue à sa place, et

Raymond Domenech, le sélectionneur, ont choisi pour lui. L'effacement suit immédiatement le renoncement : parce qu'il n'est plus un joueur important, même plus un concurrent pour ceux qui jouent et cherchent à remporter la Coupe du monde, Vikash Dhorasoo glisse hors du cadre dont il rend témoignage, devenant l'un de ces remplaçants invisibles et lointains. Pour exister de nouveau aux yeux du monde et de son objectif, il se filme devant un miroir qui renvoie une image de touriste avec une caméra Super 8, ce qu'il a en partie choisi d'être.

Son film s'appellera *Substitute*, comme la chanson des Who, cela sonne plus cinéma indépendant et expérimental que « Coiffeurs », le surnom officiel des remplaçants en Coupe du monde, ceux qui ont disparu des photos comme des conversations, ceux qui encouragent les autres, ceux qui prétendront être champions du monde mais qui connaîtront la vérité.

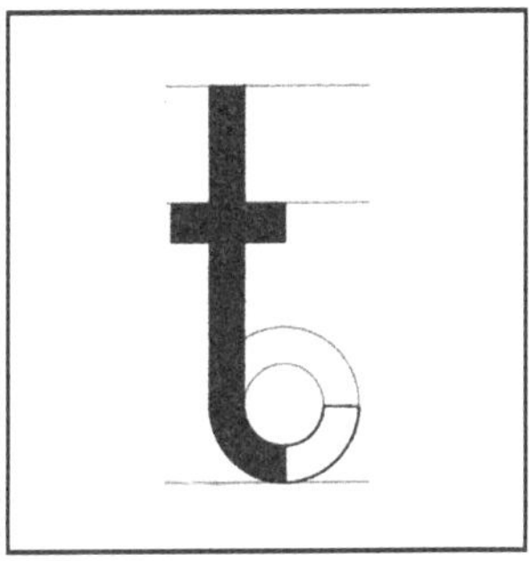

Tapie (Rome, 1990)

Il passe dans ce spectacle le pouvoir d'une marque et l'ego d'un homme. Au cœur de la Coupe du monde et du barnum de la FIFA, au pied des sept collines, dans le centre de presse installé au Foro Italico, séparé du stade olympique par une allée d'oliviers et de statues de marbre, les journalistes du monde entier ont reçu une invitation pour une conférence de presse exceptionnelle de la FIFA. Ce n'est pas un jour comme un autre, c'est un jour de finale, l'Allemagne et l'Argentine l'attendent depuis l'aube, et

João Havelange, le président brésilien de la FIFA, tient une conférence traditionnelle de fin de compétition. On est là, dans l'auditorium de la Rai, à écouter distraitement l'ancien roi du monde discourir sur le soleil qui ne se couche jamais sur l'empire de la FIFA, quand Sepp Blatter, alors son Richelieu et secrétaire général, invite l'assistance à ne pas quitter la salle : « La société Adidas souhaite vous communiquer une information très importante. »

Devant le logo de la FIFA s'installent un immense panneau Adidas, deux dirigeants de la marque aux trois bandes, et Bernard Tapie. L'homme d'affaires français lève très vite le voile : il rachète Adidas, la marque mythique des frères Dassler, et il a réussi à en faire un événement planétaire sur le territoire de la FIFA. Le président de l'OM et député des Bouches-du-Rhône n'a jamais reculé devant un mélange des genres ni une annonce spectaculaire, et Adidas, évidemment, mérite les grandes pompes. Sur le carton devant lui est indiqué « Chairman of Bernard Tapie finance ». Il batelle, il séduit, comme toujours, résume : « J'ai trois passions dans la vie : les affaires, le sport et la politique. Il est rare de pouvoir les réunir dans une seule activité. » Il les a toujours réunies dans un seul homme, alors dans une seule activité, pourquoi pas ? Il mélange vraiment les genres : le voilà patron de la marque partenaire de la FFF qui doit juger ses dérives, également partenaire de l'UEFA avec laquelle il a maille à partir, tandis qu'il est actionnaire de la chaîne TF1 et contrôle la narration de son ascension. Mais ce 9 juillet 1990, alors qu'il vient d'acheter Adidas et un pan de l'histoire du jeu pour 1,6 milliard de francs, il est le roi du monde, et mieux encore, le roi de Rome, avec un service après-vente très « Nanard » : « J'ai eu moins de mal à acheter Adidas qu'à faire venir Dib à l'OM. » Mais c'est Adidas qui le poursuivra, inlassablement. Trois ans après l'annonce de la conquête au Foro Italico, il l'avait revendu

2,1 milliards de francs à des investisseurs qui cachaient le Crédit lyonnais, et les procès à venir : l'affaire d'une vie, mais vraiment.

Tarantini (Les c… de)

Il est difficile de savoir s'il l'a fait. On sait seulement qu'il l'a dit. Alberto Tarantini, le beau défenseur argentin champion du monde 1978, longue chevelure bouclée, chaussettes à mi-mollets, un petit frère d'Oswaldo Piazza, le joueur de l'AS Saint-Étienne, affirme qu'il s'est gratté « les couilles », on cite, juste avant de serrer la main du général Videla, en visite dans le vestiaire de l'Argentine après sa victoire sur le Pérou (6-0), à Rosario. Ce serait un geste chevaleresque, un geste de résistance, en protestation contre la dictature militaire, au point qu'il expliquerait un jour à un reporter de *L'Équipe* venu le visiter : « Mais oui, je me suis gratté les couilles, qu'est-ce que tu crois ? Et j'en suis fier, bien sûr. Je lui ai parlé de mes trois amis disparus, que personne n'a jamais revus. On n'était pas aux ordres de ces enfoirés. »

Deux photos célèbres restent de Tarantini. L'une, iconique, surnommée « El abrazo del alma », « L'embrassade de l'âme », le montre rejoignant son gardien Fillol, à genoux, à la fin de la finale, au moment même où un môme vient se coller à eux ; il n'a pas de bras, les manches de son pull flottent au vent. L'autre photo est celle de la poignée de main entre Tarantini et Videla dans le vestiaire de Rosario, et cela paraît trop fugace pour une conversation. D'où venait exactement la main qui salue le général dictateur ? Menotti confirmera l'histoire, venue d'un pari avec Passarella, le capitaine de l'équipe. Mais Luque, l'attaquant, maintiendra que Tarantini est un menteur, qu'il ne s'inquiétait pas des disparus, ce que Tarantini avouera à demi-mots dans une interview où il affirme qu'il ne connaissait pas l'ampleur des crimes de la dictature. Si le mobile est donc incertain, l'acte reste plausible, même un peu romancé. Tarantini, lui, affirme qu'il a dû partir à l'étranger, ensuite, en raison de cet incident. Il a joué à Bastia et à Toulouse, notamment, où les autres devaient préférer lui faire la bise que lui serrer la main.

Taupe

Longtemps, la taupe était une justification offerte aux maladroits qui ne parvenaient pas à marquer sur un terrain incertain : en creusant son trou, l'animal avait érigé un petit monticule qui avait dévié le ballon au mauvais moment, et en l'absence de terre là où on n'aurait dû trouver que du gazon, il arrivait même aux ego boursouflés et mythomanes d'assurer qu'une taupe avait soudain sorti la tête pour empêcher leur immense talent naturel d'envoyer le ballon en pleine lucarne.

Le ballon rond a importé cette expression d'un roman de Le Carré, et l'on comprend l'analogie autour de l'espionnage : les médias ont toujours cherché à s'assurer d'au moins une source venue de l'intérieur d'une équipe ou d'un club, et le jeu a toujours consisté à rendre cette source inidentifiable, pendant que le camp devenu poreux cherchait la taupe en retour.

En 2010, le jeu de la taupe avait beaucoup occupé les Bleus, mais ils n'y avaient pas été meilleurs qu'au football, en témoigne la célèbre phrase du capitaine de l'équipe de France Patrice Evra, comme si le zèle venait avec les galons : « Il y a un traître parmi nous. » Dix ans plus tard, il avouerait : « Cette histoire de taupe me fait rire. Je ne l'ai jamais trouvée au final [*sourire*]. Quand je revois cette conférence de presse où je dis que je vais trouver celui qui a tout balancé, c'est là que je vois que j'étais trop dedans. J'étais habité. Ça se voit à mes yeux, mon phrasé, mon énervement… »

Le jeu de la taupe autour de l'équipe de France du XXIe siècle a de nouvelles règles. Les sélectionneurs successifs assurent qu'ils ont cessé de combattre, et ce n'est pas complètement vrai. Ils continuent d'assurer que les médias suiveurs qui « craquent » le huis clos, la même terminologie que pour craquer un code, avantagent les adversaires de la France parce qu'ils ne font pas l'équivalent de ce travail pour les sélections étrangères. Ils le font, parfois, mais savent quelle information privilégient leurs lecteurs, auditeurs et téléspectateurs. La veille du match, les journalistes se cachent pour observer le dernier entraînement à huis clos, et parfois ils se cachent ensemble, parce que le travail collectif est plus raisonnable, même pour des médias concurrents, la durée de l'exclusivité étant de quelques minutes au maximum. Mais dans les stades officiels de la Coupe du monde, la menace de la perte de l'accréditation et le manque d'humour des services de sécurité face à la découverte d'un type caché derrière une vitre avec des jumelles contraignent les espions à passer d'un poste d'observation à un poste téléphonique. Tout le monde, donc, a un ou plusieurs informateurs parmi les joueurs ou le staff, parfois en direct, parfois en indirect.

La taupe de Knysna est un mythe et un aveuglement. Au départ, un journaliste d'une télévision reçoit une confidence d'un joueur, sans la solliciter, parce que personne ne parvient jamais à garder pour lui ce qui ressemble à une affaire : c'est ce mécanisme qui va s'exercer en moins de vingt-quatre heures et que, dans son isolement du monde qui lui a fait perdre toute lucidité, l'équipe de France va être incapable de comprendre. Ledit journaliste, qui n'a ni les moyens ni l'habitude de mettre en scène une information, la glisse à quelques connaissances de *L'Équipe* dans la longue attente de l'avion, dans la nuit qui suit le match France-Mexique (0-2) à Polokwane. L'enjeu, dès lors, consiste à vérifier l'information, en la recoupant à la fois auprès de sources directes et indirectes. Ensuite, c'est de l'arithmétique : une quarantaine de personnes ont assisté à la scène dans le vestiaire, à la mi-temps, entre Raymond Domenech et Nicolas Anelka, avec des perceptions certes différentes ; dans les deux heures qui ont suivi le match, chacune d'entre elles l'a dit en confidence à quatre ou cinq autres personnes, qui elles-mêmes l'ont répété sous le sceau du secret à quatre ou cinq autres personnes. Très vite, on est à environ 600 à 700 personnes qui ont entendu parler de l'incident, de manière plus ou moins nette, plus ou moins romancée. La mission des journalistes de *L'Équipe*, qui ont toute la journée du lendemain devant eux, est d'en trouver une demi-douzaine pour vérifier l'information, avec le plus de sources directes possibles. Ce n'était donc pas si compliqué, et d'autres médias font d'ailleurs état d'un incident dans le vestiaire, avec moins de détails.

« Il y a un traître parmi nous », disait Patrice Evra. Il y avait quarante taupes, plutôt, qui partageaient la même myopie.

Thauvin, Florian

Personne n'a jamais pensé qu'il était facile d'être une star de l'Olympique de Marseille, de se comporter comme tel, et d'être transparent aux yeux des autres en équipe de France. Il est champion du monde 2018 pour une poignée de minutes, actionnaire de la victoire par son état d'esprit bien plus que par son jeu, et l'homme qui attendait chaque été un grand club européen a fini par partir au Mexique. C'est le destin des dribbleurs de ne pas finir là où on les attend. « Il l'attendait dans le zig, il lui a mis dans le zag », aurait dit Jean-Michel Larqué.

Thépot, Alex

C’était au temps des gardiens à casquette, genouillères et gants de laine achetés dans un magasin des Grands Boulevards. Élu meilleur gardien de la Coupe du monde 1930, c’est-à-dire qu’il figurait dans l’équipe type publiée après la compétition par un journal de Montevideo, Alex Thépot n’aura pourtant même pas disputé deux matches entiers. Dès la première rencontre face au Mexique (4-1), il avait dû sortir à la 26e minute après un choc avec l’attaquant mexicain Meija, laissant ses coéquipiers à dix, et remplacé par un joueur de champ, Augustin Chantrel, dit « Tintin ». C’était la deuxième fois de l’histoire des Bleus que, faute de remplacement autorisé, un joueur de champ prenait des gants en cours de route, mais c’était moins cocasse, toutefois, que la sortie de Georges Crozier, le 7 mai 1905 à Bruxelles, à la 65e minute, qui avait un train à prendre pour rejoindre sa caserne.

Mais le gardien du Red Star, fils d’un marin breton qui avait emmené la famille à Rochefort, Tunis, Bizerte et Toulon, sera le héros de France-Argentine (0-1), seulement battu par un but tardif de Monti, accumulant à ce point les arrêts que les supporters uruguayens le portèrent en triomphe à l’issue de la rencontre. Le douanier Alex Thépot, qui avait dû poser deux mois de congé sans solde pour disputer la Coupe du monde, disputera encore la Coupe du monde 1934 et fera partie du comité de sélection pendant l’édition 1958 en Suède.

Thuram, Lilian

L'homme, au fond, sait peu de choses : il ignore l'origine des statues de l'île de Pâques, et comment Lilian Thuram a pu inscrire deux buts en demi-finale de la Coupe du monde, en 1998, face à la Croatie (2-1). Définition de l'incrédulité, par lui-même : « Je ne suis pas tombé à genoux à cause de l'émotion, mais par incompréhension. Ce mystère reste entier. » Ce qui est étrange, chez le joueur qui détient le record de sélections en équipe de France (142 de 1994 à 2008), c'est d'être célèbre pour deux actions qui ne lui ressemblent pas, même pas une version de démonstration, plutôt un contre-emploi absolu et magnifique. Un jour, donc, Lilian Thuram a marqué deux buts en équipe de France, et il fallait en profiter : il n'avait jamais marqué jusque-là, sous le maillot bleu, et il n'a plus jamais marqué après, en 103 sélections supplémentaires. On connaît l'histoire, un chapitre essentiel et vibrant d'un récit épique : à la mi-temps de France-Croatie, la célèbre causerie d'Aimé Jacquet atteint tellement son but que derrière, son équipe fait n'importe quoi, Lilian Thuram s'alignant mal en défense et favorisant le but de Šuker (1-0). Mais, saisi de colère, l'arrière droit des Bleus fond sur Boban, lui vole le ballon, trouve un relais avec Youri Djorkaeff, et marque du droit : 1-1. Puis il presse Jarni, lui prend le ballon, marque du gauche, tombe à genoux, le doigt de Dieu sur les lèvres : 2-1, la France est en finale. Le mystère existe, parce que techniquement Lilian Thuram a toujours été plus près du pied droit de Maradona que de son pied gauche. Le mystique Thuram s'est souvent demandé pourquoi il avait été touché par la grâce, ce jour-là, et pas un autre – c'est-à-dire pas un autre que lui, ni un autre jour. Il avait songé devenir prêtre, quand il avait 8 ou 9 ans, à Anse-Bertrand, en

Guadeloupe, mais n'avait jamais confondu sa croyance avec sa foi en lui-même : les jours de match, il ne demandait pas à Dieu de l'aider à gagner, disait que « cela ne se demande pas », si bien que ce jour-là, au Stade de France, Dieu n'y était pour rien, et Lilian Thuram pour presque tout, même pour la partie la plus incompréhensible, ce but marqué du pied gauche, un pied généralement perdu pour le football, dont les autres disaient qu'il l'aidait seulement à monter dans le bus.

Il n'a jamais souhaité être seulement défini par ce moment, mais le titre de son autobiographie de footballeur était *8 juillet 1998*, quand même. Avant d'être un citoyen engagé sur d'autres fronts, qu'il persiste à combattre du mieux qu'il le peut, avec constance et intelligence, sur la crête casse-gueule de l'essentialisme, quand certains de ses anciens coéquipiers ont le sentiment de se mettre en danger quand ils osent dire ce qu'ils pensent du match de la veille, Lilian Thuram a été l'un des meilleurs défenseurs du monde, et parfois le meilleur, notamment dans ses années à Parme, son club au moment de la Coupe du monde 1998. Au printemps de cette année-là, dans un match à domicile, il avait manqué une relance et tout le stade s'était levé comme un seul homme pour l'applaudir : c'était la première fois que cela lui arrivait depuis le début de la saison.

Il assure que le jour de sa mort, on passera en boucle les images de cette demi-finale. En attendant, il trouve toujours quelqu'un pour lui en parler chaque jour de sa vie.

Tignes

Si la Coupe du monde ne durait qu'une trentaine de jours, du match d'ouverture à la finale, elle serait magique quand même, mais ces jours qui continuent de nous bouleverser ne nous suffiraient pas. Nous avons besoin de l'attente, du débat, de la polémique autour de la liste, du programme des matches amicaux et du stage de préparation. Si la Coupe du monde, comme en 2022, prenait systématiquement sa place au milieu de la saison, enchâssée entre deux tours de Ligue des champions, elle nous priverait de nos rituels, et c'est un deuil que nous aurions du mal à faire. Il faut absolument partir avant le grand départ, maintenir ce premier sas en amont de la grande aventure : les joueurs et les suiveurs ont le même besoin de créer un sentiment collectif, et, pour dire les choses franchement, si c'est à Clairefontaine, ce n'est pas pareil. J'habite à huit minutes et j'ai du mal à le concevoir comme un exotisme, tandis que ceux qui habitent à une heure et demie, bouchons compris, ont du mal à ne pas le concevoir comme un enfer. Dans les années 80, les Bleus montaient se préparer à Font-Romeu, et puis la mode est passée, parce que les effets de l'altitude ont été mieux calculés, et atténués, considérant le temps de préparation et celui de compétition, parce que les Pyrénées sont lointaines, parce que tout le monde a fini par oublier que c'était là-bas que Colette Besson avait préparé son titre olympique du 400 mètres aux Jeux olympiques de Mexico.

Quand on arrivait à Tignes, la station était fermée, deux restaurants étaient ouverts, parfois un bar la nuit, les suiveurs se répartissaient, on mangeait de la raclette fin mai quand on en avait marre de la fondue, et ceux qui voulaient des légumes avec leur fromage prenaient de la tartiflette pour la pomme de terre. On montait sur le glacier pour voir les Bleus se balader au soleil, Fabien Barthez tapait une clope aux journalistes, les conférences de presse s'installaient dans des gymnases avec des panneaux bancals qui se redresseraient eux aussi face à l'imminence de la compétition, quelques entraînements étaient organisés sur le stade Éric-Cantona, ou alors il fallait descendre jusqu'à Bourg-Saint-Maurice. Mais la beauté du moment, c'était l'immersion, jour après jour, la proximité, les débats se gonflant d'une importance qui serait balayée au premier match, ce sentiment que la Coupe du monde avait commencé, puisque l'on était là et que l'on comptait les jours, jusque tard dans la nuit, parfois. La Coupe du monde était toujours belle quand elle commençait par ces conversations, ce temps ralenti pour nous préparer à un mois entre parenthèses, cette montée vers l'événement sans rupture. Un jour de mai, il faudra retourner à Tignes.

Tolisso, Corentin

La première fois qu'on l'avait interviewé, il n'avait pas 20 ans, avait trouvé le moyen de poser plus de questions que nous, et on s'était dit que c'était bon signe. Il est devenu un joueur assez formidable, un milieu de terrain qui sait tout faire, même si son départ au Bayern Munich et son installation en équipe de France, avant la Coupe du monde 2018, avaient bridé un instinct offensif qui commençait à se développer à Lyon. Il aura été le douzième ou le treizième homme de la Coupe du monde 2018, le plus grand moment d'une jeune carrière qui s'est un peu affaissée, dans le temps, sous l'effet de blessures incessantes. Le jeune qui posait des questions pour mieux connaître son nouvel univers a gagné la Coupe du monde avec les Bleus et la Ligue des champions avec le Bayern : visiblement, il a toujours su trouver les réponses.

Touristes

L'affaire n'est pas si surprenante : avec le temps, tout s'en va, même les plus chouettes souvenirs rasent les aspérités comme les rancœurs, dans une constante réécriture du passé. En football comme dans d'autres domaines, il faut généralement confronter les acteurs amnésiques aux archives pour leur faire admettre une version de l'histoire moins édulcorée. Non, il n'y avait pas une camaraderie formidable, du moins pas cet été-là, l'amitié est venue avec le temps et la nostalgie, et oui, de vraies vacheries ont été prononcées dans le feu de l'action. De même que la victoire unit les hommes, la défaite les sépare, et ainsi s'éloignent et se rapprochent les joueurs dans le flux et le reflux du récit de leurs belles années. Quatre ans avant la Coupe du monde 1958 qui les avait réunis dans la gloire pour toujours, dans la France de l'après-guerre qui en avait fait des héros au même titre que Marcel Cerdan et Louison Bobet, les Bleus de Suède avaient été les Bleus de Suisse, des gentils touristes démontés par la presse sportive, et souvent par leurs propres camarades. Le tour d'horizon, en 1954, commence avec Roger Marche, le sanglier des Ardennes, le symbole du courage et de l'effacement, recordman des sélections en équipe de France (63) jusqu'à Marius Trésor : « J'ai passé mon temps à crier aux attaquants d'éviter le centre, et notamment à

Kopa de ne pas dribbler et se rabattre par plaisir. J'aurais pu m'égosiller jusqu'à la nuit sans être écouté. »

Pierre Junqua, secrétaire général du Groupement, l'ancêtre de la Ligue du football professionnel, se fend d'une déclaration qui occuperait les débats télévisés pendant une semaine, aujourd'hui : « À entendre les témoins qui se rendirent à Divonne, on a le sentiment que nos internationaux se sont considérés en vacances. Certains, paraît-il, se sont distraits en agréable compagnie. D'autres ont préparé parfois assez tard dans la nuit la Coupe du monde de rami. »

L'analyse de Gaston Barreau, membre du comité de sélection, semble sortie d'une crise moderne, après Knysna : « Ils pensent toujours à autre chose. Leur avenir les intéresse avant tout, les cartes et les distractions aussi. À Divonne comme à Dully, ils étaient comme des coqs en pâte, passant là de bonnes vacances sans se soucier outre mesure de la réputation du football français. Les conseils, ils les écoutent d'une manière distraite, en pensant plus à ramasser quelques billets grand format en jouant au rami ou à la belote. La pétanque les intéressait plus que la condition physique. »

Certains, parfois, visent nommément un joueur, et c'est le cas de *L'Est républicain* : « Kopa est un bon joueur quand tout va bien. Il fait marquer des buts. Il n'en marquera jamais lui-même. Enfin, il a la cervelle trop petite pour concevoir quelque chose de compliqué, comme les renversements de jeu. Il n'a rien à faire dans une équipe de combat, encore moins dans une équipe qui doit improviser. » La plume de *L'Équipe*, Jacques De Ryswick, finit de la tremper dans le vitriol : « On a envie de crier à ceux qui furent ici ses représentants et à leurs responsables : "Allez apprendre votre métier, allez vous rhabiller." »

L'écart entre les touristes de Divonne et les héros de Suède ? Quatre ans.

Trezeguet, David

L'histoire de Trezeguet en Coupe du monde a commencé par un tir au but qu'il a transformé et s'est terminée par un tir au but qu'il a manqué. Au milieu, rien de notable. En 1998, il avait 20 ans, parlait un français incertain après une jeunesse argentine, et il avait été passeur décisif lorsque la lumière était venue de Laurent Blanc, dans le huitième de finale irrespirable contre le Paraguay (1-0), avant de se présenter avec un courage et une morgue exemplaires pour inscrire son tir au but, donc, dans la série étouffante contre l'Italie en quart de finale. Quelques vieux soldats s'étaient fait porter pâles, mais les mômes, Henry et lui, n'avaient pas encore l'âge de trembler. Cela semblait alors l'aube de quelque chose d'immense, mais, comme Henry, il n'avait pas disputé la finale, comme Henry, il avait traversé telle une ombre la Coupe du monde 2002, et comme Henry, il allait perdre la finale 2006. À Berlin, le 9 juillet de cette année-là, un seul joueur avait manqué sa tentative, et c'était David Trezeguet, qui était entré en jeu à la fin de la prolongation pour cette séance, rien que pour cette séance. On ne lui enlèvera jamais le but dingue et en or de Rotterdam, qui avait offert le titre européen aux Bleus en 2000, mais un sentiment d'inachevé aura fini par l'envelopper, dans un jeu qui a sans doute fini par trop valoriser la vitesse, qu'il avait assez peu en magasin. Et s'il semblait bien s'entendre avec Thierry Henry, son complice des sélections de jeunes, il ne faudrait pas oublier qu'Henry était devenu avant-centre et chassait sur ses terres, ce qui ferait dire au sélectionneur Jacques Santini, pendant l'Euro 2004 : « J'alignais deux attaquants, mais je ne voyais qu'une ombre. »

Troisième place

Il faudrait commencer par énoncer les choses simplement : on s'en fiche, de la troisième place. Il faudrait en finir avec ce match qui pue la tristesse, cette consolante des inconsolés, cette fausse idée de podium d'une Coupe du monde, la veille de la finale, à l'ombre du jour d'une vie, mais de la vie des autres. Il n'y a pas de troisième place en Ligue des champions, ni en Coupe de France, il n'y a que des demi-finalistes qui ont raté la dernière marche, et si on dit « la dernière marche », c'est parce que l'éventuel podium n'en est pas une, ou alors funèbre.

C'est le jour des remplaçants, de ceux qui n'ont presque pas joué, et que l'on récompense d'avoir été sympas quand même. C'est le jour des buteurs, éventuellement, qui veulent profiter d'un match pour rien, pour battre un record, peut-être. Ce n'est même pas une petite finale, ce n'est rien du tout, et s'il faut choisir son camp, nous continuerons de choisir de passer complètement à côté de l'accessoire.

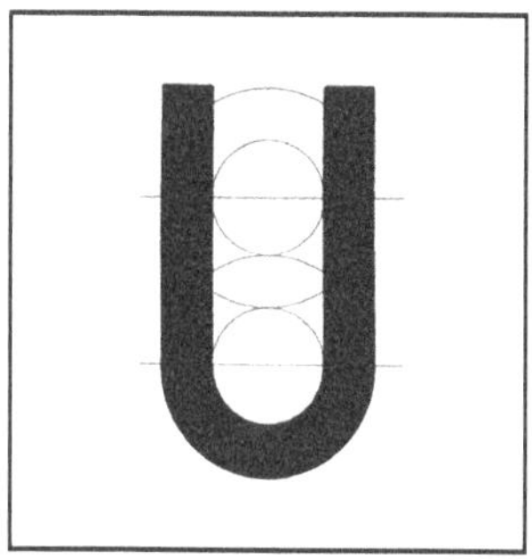

Umtiti, Samuel

Il a très longtemps attendu avant de venir, et puis c'est nous qui attendons depuis très longtemps qu'il revienne. Samuel Umtiti n'était pas considéré comme un défenseur central suffisamment fiable par Didier Deschamps, qui avait publiquement tancé quelques insuffisances apparues en Ligue des champions. Et puis Deschamps avait été obligé de l'appeler face aux blessures survenues avant l'Euro 2016 en France, puis de le faire jouer pendant la compétition : ensuite, il ne l'avait plus enlevé de l'équipe jusqu'au soir de la finale de la Coupe du monde en 2018. Le Lyonnais lui avait tout rendu de cette confiance, jusqu'à ce fameux but de la tête en demi-finale face à la Belgique (1-0), mais c'est bien de son corps et de son genou qu'Umtiti avait fait don à la France, cet été-là. Pour jouer la Coupe du monde, il avait repoussé une opération, et, parce qu'il avait joué, il avait mis en péril cette articulation devenue fragile, cartilage rongé, tendons endommagés. Personne ne sait vraiment aujourd'hui s'il est encore un joueur de très haut niveau, si sa disparition des écrans à Barcelone est liée à son état de santé ou à un conflit contractuel avec le club, ou bien les deux. Mais pour l'intelligence de placement, l'appréciation des distances d'intervention et la qualité de la relance du pied gauche, Umtiti aura fait mieux en deux ans que quelques autres en dix ans.

Uruguay

Il y a sur le maillot clair de la Céleste quatre étoiles. L'étoile qui correspond à un titre de champion du monde n'est même pas une décoration officielle : c'est un usage, que la FIFA ne reconnaît pas ni ne réglemente. Comment l'Uruguay a-t-elle pu être quatre fois championne du monde alors qu'elle n'a disputé qu'une finale ? Une longue enquête n'est pas nécessaire. D'abord, l'Uruguay est la première nation championne du monde, son premier pays organisateur, aussi, sacré en 1930, puis en 1950, au Brésil, le jour où le but d'Alcides Ghiggia à la 79e minute du match décisif a fait pleurer tout un pays.

En 1930, alors que l'on apprenait à découvrir ce petit pays coincé entre l'Argentine et le Brésil, et que le quotidien *L'Auto* proposait une carte de l'Amérique du Sud à ses lecteurs pour donner une juste mesure de la République orientale d'Uruguay, la Céleste avait joué une vraie finale, dans la ferveur du stade de Montevideo à peine achevé, face à l'Argentine (4-1). Les Argentins avaient été empêchés de dormir dans la nuit, menacés de mort, et Luis Monti, le joueur qui causait autant de peur que de mal à ses adversaires, et continuerait de le faire en rejoignant l'Italie peu après, avait lâché à ses copains, dans le vestiaire : « Si on gagne, on ne sortira pas vivants. » Il était resté transparent mais vivant. En 1950, l'Uruguay avait gagné au Maracanã le match qui lui avait donné le titre face au Brésil (2-1), mais c'était au bout d'un tournoi, pas au soir d'une finale, que la génération de Juan Alberto Schiaffino avait été sacrée.

Une finale de Coupe du monde, et deux étoiles, donc. Les deux étoiles ajoutées au blason, en fait, sont antérieures à l'existence de la Coupe du monde, et c'est à la fois l'antériorité et le vide qui peuvent les justifier : puisque la Coupe du monde n'existait pas, le tournoi de football des Jeux olympiques faisait office de rassemblement mondial. En 1920, à Anvers, l'affaire s'était terminée dans le chaos, la Tchécoslovaquie ayant choisi de quitter le terrain de la finale pour protester contre un arbitrage trop favorable au pays organisateur, laissant la Belgique devenir championne olympique. Mais en 1924, à Paris, puis en 1928, à Amsterdam, l'Uruguay de Nasazzi avait dominé le monde. José Nasazzi, son capitaine, était un géant, un défenseur qui avait mieux compris que les autres les conséquences de la nouvelle règle du hors-jeu, passée de trois à deux joueurs pour couvrir un attaquant, et « El Caudillo », également surnommé « El Terrible » par ses adversaires, menait une équipe différente. Influencé par les marins anglais, mais aussi par les exilés italiens, espagnols et basques, le football uruguayen avait esquissé une identité de jeu à la fois athlétique et esthétique, et formé une équipe dont la plupart des joueurs n'étaient pas manchots, expression consacrée, mais dont l'avant-centre l'était, puisque Héctor Castro n'avait plus de main gauche depuis un accident avec une scie électrique à l'âge de 13 ans.

L'Uruguay mérite probablement les quatre étoiles qu'elle s'est autoattribuées, parce que c'est l'arrivée du professionnalisme qui a fait basculer le football des tournois olympiques à la Coupe du monde, parce qu'elle a été la première grande équipe du jeu, d'autant que l'Angleterre a longtemps été réticente à se mesurer, et parce qu'elle a de la mémoire. Elle a inhumé Schiaffino puis transféré les cendres d'Alcides Ghiggia au « Panteón de los Olimpicos », un coin du cimetière de Buceo à Montevideo réservé aux champions olympiques et aux champions du monde, où ils dorment ensemble, sous les étoiles.

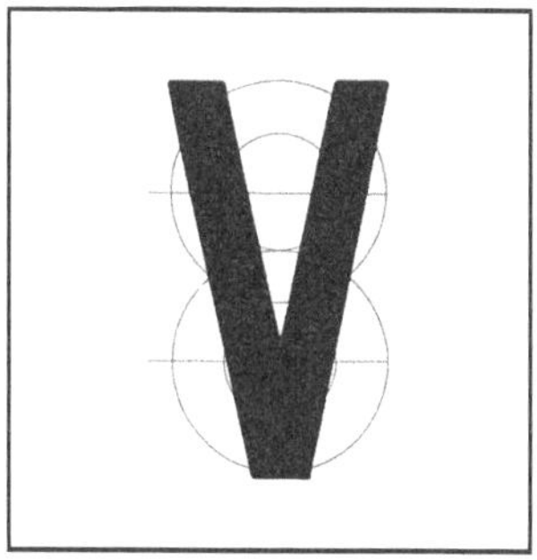
V

Valet (de René Coty)

Le 24 juin 1958, à 19 heures, le président René Coty s'installe dans son salon, à l'Élysée, devant la télé, branchée sur la RTF, pour suivre la demi-finale de la Coupe du monde entre la France et le Brésil. À 76 ans, les soucis et le pouvoir commencent doucement à le quitter : élu en 1953, il vient de nommer le général de Gaulle, le 1er juin, président du Conseil, au crépuscule de la IVe République ; la Ve République avait presque trois mois quand le Général a succédé à René Coty à la présidence, le 8 janvier 1959.

René Coty, donc, est devant la télé, et Président bonhomme, cet arrière-grand-père n'entend pas être seul à bénéficier de ce privilège. Il invite son valet de chambre à suivre l'événement, mais le protocole étant ce qu'il est, le valet restera debout, en retrait du Président, pendant toute la retransmission. Le bon président Coty, ressuscité par Jean Dujardin distribuant pieusement des images du Président dans *OSS 117* (« C'est notre raïs à nous, c'est M. René Coty, un grand homme, il marquera l'Histoire ! »), était supporter du Havre et aimait assez le foot pour avoir offert au club doyen un vase de Sèvres de sa collection, en 1956, et l'aider à se sauver de la faillite, après que la station Europe 1 eut utilisé son émission « Vous êtes formidable » pour lever les fonds nécessaires. Cette même année, il avait récompensé Alain Mimoun, champion olympique de marathon à Melbourne, de la Légion d'honneur, et Mimoun se souviendrait : « Comme soldat, j'étais habitué aux honneurs et aux autorités, mais Coty, c'était un grand pépé. Il en imposait physiquement. Il était affectueux aussi. »

Le jour de France-Brésil, le valet de chambre était resté debout, mais René Coty n'était pas si cérémonieux, naturellement : avec son épouse Germaine, disparue en 1955, ils avaient décidé d'investir quatre pièces du palais seulement, à leur arrivée, en 1953, et de continuer à faire beaucoup de choses eux-mêmes ; d'une nature un peu ample, elle était si simple que certains la surnommaient « Madame Sans Gaine ».

On ne sait pas si le président Coty a aimé France-Brésil, ce soir-là, mais on sait qu'il n'en a pas tout vu : une panne de faisceau a provoqué un écran noir. « Restez, l'image va revenir », a-t-il indiqué à son valet de chambre, qui n'avait pas forcément mieux à faire. Parfois, même les moments les mieux organisés ne se terminent pas comme on l'a imaginé : le jour de la passation de pouvoir avec Charles de Gaulle, achevée au pied de l'Arc de triomphe, en haut des Champs-Élysées, le Général remontera dans sa voiture en oubliant René Coty sur le trottoir. Il y a des jours, comme ça.

Varane, Raphaël

Avec deux genoux en bon état, il serait le meilleur défenseur du monde. Avec un seul, ou presque, il fait quand même des miracles, ponctuellement, contraint à la gestion de ses ressources et de cette articulation. Il est le patron de la défense, avec Lloris, et il a un peu trop de travail depuis le titre mondial, depuis l'été russe 2018 où toute l'équipe était tournée vers cet effort particulier. Dans une équipe où certains se font entendre en parlant très fort, et tout le temps, son recul est nécessaire et apprécié. Quand tout va bien, il va très vite, voit juste, relance clairement, et défend comme le font tous les grands, en restant debout. Déjà mature à 18 ans, il pourrait reculer longtemps le moment de devenir vieux si son genou arrêtait de siffler.

Vieira, Patrick

Il a disputé deux finales de Coupe du monde, dont une avec prolongation, et il n'a même pas joué quatre-vingt-dix minutes. En 1998, il était le milieu du futur, et même quand les Bleus jouaient avec un milieu à trois, il était le quatrième, devancé par Deschamps, Karembeu et Petit. En finale, quand même, c'est lui qui était entré après l'expulsion de Desailly, quand Aimé Jacquet avait dû réorganiser son équipe sans attendre. Mais les souvenirs sont étranges : un jour qu'il commentait le match en le revoyant pour Canal+, le sélectionneur avait lancé, « et là, il faut réagir, tout de suite, tout de suite ! », mais Marcel Desailly avait pris son carton rouge à la 68e minute, et il avait attendu la 74e minute pour faire entrer Vieira, qui serait passeur décisif pour le troisième but de Petit.

Seize minutes au Stade de France en 1998, et moins d'une heure en 2006 à Berlin : la fatigue, la tension et le stress d'un second titre mondial à aller chercher avaient donné des crampes à Vieira, qui avait dû sortir à la 54e minute. Alou Diarra, son remplaçant, jouerait plus longtemps que lui (66 minutes, avec la prolongation). Mais dans cette Coupe du monde, et si souvent, avant, Patrick Vieira a été un milieu rare, élégant, méchant, remarquable technicien, intelligent, et dont les chevauchées vers l'avant étaient des aventures.

Villaplane, Alexandre

Grâce à lui, on sait comment on dit « ancien capitaine de l'équipe de France » en allemand : SS-Untersturmführer. Alexandre Villaplana n'était pas un sale type. C'était un salaud. Né à Alger en 1905, il se faisait appeler Villaplane, à la française, et aura été le premier capitaine d'une équipe de France en Coupe du monde, en 1930, à Montevideo. Vingt-cinq sélections, joueur débonnaire et populaire, charmant avec ses camarades pendant la grande traversée sur le *Conte Verde*, il avait ses humeurs, certes : au milieu des années 20, il avait menacé le président du FC Sète, Georges Bayrou, d'un revolver, pour un différend portant sur un contrat.

Sa carrière interrompue en 1935, à la suite d'une peine de prison pour des paris hippiques truqués, il allait choisir d'autres terrains, d'autres galons et un autre camp, passant du banditisme à la collaboration et aux meurtres, pendant l'Occupation. C'était un escroc, un voleur de grand chemin, qui avait choisi de devenir assassin pour s'enrichir. Membre de la « bande à Lafont », rue Lauriston, au service de la Gestapo, il avait fini la guerre à la tête d'une section de la Brigade nord-africaine, créée par Henri Lafont et la Gestapo pour semer la terreur dans le Sud-Ouest de janvier à août 1944, et lutter contre le maquis du Limousin à la place des Allemands. Épaulant la division Brehmer dans les pires exactions qu'ait connues la Dordogne, Villaplana avait participé à l'exécution de 25 otages amenés de Limoges par les Allemands, en représailles du meurtre d'un officier nazi, et le 11 juin 1944, le lendemain du massacre d'Oradour-sur-Glane, sa section avait fait exécuter 52 personnes à Mussidan. Il en aurait lui-même assassiné dix. Mais les Alliés avaient débarqué, et l'ancien capitaine des Bleus était remonté à Paris faire un peu de ménage rue Lauriston, où l'on brûlait les papiers et récurait les baignoires, avant d'être arrêté en sortant d'un café, en septembre, et conduit à Drancy avec Lafont, Bonny et toute la bande. Il avait été défendu par Me Charles Delaunay, un ténor, qui lui avait fait écrire une lettre dans laquelle il disait sa « honte d'avoir porté cet uniforme grâce auquel [il avait] sauvé des Français ».

Mais les survivants avaient raconté les menaces, le chantage, l'extorsion, les meurtres, et le 12 décembre 1944, Alexandre Villaplana avait été condamné à mort. Le 26 décembre 1944, dans la cour du fort de Montrouge, ligoté au poteau d'exécution, il était tombé face à douze fusils.

« Volante »

En Amérique du Sud, on ne dit pas « milieu de terrain défensif ». On dit « Volante », tous ceux qui jouent à *Football Manager* le savent. Mais ils ignorent presque tous l'histoire de l'ancien joueur du championnat de France qui ne voulait pas s'ennuyer pendant la Coupe du monde 1938. International argentin (2 sélections), Carlos Martín Volante, âgé de 32 ans, est alors en fin de carrière : il a connu l'Italie au début des années 30, a perdu la finale de la Coupe de France 1935 avec Rennes contre l'OM (0-3), a joué à Lille, et termine tranquillement en D2, au CA Paris, quand il propose à la sélection brésilienne de l'accompagner comme masseur. Il vit avec les Brésiliens, joue parfois avec eux, et à la fin de la Coupe du monde, Leônidas, le « diamant noir », la star du Brésil, lui propose de poursuivre sa carrière à Flamengo. Là-bas, les deux entraîneurs qui se suivent, Dori Kürschner, qui avait conseillé le Brésil pendant la Coupe du monde 1938, puis Flávio Costa, réinventent le poste de milieu défensif avec Volante, dominent le championnat carioca, et créent un modèle qui laissera à la postérité le nom d'un ancien joueur de D2 du CA Paris.

Vuvuzela

On les entend encore dans quelques-uns de nos cauchemars, ils reviennent nous hanter, défoncer nos tympans d'une douleur lancinante qui jamais ne décroît, pas un souffle à reprendre qui installe un silence, seulement ce bruit de klaxons à plein volume – même pas une note de musique. Les vuvuzelas ont déferlé sur la Coupe du monde 2010 en Afrique du Sud, et on voudrait en garder un souvenir ému. Mais, si longtemps après, on est plus sur le kloug que sur la madeleine : entre les types qui refusaient de descendre de leur car pour s'entraîner et ceux qui nous empêchaient de nous entendre réfléchir, même avec des bouchons dans les oreilles, on a eu le bourdon tout l'été.

Parce qu'une mauvaise action reste rarement punie, une certaine contagion s'est opérée, cet été-là. Il y avait ceux qui avaient voyagé et qui avaient rapporté l'objet en encombrant les coffres à bagages et en manquant d'éborgner toute la classe éco, et il y avait ceux qui avaient envie d'en être et qui avaient acheté leur trompette allongée au supermarché, même motif, même punition. Au Cap et à Durban, passe encore, l'argument culturel ne justifiait pas l'outrage, mais il existait. À Metz et à Guingamp, l'affaire était plus incertaine. Pendant ces longues soirées d'hiver nous revint une image d'Astérix, dans laquelle un Romain qui avait voulu sonner le rassemblement avait pris des baffes, sa trompette enroulée autour du cou. Et puis les ultras ont voulu reprendre le pouvoir avec leur mégaphone derrière les buts, les autres se sont lassés, les stewards ont commencé à fouiller les supporters avec vuvuzelas en prétextant l'éventualité d'une arme, et le bruit du foot est revenu longtemps après que les trompettes ont disparu.

Wisniewski, Maryan

L’ailier droit des Bleus à la Coupe du monde 1958 était un môme, à peine majeur, international à 18 ans, dès 1955, fils de mineur polonais, comme Kopa. Mais lui n’avait pas eu le temps de descendre au fond, Lens l’avait fait signer, à 16 ans, et il serait à jamais le cinquième homme d’une phalange pour l’histoire. Les quatre autres attaquants, Kopa, Fontaine, Piantoni et Vincent, ont toujours été plus célèbres que lui, ramenant une gloire supérieure de l'épopée suédoise. Mais c'est lui, peut-être, qui a vécu la plus belle histoire, au retour. Il était attendu à la caserne, jeune militaire, et devait rejoindre le bataillon de Joinville. C'était ce qui était prévu, mais en arrivant à Orly, sous les vivats, il avait repéré une jeune fille dans la foule, et elle lui avait proposé de lui faire visiter Paris. Il s'était dit qu'il n'était pas à un jour près et il était resté une semaine avec elle. À son arrivée à la caserne, le héros de Suède avait beau s'appeler Maryan Wisniewski, troisième de la Coupe du monde, buteur magnifique contre l'Irlande, contributeur des treize buts de Just Fontaine, il avait été considéré comme déserteur et avait fini en prison. Il n'en était sorti que pour apprendre à marcher au pas, afin de pouvoir défiler sur les Champs-Élysées devant le général de Gaulle, le 14 juillet, juste avant de partir pour l'Algérie « avec six troufions et des Sénégalais », se souviendrait-il. Mais, quelques jours plus tard, attendu à l'Élysée par de Gaulle pour la cérémonie qui récompensait les Bleus de Suède, et les ordres du Général s'imposant au reste de l'armée, il quittait l'Algérie pour Villacoublay, seul dans l'avion avec les pilotes. Après l'aventure de la Coupe du monde, c'était encore l'aventure.

Wolstenholme, Ken

Depuis que le football est entré dans le salon, depuis que la télévision a pris le pouvoir, on ne peut plus séparer l'image du son pour revisiter une émotion et l'éprouver de nouveau. La mémoire collective de la Coupe du monde est liée à sa bande-son, pays par pays, au fil des cultures. En Argentine, les buts de Maradona étaient un chant et un poème. En France, il reste des mots de Jean-Michel Larqué (« En retrait pour Giresse, en retrait pour Giresse ! »), de Thierry Roland (« Je crois qu'on peut mourir tranquille, le plus tard possible, mais je crois qu'on peut mourir »), de Thierry Gilardi (« La lumière est venue de Laurent Blanc ») ou de Grégoire Margotton (« Second poteau Pavard ! »). En Angleterre, la phrase la plus célèbre ressemble à un pays, sa réserve affective et son éducation. Elle accompagne pour l'éternité le plus beau jour de l'histoire du football anglais, dans les dernières secondes de la finale de la Coupe du monde 1966, devant la reine Elizabeth, au stade de Wembley. Le commentateur de la BBC s'appelle Ken Wolstenholme, c'est un ancien pilote de la Royal Air Force, qui a effectué plus de cent missions dans le ciel européen pendant la Seconde Guerre mondiale, et qui, devenu journaliste, commentera toutes les finales de la Cup de 1949 à 1971. C'est lui qui a ouvert l'émission de football la plus ancienne de la planète, « Match of the Day », aujourd'hui présentée par l'ancien buteur anglais Gary Lineker, un jour de 1964 à Liverpool, au bord du terrain, par ces mots : « Bienvenue à "Match of the Day", le premier d'une émission qui reviendra chaque samedi sur BBC 2. Comme vous pouvez l'entendre, nous sommes à Beatles Town pour Liverpool-Arsenal. »

Ken Wolstenholme, surtout, est au micro de la finale Angleterre-Allemagne, tout au bout de la prolongation. Il accompagne ce couronnement d'une voix économe en adjectifs et en émotion, quand, après le troisième but personnel de l'avant-centre anglais Geoff Hurst, qui scelle le titre du pays organisateur (4-2), des dizaines d'adolescents commencent d'entrer sur le terrain, alors que l'arbitre suisse, M. Dienst, n'a toujours pas sifflé la fin du match. La voix de la BBC prononce d'abord cette phrase : « *They think it's all over !* » (« Ils pensent que c'est fini »). Et puis, presque immédiatement, alors que l'arbitre suisse,

M. Dienst, siffle la fin du match qui offre à l'Angleterre le sacre qu'elle attend depuis toujours, il ajoute, après un silence, si peu perturbable, ces trois mots : « *It is, now...* » (« Maintenant, oui »).

« *They think it's all over* » deviendra sa marque, la phrase que lui lanceront tous les passants croisés dans la rue, tous les chauffeurs de taxi qui l'ont reconnu et lui ont offert la course, tous les serveurs de restaurant, jusqu'à sa mort, en 2002, à l'âge de 82 ans. L'équivalent de « C'est votre dernier mot ? » pour Jean-Pierre Foucault, « *They think it's all over* » deviendra même le titre d'une émission de télévision, et ce code synonyme de bonheur national se retrouvera également dans plusieurs disques, notamment dans la chanson « World in Motion » de New Order. Kenneth Wolstenholme a vieilli doucement avec cette gloire, un peu encombré de nostalgie, regardant les matches de l'équipe d'Angleterre en coupant le son pour ne pas entendre une autre voix que la sienne.

X

Xuereb, Daniel

Le seul participant français à une Coupe du monde (en 1986) dont le nom commence par X. Surnommé « Monsieur Xu ».

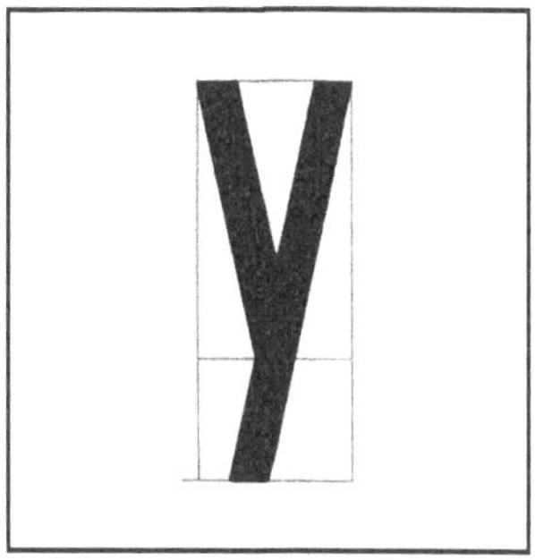

Yachine, Lev

Maillot noir à manches longues, parfois légèrement ouvert par un col à boutons, short noir, chaussettes noires avec un parement blanc juste sous le genou, chevelure d'ébène encore assombrie par la brillantine, gants noirs, de simples gants de cuir qu'on aurait dit empruntés à un chauffeur de maître, et une casquette les jours de grand soleil : ainsi régnait Lev Yachine, le seul gardien récompensé du Ballon d'or, en 1963, l'homme qui a donné son nom au trophée attribué au meilleur gardien de la Coupe du monde, tous les quatre ans. Sur son maillot se dessinaient les lettres d'un empire disparu, CCCP, et de son club de toujours, D, pour le Dynamo Moscou. Il était l'homme en noir et le gardien interminable (1,89 mètre) ; on l'appellerait l'Araignée, ou alors la Panthère noire, et on l'installerait parmi les trois Soviétiques les plus célèbres des années 60, avec Youri Gagarine et Nikita Khrouchtchev. Il disait de Gagarine : « La joie de voir Youri dans l'espace est seulement surpassée par la joie d'un bel arrêt sur penalty. » Il ne disait rien de Khrouchtchev.

Il avait été une rumeur, puis une image, quand la Coupe du monde 1958 était entrée dans quelques salons privilégiés, devenant un personnage à la fois mystérieux et familier, facilement identifiable, sous le double effet de son apparence, de la durée de son règne et des anecdotes que rapportait la presse de l'Ouest : un verre avant les grands matches pour relâcher les muscles, puis une cigarette, et souvent une autre à la mi-temps.

Il avait déjà 34 ans quand il avait reçu le Ballon d'Or, en 1963, et c'était la reconnaissance de l'ensemble de l'œuvre de Lev Ivanovitch Yachine, adolescent de la guerre, qui avait grandi dans un appartement pour deux familles du quartier Bogorodskoe, à Moscou, et qu'on avait envoyé à l'usine à 12 ans pour soutenir l'effort de guerre, avant que toute la famille soit déplacée pendant plus de deux ans à Oulianovsk, dans la région de la Volga, à 900 kilomètres à l'est de la capitale. Lui-même a raconté plusieurs histoires : il aurait été apprenti serrurier, le métier de son père, ou alors il travaillait sur les quais au déchargement des trains ; de retour à Moscou, il aurait joué dans l'équipe de l'usine, à Touchino, ou bien il était ajusteur-outilleur, ou alors, déprimé par l'usine, il sc serait engagé dans l'armée Rouge, qui aurait rapidement repéré ses aptitudes de gardien ; ou alors, en 1949, et cela semble le plus fiable, repéré par le Dynamo Moscou, il se serait immédiatement engagé avec le club du ministère de l'Intérieur, afin d'esquiver le service national.

Dès les JO de Melbourne, en 1956, en ces temps où le bloc de l'Est dominait les tournois olympiques de football qu'il interdisait aux professionnels de l'Ouest au nom d'un idéal de l'amateurisme, très rentable hypocrisie de la part d'un pouvoir qui entretenait des sportifs d'État, Yachine était devenu une marque, et un héros. La légende le disait revenu d'Australie en bateau par Vladivostok, ce qui ne paraît pas le plus probable, puis le train pour Moscou, avec arrêt dans toutes les gares où s'agitaient des drapeaux et des foules reconnaissantes. Le 31 décembre, quelque part en passant l'Oural, un barbu aurait débarqué en pleine nuit dans le wagon des joueurs : « Les gars, où est Yachine ? » Lev s'était redressé, l'homme s'était mis à genoux devant lui, lui avait tendu une bouteille de tord-boyaux trafiqué et un paquet de graines de tournesol et lui avait dit que c'était tout ce qu'ils avaient, lui et ses copains, mais qu'ils voulaient le remercier de la part du peuple russe.

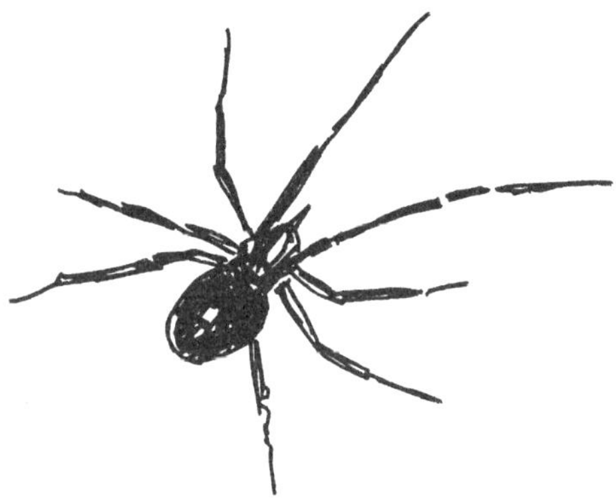

La Coupe du monde 1958 et le premier championnat d'Europe en 1960, en France, avaient dessiné son statut, il était au sommet de son art et de sa légende. Depuis 1956, Khrouchtchev avait ouvert les portes pour que les joueurs se déplacent plus régulièrement à l'étranger, et Yachine, avec ses manières d'homme du peuple, était un trait d'union entre les deux mondes, il gelait même la guerre froide.

Sa Coupe du monde 1962, quand même, avait été pénible. Voilà ce que l'on pouvait lire dans *L'Équipe* après la victoire du Chili sur l'URSS, à Arica, et deux erreurs de Yachine : « Le grand Yachine est mort dans le désert d'Arica. » Ou encore : « Le Chili peut lui dire merci. » Les gars de la maison l'adoraient, pourtant, et le même Robert Vergne qui avait commis ces lignes, grand connaisseur du jeu et immense tailleur, saurait se rattraper, quatre ans plus tard en Angleterre, en tançant le sélectionneur soviétique Morozov qui avait osé douter de son gardien : « Le nom de Yachine sera encore prononcé par de nombreuses générations de footballeurs qu'on aura oublié le sien depuis bien longtemps. C'est même déjà fait. »

Mais il s'était retiré de la sélection en 1967, avait invité les plus grands joueurs du monde à son jubilé, en 1971, n'avait pas disparu du paysage, mais n'était plus qu'un élément du décor. Sa santé chancelait, et c'était bien la peine d'avoir joué plus longtemps que les autres pour vivre moins longtemps. C'était d'abord la thrombose qui l'avait fauché en 1986, à Budapest, où il allait assister au jubilé de Ferenc Puskás. Tout le rattrapait, les cigarettes et l'alcool, et au retour il avait fallu l'amputer d'une jambe, il était un géant meurtri qui vivait avec le souvenir de sa grâce, mais mourait à petit feu. Rongé par un cancer de l'estomac, il est mort le 20 mars 1990 des suites d'une opération. La dépêche de l'agence Tass avait annoncé « la mort du plus grand sportif soviétique de tous les temps », et dans l'ordre des décorations citées, le Ballon d'or disputait la première place à la médaille de l'ordre de Lénine. On dit que chaque année, le jour anniversaire de sa mort, ses proches se réunissent au cimetière Vagankovo, mangent un bout de gâteau au fromage au bord de sa tombe et racontent une histoire. On dit aussi que, pour rendre hommage à Lev Yachine, le noir n'est pas la couleur du deuil.

Cela reste la version absolue de l'*inside* et du film de vacances. D'ailleurs, son rôle et son impact dans la mémoire collective sont assez proches de celui du film de vacances : au fil du temps, on ne sait plus si l'on se souvient de l'événement que l'on a vécu ou du film que l'on a vu. Mais la trace laissée par *Les Yeux dans les Bleus* n'est pas seulement liée à la qualité du film, sinon le même réalisateur, quatre ans après, aurait été bien mieux célébré après avoir tout capté de l'élimination de l'équipe de France au premier tour de la Coupe du monde 2002. Ce qui reste du film de Stéphane Meunier, tourné avant et pendant la Coupe du monde 1998, ce qui est constitutif de la magie, c'est la rencontre de la caméra, d'un regard, de jeunes personnages jusqu'alors mal connus et d'une aventure, ainsi que le sentiment, toujours, base même de la fascination pour ces documentaires, qu'il nous est miraculeusement offert un point de vue dont nous sommes normalement privés : nous ne sommes plus à la place qui nous a été assignée, mais nous voilà installés au cœur de l'action, à côté des acteurs, à vivre quelques scènes de leur vie ordinaire et de leurs jours extraordinaires. Nous avons suivi une histoire au fil des journées, au travers des matches et d'un élan national, des articles des journaux, des reportages, à une époque qui était mieux partageuse et qui ouvrait les portes plus largement, et plus régulièrement, et tout cet été 1998 fut linéaire, une lente montée vers l'apothéose, une marche après l'autre : les Bleus avançaient sur un fil mais restaient en équilibre, leur destin en mouvement, traversé par des épisodes visibles, offerts à tous. Mais dès le lendemain de la finale, sur Canal+, *Les Yeux dans les Bleus* n'ont pas seulement prolongé l'euphorie et l'émotion, ils ont offert une relecture de l'été, une autre perspective, l'écho intérieur et intime d'un bonheur national.

C'était une version lissée, parce qu'Aimé Jacquet avait normalement obtenu le *final cut*, après avoir eu conscience, parmi les premiers, de l'intérêt d'un film pareil, et que les joueurs s'en feraient des souvenirs pour la vie. Il manque, journalistiquement, quelques moments de tension, comme le refus de Bernard Lama de disputer le troisième match de poule contre le Danemark, après que Jacquet eut choisi Barthez comme titulaire deux semaines avant la Coupe du monde, pendant la préparation, à Casablanca. Ou le moment où le groupe a reproché à Frank Lebœuf une phrase malheureuse (« Le malheur de Laurent Blanc n'est rien à côté de mon bonheur »), après l'exclusion de Blanc contre la Croatie en demi-finale, et la coexistence malheureuse d'une photo où Lebœuf enlaçait Slaven Bilić, le Croate responsable du carton rouge du défenseur français. Mais cela reste un film qui ne passe à côté de rien d'essentiel, pas même de la manière dont Didier Deschamps, par exemple, fait passer ses messages en parallèle à ceux d'Aimé Jacquet. Et la censure du sélectionneur s'est concentrée, pour ce que l'on en sait, sur deux séquences : l'une où l'on voit Zinédine Zidane lire *L'Équipe* dans l'avion, et l'autre où, avant France-Croatie, Jacquet répétait plusieurs fois « Le “Yougo” a du vice ». Le sélectionneur avait fait valoir qu'une fois suffisait largement.

C'est un film où l'on entend Zidane chanter « On ira tous au paradis », de Polnareff, en écoutant un CD des Enfoirés, dessinant une équipe qui a encore les mêmes codes que son public de quadras, ce qui n'arrivera plus jamais, musicalement. C'est un film qui est le contraire d'une saga de Netflix : il ne choisit pas trois ou quatre acteurs, après coup, et même si la caméra élit naturellement Zidane (« Il n'est pas encore Dieu, mais tout le monde le regarde, c'est un aimant, que l'on filme déjà comme un héros », dira Meunier), il intègre l'ensemble des personnages à la narration, sans en exclure un seul. D'ailleurs, pendant les matches, la caméra n'est jamais tournée vers le terrain, mais vers le banc, vers la vie intérieure du groupe, où elle capte l'essence même du bouillonnement d'une équipe, ces acteurs à la lisière de l'action qui peuvent traverser l'écran à tout moment, ces destins qui attendent que la lumière revienne, ou arrive, ces remplaçants qui passent leur temps à encourager les autres et à attendre leur heure, à mi-chemin de l'altruisme et de l'égoïsme.

Les épisodes 2 et 3 des *Yeux dans les Bleus*, tournés avant et pendant la Coupe du monde 2002, n'auront jamais la moitié du quart du succès du premier opus, parce que l'histoire s'est terminée autrement, parce que rien ne pouvait être aussi beau que la première fois, et parce qu'ils portaient en eux les germes de l'échec, filmant au jour le jour des joueurs qui avaient changé, devenus les Beatles en tournée. Stéphane Meunier dirait même que la tristesse avait affaibli son travail. *Les Yeux dans les Bleus 3*, sous-titré « La désillusion », c'était *Rocky II*, en somme, la chute après la gloire. Celle-ci reviendrait, plus tard, en d'autres campagnes, avec d'autres personnages, mais les films ultérieurs n'auraient jamais la beauté, ni la pureté, peut-être, de la première fois. Sans doute le football ne s'est-il pas rendu compte, de 1998 à 2018, à quel point il avait changé, à quel point sa culture du repli sur soi l'éloignait du public : indépendamment de la qualité des cinéastes attachés aux pas des Bleus, il n'avait plus autant à donner, la méfiance ayant remplacé la spontanéité. Quand *Les Yeux dans les Bleus* avait soulevé une barrière après l'autre, pour offrir au spectateur sinon une vérité, du moins un point de vue au cœur de la vie d'une équipe, les suivants ont été des produits lisses et souvent oubliables, reposant sur l'illusion que la victoire emporterait tout, alors qu'il aurait fallu que chacun de ces films soit une aventure. Et puisqu'on ne reviendra jamais en arrière, *Les Yeux dans les Bleus* version 1998 restera un mythe et un modèle, inaccessibles.

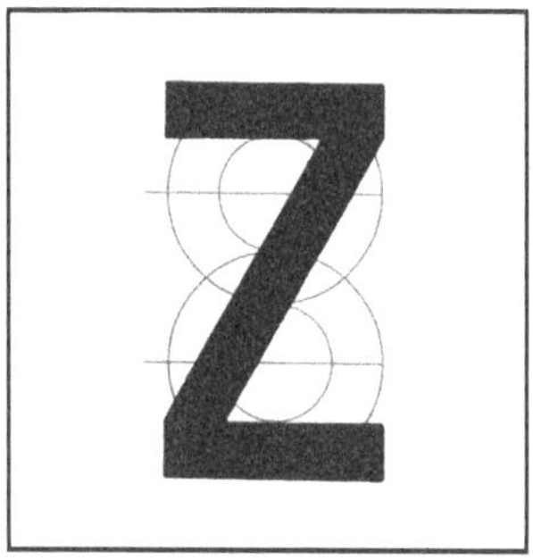

Zagallo, Mário

À 91 ans, Mário Zagallo a fini par vivre la vie qu'il n'imaginait pas, lorsque le surnom de ses jeunes années de joueur, « Petite fourmi », était devenu « Vieux loup » et qu'on l'interrogeait sur une retraite qu'il repoussait sans cesse : « Vous me voyez rentrer à la maison, poser mon sac, mettre mon pyjama et mes chaussons ? » Il doit préférer faire la sieste avec un maillot du Brésil, qui aura été sa seconde peau. Jusqu'au début des années 2000, curieusement, on l'écrivait « Zagalo », et puis il a gagné un second « l » en cours de route, devenu pointilleux sur l'orthographe d'un nom de famille qui était une adaptation brésilienne de son nom d'origine libanaise, Zarkour. Quand il n'avait qu'un « l », c'était plutôt l'aile gauche, qu'il avait occupée pendant sa glorieuse carrière de joueur, champion du monde avec le Brésil en 1958 puis en 1962. Il était devenu entraîneur parce qu'il préférait la passion à l'ennui, et, sous ses dehors urbains qui en faisaient un homme d'un commerce agréable pour ses confrères des bancs, il était un sanguin qui n'hésitait pas, dans les rues de Rio, à descendre du taxi pour régler son compte à un supporter qui s'en prenait à lui, du haut de ses 65 kilos tout mouillé. Le destin l'avait choisi pour prendre le Brésil juste avant la Coupe du monde 1970, après que Pelé avait écarté Saldanha, le sélectionneur en place, et Zagallo avait inventé un jeu nouveau, quatre numéros dix à côté de Jairzinho (Pelé, Rivelino, Gérson, Tostão), ce qui lui avait permis de durer jusqu'en 1974, et l'échec. Mais il est revenu par la fenêtre à peu près chaque fois qu'on l'a mis à la porte, coordinateur technique et donc adjoint de Carlos Alberto Parreira lors du sacre mondial de 1994, sélectionneur unique de nouveau en 1998, et de nouveau adjoint de Parreira en 2006, juste après un cancer qui l'avait affaibli. On ne l'imagine pas avoir acheté des pantoufles. Au bout de cette vie qui l'aura vu tancer ses contempteurs en leur disant qu'il fallait « descendre dans l'arène et faire sauter les lions pour montrer ce que l'on a dans le ventre », il disait aussi qu'il avait toujours préféré le combat de trop au combat de moins.

C'était la première fois, une équipe de l'Afrique subsaharienne à la Coupe du monde 1974, quatre ans après l'apparition du Maroc au Mexique en 1970, huit ans après le boycott des nations africaines à la Coupe du monde 1966. Le Zaïre du général-Président Mobutu semblait un exotisme, avec ses joueurs évoluant au pays, alors que les meilleurs joueurs africains évoluaient en Europe, en France et en Belgique, surtout. Mais c'était une force, aussi, le Zaïre avait gagné la Coupe d'Afrique des nations, après s'être qualifié en décembre à Kinshasa face au Maroc, devant plus de 100 000 spectateurs. Mobutu avait récupéré tous les trophées, mais promis des primes, et c'était un dictateur qui savait compter : à sa mort, en 1997, sa fortune avait été estimée à 6 milliards de dollars, la moitié de la dette publique du pays.

Joseph-Désiré Mobutu, devenu Mobutu Sese Seko Kuku Ngbendu Wa Za Banga (« Mobutu le guerrier qui triomphe de tout, sans que personne puisse l'arrêter »), au pouvoir depuis 1965, est un personnage central de cette Coupe du monde. Il a promis des primes, mais quand la FIFA verse l'argent de sa participation au Zaïre, il a fait comme Louis de Funès dans *La Folie des grandeurs*, répartissant les dollars en deux tas : un pour le Président, un pour lui. Attendu après la défaite contre l'Écosse (0-2), l'argent a été ostensiblement détourné, et les joueurs se rebellent. Ils menacent de faire la grève avant leur deuxième match de poule contre la Yougoslavie, mais ils vont faire mieux : ils font la grève pendant le match, vont concéder une défaite historique (0-9), si bien qu'après vingt minutes de jeu, leur sélectionneur yougoslave, Blagoje Vidinić, décide de sortir le gardien Kazadi Muamba, ainsi accusé au grand jour de tout laisser filer, le match et les ballons.

Il n'a pris que trois buts, et son remplaçant va en encaisser six de plus. Mobutu ressent intensément la claque, pas au point de rendre l'argent, mais quelques semaines après avoir placardé l'ambition du pays dans les rues de Kinshasa (« La Coupe du monde : beaucoup de prétendants, une seule épouse, le Zaïre »), le général-Président prévient les joueurs : s'ils perdent 4-0 contre le Brésil, ce sera la prison.

À 3-0 pour les champions du monde 1970, du moins ce qu'il en reste (Jairzinho, Rivelino, dans une équipe soudain défensive), voici la scène qui va rester, sans que l'on ait pu déchiffrer la part du coup de folie, de la naïveté ou de la préméditation : l'arbitre accorde un coup franc au Brésil, que le gaucher moustachu Rivelino s'apprête à tirer, et comme d'habitude à cette époque-là, le mur n'est qu'à cinq ou six mètres. Mais avant même que le Brésilien ne s'élance, le défenseur Joseph Mwepu sort du mur et vient dégager le ballon au loin. Sortir du mur pour éviter la prison, il dira qu'il l'a fait exprès, qu'il connaissait le règlement, qu'il voulait troubler le tireur ou alors prendre un carton rouge et ne pas vivre le 4-0 qui menaçait. Le Brésil s'arrêtera à 3-0, les Zaïrois n'iront pas en prison, mais ils n'auront jamais l'autorisation de jouer en Europe, glisseront doucement vers l'oubli, alors que la légende prétend que les dirigeants zaïrois ont tenté de voler le bus prêté par la FIFA pendant l'épreuve, et que le chauffeur a été arrêté à la frontière.

Mais en 1974, Mobutu n'en a pas fini avec le sport. Pour cinq millions de dollars, parce qu'il avait des économies, il s'offrira le combat mythique entre Mohamed Ali et George Foreman, The Rumble in the Jungle, et parviendra à faire passer l'idée que la victoire d'Ali était la sienne. Pour détourner, il avait de l'entraînement.

Zico

Parce qu'il était apparu en équipe du Brésil deux ans après la retraite internationale de Pelé, le pays l'avait appelé « le Pelé blanc », une décoration qui n'avait pas été facile à porter, mais qui soulignait son talent offensif protéiforme, son sens du but et de la passe, et l'espoir d'un pays de coiffer une quatrième couronne mondiale. Mais Zico resterait seulement, avec Sócrates, le plus grand joueur brésilien à n'avoir pas été champion du monde, après avoir essayé en 1978, en 1982 et en 1986, tout en demeurant l'idole de Flamengo. Il possède deux records assez mythiques en lien avec l'histoire de la Coupe du monde : il est le meilleur buteur de l'histoire du Maracanã, avec 333 buts inscrits avec Flamengo et le Brésil, et il a marqué le but refusé le plus ridicule que l'on ait vu en Coupe du monde, en 1978, lors du premier match face à la Suède (1-1), lorsque l'arbitre gallois Clem Thomas a décidé de siffler la fin du match alors que le ballon était en l'air. Il avait aussi été le sélectionneur du Japon en 2006 et le ministre des Sports du Brésil en 1990 : Zico aimait les causes perdues.

Zinédine Zidane

Il y a peu d'images aussi fortes que celle de Zinédine Zidane quittant le terrain et la carrière, à la même minute de la finale, le 9 juillet 2006, et passant littéralement à côté de la Coupe du monde posée sur son socle et encore incertaine des bras qui allaient l'accueillir. En disparaissant sous le front marmoréen du stade olympique de Berlin, filmé de dos comme un héros de cinéma happé par l'horizon, il changeait de vie au lieu d'entrer dans l'éternité qui l'attendait s'il avait gagné sa deuxième Coupe du monde, si son coup de tête avait trompé Buffon au lieu de frapper le torse de Materazzi, s'il était devenu l'égal de Pelé au lieu de nous laisser faire le compte de ses cartons rouges, et nous interroger sur sa part active de destruction de sa propre légende, après que le vertige l'avait rejoint d'être monté si haut.

Zidane avait 34 ans le soir de cette faute de jeunesse et de cette erreur pour toujours, mais il n'a pas connu d'autre jeunesse que ces impulsions, qui tranchaient avec tant de douceur dans la voix et tant de soie dans ses manières d'envelopper le ballon. La question reste entière de savoir s'il faut lui en vouloir, au bout de l'histoire, de cette chute, de cette manière d'avoir abandonné l'intérêt commun, lequel consistait à rester sourd aux insultes de Materazzi et à terminer à onze cette finale que les Italiens continuaient de traverser par vent de face. Parce qu'il est une icône et que les icônes ne sont pas jugées ainsi que les joueurs ordinaires, il a été soustrait, souvent, à l'examen de sa culpabilité pour des motifs tous différents, mais tous ressemblants, parce qu'ils tournaient autour du même axe, le pardon, puisqu'il est Zidane : c'est ainsi que meurent les héros, il a tout supporté mais pas l'insulte à sa famille (à sa sœur, en la circonstance), la France n'aurait pas disputé une deuxième finale de Coupe du monde sans lui (ce qui est vrai), et plutôt que de voir dans ce carton rouge la réaction disproportionnée d'un joueur impulsif qui aura réagi de la sorte pendant toute sa carrière, perdant le Ballon d'or 2000 pour le même motif, il faudrait examiner ce geste sous un angle psychanalytique et s'attacher à le comprendre.

Confession : nous faisons partie des gens qui en ont voulu à Zinédine Zidane d'avoir inversé la dynamique de la finale, que l'équipe de France n'aurait pas gagnée quand même, peut-être, mais qu'elle semblait capable de remporter, alors, avant que ce carton rouge fasse passer dans l'air un message poisseux, ce soupçon de la défaite et d'une histoire qui finirait mal. Tous les sportifs, champions ou non, savent que l'action (un coup, une insulte) ne justifie pas la réaction, et que les arbitres punissent plus sévèrement ce qu'ils voient, c'est-à-dire la réplique. Tous les footballeurs, champions ou non, savent qu'une expulsion pour un motif non collectif (un défenseur peut faire une faute en sacrifice) est un abandon de poste, il signifie qu'on laisse ses copains à dix et qu'on les a affaiblis par orgueil. Nous avons souvent parlé avec plusieurs finalistes de la Coupe du monde 2006, et notamment ceux qui n'avaient pas été champions du monde huit ans plus tôt, au Stade de France, ceux pour qui la finale de Berlin était la chance d'une vie : ils continuent de reprocher à Zidane cette réaction, tout en le remerciant de les avoir portés si haut, mais ils l'avaient applaudi avec amertume, cependant que leurs larmes continuaient de couler, quand Raymond Domenech avait demandé, dans le vestiaire du stade olympique, que l'équipe rende hommage au génie qui s'effaçait.

Les autres joueurs ont deux raisons majeures de lui en vouloir : il y a l'impact du carton rouge sur la fin de cette finale, sur cette modification des équilibres psychologiques dans ce match sur un fil, mais il y a, aussi, l'effet terrible de la communication du clan Zidane (conseillers, publicitaires) sur les jours qui avaient suivi, et sur la perception de la performance collective. Très vite, les publicités sont apparues dans les journaux, Zidane et les enfants, Zidane et ses bonnes actions, autant de choses réelles et sincères, mais instrumentalisées en ces jours qui auraient pu écorner une icône. Son interview à Michel Denisot sur Canal+, où il exprimait peu de regrets, avait contribué à invisibiliser la performance des 21 autres joueurs de l'équipe de France pendant la Coupe du monde. Pendant tout l'été, au lieu de souligner la première finale des Bleus dans une Coupe du monde disputée à l'étranger, et de valoriser cette aventure assez exceptionnelle, avec un enchaînement sans précédent à la sortie de la phase de groupes (Espagne, Brésil, Portugal, Italie), l'opinion s'est posé une seule question, devenue obsessionnelle, alors qu'elle n'était qu'un paravent imaginé par d'autres et placé devant la faute originelle de l'icône : qu'avait dit Materazzi ?

Alors, pour toutes ces raisons, oui, Zinédine Zidane nous semble coupable, aujourd'hui encore, de cette réaction, à cette minute de la finale. Ce qui ne nous empêche pas de considérer qu'il s'agit d'une fin d'une puissance incroyable, d'une acmé narrative absolument folle, qui participe au mythe, parce que leurs chutes et leurs faiblesses nourrissent notre attachement aux héros.

Commencer l'histoire de Zidane en Coupe du monde par la fin permet de finir par le début. Ce qu'il y a de commun, dans les étés 1998 et 2006, c'est le constat d'un même destin, et de l'interrogation afférente : pourquoi lui, pourquoi à ce moment-là ? Pourquoi un joueur qui marque rarement en club (il n'a jamais atteint dix buts en championnat dans ses treize dernières saisons professionnelles) a inscrit un doublé en entrant à la mi-temps le soir de sa première sélection, contre la République tchèque (2-2) à Bordeaux, en août 1994, puis un doublé en finale de la Coupe du monde ? Il n'y a pas d'autre réponse que celle-ci : parce que c'est lui. Entre 1998 et 2006, on s'en souvient, 2002 n'a pas existé. Zidane venait de marquer un but fantastique en Ligue des champions face à Leverkusen à Glasgow, sa première et seule victoire dans l'épreuve en tant que joueur, il avait reculé le moment de son départ en raison de cette finale et de la naissance de son troisième garçon, Théo, et il avait rejoint les autres au Japon en vivant et en s'entraînant en marge du groupe, avant de se blesser à la cuisse en amical contre la Corée. Ce feuilleton serait un poison, et cette blessure insurmontable pour une équipe sans réussite ni leader, deux ans après la retraite internationale de Didier Deschamps et de Laurent Blanc.

La Coupe du monde 1998 de Zidane reste incroyable. La vérité est qu'il la manque pendant longtemps. Son premier tour est raté : il est expulsé dès le deuxième match contre l'Arabie Saoudite (4-0), ce qui poussera Aimé Jacquet et Didier Deschamps à des mots durs contre lui, dont le capitaine s'excusera. Les mots de Deschamps, son coéquipier à la Juventus Turin, à chaud : « C'est impardonnable. On sait que c'est un joueur impulsif, mais bon, il va nous condamner sur deux ou trois matches. » Avec intelligence, il lui glissera, en arrivant à Clairefontaine, le soir du match : « Zizou, excuse-moi, j'ai fait une connerie, j'en fais, moi aussi. Je n'aurais pas dû. » Zidane ne joue pas contre le Paraguay (1-0), revient contre l'Italie (0-0, 4 tirs au but à 3), n'est pas non plus décisif en demi-finale contre la Croatie (2-1). Même s'il a disputé une finale de Ligue des champions avec la Juve, s'inclinant face au Real (0-1), cette année-là, difficile de penser, à cet instant, qu'il va devenir Ballon d'or sur un seul match de Coupe du monde. Il a 26 ans, il n'est déjà plus un jeune joueur.

On sait, à peu près, aujourd'hui, ce qu'a été le jour Z. La veille, il s'est endormi à 1 heure du matin, dans la chambre qu'il partage avec Christophe Dugarry, c'est-à-dire qu'il s'endort le 12 juillet. Le repas du roi : céréales, verre d'eau, jus d'orange, quelques tartines. Aimé Jacquet a donné rendez-vous à 10 h 30, au vestiaire du centre d'entraînement, pour un décrassage. Il communique la composition de l'équipe, sans surprise. Après le déjeuner, une partie de ping-pong, puis la sieste. Giovanni Agnelli, le patron de la Juve et de Fiat, a laissé un numéro pour que Zidane et Deschamps le rappellent. Il glisse : « Je sens que Zizou va faire quelque chose de bien, de grand, de fort. » Avant de monter dans le car, au milieu de la dernière rangée, tout au fond, Vincent Candela sur sa droite, Christophe Dugarry sur sa gauche, et de sortir de Clairefontaine entre des haies folles de spectateurs, dans une atmosphère de sommet de grand col du Tour de France, la causerie de Jacquet a été courte. Mais il a lancé à Zidane, une prémonition autant qu'une observation, qui entrera dans l'histoire grâce aux *Yeux dans les Bleus* : « Va te promener au premier poteau, et on verra... » Avant la finale, Laurent Blanc, le suspendu, s'est approché de lui : « Il faut que tu marques. C'est dans ce match-là qu'il faut être grand. » Sur la route du Stade de France, il écoute une compilation de chansons italiennes avec Pavarotti et des Enfoirés.

En finale, il marque deux buts. De la tête, sur un corner de Petit. Puis de la tête, sur un corner de Djorkaeff. Il dira : « Il fallait que je fasse quelque chose. » Dans la tribune, son fils Enzo, trois ans, s'est endormi dans les bras de sa mère en seconde mi-temps. Plus tard, dans la nuit, deux mots apparaîtront en lettres lumineuses au fronton de l'Arc de triomphe : « Zizou Président ». Il va commencer, un jour, par être sélectionneur.

Zitouni

Ce n'est pas le football qui demande des sacrifices, c'est la vie. Mustapha Zitouni, déjà, n'aurait jamais dû devenir footballeur professionnel, après une enfance à Alger, à fuir sa mère, mais vraiment, à disparaître des jours durant, et une jeunesse au 23e régiment du train, rejoint à l'âge de 17 ans, en 1945, loin de la famille. Il joue au foot, un peu, se fait repérer avec son régiment, devient footballeur amateur, découvre l'entraînement intensif lors d'un séjour à l'INS à Paris, et il est un assez bon joueur amateur pour s'envoler, en 1952, aux Jeux olympiques d'Helsinki, où l'équipe de France perd dès le premier jour face à la Pologne (1-2). Il devient professionnel à 25 ans, en Division 2, à Cannes, puis en Division 1, à Monaco, jamais loin de la Méditerranée, jamais loin de l'autre côté, qu'il a fui, mais qu'il garde à l'horizon. Il a commencé plus tard que les autres, mais du coup, sur la fin, il a beaucoup plus d'élan : il a 29 ans le jour de sa première sélection en équipe de France, en octobre 1957, en Hongrie (0-2). Zitouni est un grand défenseur : il s'impose si vite qu'il relègue le patron de la défense du grand Reims, Robert Jonquet, sur le banc. C'est une saison de Coupe du monde, et Paul Nicolas, le sélectionneur, comme Albert Batteux, l'entraîneur, lui promettent une place de titulaire en Suède. La vie de Mustapha Zitouni devient douce, et belle, il gagne trente fois le smic, et quand la France tient l'Espagne en échec (2-2), le 13 mars 1958 au Parc des Princes, il est si impitoyable au marquage de l'immense Alfredo Di Stéfano, le meilleur joueur du monde, que le président du Real Madrid, Santiago Bernabéu, lui propose un contrat de 50 millions de francs. Enfin, c'est la légende. Les joueurs professionnels, à l'époque, n'avaient aucune chance de se défaire de leur contrat : ils appartenaient à leur club, sans limite de durée, et en France, les candidats au transfert devaient s'inscrire sur une liste de « réfractaires », qui impliquaient des négociations, mais la plupart du temps un blocage.

Le 16 avril, Mustapha Zitouni doit jouer avec l'équipe de France contre la Suisse. Il ne viendra pas. Dans la nuit du 13 avril, après le match Monaco-Angers, il a prétexté qu'il allait boire un verre, à Nice, pour prendre le train à Menton avec un joueur algérien d'Angers, Amar Rouaï, et fuir vers l'Italie. Le FLN a préparé cette opération depuis des mois : en pleine guerre d'Indépendance, il veut frapper les esprits, et a décidé de se servir du football. Tous les joueurs algériens professionnels évoluant en France, 33 joueurs en tout, dont Rachid Mekhloufi (Saint-Étienne) et un autre Monégasque, Abdelaziz Ben Tifour, ont fui la même nuit, soit par la Suisse, soit par l'Italie. Pour ne pas éveiller les soupçons face au déménagement de sa femme et de ses deux enfants, qui ont pris les devants, Zitouni a fait croire qu'il allait divorcer. Dans le train de Menton vers Rome, il pourrait être reconnu et arrêté, mais il va souvent en Italie se promener, et les contrôleurs ont l'habitude de le voir jusqu'à San Remo.

De Rome, tous les joueurs professionnels qui vont former l'équipe du FLN et promouvoir l'indépendance de l'Algérie dans le monde entier, de 1958 à 1962, au fil de 80 matches amicaux, filent vers Tunis. Mustapha Zitouni ne disputera jamais la Coupe du monde. Il dira qu'il n'y avait rien que plus grand que son devoir, rien de plus grand que sa patrie, qu'il ne s'est jamais posé la question de savoir s'il avait eu le choix ou non, mais qu'il a toujours mesuré ce qu'il avait perdu. Après l'indépendance, il a joué quelques saisons en Algérie, a fini au RC Kouba, puis il est rentré à France, travaillant jusqu'à sa retraite pour Air Algérie à l'aéroport de Nice. Quand il est mort, à 85 ans, des suites de la maladie d'Alzheimer, ceux qui l'avaient bien connu avaient raconté la suite de la légende de Di Stéfano et Bernabéu, au Parc, au printemps 1958. Six mois plus tard, alors qu'il faisait escale à l'aéroport de Rome avec l'équipe du FLN, Zitouni avait croisé le Real qui revenait d'un match de Coupe d'Europe, et Alfredo Di Stéfano, qui se souvenait de lui, l'avait montré en apostrophant son entraîneur de l'époque, Luis Carniglia : « Coach, lui, il faut le prendre. C'est le plus grand défenseur que j'aie jamais vu. » Il l'avait peut-être dit, peut-être pas. Mais même le grand Alfredo Di Stéfano n'avait pas oublié Mustapha Zitouni.

Zoff, Dino

Jeune, on n'était pas extrêmement fan de sa sobriété, de cette économie, de cette manière pragmatique de défendre son but et de prétendre que, à ses yeux, un arrêt du genou ou des fesses avait autant de prix qu'un plongeon horizontal et magnifique. Même Ivan Ćurković, le gardien de Saint-Étienne, qui ne se prenait pas exactement pour un acrobate, savait s'envoler avec son beau maillot bleu, short noir, chaussettes blanches tenues par un lacet dont la boucle dépassait élégamment, la tenue des champions. Dino Zoff, lui, portait un maillot gris avec l'Italie, semblait ne jamais sourire, et il était là depuis si longtemps qu'il ne semblait plus avoir d'âge : à la vérité, le gardien de la Juventus avait déjà 40 ans quand il est devenu champion du monde avec l'Italie en 1982, en Espagne, et qu'il est allé recevoir le trophée en premier au nom de ses galons de capitaine. En 1978, alors que l'Italie avait été battue par les Pays-Bas et pris la quatrième place, le pays l'avait moqué, lui, l'icône, pour avoir encaissé deux buts lointains, dont l'un par ce terrible frappeur qu'était Arie Haan, et il dirait que les critiques lui avaient donné l'impression d'être vieillard et aveugle. C'était quatre ans avant de devenir immortel, un soir de juillet à Madrid, à un âge où tant d'autres joueurs de sa génération avaient déjà une hanche en plastique. Sélectionneur de l'Italie, privé par Wiltord d'un titre à l'Euro 2000, entraîneur intermittent, il aura vécu ces quinze dernières années dans le regret que le milieu le trouve trop vieux, encore une fois, pour être encore sur le terrain, et aura fini par peu sortir de Rome, où Michel Platini venait régulièrement le visiter. Quand 2022 est arrivé, il s'est souvenu, sans doute, qu'il était devenu champion du monde exactement au mitan de sa vie.

La photo de couverture

On aurait pu voir le trophée sur cette photo. On aurait pu voir Beckenbauer avec l'Allemagne en 1974, Maradona avec l'Argentine en 1986, tant de grands joueurs, tant d'autres triomphes. C'est celle-ci que nous avons choisie. Il y a les couleurs, et dans l'histoire de la Coupe du monde telle que nous l'avons vécue et qu'elle nous a imprégnés, la couleur du football et de sa mythologie a longtemps été le noir et blanc. La couleur venait après, dans les pages de la fin de *Football Magazine*, et tout à coup nous faisait apparaître l'événement autrement. La couleur du football à la télé nous est venue plus tard, chez des amis en 1974, à la maison en 1978. C'est toujours le repère de la Coupe du monde qui permet de savoir quand la couleur est arrivée dans le salon. Dans les années 1970, les plus grandes ventes de télés en couleurs avaient lieu immédiatement avant la Coupe du monde, c'était l'événement qui justifiait de basculer dans la modernité et de voir la vie dans toutes ses teintes.

Sur cette photo se distinguent les couleurs de plusieurs mythes. Au fond, l'azur de l'équipe d'Italie, la Squadra Azzurra, quatre fois championne du monde. Quand on était petit, dans les autres sports dont les tuniques nous étaient moins familières, il nous est arrivé de nous demander si l'athlète en maillot bleu dans la course était français ou italien, parce qu'en noir et blanc le drapeau vert, blanc et rouge de l'Italie sur la poitrine pouvait passer pour notre bleu-blanc-rouge. En couleurs, on peut moins se tromper et en football, non : on voit très bien qu'il s'agit de la Coupe du monde 1970, il passe dans les attitudes altières la solennité d'un jour de finale, et la France n'était ni à cette Coupe du monde ni en finale, il faudrait attendre la fin du siècle pour cela. À la présentation des équipes, le capitaine est toujours placé à l'intérieur, au plus près du trio d'arbitres, et c'est ainsi qu'émerge la silhouette longiligne et noble de Giacinto Facchetti, l'élégance même, l'un des premiers défenseurs contre-attaquants du football moderne. La photo serait moins puissante si elle ne ramenait pas ces personnages à la surface de notre mémoire.

Ce qui marque, c'est la profondeur de champ, ce décor qui est présent : les taches très claires dans les tribunes signalent qu'il fait très chaud, parce que les habits chauds sont toujours sombres et les tee-shirts généralement très clairs, et même si on ne voit pas le stade Aztèque dans toute sa hauteur, on devine sa majesté et ses rondeurs. On ne peut pas se tromper, on a vu des images de cette Coupe du monde au Mexique toute notre vie ; elle reste pour beaucoup la plus belle, et pour nous c'était encore plus facile, c'était la première.

C'est une photo qui hisse ses couleurs un jour de finale, et ces trois couleurs s'accordent à la mythologie du genre. Au milieu, séparant le Brésil de l'azur de l'Italie, voici la couleur traditionnelle des arbitres : les hommes en noir n'ont pas encore un maillot fluo jaune, ils officient encore dans l'uniforme austère qui s'attache à leurs fonctions, et l'on se dit qu'ils ont dû garder la photo toute leur vie, ces trois messieurs qui se connaissaient à peine. Pour qu'on ne le confonde pas, l'arbitre principal, l'Allemand de l'Est Rudi Glöckner, s'est installé au centre, flanqué de ses deux juges de touche (on ne disait pas arbitres assistants à cette époque, qui était moins susceptible), le Suisse Rudolf Scheurer et l'Argentin Ángel Coerezza.

Aujourd'hui, ce n'est pas seulement un arbitre qui est sélectionné pour une Coupe du monde, c'est un trio d'arbitres qui sifflent ensemble pendant toute l'année, qui murmurent à l'oreillette de l'arbitre principal et voyagent sans se quitter, jusqu'à la retraite. Ces trois-là n'ont pas d'histoire commune, cette photo qu'ils ont encadrée et posée sur le buffet, à la maison, est leur lien le plus fort. Ils ont dirigé une finale de Coupe du monde, ils figurent sur une image magnifique dont ils sont la ligne de démarcation.

Mais la couleur qui emporte tout, l'émotion et le souvenir, vient du maillot jaune à liseré vert du Brésil. C'est le plus beau maillot que l'on ait jamais vu, pas une fioriture, même pas le nom du joueur au-dessus du numéro dans le dos, pas de date brodée sur le cœur, pas de badge FIFA sur l'épaule, le sentiment du coton qui fait quelques plis sur cette tunique jaune et nue de la plus grande équipe de tous les temps, une beauté absolue. Ce n'est pas seulement la finale de la Coupe du monde 1970, ce n'est pas seulement le Brésil, c'est le souvenir en couleurs d'une équipe comme un rêve qui marche sur l'eau ou sur les nuages dans le sillage du Roi qui réinvente sa majesté au crépuscule. Quand il est immobile, le Roi se distingue d'un port de tête, la couronne n'est pas nécessaire face à l'évidence de sa royauté. La photo est à la fois trompeuse et exactement celle que l'on attendait. Au premier plan figure un homme qui ne compte presque pas, le gardien de but, Félix ; les gardiens ont souvent été des accessoires en équipe du Brésil, des joueurs qui n'était pas assez bons avec leurs pieds. Félix a sur la photo une place que l'histoire lui refuse, mais puisque la photo est désormais un élément de l'histoire, on ne l'oubliera plus. La beauté de cette photo vient, aussi, de ce qu'elle concentre une splendeur collective, qu'elle place dans une perspective partagée onze joueurs qui parlaient le même langage et regardaient dans la même direction. Il n'est même pas nécessaire d'envisager toute la largeur de la page pour mesurer la grandeur du Brésil de 1970, deux tiers de la largeur de la photo suffisent.

Et puis il y a le Roi. Sans l'attitude de Pelé, ne surnagerait que l'idée de la concentration d'une équipe et de la solennité du moment, un peu d'émotion, aussi, qui ferait songer à l'instant des hymnes, mais pas l'hymne italien, parce que sinon, même dans le flou, on verrait des joueurs en bleu hurler dans le ciel de Mexico et on verrait leurs larmes.

Mais il y a Pelé, donc, qui tourne la tête au bout d'un été où il a continué de voir, sur le terrain, des choses que les autres ne voyaient pas. On ne sait pas ce qui attire son regard en un moment pareil, on sait seulement qu'il s'agit de sa dernière Coupe du monde, la troisième, celle qui peut changer sa place dans l'histoire du jeu et l'installer sur un piédestal où il n'aura pas de voisins. Il pense peut-être au joueur de 17 ans qu'il était en finale de la Coupe du monde 1958, encore un frêle enfant des rues, et déjà plus qu'une rumeur.

C'est une photo magnifique parce qu'il fait jour et que le moment est beau comme une aube, parce que Pelé et l'or du Brésil s'accordent au soleil de cet été 1970 qui ne nous a jamais quitté. Au début de la plupart des histoires d'amour se détache un été, et cet été-là est, au fond, la raison même de ce livre, de cette mythologie personnelle et d'une attirance éternelle pour les minutes juste avant, quand les deux équipes se présentent, que le public retient son souffle, que la promesse de la magie flotte dans l'air, et que le regard de Pelé raconte un destin et une singularité.

Table

Dans la même collection

Ouvrages parus

Philippe Alexandre
Dictionnaire amoureux de la politique

Albert Algoud
Dictionnaire amoureux de Tintin

Claude Allègre
Dictionnaire amoureux de la science

Metin Arditi
Dictionnaire amoureux de la Suisse
Dictionnaire amoureux de l'esprit français
Dictionnaire amoureux d'Istanbul

Pierre Assouline
Dictionnaire amoureux des écrivains et de la littérature

Jacques Attali
Dictionnaire amoureux du judaïsme

Alain Baraton
Dictionnaire amoureux des jardins
Dictionnaire amoureux des arbres

Christophe Barbier
Dictionnaire amoureux du théâtre

Jean-Baptiste Baronian
Dictionnaire amoureux de la Belgique

Alain Bauer
Dictionnaire amoureux de la franc-maçonnerie
Dictionnaire amoureux du crime

Olivier Bellamy
Dictionnaire amoureux du piano
Dictionnaire amoureux de Chopin

Yves Berger
Dictionnaire amoureux de l'Amérique (épuisé)

Laurent Binet et Antoine Benneteau
Dictionnaire amoureux du tennis

Adam Biro
Dictionnaire amoureux de l'humour juif

Patrice Blanc-Francard
Dictionnaire amoureux du jazz

Denise Bombardier
Dictionnaire amoureux du Québec

Allain Bougrain Dubourg
Dictionnaire amoureux des oiseaux

Éric Bouhier
Dictionnaire amoureux de San-Antonio

Hervé Bourges
Dictionnaire amoureux de l'Afrique

Jean-Claude Carrière
Dictionnaire amoureux de l'Inde
Dictionnaire amoureux du Mexique

Jean des Cars
Dictionnaire amoureux des trains
Dictionnaire amoureux des monarchies

Michel del Castillo
Dictionnaire amoureux de l'Espagne

Antoine de Caunes
Dictionnaire amoureux du rock

Patrick Cauvin
Dictionnaire amoureux des héros (épuisé)

Jacques Chancel
Dictionnaire amoureux de la télévision

Malek Chebel
Dictionnaire amoureux de l'Algérie
Dictionnaire amoureux de l'islam
Dictionnaire amoureux des Mille et Une Nuits

Jean-Loup Chiflet
Dictionnaire amoureux de l'humour
Dictionnaire amoureux de la langue française

Catherine Clément
Dictionnaire amoureux des dieux et des déesses

Richard Collasse
Dictionnaire amoureux du Japon

André Comte-Sponville
Dictionnaire amoureux de Montaigne

Gérard de Cortanze
Dictionnaire amoureux des Sixties

Xavier Darcos
Dictionnaire amoureux de la Rome antique
Dictionnaire amoureux de l'école

Bernard Debré
Dictionnaire amoureux de la médecine

Jean-Louis Debré
Dictionnaire amoureux de la République

Alain Decaux
Dictionnaire amoureux d'Alexandre Dumas

Didier Decoin
Dictionnaire amoureux de la Bible
Dictionnaire amoureux des faits divers

André Deledicq et Mickaël Launay
Dictionnaire amoureux des mathématiques

Jean François Deniau
Dictionnaire amoureux de la mer et de l'aventure

Bertrand Dicale
Dictionnaire amoureux de la chanson française

Alain Duault
Dictionnaire amoureux de l'opéra

Alain Ducasse
Dictionnaire amoureux de la cuisine

Vincent Duluc
Dictionnaire amoureux de la Coupe du monde

Benoît Duteurtre
Dictionnaire amoureux de la Belle Époque et des Années folles

Jean-Paul et Raphaël Enthoven
Dictionnaire amoureux de Marcel Proust

Nicolas d'Estienne d'Orves
Dictionnaire amoureux de Paris

Vladimir Fédorovski
Dictionnaire amoureux de Saint-Pétersbourg

Dominique Fernandez
Dictionnaire amoureux de la Russie
Dictionnaire amoureux de l'Italie
(deux volumes sous coffret)
Dictionnaire amoureux de Stendhal

Franck Ferrand
Dictionnaire amoureux de Versailles

Luc Ferry
Dictionnaire amoureux de la philosophie

Élisabeth de Feydeau
Dictionnaire amoureux du parfum

Jean-Louis Fournier
Dictionnaire amoureux du Nord

Patrice Franceschi
Dictionnaire amoureux de la Corse

José Frèches
Dictionnaire amoureux de la Chine

Max Gallo
Dictionnaire amoureux de l'histoire de France

René Guitton
Dictionnaire amoureux de l'Orient

Claude Hagège
Dictionnaire amoureux des langues

Hervé Hamon
Dictionnaire amoureux des îles

Daniel Herrero
Dictionnaire amoureux du rugby
Dictionnaire amoureux de l'Ovalie

Homeric
Dictionnaire amoureux du cheval

Francis Huster
Dictionnaire amoureux de Molière

Gilles Jacob
Dictionnaire amoureux du Festival de Cannes

Daniel Jouanneau
Dictionnaire amoureux de la diplomatie

Serge July
Dictionnaire amoureux du journalisme
Dictionnaire amoureux de New York

Alain Juppé
Dictionnaire amoureux de Bordeaux

Christian Laborde
Dictionnaire amoureux du Tour de France

Jacques Lacarrière
Dictionnaire amoureux de la Grèce
Dictionnaire amoureux de la mythologie (épuisé)

André-Jean Lafaurie
Dictionnaire amoureux du golf

Pierre et Olivier DE LAGARDE
Dictionnaire amoureux du patrimoine

Mathieu LAINE
Dictionnaire amoureux de la liberté

Jack LANG
Dictionnaire amoureux de François Mitterrand

Gilles LAPOUGE
Dictionnaire amoureux du Brésil

François LAROQUE
Dictionnaire amoureux de Shakespeare

Michel LE BRIS
Dictionnaire amoureux des explorateurs

Bernard LECOMTE
Dictionnaire amoureux des papes

Anne LEHOËRFF
Dictionnaire amoureux de l'archéologie

Nicole LE DOUARIN
Dictionnaire amoureux de la vie

Jean-Yves LELOUP
Dictionnaire amoureux de Jérusalem

Pierre LEMAITRE
Dictionnaire amoureux du polar

Évelyne LEVER
Dictionnaire amoureux des reines

Mathilde LEVESQUE
Dictionnaire amoureux de l'éloquence

Paul LOMBARD
Dictionnaire amoureux de Marseille

Peter MAYLE
Dictionnaire amoureux de la Provence

Michel MEYER
Dictionnaire amoureux de l'Allemagne

Christian MILLAU
Dictionnaire amoureux de la gastronomie

Richard MILLET
Dictionnaire amoureux de la Méditerranée

François et Valentin Morel
Dictionnaire amoureux de l'inutile

Pierre Nahon
Dictionnaire amoureux de l'art moderne et contemporain

Alexandre Najjar
Dictionnaire amoureux du Liban

Henri Pena-Ruiz
Dictionnaire amoureux de la laïcité

Gilles Perrault
Dictionnaire amoureux de la Résistance

Jean-Christian Petitfils
Dictionnaire amoureux de Jésus

Loïck Peyron
Dictionnaire amoureux de la voile

Jean-Robert Pitte
Dictionnaire amoureux de la Bourgogne

Bernard Pivot
Dictionnaire amoureux du vin

Gilles Pudlowski
Dictionnaire amoureux de l'Alsace

Yann Queffélec
Dictionnaire amoureux de la Bretagne
Dictionnaire amoureux de la mer

Christiane Rancé
Dictionnaire amoureux des saints

Alain Rey
Dictionnaire amoureux des dictionnaires
Dictionnaire amoureux du diable

François Rollin
Dictionnaire amoureux de la bêtise

Pierre Rosenberg
Dictionnaire amoureux du Louvre

Jean-Marie Rouart
Dictionnaire amoureux de Jean d'Ormesson

Élisabeth Roudinesco
Dictionnaire amoureux de la psychanalyse

Marcel Rufo
Dictionnaire amoureux de l'enfance et de l'adolescence

Ève Ruggieri
Dictionnaire amoureux de Mozart

Danièle Sallenave
Dictionnaire amoureux de la Loire

Elias Sanbar
Dictionnaire amoureux de la Palestine

Jérôme Savary
Dictionnaire amoureux du spectacle (épuisé)

Jean-Noël Schifano
Dictionnaire amoureux de Naples

Alain Schifres
Dictionnaire amoureux des menus plaisirs (épuisé)
Dictionnaire amoureux du bonheur

Robert Solé
Dictionnaire amoureux de l'Égypte

Philippe Sollers
Dictionnaire amoureux de Venise

Michel Tauriac
Dictionnaire amoureux de De Gaulle

Frédéric Thiriez
Dictionnaire amoureux de la montagne

Denis Tillinac
Dictionnaire amoureux de la France
Dictionnaire amoureux du catholicisme
Dictionnaire amoureux du Général

Trinh Xuan Thuan
Dictionnaire amoureux du ciel et des étoiles

André Tubeuf
Dictionnaire amoureux de la musique

Jean Tulard
Dictionnaire amoureux du cinéma
Dictionnaire amoureux de Napoléon

Mario Vargas Llosa
Dictionnaire amoureux de l'Amérique latine

Hubert Védrine
Dictionnaire amoureux de la géopolitique

Dominique Venner
Dictionnaire amoureux de la chasse

Jacques Vergès
Dictionnaire amoureux de la justice

Pascal Vernus
Dictionnaire amoureux de l'Égypte pharaonique

Frédéric Vitoux
Dictionnaire amoureux des chats

Olivier Weber
Dictionnaire amoureux de Joseph Kessel

Jean-Michel Wilmotte
Dictionnaire amoureux de l'architecture

Denis Zervudacki
(sous la direction de)
Dictionnaire amoureux de l'entreprise et des entrepreneurs

À paraître

Anne-Laure Béatrix
Dictionnaire amoureux des musées

Nicolas d'Estienne d'Orves
Dictionnaire amoureux du mauvais goût

Achevé d'imprimer en octobre 2022
par Normandie Roto Impression s.a.s.
N° d'impression : 2205056

Imprimé en France